형사법
형법의도

서 언

형법을 접하는 많은 수험생들은 항상 고민에 빠지곤 한다. 왜냐하면 형법에서 다루는 이론 및 판례가 지나치게 광대하기 때문이다. 즉, 형법을 공부하는 데에 있어서 가장 큰 걸림돌은, 다름 아닌 양적인 측면에서 상당한 시간을 투자해야 만이 소기의 목적을 달성할 수 있기 때문이라는 것이다. 그리고 여기에 더하여 매우 복잡한 이론을 공부하게 되므로 쉽게 지칠 수 있다는 데에서 회의감마저 들곤 한다는 것이 문제이다. 이것은 비단 형법에서만 발생하는 문제가 아니다. 공직이나 전문직으로 나아가려는 수험생들이 치르는 거의 모든 시험과목에서 동일한 문젯거리가 아닐 수 없다. 더욱이 시험을 준비하는 경우뿐만 아니라 심지어는 자신의 전공과목을 연구하는 학자들에게도 똑같은 현상이 벌어지고 있는 것을 보면 참 세상살이가 녹록지 않다는 것을 방증하게 만든다. 그러나 우리는 한 가지 천고의 진리를 가슴 깊이 새겨야 만이 그러한 험난한 세파를 견디고 나아가 마침내 성공의 맛을 만끽할 수 있다는 점을 남보다 빨리 알아야 한다. 그런데 그 진리는 멀리 있지도 않고 그럴싸한 포장을 하고 있지도 않다. 즉, 그 진리는 단순한 데에 있다. 몇 수 천년동안 지구상에 살고 사망했던 거의 모든 사람들이 입을 모아 충고했던 그것을 우리는 다시금 되새겨야 한다. "노력하지 않고 얻은 것은 나의 것이 아니다."라는 아주 평범한 진리를 우리 수험생들은 반드시 각인해야 할 것으로 본다. 우리는 가끔씩 과연 나의 운명은 어떻게 될까라든지 나에게도 관운이라는 것이 있을까라는 자문을 하곤 한다. 이러한 자문은 누구나 공통적으로 가지고 있는 의문점이라고 볼 수 있는데 실질적으로 시험공부를 하는 수험생 중 대다수가 쓸모없는 소모전에 허송세월을 보내는 경우가 많다. 즉, 피나는 노력을 해보지도 않고 정상등극에 대한 야망만 불태우는 이상설정형 수험생들이 많다. 하지만 묵묵히 정도를 걸으며 종국적으로는 합격이라는 성공의 인생을 일궈나가는 끈기 있는 자들도 자주 눈에 띤다. 세상은 참으로 냉정하고 험하다. 지금에 와서는 더욱 그렇다. 시대가 지나칠 정도로 급변하고 있다. 그로 인해 과도한 경쟁은 피할 길이 없다. 그러한 경쟁에서 다수가 밀려날 수밖에 없는 구조이다. 선의의 피해자에 내가 해당될 가능성이 높은 것이다. 제군들은 이러한 소용돌이 속에서 희생양이 되면 안 된다는 점을 한시도 잊어서는 안 될 것이다.

그리고 또한 과거에는 한 가지만 잘하면 생존하는데 큰 문제가 없었던 시대가 있었다. 그러나 지금은 어떠한가. 멀티 맨이나 멀티 우먼이 되지 않으면 정년을 맞이할 수 없는 매우 험난한 사회가 항상 우리를 기다리고 있지 않은가. 이러한 작금의 상황을 옳게 판단할 수 있는 자가 되어야 만이 행복을 엮어갈 수 있는 자질을 갖추었다고 할 수 있을 것이다. 그렇다면, 우리가 준비하고 있는 시험의 중심에 자리 잡고 있는 형법에 대한 정복은 어떠한 방향으로 하여야 가장 효과가 있을까라는 고민을 하지 않을 수 없다. 필자의 판단으로는 출제경향을 파악하는 것이 급선무 일 것으로 본다.

 아무리 능력이 출중한 사람이라고 하더라도 모든 부분에 대하여 최고의 실력을 발휘할 수는 없게 되어 있는 것이 현실이다. 즉, 현실적인 측면을 간과해서는 안 된다. 다음으로 이론에 대한 정확한 이해를 해야 한다. 왜냐하면 이론을 바탕으로 실무자가 판단한 것이 법원의 판결이기 때문이다. 이론으로부터 지나치게 벗어난 판결은 거의 모든 사람들로부터 몰매를 맞을 확률이 높기 때문에 실무에 있는 사람들 또한 항상 연구에 정진하고 있는 것이 현재의 추세라고 볼 수 있다. 이론에 대한 공부는 적어도 삼회이상을 정독하는 것이 가장 필수적일 것으로 사료된다. 이론이 흔들리면 그 다음은 기대할 수 없다. 이론공부가 어느 정도 궤도에 올라왔다고 판단이 되면 법원의 판단 즉, 판례정복에 나서야 한다. 판례를 가장 잘 이해하려면 통상적으로 판시된 판결문을 모두 다 숙지하는 것이 가장 좋은 방법이기는 하나 이렇게 하자면 한없는 세월을 여기에 투입해야 하기 때문에 경제적이지 못하다. 다시 말하면 판례공부는 경제적으로 해야 한다는 것을 먼저 전제하고 공부를 시작해야 한다. 그런데 판례공부를 할 경우에 지나치게 요약된 것은 약이되질 않고 독이 되어 돌아온다는 것을 간과해서는 안 된다. 요약형으로 공부를 하다보면 사례형의 문제를 해결할 수 있는 능력이 저하되기 때문에 실패로 직결될 위험이 있다. 이렇게 이론과 판례를 완전할 정도로 숙지를 한 경우에도 시험의 합격은 결코 내 곁에 있는 것이 아니다. 합격을 위한 훈련이 필요하다. 그러한 훈련 중에 가장 효과가 있는 것은 모의고사 등을 자주 치러 보는 것이다. 모의고사를 침으로써 실전에 대한 자신감을 가질 수 있고 순발력도 기를 수 있기 때문에 매우 유익한 능력을 기를 수 있는 계기가 된다. 이상과 같이 철저한 준비로도 합격은 보장받지 못한다. 왜냐하면 수험생 자신의 정신적·육체적 컨트롤이 최종적인 성공여부를 결정짓기 때문이다.

오랜 세월동안 필자는 실력을 완벽하게 갖추었음에도 불구하고 실패와 좌절을 맛보는 많은 수험생들을 보아왔다. 어느 정도냐면, 실력은 백인데 컨트롤을 할 수 있는 능력이 팔십인 사람보다 실력은 팔십인데 컨트롤을 할 수 있는 능력이 백인 사람이 시험에 합격할 확률이 더 높더라는 점이다. 본서는 이러한 입장에 철저히 서서 탄력적으로 형법을 공부하고 나아가 실전감각을 익힐 수 있도록 신경을 쓰면서 집필을 하였다. 즉, 본서의 내용을 숙지하고 곧바로 실전에 임하여도 손색이 없게끔 새로운 패러다임의 관점에서 저술을 하였다. 부디 본서로 성공의 발판을 마련코자 하는 수험생 제군들은 필자의 마음을 헤아려 좀 더 용왕매진하여 단 한 번에 합격의 영광을 누리는 행운아가 되길 바란다. 그럼, 조언대로 잘 할 것으로 믿으며 인사의 말을 마치고자 한다.

2023.9.1.
승주명산기슭에서
법학박사 이 찬 엽
변호사 김 효 범

CONTENTS

제1편 형법의 기초이론 7
제 1 절 형법의 기본개념 8
제 2 절 죄형법정주의 13
제 3 절 형법의 적용범위 20
제 4 절 형법이론 25

제2편 범죄론 31
제 1 장 범죄의 기본개념 32
제 2 장 구성요건 40
제 3 장 위법성 92
제 4 장 책임론 141
제 5 장 미수론 166
제 6 장 공범론 197
제 7 장 죄수론 247

제3편 형벌론 271
제 1 절 형벌의 종류 272
제 2 절 형의 양정 281
제 3 절 누범 289
제 4 절 집행유예, 선고유예, 가석방 295
제 5 절 형의 시효와 소멸 301
제 6 절 보안처분 306

암기사항 313

형사법
형법의 도

제 1 편
형법의 기초이론

제1절 형법의 기본개념

I. 형법의 의의

1. 형법의 개념 개관
[범죄 및 그 범죄]에 대한 법률효과로서 [형벌 또는 보안처분]을 규정하는 법규범총체를 말한다. 즉, 형법은 범죄를 법률요건으로 하며 형벌 및 보안처분을 그 법률효과로 갖는 법규범의 총체를 말한다. 형법은 협의의 형법과 광의의 형법으로 나뉘는데, 협의의 형법은 형법전에 규정된 것을 말하고 이를 형식적 의미의 형법이라 말한다. 또한 광의의 형법이라 함은 협의의 형법과 형벌과 보안처분을 법적 제재효과로 규정한 모든 법규범을 총칭한다. 또한 실질적 의미의 형법개념도 등장하는데 여기에는 특별형법, 행정형법, 각종 법률의 형사처벌규정 등이 포함된다. 여기서 주의할 것은 교정관련 법률 즉, 형집행법(종전의 행형법)은 일반적인 형법에는 해당하지 않고 형사법에 속한다는 점이다.

2. 형법의 범위

(1) 협의의 형법

1953년 9월18일 법률 제293호로 공포, 동년 10월3일부터 시행된 형법전을 말한다.

(2) 광의의 형법

1) 협의의 형법을 제외한 모든 형사처벌규정을 포함한다.
2) 특별형법, 행정형법, 국가보안법, 폭력행위등처벌에 관한 법률 등을 말한다.

1) 형법=법률요건(범죄)+법률효과(형벌과 보안처분)
2) 위험형법 등장

| ①보편적 법익개념의 확대, 피해자 없는 범죄 영역확대 |
| ②특별형법의 비대화 |
| ③추상적 위험범의 확대, 미수·예비처벌범위 확대 |
| ④형법의 최우선수단화, 국민계몽화 |

3) 질서위반법과 형벌의 구별

형식설	일정한 형태에 대한 <제재의 종류>가 <형벌이냐 단순한 과태료냐>가 기준
실질설	통설적 견해로서 <규율대상과 방법, 제재의 종류>등을 모두 고려

4) 형사법=형사사건과 관계 있는 모든 형벌법규로서 『최광의의 형법』을 의미한다. 이에는 형법

(실체법)+형소법(절차법)+형집행법(행형법, 소년법)을 포함
5) 『광의의 형법』=협의의 형법+특별형법+행정형법으로서 형법학의 연구대상이 된다.
6) 형법전에 실질적 의미의 형법이 대부분을 차지하지만 실질적의미의 형법에 속하지 않는 것도 포함하고 있다.
예) ★소추조건인 친고죄, 양형의 조건, 형의 실효에 관한 법률

II. 형법의 성격

1. 성격
형법의 규범적 성격으로 가설적 규범(만약~한다면)이 있다. 또한 행위규범(~해서는 안 된다, ~해야 한다)으로서의 역할을 하며 나아가 재판규범(재판의 준칙)으로 작용도 한다. 또한 평가규범, 의사결정규범 등의 성격을 지니고 있다.

2. 형법의 법체계적 지위
(1) 공법관계
(2) 사법법(법적 안정성 성격)
(3) 실체법

3. 형법의 규범적 성격
(1) 가설적 규범
  일정의 범죄행위를 조건에 대한 법률효과를 규정
(2) 행위규범과 재판규범
  1) 행위규범
  금지규범 또는 명령규범을 전제한다.
  2) 재판규범
  법관의 사법활동규제
  3) 평가규범과 의사결정규범
  (a) 평가규범
    행위가 가치에 반하고 위법하다는 것을 평가
  (b) 의사결정규범
    일반국민에 대하여 형법이 무가치하다고 평가된 불법을 ★저질러서는 안 된다는 의무부과

■형법의 성격■

(1) 가설규범, 행위규범, 재판규범

형벌	과거제재, 책임요, 형법전에 규정
보안처분	장래제재, 책임불요, 사회보호법에 규정

(2) 평가규범, 의사결정규범

	범죄의 본질	불법의 본질	형법의 기능
평가규범	법익침해	결과반가치	법익보호기능
의사결정규범	의무위반	행위반가치	사회윤리적 행위가치보호

(3) 금지규범, 명령(요구규범)
 금지규범은 작위범과 부진정부작위범을 규제, 명령규범은 ★진정부작위범을 규제

III. 형법의 기능

1. 보호적 기능
사회질서의 기본가치를 보호하는 기능

(1) 법익보호 및 사회윤리적 행위가치의 보호

1) 법익의 보호
 (a) 법익
  법에 의해 ★보호받는 가치
 (b) 공동생활에 있어서 불가결한 가치를 보호하기 위해 형벌을 보호수단

2) 사회 윤리적 행위가치의 보호
 인간의 행위는 형법적 판단의 대상이 되며 사회 윤리적 행위가치의 보호를 포함한다.

(2) 보충적 원칙
 형법 이외의 다른 수단에 의해 불가능한 경우에 최후의 수단으로 적용될 것을 요함

2. 보장적 기능
국가의 형벌권의 한계를 명백히 함으로써 자의적인 형벌로부터 국민의 자유 및 권리를 보장하는 기능

(1) 일반국민
 형법에 규정되어 있는 범죄 이외에 어떤 행위를 하였더라도 범죄자로서 처벌되지 않는다는 것을 보장한다.

(2) 범죄인
 형법에 규정되어진 형벌의 범위에서만 처벌되고 형법에 규정되어 있지 아니한 법률효과에 의한 **전단적 처벌은 허용하지 않는다**(마그나 카르타).

3. 사회보호적 기능

(1) 일반예방적 기능
형벌을 통한 범죄의 억압적 기능

(2) 특별예방기능
범죄인의 사회복귀 촉진기능+범죄인의 위험성을 개선하여 범죄로부터 사회를 보호하기 위한 보안처분

1) 형법의 기능

법의 본질과 불가분의 관계에 있다는 입장	①보호적 기능 ②보장적 기능 ③규범적 기능 ※형법구조의 논리적 구조의 결론에 지나지 않음
형벌의 기능과 형법의 기능을 구별해야한다는 입장	억압적 기능과 예방적 기능은 형법의 본질적 기능이 될 수 없다.

2) 일반적으로 형법의 기능으로 ①보호적 기능 ②보장적 기능 ③사회 보호적 기능 ④규제적 기능(규범적 기능)으로 대별할 수 있다.
3) <u>보호적 기능=법익 보호+사회윤리적 행위가치보호</u>
4) 규제적 기능은 보호적 기능, 보장적 기능, 사회보호적기능의 시발점이다.
5) 법익보호: 외부로부터의 보호+사회윤리적 행위가치보호: 사회일원으로서 자체를 보호, 양자는 상호 대등·보완·제한의 관계에 있다. 그러나 Welzel은 사회윤리적 행위가치보호(수단)⇒법익보호(목적)로 보고 있다.
6) <u>형법은 <최후수단>⇒<보충성의 원칙>⇒<단편적 성격>⇒<형벌의 탈윤리화>⇒<비범죄화>라는 일련의 순화과정을 밟는다.</u>
 ※★단편적 성격:<u>사회에서 일어나는 모든 사건을 규제할 수는 없다.</u> 즉 그 일부분만을 통제하는 기능을 할 뿐이다.
 ※비범죄화: 사회윤리 그 자체를 형법의 보호대상으로 삼을 수 없다. 즉 필요불가결한 법익침해라고 평가 될 때에만 대상이 된다.
7) 보장적 기능에 대하여 Maihofer는 국민에게 무한한 행동의 자유를 보장한다고 설명, Liszt는 범죄인의 대헌장으로 설명
8) 비교

	형법의 성격	불법의 본질	범죄의 본질
법익 보호	평가규범	결과불법	법익침해
사회윤리적 행위가치 보호	의사결정규범	행위불법	의무위반

✿ 형법의발전과정[복위박과] ✿

복수시대 (復讐時代)	(1) 사형(私刑): 개인적·사적 복수, 원시시대로부터 고대국가 형성전까지 지배 (2) **동해보복(Talio법칙)** (3) 속죄형제도 (4) 미신 및 종교에 따른 사회통제(Taboo) (5) 은신처제도(隱身處制度: Asylum) (6) **함무라비법전**이 대표적인 내용을 담고 있다. <함무라비법전의 주요내용> (1) 소유자 아닌 제3자가 타인소유의 토지에 있는 수목을 베었다면 그에 대해 배상(변상)해야 한다. (2) 절도(도둑)가 소나 양, 당나귀, 돼지, 염소 중 하나라도 훔쳤다면 열배로 보상해 주어야 한다. 보상이 불가능하다고 판단되면 그 자는 사형에 처한다. (3) 행위자가 타인의 눈을 멀게 하였다면 행위자의 눈알을 뽑을 것이다. 그리고 다른 사람의 이빨을 손상시켰다면 그 행위자의 이빨도 손상케 할 것이다. 아울러 타인의 뼈를 부러뜨렸다면 그 행위자의 뼈도 부러뜨릴 것이다.
위하시대 (威嚇時代)	(1) 형벌의 국가화: 고대국가로부터 17세기까지 지배 (2) 죄형전단주의(罪刑專斷主義): 범죄 행위의 규정과 형벌의 결정을 법률에 의하지 않고 **재판자의 자유재량에 맡긴다는 주의**를 말한다. 죄형법정주의가 수립되기 전에 **전제 정치(專制政治)**에 수반하여 행하여 졌다. (3) 왕의 권력이 강화되었으며 공형벌의 개념이 등장(사적 복수를 배제하기 시작) (4) 엄중한 형벌제도의 구축: 사형, 태형(笞刑: 태장으로 볼기를 치는 일이나 그런 형벌, 낙형(烙刑: brand a criminal as punishment : 불에 달군 쇠로 몸을 지지는 형벌)을 가함으로써 준엄한 형벌제도를 실현하였다. (5) 일반예방주의를 강조 (6) 16세기의 **카롤리나 법전**이 대표적이다. <카롤리나 법전의 주요내용> 카롤리나 법전(1532년)에서는 **법정증거주의(證據法定主義)**를 기본내용으로 채택하였는데 이는 재판에 있어서 형사제재(형벌 등) 선고시에 피의자(피고인)의 자백 또는 최소한 2명(3명)의 신빙성(信憑性: 믿어서 근거나 증거로 삼을 수 있는 정도나 성질)을 가진 유력한 증인, 예를 들어 사건을 목격한 증인이나 사건내용을 직접 청취한 사실을 진술하는 증인 등의 증언에 따른 범죄의 증명(證明)을 필요로 한다. 이러한 법정증거주의 하에서는 자백이 증거의 여왕으로 평가되었으므로 고문에 의한 자백획득제도가 난무하였으며 결과적으로 인권침해가 자행되었다. 이러한 법정증거주의를 탈피하기 위하여 자유심증주의(自由心證主義)의 주장이 도래하게 된다.
박애시대 (博愛時代)	(1) ★형벌의 법률화(죄형법정주의(罪刑法定主義)) (2) 계몽주의 사상 (2) 합리주의 사상 (4) 민주주의 사상 (5) 법치주의 사상 (6) 응보형주의 강조 (7) 「인도적 형벌제도」 구축 (8) 이러한 사상은 Beccaria, Feuerbach, Kant, Hegel 등에 의하여 주창되었다.
과학시대 (科學時代)	(1) 형벌의 개별화 강조 (2) ★**특별예방주의**를 내세움으로써 **범인의 재사회화**를 도모하게 되었다. (3) 산업화에 따르는 범죄의 격증 및 상습범 및 소년범죄의 다발(多發) (4) **범죄원인을 실증적으로 분석**함으로써 과학적 근거를 제시하고자 하였다. (5) 이러한 주장은 Lombroso, Ferri, Garofalo 등에 의하여 더욱 발전하는 계기가 되었다.

제 2 절 죄형법정주의

I. 죄형법정주의의 의의

1. 의의
어떠한 행위가 범죄로 되고 그러한 범죄에 대하여 어떤 처벌을 할 것인가는 ★미리 성문의 법률에 규정해야 한다는 원칙을 말한다.

2. 규정
헌법 제12조 1항, 제13조 1항, 형법 제1조 1항 등에 규정

II. 죄형법정주의의 발전 및 사상적 기초

1. 죄형법정주의의 발전
(1) 미국헌법과 프랑스 인권선언에 의하여 확립
(2) 1789년 프랑스인권선언 제8조의 선언

2. 죄형법정주의의 사상적 기초
(1) 죄형법정주의의 법리적 기초의 제공 '포이어바하(심리강제설)'에 의함
(2) 몽테스키외의 「법의 정신」+삼권분립이론

III. 죄형법정주의의 현대적 의의

1. 죄형법정주의의 가치
(1) 민주주의적 권력분립이론+형벌이론으로서의 **심리강제설을 사상적 기초**
(2) 죄형법정주의의 의의
국가의 형벌권행사의 자의로부터 국민의 자유와 권리를 보호

2. 죄형법정주의와 법치국가원리
(1) 요청사항
법적 안정성을 요구하는 형식적 법치국가원리+실질적 법치국가의 원리에 의하여 그 내용이 실질적 정의에 합치될 것까지 요구한다.

(2) 현대적 의미의 죄형법정주의

실질적 정의에 합치하게 하는 「★적정한 법률 없으면 범죄 없고 형벌 없다」라는 원칙수용

1) 죄형법정주의는 실체법적 규정이므로 절차법(형사소송법)에는 적용되지 않는다.

형법	죄형법정주의
형사소송법	형사절차법정주의

2) 죄형법정주의의 기능
   보장적 기능+적극적 일반예방기능(사회교육적 학습효과, 사회의 법질서 안정)
3) 이미 무죄의 확정판결이 있는 경우에는 후에 새로운 증거가 발견되더라도 처벌할 수 없는 것은 죄형법정주의의 요청과는 무관하다. 즉 새로운 증거의 발견은 형사소송법의 범주에 속하기 때문이다(증거재판주의).
4) 형법전에 규정되어 있지 않으나 사회적 위험이 큰 경우에는 <벌하지 않는다.> 왜냐하면 항상 특별법을 제정해서 형벌을 과하는 것은 효율성이 저하되기 때문이다.
5) 죄형법정주의 사상적 배경
   ①권력분립론(자연적 인권사상~계몽주의 사상) ②일반예방사상 ③정치적 자유주의(법률을 통한 지배자의 자기 구속: Hobbes) ④책임주의
   ※책임주의: 가벌성이 행위이전에 미리 법률에 규정되어 있지 않으면 행위자에게 비난할 수 없고, 자신의 행위의 허용여부에 대해서도 알 수 없기 때문
6) Montesquieu에게 있어서 사법권은 「無」에 불과하며 단순히 법을 적용하는 기계에 불과한 것이며 법관은 「법을 말하는 입」, 그 힘이나 엄격함을 완화할 수 없는 「무생물」에 지나지 않는다.
7) 도로교통법 제41조 제4항은 음주운전죄의 구성요건 가운데 음주운전으로 형사처벌되는 음주량의 기준(혈중알콜농도)을 직접규정하지 않고 도로교통법 시행령에 규정한 것은 죄형법정주의에 위반
   ※백지형법은 죄형법정주의의 내용인 법률주의에 위반할 가능성이 있다.
8) 죄형법정주의는 형법학의 산물이 아니라 ★역사적 산물이다. 즉 국민의 권리보호의 욕구에서 분출된 혁명의 산물이다.
9) 죄형법정주의에 대해서 종래의 다수견해로 영국의 대헌장(1215)을 기원으로 보았으나 유력한 견해로 영국의 대헌장은 「적법한 재판이나 국가의 법률에 의하지 않은 체포, 구금, 기타 법적 보호의 박탈, 추방, 폭력 등은 금지된다.」는 절차적 보장을 규정한 것으로 보아 이를 부정한다.
10) 1926년 소련의 형법과 1935년의 독일의 형법은 죄형법정주의를 배제한 바 있다(1946년, 1958년 복귀).
11) 죄형법정주의는 헌법 제12조(신체의 자유), 동법 제13조(소급입법의 제한), 형법 제1조(범죄의 성립과 처벌)에 규정하고 있다.
12) 법률주의는 형법규범은 국민의 대표기관인 국회에서 입법절차에 따라 제정되야한다는 「대의민주주의사상」에 그 근거가 있다(직접민주주의X).

IV. 죄형법정주의의 내용

1. 법률주의

> 죄형법정주의의 내용★[관소명유적]
> ⅰ) 관습형법금지의 원칙 ⅱ)소급효금지의 원칙 ⅲ)명확성의 원칙 ⅴ)유추해석금지의 원칙 ⅵ)적정성의 원칙

(1) 법률주의의
1) 국민의 대표기관인 국회의 입법절차에 따라 제정되어야 한다.
2) **백지형법, 벌칙의 제정을 명령 또는 조례에 위임하는 것까지 금지하지는 않는다.**+위임 내지 수권의 범위가 법률에 명백히 규정 요함

1)보충적 관습법의 인정여부(간접적으로 형법해석에 영향)

긍정설	수리방해죄(수리권의 범위), 배임죄(타인의 사무처리원인), 업무상횡령죄(업무의 근거) 등에서 가벌성 확인위해 인정
부분긍정설	성문법규정의 범위내에서 내재하는 의미해석: 범죄자에게 불리한 작용을 하는 일반이론은 구속력이 없다.
부정설	가벌성의 해석은 물론, 형을 감경, 가벌성을 배제함으로써 피고인에게 유리한 적용을 하는 것도 불인정

2)성문의 형법 규정을 관습법에 의하여 폐지하거나 구성요건을 축소, 형을 감경하는 것은 관습형법금지의 원칙에 반하지 않는다. 관습법에 의한 책임조각사유, 인적 처벌조각사유, 위법성조각사유의 존재도 인정.

3)보충적 관습법의 예
  ★ⅰ)부진정부작위범의 보증인적 지위 ⅱ)원인에 있어서 자유로운 행위에 대한 책임의 근거 ⅲ)위법성의 판단 ⅳ)수리방해죄(184조)의 수리권의 근거
  ※보충적 관습법은 「법규범의 흠결의 보충」이라는 법의 일반이론에서 등장

<<포이에르바하의 심리강제설과 죄형법정주의>>
「이성」을 가진 인간이 「쾌락(범죄)과 불쾌(형벌)」비교해서 범죄억제

(2) 관습형법금지의 원칙
1) 관습법의 의의
관습법은 오랜 시간에 걸쳐 일반적으로 법으로 인정되어 온 법사회에서의 습관을 말함.+내용과 범위가 명백하지 않음(죄형법정주의에 배치).

2) 관습형법금지의 원칙의 적용범위
(a) **새로운 구성요건을 만들거나 ★기존의 구성요건을 가중처벌하는 것은 허용되지 않음.**
(b) 성문의 **형법규정을 관습법에 의해 ★폐지+구성요건을 ★축소+★형을 감경**하는 것은 **허용**
(c) 책임조각사유+인적 처벌조각사유+위법조각사유+징벌권 존재 인정
3) 보충적 관습법
형법의 해석에 간접적으로 영향을 줌

2. 소급효금지의 원칙

> 소급효금지의 원칙은 형법상의 가벌성의 모든 전제조건에 대해서 적용된다.

(1) 의의
형법(법규)은 그 시행 이후에 이루어진 행위에 대해서만 적용되며 시행 이전의 행위에까지 소급해서 적용할 수 없다는 원칙이다.

(2) 담보 및 근거
법적 안정성과 법률에 대한 예측가능성을 담보하는 법치국가원리+형사정책적 근거를 가짐

(3) 적용범위
1) 사후금지의 처벌의 금지

사후입법에 의하여 새로운 구성요건을 제정+이미 존재하는 구성요건에 새로운 행위를 포함하는 경우 이는 금지원칙적용+각칙상의 구성요건을 신설, 개정하는 경우 및 총칙 규정개정으로 처벌의 범위를 확장하는 경우포함

2) 형벌과 보안처분, 소송법규정

(a) 보안처분

보안처분도 소급효금지의 원칙이 적용된다.

(b) 소송법 규정

소급효금지의 원칙이 적용되지 않음+친고죄를 비친고죄로 개정, 공소시효를 연장한 때에는 신법을 소급적용하는 것은 소급효금지의 원칙에 반하지 않음

★소급효금지의 원칙에서 문제되는 사항

소송법규정의 변경	소송법규정이 범죄의 가벌성에 관계되는 경우 소급효금지의 원칙을 적용할 것인가(친고죄를 비친고죄로 개정, 공소시효연장) (1)긍정설: 범죄의 가벌성과 처벌의 필요성에 관련시 소급적용 말 것(소급효금지원칙적용) (2)부정설: 만료된 공소시효의 재개(X), 공소시효기간 사후적 연장(O), 공소시효진행정지(O) (3)판례: 「공소시효정지」를 규정한 5·18민주화운동 등에관한 특별법에서 부진정소급효(공소시효완성안된경우)는 물론 진정소급효(공소시효완성된 경우)모두 인정
판례의 변경	판례를 변경하여 그 변경 이전에 행한 범죄를 처벌 또는 가중처벌 할 수 있는가(판례에 대해서 소급효금지의 원칙적용여부) (1)긍정설: 판례가 불이익하게 변경된 경우라도 피고인의 신뢰보호와 법적안정성을 보장하기 위하여 소급효금지의 원칙을 적용해야 한다.: 판례는 법원성 없다. (2)부정설: 판례는 법원성을 갖지 않기 때문에 소급효금지의 원칙을 적용할 수 없다. 예외적으로 금지착오(제16조)에 해당하여 정당한 이유가 있을 때에는 벌하지 아니한다.:이재상 비판: 판례는 법령이 아니다. (3)절충설: 입법자가 법률의 명확성의 원칙을 제대로 실현하지 못했기 때문에 「판례가 법률보충기능을 하는 경우」에 소급효금지의 원칙을 적용
보안처분	(1)적용설(다수설): 국민의 자유를 제한한다는 점 (2)부적용설(재판시설): 보안처분은 장래의 위험성에 대한 합목적적 조치이므로 판결시 결정하면 족하다. (3)개별적 적용설: 보안처분의 범주가 넓다. (4)판례: 형법개정전의 행위에 대하여 보안처분인 보호관찰 명할 수 있다. 즉 적용부정설 입장

보호관찰	소급적용 가
보호감호	소급적용 불가

★형법 제1조 2항 및 제8조에 의하면 범죄후 법률의 변경에 의하여 형이 구법보다 경한 때에는 신법에 의한다고 규정하고 있으나, 신법에 경과규정을 두어 이러한 신법의 규정을 배제하는 것도 허용되는 것으로서, "형을 종전보다 가볍게 형벌법규를 개정하면서 그 부칙으로 법의 시행전의 범죄에 대하여 종전의 형벌법규를 적용한다." 하여 형벌불소급의 원칙이나 신법우선의 원칙에 반하지 않는다.

3. 명확성의 원칙

(1) 의의

법률에 범죄와 형벌을 가능한 한 명확하게 확정해야한다는 원칙

(2) 명확성의 원칙의 내용

1) 구성요건의 명확성

명백하고도 확장할 수 있는 개념을 사용+그러나 가치개념을 포함하는 일반적, 규범적 개념을 사용하는 것까지 금지할 수 없다.

2) 부정기형의 금지
(a) **부정기형의 의의**
 형의 선고시에 기간을 특정하지 않은 형
(b) **유형**
 a) 절대적 부정기형
 기간을 정하여져 있지 않은 형+죄형법정주의에 반함
 b) 상대적 부정기형
 기간을 상대적으로 정함+형기를 수형자의 개선, 소년범과 상습범에 대하여 형벌의 개별화사상으로 도입(인정)+죄형법정주의에 반하지 않음

> 1) 명확성의 원칙은 「구성요건과 법적효과」의 명확성을 그 내용으로 하고 있다.
> 2) 명확성의 원칙은 일반인의 이해와 판단으로 그 구성요건에 해당하는 행위인가를 판단할 수 있게 할 것을 요하는 것이지 "구체적으로 행위자가 인식했는가는 문제되지 않는다."
> 3) Welzel은 죄형법정주의에 대한 진지한 위험은 "유추해석에 있는 것이 아니라 오히려 불명확한 형법에 있다"고 지적한 바 있다.⇒**영미: 불명확에 의한 무효이론**(void for vagueness)
> 4) 구성요건의 명확성=예견가능성+가치판단+구체화의 가능성과 비례성의 원칙
> ※가치판단에 있어서 구체적인 법익보호 자체를 법관에게 위임한 때에는 명확성의 원칙에 반한다.
> ※가치판단=보호요소+규범의 목표+형법적 결단
> 5) 명확성의 정도
> 구성요건의 명확성〉 제재의 명확성
> 6) 명확성의 원칙과 부정기형문제

절대적 부정기형	형의 장·단기가 특정 안 됨⇒명확성원칙에 반함
<u>상대적 부정기형</u>	[장기와 단기] 또는 [장기]가 [법정됨]⇒명확성원칙에 반하지 않음 예)소년에 대해서는 상대적 부정기형 인정(소년법 제60조)

4. 유추해석금지의 원칙

(1) **의의**
 1) **법률에 규정이 없음에도 이러한 사항에 대하여 그것과 유사한 성질을 가지는 사항에 관한 법률을 적용하면 안 된다.**
 2) 새로운 구성요건신설+기존의 구성요건에 대한 형을 가중 불가

(2) **적용범위**
 1) 각칙상의 구성요건+총칙규정+불법과 책임요소+인적 처벌조각사유+객관적 처벌조건+형벌+보안처분 등에 유추해석 불허
 2) 피고인에게 ★유리하면 유추해석이 가능(형벌을 감경하거나 조각)+★소송법의 규정에 대하여 유추해석허용

(3) 해석과 유추의 한계

★확장해석은 형법상 금지됨

> 1) 유추해석이란 **법률에 규정이 없는 사항**에 대하여 그것과 유사한 성질을 가지는 사항에 관한 **법률을 적용하는 것을** 말한다.
> 2) 법정형중 무기징역을 선택하고 작량감경(제53조)한 때에는 경합범가중(제38조)하여 15년을 넘는 징역을 선고하는 것은 피고인에게 불이익한 유추해석이다.
> 3) 주택건설촉진법의 입주개시일부터 6월간 전매 금지 규정을 입주개시일전에 전매한 자에게 적용하는 것은 유추해석이다.

★유추해석금지의 원칙은 실체법에만 인정된다는 것이 다수의 견해이다.

■ 유추해석금지의 원칙에서의 문제점 ■

확장해석과의 관계	(1)**다수설: 확장해석가, 유추해석 불가** ※확장해석은 구성요건상의 <u>어의의 최대한의 한계</u>에 속하며 해석방법의 일종 (2) 유력설: 확장해석, 유추해석 모두 불가
법전편찬상의 과오	입법자의 의사가 명백히 오기되었거나 잘못 표현된 경우에 이를 해석에 의하여 보충하고자 하는 이론 (1) 법관에 의한 전체적·체계적 해석이 가능 (2) 언어의 가능한 의미의 한계를 넘는 해석이며, 해석론과 입법론을 서로 혼동한 것에 불과
목적론적 축소해석의 허용여부	일정한 목적표상의 향도를 받아 당해 언어의 가능한 의미보다 더 축소하는 해석방법 (1) 유력설: 인정 (2) 다수설: 불인정 공선법상 피고인이 이해유도죄로 구속영장이 발부된 후 검찰에 자진 출두하여 범죄사실을 자백한 경우 '자수'에 해당하는지 여부 (3)판례: 다수견해⇒**범행발각 전후 불문 자수인정** 　　　　　소수견해⇒범행발각 전에만 자수인정 (4)결론: 소수견해에 따르면 결과적으로 유추해석과 동일한 결과를 가져와 형벌권의 확장을 초래하므로 목적론적 축소해석은 불허

5. 적정성의 원칙

(1) 의의

법률의 내용의 측면에서 <u>정당한 국가의 이상형에 부합하는 적정한 내용</u>이 될 것을 요구

(2) 내용

1) 형법을 <u>중요하고도 본질적인 사회가치를 보호</u>하기 위한 수단으로만 사용(「**필요 없으면 형벌 없다**」, 「**불법 없으면 형벌 없다**」)

2) 형벌규범은 ★본질적인 필요성이 있을 경우에만 적용

3) 형벌의 균형

범죄에 대하여 형벌이 균형성이 유지되어야 함

4) 책임 없는 형벌은 가혹한 보복에 해당(「**책임 없으면 형벌 없다**」)

> 1) 적정성의 원칙=**형벌법규의 적용의 필요성+죄형의 균형**(특정범죄가중처벌등에관한법률 제15조의 2항 1호(소위 뺑소니: 사, 무, 10)가 살인죄(사, 무 , 5)보다 무겁게 처벌하는 것은 헌법에 위반)
> 2) 판례는 확장해석도 인정할 수 없다는 태도를 보이고 있다.
> 3) 적정성의 원칙은 형식적 법치주의개념에 뿌리를 박고 있는 죄형법정주의원칙의 고유한 의미와 기능을 왜곡시킬 염려가 있어 부정되어야 한다는 입장도 있음(김일수)
> 4) <u>적정성의 원칙⇒기본적 인권의 보장(=★실질적 의미의 죄형법정주의)</u>

제 3 절 형법의 적용범위

I. 시간적 적용범위

1. 서론

(1) 행위시법주의와 재판시법주의

1) 형법의 시간적 적용범위

어느 때에 행한 범죄에 대해 형법이 적용되는가 문제

2) 형법 제1조 제1항

행위시법주의를 원칙

3) 시간적 적용범위의 문제

⒜ (행위시) 처벌법규가 없었는데 사후에 범죄(형벌)로 규정

⒝ (행위시)에 있던 처벌법규가 사후에 폐지

⒞ 행위시와 재판시 사이에 처벌법규에 있어서 형의 경중에 변경

2. 소급효금지의 원칙

행위시에 범죄가 아닌 것을 ★사후입법에 의하여 ★범죄로 만든 경우+형을 ★가중하는 경우에 신법을 적용 불가

3. 행위시법주의의 예외

(1) 형의 경중에 변화가 있을 시에는 경한 법을 소급적용
(2) 신법의 형이 경할 때+<u>처벌법규가 없어진</u> 때에도 적용+형법 제1조 제2항 「범죄 후 법률의 변경에 의하여 그 행위가 <u>범죄를 구성하지 아니하거나</u> <u>형이 구법보다 경한</u> 때에는 <u>신법에 의한다</u>.」라고 규정
(3) 신법적용의 요건
1) 범죄후의 법령변경
 (a) **실행행위 중에 법률의 변경으로 실행행위가 <u>신, 구법에 양쪽에 걸쳐 행하여진 경우</u>**
   <u>행위시법인 신법</u>이 적용
 (b) **법률**
   총체적 법률상태 또는 전체로서의 법률을 의미+<u>명령포함</u>
 (c) **형의 경중**
  a) 법률의 변경이 있지만 ★형의 경중에 변화가 없을 경우
   구법적용
  b) 동일한 형종, 형기인 경우
   신법에 경한 선택법, 벌금, 부가형인 경우 경한 법적용

1) 형법의 시간적 적용범위	
원칙	형법 제1조 1항: <u>행위시법주의</u>
예외(1)	형법 제1조 2항: 재판시법주의 ★<u>범죄후⇒법률변경⇒[구성X, 경]⇒신법</u>
예외(2)	형법 제1조 3항: 재판시법주의 ★<u>재판확정 후⇒법률의 변경⇒[구성X]⇒형집행면제</u>
2) 범죄 후 법령의 변경에는 <u>결과발생을 요하지 않는다</u>. 3) <u>신법이 경한 때에는 [형이 경한 때]뿐만 아니라 [처벌법규가 없어진 때]에도 적용</u>된다. 4) <u>대법원</u>-->포괄일죄의 경우에 신법 시행이후의 범행이 <u>신법의 구성요건을 충족하는 때에는 신법을 적용</u>해야한다. 즉 부칙 제4조는 현형법과 구형법의 적용을 규정한 경과법에 불과하며 이를 기준으로 언제나 구법이 적용된다고 하는 것은 타당하지 않다	

✿시간적 적용범위✿

	규정내용		외국(독 일)	대한민국
(1) 죄형법정주의 (범죄의 성립과 처벌)	법률주의 및 형법불소급의 원칙		제1조	제1조 제1항 및 제2항
(2)시간적 적용범위	1) 행위시법주(원칙)		제2조 제2항	
	2) 행위시법주의예외(<u>재판시법주의</u>)		제2조 제3항	
	3) 한시법의 추급효(<u>행위시법주의</u>)		제2조 제4항	<u>명문규정이 없다.</u>

4. 한시법

(1) 의의

법이 유효기간이 정해져 있으므로 미리 폐지가 예상되어 있는 법률에 관하여는 폐지 전의 행위가 있을 경우 이에 대하여 시행시법의 ★[추급효]를 인정해야 하는 경우 당해 법을 말함

(2) 한시법의 범위

1) 형벌법규에 유효기간이 명시되어 있는 것(우리나라의 경우 협의로 파악)
2) 그리고 광의의 한시법은 유효기간이 사실상 제한되는 법령(임시법포함)

(3) 한시법의 추급효

1) 추급효부정설과 긍정설이 있지만 판례는 동기설을 취함
2) 동기설은 법률 동기가 [법적 견해의 변경]을 원인으로 한 경우와 [단순한 사실관계의 변화]를 원인으로 한 경우를 구별하여, 전자에 있어서는 행위의 가벌성의 소멸로 처벌할 수 없지만 ★[후자에 있어서는 가벌성이 소멸되지 않았기 때문에 한시법의 추급효를 인정]

■ 한시법 ■

문제의 제기	형법 제1조 2항과 형사소송법 제326조 4호에 의하여 범죄 후 법률의 변경에 의하여 범죄를 구성하지 아니한 때에는 신법을 적용하여 면소판결을 해야 한다. 이와 관련하여 유효기간이 경과한 법률을 <u>폐지전의 행위에 대하여 적용할 수 있는</u>가의 문제
한시법의 의미	(1)협의(다수설): 미리 유효기간 명시 (2)광의(이재상): 법령의 내용이나 목적에 비추어 일시적 특수한 사정에 대처하기 위한 것 포함
추급효인정여부	(1)추급효 부정설: 법적 근거 없다. (2)추급효 인정설: 비난가치, 법의 실효성 (3)★[동기설]:①<u>법적견해의 변경: 추급효불인정</u> 　★★★★폐지 ②<u>단순한 사실관계에 의한 변경: 추급효인정</u>

(4) 백지형법

1) 의의

형벌의 전제가 되는 구성요건의 전부(일부)의 규정을 다른 법률이나 명령(고시) 등으로 보충해야 되는 형법규범+★중립명령위반죄, 경제통제법령 등

2) 보충규범의 개폐와 법률의 변경

일시적 사정에 대처하기 위해 사실상 유효기간이 정해져 있는 보충규범이 개폐된 경우에 한시법에 해당하므로 추급효로 인정

> 1)법률의 변경
> 가벌성의 존부와 정도를 규정하는 총체적 법상태 또는 전체로서의 법률을 의미한다.
> ※백지형법상의 보충규범인 ★[행정처분이나 조례, 고시까지도] 포함
> ※변경이란 개정과 폐지를 포함하는 의미이다.
> 2)경한 형으로 변경된 경우는 형의 경중은 법정형이며 주형뿐만 아니라 부가형도 포함한다. 그러므로 종래 징역형만 있다가 벌금형이 추가 된 경우에는 경한 형으로 변경된 것이다.

■ 백지형법 ■

의의	구성요건의 전부 또는 일부의 규정을 명령 또는 고시에 위임한 경우(보충규범, 충전규범)⇒예)형법 제112조(중립명령위반죄)
개폐	★[보충규범의 개·폐]가 형법 제1조 제2항의 ★[법률의 변경]에 해당하는 가의 문제 ⑴소극설: 법률의 변경에 해당하지 않는다. ⑵적극설(다수설): 법률의 변경에 해당한다. ⑶절충설: ⓐ구성요건자체를 정하는 법규의 개폐⇒법률의 변경O ⓑ단순히 구성요건에 해당하는 사실면에의 변화⇒법률의 변경X
판 례	도로교통법에 의한 고시가 변경된 사안에서 『교통질서 유지를 위한 특수한 필요에 대처』하기 위하여 법령이 개폐된 경우에 불과하다는 입장을 보이고 있다(★동기설).--> ★★★★폐지

II. 장소적 적용범위

1. 속지주의

자국의 영역 내에서 발생한 모든 범죄에 대해 범죄인의 국적을 불문하고 자국형법적용+선박 또는 항공기내(기국주의)

2. 속인주의

(1) 자국민의 범죄에 대하여 범죄지를 불문하고 자국형법을 적용

(2) ★적극적 속인주의(자국민의 외국에서 범한 범죄에 대하여도 자국형법을 적용)+★소극적 속인주의(외국에서 자국 또는 자국민★의 법익에 대한 범죄에 대하여 자국형법 적용)

3. 보호주의

자국 또는 자국민의 법익을 침해하는 범죄에 대해(주체, 장소 불문) 자국형법을 적용

4. 세계주의

주체 및 장소불문하고 문명국에서 인정되는 공통법익을 침해하는 범죄에 대해 자국의 형법 적용

5. 형법의 태도

(1) 속지주의의 원칙(기국주의도 채택)+속인주의의 가미(대한민국 영토외에서 죄를 범한 내국인에게 적용)

(2) 보호주의

1) 내란의 죄, 외환의 죄, 국기에 관한 죄, 통화에 관한 죄, 유가증권, 수표에 관한 죄, 인지에 관한 죄, 문서에 관한 죄, 인장에 관한 죄를 범한 ★외국인에게 적용

2) 다만 범죄를 구성하지 않거나 소추 또는 형의 집행을 면제할 경우는 예외

(3) 외국에서 받은 형의 집행

범죄로 인하여 외국에서 형의 전부 또는 일부의 집행을 받은 자에 대하여는 형의 감면 또는 면제한다.(★다시 형을 선고하여도 위법이 아님+액수 선고 시에도 추징가능).

1) 장소적 적용범위 속지주의가 원칙이며 예외적으로 속인주의 등을 가미 2) 속인주의	
적극적 속인주의	자국민의 외국에서 범한 범죄에 대하여 자국형법적용
소극적 속인주의	외국에서 자국 또는 자국민의 법익에 대한 범죄에 대해 자국형법 적용

3) 형법 제5조와 제6조
4) 외국에서 받은 형의 집행 ⇒ 필요적 감면사유
  ※외국판결에서 몰수의 선고가 있는 때에는 그 가액을 추징하여야 한다.

제5조	내란죄/외환죄/국기에 관한 죄/통화에 관한 죄/유기증권, 우표와 인지에 관한 죄/문서에 관한 죄 중 제225조 내지 제230조(공문서, 공전자기록)/인장에 관한 죄 중 제238조(공인) 등은 보호주의
제6조	상기이외의 죄를 범한 때(보호주의) ※단 상기이외의 죄를 범한 외국인이 <행위지의 법률>에 의하여 <범죄를 구성X>거나 <소추 또는 형의 집행을 면제>시 불벌

III. 인적 적용범위

1. 국내법상의 예외

대통령(내란 또는 외환의 죄를 범한 경우를 제외하고 재직 중 형법상 소추를 받지 않음)+국회의원(국회 내에서 직무상 행한 발언 및 표결에 대해 국회 외에서 책임을 지지 않음)

2. 국제법상의 예외

치외법권을 가진 자(국외의 원수, 외교관, 그 가족, 내국인 ★아닌 종자)+외국의 군대(대한민국과 협정이 체결되어 있는 외국의 군대)에 대하여는 우리의 형법을 적용안함

■ 인적 적용범위 ■

1) 대통령: 내란, 외환죄 제외하고 재직 중 형사소추X
2) 국회의원: 국회에서+직무상+발언과 표결⇒국회 외에서 책임을 지지 않는다.

제 4 절 형법이론

I. 형법이론의 의의

1. 형법이론

(1) 형법의 기본이념에 대한 지도이념을 구성하는 법철학적 이론

(2) 범위

1) 형벌이론

형벌의 본질과 목적, 의미가 무엇인가를 규명

2) 범죄이론

형벌의 전제가 되는 범죄의 본질의 파악

2. 역사

(1) 복수시대	사형(私刑), 동해보복(Talio), 속죄형제도
(2) 위하시대	★형벌의 국가화, 죄형전단주의, 「일반예방주의」
(3) 박애시대	형벌의 법률화(죄형법정주의), 계몽주의, 합리주의, 민주주의, 법치주의, 응보형주의, 「인도적 형벌제도」, 베칸포헤
(4) 과학시대	형벌의 개별화, 특별예방주의, 롬페가리

II. 형벌이론[응목]

1. 응보형주의

(1) 의의

형벌은 범죄에 대한 정당한 응보에 있음

(2) 응보형주의의 내용

칸트(정언명령)+헤겔(논리적, 변증법적 자연)

2. 목적형주의

(1) 의의

형벌의 의미는 장래의 범죄를 예방(상대설)

(2) 범위(종류)

1) 일반예방주의

형벌은 잠재적 범죄인의 ★위하에 의한 범죄예방에 목적을 둠(베까리아(「범죄와 형벌」)+포이에르바흐(심리강제설))

2) 특별예방주의

형벌은 범죄인에 대한 사회복귀+★격리를 통해 재범방지(롬브로소(생래적 범죄인론+리스트(목적형주의))

3. 형법해석과 형벌의 목적

(1) 책임

형벌의 전제+형벌의 ★상한을 제한 But 하한은 제한하지 않음

(2) 일반예방과 특별예방
   정당한 응보의 범위 안에서만 의미
(3) 행위+책임+응보의 원칙
   형벌의 종류와 범위가 범죄에 부합+상응할 경우에만 정당한 형벌로 인정

III. 범죄이론[객주]

형벌의 기초를 이루는 범죄의 본질 파악문제

1. 객관주의와 주관주의의 의의

(1) 객관주의
   외부적인 행위의 ★결과에 둠+형벌의 종류와 경중도 이에 상응해야 함+형벌의 대상은 범죄사실+★자유의사는 각자에게 평등

(2) 주관주의
   형벌의 대상은 ★범죄인+형벌의 경중과 종류은 범죄인의 악성(사회적 위험성)에 의해결정+범죄징표주의+성격주의+★자연과학적 결정론

2. 양주의의 형법해석의 차이

	객관주의	주관주의
(1)구성요건적 착오	구체적 부합설·법정적 부합설	**추상적 부합설**
(2)책임의 근거	**도의적 책임론**	**사회적 책임론**
(3)책임판단의 대상	행위책임	성격책임
(4)책임능력의 본질	범죄능력	형벌능력
(5)**미수와 기수**	구별	**★불구별**
(6)실행의 착수시기	객관설	주관설
(7)불능범·불능미수 구별	객관설·구체적 위험설	주관설·추상적 위험설
(8)공범의 본질	범죄공동설	행위공동설
(9)공범의 종속성	공범종속성설	**★공범독립성설**
(10)죄수론	행위표준설·구성요건표준설·법익표준설	의사표준설

IV. 형법학파의 대립

1. 고전학파
(1) 19세기 말엽 이후 독일 형법학에서 근대학파의 등장에 의한 종래의 전통형법학파
(2) 계몽철학의 개인주의, 자유주의를 사상적 배경

2. 근대학파
(1) 19세기 후반 자연과학이 급속발달+자연과학적 방법론으로 형법학의 실증적 탐구
(2) **실증학파, 사회학파**

MEMO

형사법
형법의 도

제 2 편
범죄론

제 1 장 범죄의 기본개념

제1절 범죄의 의의와 종류

I. 범죄의 의의

1. 범죄의 개념

(1) 형식적 범죄개념

범죄는 형벌법규에 의하여 형벌을 과하는 행위+범죄는 구성요건에 해당하고 위법하고 책임 있는 행위

(2) 실질적 범죄개념

어떠한 행위를 형벌에 의하여 처벌할 수 있는가. 즉 실질적 요건을 규명+범죄는 형벌을 부과할 필요 있는 불법에 해당할 것+사회적 유해성, 법익을 침해하는 반사회적 행위

2. 범죄의 본질

권리침해+법익침해+의무위반

3. 범죄이론과 형벌이론(도해)

(1) 범죄이론	(1)객관주의 (2)주관주의

(2) 형벌이론	(1)응보형주의
	(2)목적형주의 ⓐ일반예방
	              ⅰ)적극적 일반예방
	              ⅱ)소극적 일반예방
	          ⓑ특별예방
	(3)통합형

II. 범죄의 성립조건·처벌조건·소추조건

1. 범죄의 성립조건

범죄성립=구성요건해당성+위법성+책임

(1) 구성요건해당성
구체적 사실이 범죄의 구성요건에 해당하는 성질+추상적, 유형적으로 규정

(2) 위법성
구성요건에 해당하는 행위가 법률에 의해 허용하지 않는 성질+구성요건에 해당하는 행위는 원칙적으로 위법 But 정당방위의 경우는 예외

(3) 책임
행위자에 대한 비난가능성+형사미성년자나 심신상실자는 범죄불성립

2. 범죄의 처벌조건

(1) 처벌조건의 의의
범죄가 성립한 경우 처벌권발생의 필요조건

(2) 내용
1) 처벌조건이 없어서 형벌을 부과할 수 없는 행위에 대한 정당방위가 가능
2) 처벌조건에 대한 인식은 고의의 내용이 아님+따라서 착오는 범죄의 성립에 영향을 줄 수 없음
3) 처벌조건이 없는 경우 공범의 성립가능
4) 범죄성립조건을 결한 경우 무죄판결 But 처벌조건이 없는 경우 ★형면제판결

(3) 객관적 처벌조건
범죄의 성립과 ★관계없이 형벌권의 발생을 좌우하는 외부적, 객관적 사유+파산범죄에 있어 ★파산선고 확정시, 사전수뢰죄에 있어 ★공무원 또는 중재인이 된 사실

(4) 인적 처벌조각사유
★기(이미) 성립한 범죄에 있어서 행위자의 ★특수한 신분관계 때문에 인하여 ★형벌권이 발생하지 않게 되는 경우+중지미수에 의한 ★자의로 중지한 자, 친족상 ★직계혈족, 배우자, 동거친족

3. 범죄의 소추조건

(1) 소추조건(소송조건)의 의의
범죄가 성립하고 형벌권 발생시 ★범죄소추위해 소송법상 필요한 조건+범죄의 성립이나 형벌권의 발생과는 관계없는 소송제기의 유효조건

(2) ★처벌조건이 없는 경우 형면제의 실체재판+But ★소송조건이 결여되면 형식재판으로 종결

(3) 친고죄
1) 의의
공소제기를 하려면 피해자 기타 고소권자의 고소가 있을 것을 요하는 범죄+★정지조건부범죄

2) 인정이유

공소제기의 피해자에 대한 불이익초래+경미한 범죄

(4) 반의사불벌죄

피해자의 명시한 의사에 반해서 공소제기 불가능의 범죄+★해제조건부범죄

III. 범죄의 종류

1. 결과범과 형식범

(1) 결과범

구성요건이 결과발생을 요건으로 하는 범죄+실질범(살인죄, 상해죄 등)+결과적 가중범 역시 결과범의 특수한 형태에 해당

(2) 형식범(거동범)

구성요건의 내용이 결과발생을 불요하는 것으로 법에 규정된 범죄+주거침입죄, 무고죄, 위증죄 등

(3) 양 범죄(결과범과 형식범)의 구별실익=결과범은 행위와 결과 간에 인과관계요함.

2. 침해범과 위태범

(1) 침해범

구성요건이 법익의 현실적 침해를 요하는 범죄+살인죄, 상해죄 등

(2) 위태범(위험범)

구성요건의 전제인 보호법익에 대한 위험의 야기로 족한 범죄+업무방해죄, 방화죄, 통화위조죄 등.

1) 구체적 위험범

법익침해의 측면에서 구체적 위험(현실적 위험의 발생)을 요건으로 하는 범죄+자기소유건조물방화죄, 일반물건방화죄 등

2) 추상적 위험범

법익침해의 측면에서 ★[일반적 위험 존재 시] 구성요건이 충족되는 범죄+현주건조물방화죄, 공용건조물방화죄 등

3) 구별실익

(a) 구체적 위험범상 [위험발생]은 ★[구성요건요소]이므로 [위험에 대한 인식]은 [고의의 내용]

(b) But 추상적 위험범상 위험은 [범죄의 요소에 해당하지 않음]

3. 계속범과 상태범

(1) 계속범

구성요건적 행위가 위법상태야기뿐만 아니라 시간적 계속을 필요로 하기 때문에 행위계속과 위법

상태계속이 일치를 이루는 범죄+체포감금죄, 주거침입죄 등

(2) 상태범(즉시범)
구성요건적 결과의 발생과 동시에 범죄가 완성되는 범죄+살인죄, 상해죄 등

(3) 양 범죄(계속범과 상태범)의 차이
1) 공소시효의 기산점과 공범의 성립시기의 차이
2) 범죄가 종료 시부터 진행되므로 계속범상 있어서는 위법상태 종료시가 시효의 기산점이 됨, 따라서 범죄가 기수로 된 이후에도 행위가 계속되는 동안에는 공범이 성립가능+But 상태범상에 있어서는 범죄의 기수로 된 이후에는 공범이 성립 불가능

(4) ★비교

	상태범	계속범
1) 공소시효기산점	기수시	종료시
2) 공범의 성립시기	상동	종료시
3) 정당방위	상동	종료시

4. 일반범과 신분범 및 자수범

(1) 일반범
누구나 행위자가 될 수 있는 범죄+「...한 자」로 규정된 범죄

(2) 신분범
1) 구성요건상 행위주체에 일정한 신분을 필요로 하는 범죄
2) 진정신분범
일정한 신분 있는 자에 의하여만 범죄가 성립+위증죄, 수뢰죄, 횡령죄 등
3) 부진정신분범
신분 없는 자에 의해서도 범죄성립이 가능하지만 신분 있는 자가 죄를 저지르게 되면 형이 ★가중되거나 감경하는 경우+존속살해죄, 업무상횡령죄, 영아살해죄 등
4) 신분범에 있어서는 신분 없는 자=그 죄의 정범이 될 수 없음+But ★공범은 가능

(3) 자수범
범죄행위자 자신이 직접 행위를 실행해야 하는 범죄(특수한 행위반가치가 실현)+위증죄, 준강간죄 등+자수범상 직접 실행행위로 나가지 않은 자는 단독정범, 공동정범, 간접정범이 될 수 없지만 ★협의의 공범성립은 가능

■ 자수범(Roxin:법익표준설) ■

진정자수범	행위자형법적 범죄+법익침해 없는 행위관련적 범죄
부진정자수범	법익침해 있는 특수한 의무침해범죄:위증죄,군무이탈죄

제2절 행위론

I. 서론

1. 행위론의 의의

(1) 행위

「구성요건에 해당하는 위법하고 유책한 행위」+형법적 평가의 대상+형법이 적용되기 위해서는 먼저 행위로서의 성질 내포

(2) 행위론

범죄론에 대한 상위개념, 범죄의 모든 발생형태

2. 행위개념의 기능

한계기능(한계요소: 행위와 비행위를 구별)+분류기능(근본요소: 행위기능은 단일해야 함, 고의행위기능과 과실행위기능, 작위행위기능과 부작위행위기능 분리하면 안 됨)+결합기능(결합요소: 구성요건해당성−위법성−책임−처벌순서의 형법체계 안에서 불법과 책임판단에 결합)

II. 인과적 행위론

행위를 의사에 의해 외부세계에 야기된 순수한 인과과정으로 파악

III. 목적적 행위론

행위는 본질적으로 목적활동성의 작용+목표달성위해 외부적인 인과과정을 조종, 지배, 결정

IV. 사회적 행위론

사회적 의미내용에 따라 행위개념을 판단+객관적 사회적 행위론+주관적 사회적 행위론

V. 인격적 행위론

인간의 행위 역시 인간의 복합적 요소를 고려하여 파악

VI. 결론

사회적 행위론이 타당

■ 행위론 ■

인과적 행위론	(1)유의성(책임은 주관적)+거동성(불법은 객관적) (2)과실범설명에 적합(인식없는 과실은 행위가 아니다.) (3)부작위설명X (4)미수개념규정곤란
목적적 행위론	(1)목적성=고의 (2)고의의 작위범설명에 적합 (3)자동화된 행위설명X (4)목적적 조종이 결여된 부작위설명X

사회적 행위론	(1)★사회적 중요성(규범적 행위론)
	(2)주관적 사회적 행위론(부작위범설명에 적합)
	   Jescheck, Wessels
	(3)※Welzel: 주관적 목적성, 현실적 목적성
	   Maihofer: 객관적 목적성, 잠재적 목적성

인격적 행위론	Roxin과 Kaufmann
소극적 행위론	(1)Herzberg와 Jakobs (2)작위범이나 부작위범 모두 회피가능했던 것을 회피하지 않은 것이다.
행위개념부인론	Bockelman과 Gallas

제3절 행위의 주체

I. 서론

1. 누가 행위의 주체가 될 수 있는가(행위의 주체+행위능력의 문제)

2. 자연인이 주체가 된다(연령+책임능력유무 불문)

3. 행위능력은 ★[불법을 행할 능력]을 일컬음+책임능력의 유무불문

II. 법인의 범죄능력

1. 법인의 처벌과 법인의 범죄능력
 (1) 비교법적 고찰
  1) 대륙법계
  법인의 범죄능력 부정
  2) 영미법계
  법인의 범죄능력 인정
 (2) 우리나라
 법인의 범죄능력 부정+행정형법에서 인정주장.

2. 법인에 대한 형벌
 법인의 대한 제재=형벌 이외의 다른 수단, 범칙금이나 부담금 또는 수익몰수제도에 의하여 달성

III. 법인의 처벌

1. 범죄능력과 형사책임
 (1) 법인의 범죄능력을 인정하는 견해
  법인은 자기행위에 의해 형벌의 객체가 될 수 있음
 (2) 법인의 범죄능력을 부정하는 견해
  법인의 형벌능력을 인정 안 함

(3) 행정형법

고유의 형법과 비교하여 윤리적 색채약함+행정목적을 달성위해 기술적, 합목적적 요소가 강조+행정단속 기타 행정적 필요에 따라 법인처벌가능

2. 법인처벌의 법적 성질

(1) 무과실책임설

형법의 일반원칙 또는 책임주의의 원칙에 대한 예외로서 행정단속의 목적+자기의 행위와 관계없이 타인의 행위 형벌부과

(2) 과실책임설

법인의 처벌규정=★종업원의 선임+감독상 법인의 과실책임인정+법인의 처벌은 ★법인 자신의 행위에 기인하는 것이므로 ★법인의 과실을 요함.

3. 결론

과실책임설은 법인이 범죄의 주체가 될 수 있다고 해석+But 형법상 행위의 주체는 자연인에 제한

■ 참고 《행위의 객체와 보호의 객체》

(1) 행위의 객체

구성요건에 기재되어 있는 ★공격의 객체+구성요건에 기재되어 있는 물적 대상이므로 구성요건요소에 해당

(2) 보호의 객체

구성요건에 의하여 보호되는 ★[가치적+관념적 대상](법익=형법에 의하여 침해가 금지되는 개인 및 공동체의 사익 또는 가치)+★[구성요건의 표면에 나타나지 않음]

(3) [보호법익 없는 범죄는 없음]+[행위의 객체가 없는 범죄는 있음]

(4) 행위의 객체가 없는 범죄=다중불해산죄+단순도주죄+퇴거불응죄[다단퇴]

(5) 행위의 객체 관심

★범죄자임

(6) 보호의 객체 관심

★입법가 또는 법률가

■ 행위객체와 보호객체 ■

구분	내용
행위의 객체	(1) 행위의 객체란 공격의 객체를 의미한다. (2) 살인죄:사람/////절도죄: 타인이 점유하는 재물 (3) 행위의 객체가 없는 범죄 ★다중불해산죄(제116조)/단순도주죄(제145조 1항)/위증죄(제152조)/무고죄(제156조)/도박죄(제246조)/퇴거불응죄(제319조 2항) ※평온유지를 위한 질서명령 내지 평온한 장소적 공간을 행위의 객체로 삼을 수 있다는 의미에서 반대견해 있음

보호의 객체	(1) 보호법익
	(2) <u>법익은 모든 범죄가 반드시 지녀야하는 필요조건</u>이다.
	(3) 형법규범의 이면에 존재하는 가치
	(4) 법익의 기능
	  ① 형법해석의 보조수단 ② 범죄유형의 체계화 기능
	  ③ 보호의 정도의 척도 기능
	  ④ 범죄의 본질과 불법의 결정기능

제 2 장 구성요건

제1절 구성요건이론

I. 구성요건의 의의

1. 구성요건

(1) 의의

　★형벌을 부과하는 근거가 되는 [행위유형]을 [추상적으로 기술]한 것

(2) 불법내용

　구성요건은 <u>구체적인 당해 범죄에 특징을 부여</u>+<u>다른 범죄와 구별되는 범죄의 정형적 불법내용을 명백히 할 필요</u>

2. 구성요건과 구성요건해당성의 구별

(1) 구성요건
법률상의 정형적, 추상적 개념임

(2) 구성요건해당성
어떠한 행위 즉, ★범죄구성사실이 ★법적 구성요건의 범죄 정형적 기술에의 일치+대전제로서의 법적 구성요건, 소전제로서 범죄구성사실을 해당시킴

■ 비교 ■

구성요건	(1)주관적·객관적 의미 통일성을 지닌 불법유형 (2)정적개념 (3)★형법상 금지 또는 명령(요구)하는 행위가 무엇인지를 일반적·추상적으로 기술해 놓은 것
구성요건해당성	(1)한 행위의 행위반가치와 결과반가치의 실현 내지 가능성의 평가 (2)동적개념

II. 구성요건이론의 발전

1. 베링의 구성요건이론
구성요건해당성, 위법성, 및 책임의 3가지 요건 강조

2. 규범적 구성요건요소의 발견
구성요건에도 규범적인 요소가 있음을 발견(마이어)

3. 주관적 구성요건요소의 발견
객관적인 불법은 개별적인 주관적 의향을 떠나서 의미 없음+고의범상 불법은 행위의사와 분리하여 생각할 수 없음

4. 결론
★구성요건=객관적 구성요건요소+주관적 구성요건요소

5. ★ 비교

객관적 구성요건요소	주관적 구성요건요소
①행위주체 ②행위객체 ③수단·방법 ④결과 ⑤★인과관계 ⑥★객관적 귀속	①고의 ②과실 ③목적 ④경향

III. 구성요건과 위법성

1. 관련성

구성요건해당성은 불법요소+그것은 유일한 불법요소가 아니라 위법성과 함께 불법을 형성+위법성은 구성요건에 해당하는 행위에 대한 ★[소극적 가치판단]

2. 소극적 구성요건요소이론

구성요건해당성과 위법성은 전체구성요건으로 결합, 하나의 판단과정으로 흡수, 범죄론은 ★[전체구성요건과 책임이라는 2단계구조]

3. 개방적 구성요건이론

구성요건에 해당하고 위법성조각사유가 없다는 것만으로 위법성을 인정하는 것은 아님[법관에게 구성요건 보충의무, 과실범과 부진정부작위범(벨첼)]

IV. 구성요건의 요소

1. 기술적 구성요건요소와 규범적 구성요건요소

(1) 기술적 구성요건요소

사실세계의 사항을 사실적·대상적으로 기술, 개별적인 경우에 사실확정에 의하여 의미 인식가능 한 구성요건요소+살인죄상 「사람」을 「살해」한 자, 절도죄상 「재물」

(2) 규범적 구성요건요소

규범논리적 판단에 의하여 이해, 보완적인 가치판단에 의해 확정가능 한 구성요건요소+★[절도죄상 재물의 타인성, 불법영득의 의사, 문서, 공무원]

2. 객관적 구성요건요소와 주관적 구성요건요소

(1) 객관적 구성요건요소
특정 행위의 [외적 발생형태를 결정]하는 상황+행위의 주체, 행위의 객체, 행위의 태양 및 결과의 발생

(2) 주관적 구성요건요소
행위자관념 속에 내재하는 [심리적·정신적] 구성요건상황+고의, 목적범상 목적, 경향범상 내적 경향

■ 구성요건의 분류 ■

(1)총체적 구성요건	★가벌성의 모든 전제조건(소추조건제외) 즉 처벌조건까지 포함
(2)보장구성요건(법적)	법적 구성요건(★초법규적 위법성조각사유제외)
(3)범죄구성요건(광의)	특별한 책임표지는 포함하나 ★정당화사유·책임조각사유는 포함하지 않는다.
(4)불법구성요건(협의)	* 선별기능: 형법상 행위유형을 밝힘 * 지시기능: 유해함을 알림 * 징표기능: 불법구성요건이 실현된 때 정당화 사유가 존재하지 않은 행위에 대해서는 위법함을 추단
(5)책임구성요건	특별한 책임표지(영아살해죄: 치욕은폐, 양육불능의 예상)
(6)총체적 <불법> 구성요건	* 불법구성요건+위법성조각사유 * [소극적 구성요건표지이론]에서 사용

<범죄성립요건의 성격>

구성요건 해당성	★몰가치적 사실판단 ※M.E Mayer에 의하여 규범적 구성요건요소 발견
위법성	★순수한 객관적 가치판단 ※주관적 위법요소발견
책임성	★주관적 가치판단

■ 소극적 구성요건요소이론 ■

1) 불법(적극적 구성요건요소의 존재+소극적 구성요건요소로서 위법성조각사유의 부존재)+책임
 ⇒2단계
 즉 위법성의 표지가 구성요건의 표지와 별도로 존재하는 것이 아니라 ★[위법성표지가 구성요건표지에 흡수되어] 동질적 형태로 존재하는 구성요건이론
2) 상기의 위법성 조각사유는 개별적인 사항에 관하여 문제되며 전체적인 사항에 대해서는 문제시 되지 않는다.
3) 소극적 구성요건요소이론은 ★구성요건에 해당하지 않는 행위(예: 모기를 죽이는 행위, 사형수의 사형집행)와 구성요건에는 해당하지만 위법성조각사유에 의하여 범죄가 되지 않는 행위의 차이를 무시하는 결과초래

제2절 결과반가치와 행위반가치

I. 결과반가치와 행위반가치의 의의★[불법의 실체가 무엇인가?]

1. 결과반가치론
불법의 실체=★법익의 침해 또는 그 위험에 있음

2. 행위반가치론
불법개념의 핵심=★행위에 대한 부정적 가치판단

3. 결과반가치와 행위반가치
★위법성의 문제+불법의 개념의 문제

II. 결과반가치와 행위반가치

1. 결과반가치론
결과반가치론의 불법=★[객관적 평가규범에 위반]하는 것을 의미+의사결정규범은 책임귀속에 해당

2. 행위반가치론
(1) 인적 불법론
형법에 있어서 불법의 핵심=행위반가치에 있음

(2) 일원적, 주관적 불법론
일원적, 주관적 불법내용=결과는 구성요건요소가 아니라 객관적 처벌조건에 불과

(3) 이원적, 인적 불법론[다수견해]
결과반가치와 행위반가치는 ★동일한 서열에서 병존

III. 결과반가치와 행위반가치의 내용

1. 결과반가치의 내용
보호법익의 침해와 위험임+★현실적으로 발생한 법익의 [손해]

2. 행위반가치의 내용
(1) 고의+과실+객관적 요소((객관적 행위자 요소-부진정부작위범상 보증인지위, 배임죄상 타인의 사무를 처리하는 자, 뇌물죄상 공무원)+범죄의 가벌성상 범행사실의 종류와 방법(특수폭행죄상 위험한 물건을 휴대하여 폭행한 때, 사기죄상 기망행위에 의해 상대방을 착오에 빠트리고 재물을 교부))
(2) 법익에 대한 침해와 위험=결과반가치
(3) 행위의 태양=행위반가치

■ 결과반가치와 행위반가치 ■

	결과반가치	행위반가치
형법의 기능	법익보호	사회윤리적 행위가치보호
위법성의 실체	법익침해(기수범)·위험(미수범)	사회상당성의 일탈
과실범의 불법(고의범과)비교	법익침해가 동일하므로 불법의 경중은 없다.	★고의범〉과실범
위법성조각사유	우월적 이익설 법익교량설	사회상당성설 목적설
실행의 착수시기	객관설	주관설
불능미수와 불능범의 구별	객관설	주관설
과실범의 주의의무기준	주관설	★객관설

■ 행위반가치의 내용 ■

객관적 행위요소	실행행위의 종류, 방법, 범행수단, 행위사정
객관적 행위자 요소	신분, 정범의 표지
주관적 행위요소	고의, 주의의무위반으로서의 과실
주관적 행위자 요소	**목적, 경향, 표현**

제3절 부작위범

I. 부작위범의 본질

1. 부작위의 의의
★<u>명령규범에 위반+결과의 발생을 방지하지 않는 행위</u>+다중불해산죄, 퇴거불응죄 등

2. 부작위의 행위성(본질)
★[가능하고 기대되는] [특정한 행위를 하지 않는 것]

3. 작위와 부작위의 구별

(1) 과실범의 경우

필요의 방어조치를 않고 행위 한 점에 주의의무위반이 있는 경우=<u>작위와 부작위의 요소가 함께 포함</u>

(2) 작위와 부작위의 구별이 명백하지 않을 때

우선 작위가 구성요건에 해당하고 위법, 유책한가를 검토+그렇지 않은 경우에 한해서 부작위가 문제(부작위는 작위에 대하여 보충관계)

■ 작위와 부작위 ■

작위	★<u>인과의 연관에 대한 적극적 작용과 조종</u>
부작위	가능하고 기대되는 특정한 행위를 하지 않음

II. 부작위의 구조

1. 진정부작위범과 부진정부작위범

(1) 구별의 기준

1) 형식설

(a) 진정부작위범

구성요건이 부작위에 의하여만 실현될 수 있는 범죄+다중불해산죄, 퇴거불응죄, ★[전시군수계약불이행죄, 전시공유계약불이행죄] 등

(b) 부진정부작위범

부작위에 의하여 작위범의 구성요건을 실현하는 경우

2) 실질설

(a) 진정부작위범

구성요건이 단순한 부작위에 의해 충족

(b) 부진정부작위범

결과의 발생요

2. 부작위범의 구성요건

(1) 구성요건적 상황

1) 구성요건적 상황이 존재(=구체적인 작위의무의 내용을 인식할 수 있는 사실관계)

2) 부진정부작위범의 구성요건적 상황=구성요건적 결과발생+구성요건실현의 위험

(2) 부작위

(a) ★**명령규범**에 의해 요구되는 특정행위를 하지 않는 **때에만** 성립

(b) 행위자가 작위의무를 다했지만 효과가 없었을 경우

고의에 의한 부작위범은 성립안함+행위자에게 과실이 있는 경우 부작위에 의한 과실이 성립가능

(3) 행위의 가능성

1) 객관적으로 불가능한 것은 부작위가 아님=사회적으로 중요시되는 인간의 행태라는 의미라는 차원에서 부작위에 해당하지 않음

2) ★개별적 행위능력=부작위에 해당

■ 참고 《부작위범의 위법성과 책임》

(1) 부작위범의 위법성

부작위의 위법성=위법성조각사유의 존재에 의하여 조각가능

(2) 부작위범의 책임

책임능력과 위법성의 인식 및 책임조각사유의 부존재 필요+기대가능성은 부작위범에 있어서도 책임조각사유

III. 부진정부작위범의 구성요건

1. 부작위의 ★동가치성

(1) 부진정부작위범의 실현

 1) <u>작위의 형태로 규정되어 있는 구성요건을 부작위에 의해실현</u>

 2) 부작위에 의한 작위범

(2) 부작위의 <u>동가치성(동치성)</u>

 1) ★<u>부작위가 작위와 동일하게 평가될 것을 요구</u>

 2) 결과의 발생을 ★<u>방지할 의무가 있는 자일 것</u> 요구

 ★<u>보증인일 것요</u>

 3) 부진정부작위범에 특수한 동가치성의 문제

 보증인지위와 행위정형의 동가성의 필요검토

2. 보증인지위

(1) 의의

부작위범이 <u>결과의 발생을 방지하여야 할</u> 보증인의 지위를 가져야 함

(2) 인정요건

 1) 법익을 침해받고 있는자(법익담당자)가 위협받고 있는 침해에 대하여 자신 <u>스스로 보호할 능력이</u> ★<u>부존재</u>

 2) 부작위범에 대하여는 법익을 보호해야 할 의무가 존재해야 함(작위의무존재).

 3) 부작위범은 보호기능에 따르는 <u>법익침해의 야기사태를</u> ★<u>지배</u>해야 할 것이 요구됨

(3) ★<u>[과실범에 있어서는 특별한 의미를 못가짐]</u>

 ★<u>[과실범상 작위의무와 주의의무가 실질적으로 일치]</u>

(4) 체계적 지위

 1) 위법성의 요소라는 견해

 2) 보증인설

 구성요건요소설

3) 형식설과 기능설

(a) **형식설(법원설)**★ **[법계조선]**
작위의무의 발생근거를 <u>법령, 계약, 조리 또는 선행행위</u>에 의해 작위의무의 근거가 인정되면 된다는 입장

(b) **기능설**★ **[보안]**
<u>보호의무</u>와 위험에 대한 감시의무에 따른 <u>안전+지배의사</u>로 분류

a) <u>법령</u>에 의한 작위의무
민법에 있어서 친권자의 보호의무+친족사이의 부양의무+부부간의 부양의무+경찰관의 보호조치의무, 의사의 진료와 응급조치의무, 운전자의 구호의무 등(★공사법불문)

b) <u>계약</u>에 의한 작위의무
고용계약에 따르는 보호의무+간호사의 환자간호의무+철도신호수의 직무상의 의무 등

c) <u>조리</u>에 의한 작위의무
고용주의 보호의무+관리자의 위험발생방지의무+신의칙상의 고지의무 등

d) <u>선행행위</u>에 의한 작위의무

(가) 자신의 행위 때문에 위험발생이 야기 된 경우에는 구성요건적 <u>결과로 발전하지 못하도록 해야 할</u> 작위의무를 짐

(나) 차량 가해자의 피해자구조해야 할 의무+과실로 화재발생케 한 자의 소화조치의무+미성년자의 감금자의 탈진상태피해자구조의무

(5) ★**보증인지위의 내용과 한계[가긴보안]**

(a) **가족적 보호관계**
가족사이에 서로의 생명과 신체의 위험을 방지할 의무+그러나 ★<u>부부사이에 상대방의 범죄를 저지할 의무는 없음</u>

(b) **긴밀한 공동관계**
탐험, 등산처럼 위험한 모임에 있어서 구성원 사이에도 특수한 신뢰관계 존재+But 상호간에 도움기대 위험제거 제한

(c) **보호기능의 인수**
피해자에 대한 사실상 인수의 경우 피해자와 인수인 간에 보호관계발생(<u>보통 계약</u>)

(d) **안전의무로** 인한 보증인지위★**[선위]**

(가) **선행행위**

가) 선행행위에 따르는 위험이 구성요건 결과를 구성+발전하지 않도록 할 의무

나) **결과발생에 대하여** ★**[직접적+상당한] 위험야기**

다) ★<u>객관적으로 의무에 위반+위법한 것</u>

라) 의무위반은 법익을 보호하기 위한 <u>규범의 침해</u>

(나) **위험원의 감독**

가) 위험한 물건, 시설, 기계 또는 <u>동물의 소유자와 점유자</u>+이것에 의해 발생된 위험 때문에 타인의 법익을 침해하지 못하도록 않도록 감독할 의무

나) 위험이 <u>책임 있는 물건</u> 등에 의하여 발생

다) 책임 있는 물건의 감독에 기인하여 부여된 <u>법적 의무의 객관적 침해</u>

라) 타인이 스스로 책임 있는 행위를 할 수 없고+감독이 법에 의해 요구+★<u>피해자를 구조할 의무는 없음(방지에 그침)</u>

3. 행위정형의 동가성

부작위가 작위에 의하는 <u>구성요건실현과 동일하게 평가</u>될 것 요

4. 부진정부작위범의 처벌

<u>처벌은 작위범에 비해서</u> ★경미+불법내용 ★경함

■ 보증인적 지위 ■

(1) 의의	<부작위가 작위와 같이 평가>될 수 있기 위해서는 <부작위범이 **결과의 발생을 방지해야 할 의무**>가 있어야 하는 데 이러한 <의무를 발생시키는 지위>
(2) 법적 성질	★<u>기술되지 않은 구성요건요소/객관적 행위자</u>표지/작위의무자만이 범할 수 있는 ★<u>진정신분범</u>
(3) 요건	① 보호능력이 없어야 한다. ② 작위의무가 있어야 한다. ③ ★<u>사태를 지배</u>하고 있어야 한다.
(4) 보증인의무	① 법적의무 ② [특별한 의무](★일반적 의무X) ③ 체계적 지위 　ⅰ) 위법성요소설 　ⅱ) 구성요건요소설(보증인설) 　ⅲ) ★이분설: [보증인적 지위는 구성요건요소]/[보증인의무는 위법성요소](통설) 　ⅳ) 검토: 위법성요소설은 부진정부작위범의 구성요건해당성을 부당하게 확대, 보증인설에 있어서는 법적의무가 구성요건요소가 아님에도 불구하고 부작위범의 작위의무를 구성요건요소라고 하여 부당
(5) 보증인적 지위의 근거	① 형식설(법원설): 법령·계약·조리·선행행위★[법계조선] ② 실질설(기능설): 보호의무+안전의무★[보안] ③ 절충설: 상기 학설을 종합

IV. 관련문제

1. 주관적 구성요건

(1) 부작위범의 주관적 구성요건[상요개]

구성요건적 [상황]의 존재+[요구]되는 행위의 부작위+[개별적] 행위능력에 대한 인식필요

(2) 부진정부작위범의 주관적 구성요건

구성요건적 결과와 결과방지 가능성에 대한 인식존재+보증인지위에 대한 인식은 고의의 내용+But ★보증인의무는 고의의 대상 아님+보증인지위에 대한 착오는 법률의 착오에 해당

2. 부작위범과 공범

(1) 부작위범에 대한 공범

교사와 방조가 가능+부작위범 간의 공동정범은 부작위범에게 공통된 의무가 부여 및 의무를 공동으로 이행가능시 가능

(2) 작위범과 부작위범 간의 공동정범

이론상 가능

(3) 부작위범을 이용한 간접정범

가능

(4) 부작위에 의한 공범

1) 부작위에 의한 교사

★법률상 불가능

2) 부작위에 의한 방조

★방조범에게 보증인 의무가 있으면 가능

제4절 인과관계와 객관적 귀속

I. 서론

1. 인과관계의 의의

(1) 인과관계문제

발생된 결과가 행위자의 행위로 귀속시키기 위해서 <u>행위와 결과 사이에 어떠한 연관</u>문제

(2) 구성요건적 결과에 대한 인과관계

객관적 귀속가능성의 불가결한 전제+인과관계만으로 형사책임 귀속 못 함

(3) 객관적 귀속이론

1) [사실적인 인과관계]의 문제+결과에 대한 [객관적 귀속]이라는 ★[규범적 문제] 구별
2) 인과관계문제

★[결과귀속의 보조수단에 불과하다]는 이론

(4) 비교

1) 인과관계	사실적 문제
2) 객관적 귀속	규범적 문제

2. 인과관계의 본질

(1) 철학

결과에 대한 원인의 조건은 모두 필연적+등가적이므로 각각 개별적으로 조건을 분리해서 고찰 허용 안 됨

(2) 자연과학

실제 상호간의 관계이기 때문에 현실적으로 작용되고 측정가능한 원인만 문제

(3) 형법에 적용할 경우 문제

1) 기계적 작용의 실체가 없는 부작위범

항상 인과관계부정

2) 형법은 **보편타당성을 문제 삼음**

II. 인과관계이론

1. 조건설(등가설)

행위와 결과 사이에 조건적 관계만 있으면 인과관계를 인정+★절대적 [제약]관계의 공식

2. 원인설(개별화설)

결과의 발생에 대하여 [중요한 영향을 준 조건]과 단순한 조건을 구별하여 전자를 원인인정

3. 상당인과관계설

(1) 조건설에 의한 무제한한 인과관계의 범위를 **구성요건 단계에서 제한**

(2) ★[비유형적 인과진행]은 [구성요건의 단계]에서 제외
(3) 결과귀속을 위해 행위에 의한 결과발생이 개연적일 것을 요구+**행위와 결과 사이의 상당성의 관계**는 ★**개연성의 관계 의미**
(4) 상당인과관계설의 상당성의 판단기준
 1) 주관적 상당인과관계설
 행위 당시 행위자가 인식하였거나+인식할 수 있었던 사정기초.
 2) 객관적 상당인과관계설
 행위 당시 존재한 모든 사정을 객관적으로 종합+법관이 상당성판단
 3) 절충적 상당인과관계설
 행위자+일반인, 그 중에서도 **가장 우수한자가 인식할 수 있었던** 사정기초
(5) 공과
 ★구성요건의 단계에서 형사책임의 무제한한 확대를 제한+But인과관계의 부정에 의해 달성하려고 한 점 오류

4. 중요설
구체적인 결과발생의 **법률적 중요성**기준

5. 합법칙적 조건설
(1) 의의
일상적 경험법칙으로서의 합법칙성을 기준(★사실적 자연적 인과관계확인이론+합법칙성은 지식 수준의 법칙적 관계)
(2) 구체적 판단
 1) 피해자의 특이체질
 ★인과관계 인정
 2) 가설적 인과관계
 ★인과관계 인정
 3) 인과관계의 중단
 부정안 됨
 4) 추월적 인과관계
 처음 조건이 결과발생에 기여하지 못할 경우 다르게 판단
 5) 이중적 인과관계
 ★인과관계 인정

6) **★중첩적 인과관계(★누적적 인과관계)**

객관적 귀속이론에 의하여 ★미수책임

7) 부작위범의 인과관계

합법칙적 관련인정

6. 인과관계에 관한 기타의 학설

(1) 위험관계조건설

사회가 행위에 대하여 위험을 느꼈는가 여부기준

(2) 목적설

과학적 입장

(3) **인과관계중단설**

인과관계진행중에 ★타인의 [고의]행위+예상치 못한 우연한 사정이 개입된 경우에는 선행했던 행위와 결과 사이의 인과관계가 중단

7. 결어

인과관계에 있어서는 모든 조건은 동가치+인과적 동가치가 법적 동가치를 의미하는 것 아님+동가치 인과요소는 법적·규범적 측면에서 귀속 기준 검토

8. ★비교

(1)기본적 인과관계	다른 원인의 개입 없음
(2)**이중적 인과관계**	★단독으로 가능[이단]
(3)**누적적 인과관계**	★공동으로 가능[누공]
(4)가설적 인과관계	발생한 결과에 대한 원인행위가 없었더라도 가설적 원인에 의하여 같은 결과가 발생하였을 고도의 개연성이 있는 경우 ①★**추월적 인과관계**: 후의 조건이 기존의 조건을 추월(사형집행전 원수가 살해) ②★**경합적 인과관계**: 어느 행위에 의하더라도 결과가 동시에 발생하였을 것으로 생각되는 경우의 현실적 인과과정(비행기에 타려는 자를 살해했으나 살해가 없었더라도 시한폭탄에 의해 사망했을 것이 틀림 없었을 경우)
(5)단절적 인과관계	제3의 독립행위가 개입하여 제1의 원인행위의 효력이 나타나기 전에 결과를 발생시킨 경우(독약의 효력이 일어나기전에 제3자가 살해)
(6)비유형적 인과관계	일정한 행위가 결과에 대하여 원인이 되지만, 그 결과에 이르는 과정에 다른 원인이 기여하였거나+★[피해자의 과실+특이체질이 개입]하여 결과가 발생한 경우

9. 인과관계주장(비교)

(1)조건설	①일정한 선행사실이 없었다면 결과도 불발생(★C.S.Q.N공식) ②가설적 인과관계+이중적 인과관계 부정 ③인과관계범위가 지나치게 확장
(2)원인설	①중요원인(O),단순한원인(X) ②우월적 조건설/최유력 조건설/필연조건설/최종조건설/동적조건설/결정적 조건설 ③자연과학적 사고 무비판적 수용
(3)상당인과관계설	①★개연성 ②주관적 상당인과관계설(행위당시 행위자 인식)/객관적 상당인과관계설(제3자인 법관의 판단)/절충적 상당인과관계설(일반인이 인식+행위자가 특히 인식) ③비유형적 인과관계의 경우는 개연성이 없으므로 인과관계부정+가설적 인과관계와 단절적 인과관계는 개연성이 있으므로 인과관계를 인정한다는 부당한 결론
(4)중요설	①인과관계: 조건설 ②결과귀속: 형법적 중요성
(5)합법칙적 조건설	①행위가 일상 경험법칙에 따라 ★합법칙적으로 결과를 발생시켰는가의 문제 ②자연법칙적 관련성 ③가설적 인과과정+★단절적 인과관계에 있어서 제1행위⇒인과관계 부정
(6)기타학설	목적설(필연적: 기수)/위험관계조건설(사회가 위험성을 느끼는가)/인과관계중단론(우연한 사정 개입시)

III. 객관적 귀속이론

1. 객관적 귀속이론의 의미

인과관계가 인정되는 결과를 행위자의 행위에 객관적 귀속여부의 ★확정이론+규범적·법적 문제

2. 객관적 귀속의 판단기준[회위]

(1) ★회피가능성의 이론

객관적으로 행위와 결과 간의 목적적 연관의 판단은 결과에 대한 지배가능성+회피가능성을 기준이 되어야 함+회피가능 함에도 회피하지 아니한 결과를 행위자에게 귀속

(2) 위험현실(증대)의 이론

발생한 결과는 그 행위가 법률상 허용할 수 없는 위험을 발생+증가시키고+그 위험이 구성요건적 결과로 실현된 때에 객관적 귀속인정

3. 객관적 귀속의 구체적 판단기준

(1) 위험의 창출 또는 증가

위험감소의 경우나 허용된 위험 창출 시(법률상 허용될 수 없는 위험이 발생하지 않은 때) 객관적 귀속부정

(2) 가설적 인과관계

객관적 귀속 인정

(3) 허용되지 않은 위험의 실현

객관적 귀속부정

(4) 지배가능성

위험의 실현으로 인한 결과의 발생은 객관적으로 예견가능+지배 가능해야 함

(5) 과실범의 결과귀속

1) 주의의무를 하여도 동일 결과가 발생하였을 것으로 인정

객관적으로 귀속부정

2) ★적법한 대체행위

★객관적 귀속부정

3) 결과적 가중범

중한 결과가 기본범죄에 의해서 범행의 ★직접적 결과가 발생한 경우에만 객관적 귀속인정

(6) 규범의 보호범위

구체적인 경우에 구성요건의 범위 또는 규범의 목적에 포함되지 않는 경우 객관적 귀속부정

(7) 고의의 자손행위에 관여한 경우

객관적 귀속부정

(8) 구조행위시 구조자가 스스로 위험에 빠진 경우

객관적 귀속부정

IV. 형법 제17조의 해석

1. 제17조는 인과관계에 관하여 어떤 행위라도 죄의 요소 되는 위험발생에 연결되지 아니한 때에는 그 결과로 인하여 벌하지 아니한다고 규정

2. [인과관계의 확정]은 [합법칙적 조건설]+[중요성]은 [객관적 귀속이론]

3. ★ 결어(해석)

(1) 어떤 행위라도~결과로 인하여	(1)행위와 결과 사이의 <u>인과관계 존재</u> (2)★<u>합법칙적조건설</u>
(2) 어떤 행위라도 죄의 요소되는 위험발생에 연결되지 아니한 때에는	(1)<u>시간 경과의 시간적 중요성</u> (2)<u>위험창출+위험실현+규범의 보호목적</u> 등의 척도에 따라 <u>객관적 귀속이론</u>에 의해 판단
(3) 그 결과로 인하여 벌하지 아니한다.	(1)<u>인과관계나 객관적 귀속이 결여되면</u> ★<u>객관적 구성요건의 평가단계에서</u> 형사책임을 배제 내지 제한 (2)가벌성은 배제되나, <u>고의범의 경우 미수성립 가능</u>

■ 객관적 귀속의 판단기준 〈지배가능성이론〉 ■

위험창출	①<u>위험을 창출·강화시켜야 객관적 귀속인정</u>(위험창출이 결여된 경우는 <행위반가치의 결여>로 가벌성 탈락) ②구체적 판단기준 ⅰ)<허용된 위험>: 교통법규준수⇒부정 ⅱ)<위험감소>: 머리에 벽돌 떨어지자 밀친 경우⇒부정 ⅲ)<경미한 위험>: 하인을 뇌우시 밖에서 일, 안전도 낮은 비행기⇒부정
위험실현	①<u>창출되거나 증가된 위험</u>이 구성요건적 결과에 사실상 실현 되었을 때 객관적 귀속 인정 ②★<u>위험창출은 있었으나 <위험실현이 결여된 경우 결과반가치의 결여로 미수></u> ③구체적 판단기준 ⅰ)<위험의 불실현>: 살인미수시 호송중 교통사고 사망⇒부정 ⅱ)★<합법적 대체행위>: 과실범의 경우 행위자가 주의의무를 다하였을 것으로 인정되는 경우 그 결과의 객관적 귀속을 인정할 것인가(<u>화물차가 법정추월간격을 위반</u>하여 자전거를 타고 가던 갑을 추월하자 <u>만취상태에 있던 갑이 핸들을 잘못 꺾어</u> 화물차의 바퀴에 치어 사망, 화물차 운전수가 법정간격을 지켰을 지라도 사고발생의 개연성이 존재) ⓐ <u>주의위반관련성이론: 인정되지 않으므로 부정</u> ⓑ 위험증대이론: 의무위반행위가 결과발생의 위험을 증대⇒객관적 귀속 인정(Roxin) ※위험증대이론에 의하면 주의의무를 다하였으면 결과가 발생하지 않을 것이 확실하지 않은 경우에도 결과귀속인정(무죄추정원칙에 반함)/침해범을 구체적 위험범으로 변질가능성

■ 객관적 귀속의 판단기준<위험창출 및 위험실현이론> ■

의의	허용할 수 없는 위험을 창출·실현하였으나 그 결과가 규범의 <u>보호영역 밖</u>에서 이루어진 경우 객관적 귀속 부정
구체적 판단기준	①고의적인 자손행위에 관여한 경우: 과실상해시 ★<u>종교적이유 수혈거부</u>⇒객관적 귀속 부정 ②★<u>타인의 책임영역</u>에 속하는 경우: <u>교통사고부상 입혔는데 의사의 과실로 사망</u>⇒객관적 귀속부정

제5절 구성요건적 고의

I. 개 설

1. 주관적 구성요건요소
행위자의 <u>정신적+심리적 측면+관념세계</u>에 속하는 상황

2. 고의의 체계적 지위
(1) 책임요소설
  고의는 모든 주관적 요소와 함께 책임요소(형식)+인과적 행위론
(2) 구성요건요소설
  목적적 행위론+사회적 행위론
(3) 고의의 이중기능
  <u>주관적 구성요건요소와 책임조건으로서의 이중기능</u>

II. 고의의 본질

1. 의사설과 인식설
(1) 의사설
  고의를 구성요건을 <u>실현하려고 하는 의사</u>(고의의 <u>의지적 요소</u> 강조)
(2) 인식설
  구성요건내용에 대한 <u>표상+인식</u> 있으면 고의인정(<u>지적 요소</u> 강조).
(3) 고의
★<u>객관적 행위상황을 인식+구성요건을 실현하려는 의사</u>

2. 사전고의와 사후고의

(1) 사전고의

행위 이전에 실현의사를 가지고는 있었음+But 행위시에 인식 못 함 고의 아님

(2) 사후고의

구성요건적 결과가 발생한 이후 사실인식 이 역시 고의 아님

사전고의	X
사후고의	X
승계고의	승계이후만 고의

III. 고의의 지적 요소★[사실의 인식+의미의 인식]

1. 사실의 인식(구성요건적 사실의 인식)

(1) 고의의 인식

1) 행위의 주체, 행위의 객체, 구성요건적 결과

인식필요

2) 기본적 구성요건, 가중적 구성요건, 감경적 구성요건요소

인식필요

3) ★결과적 가중범의 중한 결과

★인식불요

4) ★단순한 처벌조건 또는 소추조건

★인식불요(고의의 내용이 되지 않음)

5) 행위에 대한 ★위법성

★인식불요+위법성인식(고의의 구성요소가 아님 독립된 ★책임요소)+위법성인식이 없는 경우 비난가능성문제)

6) 인과관계의 인식

고의의 요소+본질적인 점의 인식으로 족

2. 의미의 인식

(1) 규범적 구성요건요소

★사실인식으로 족하지 않음+법적 구성요건요소에 포섭(내재)되어 있는 본질적 의미 내용까지 인식요+유가증권위조죄상 유가증권의 의미, 절도죄상 재물의 타인성의 의미

(2) 즉, [기술적+규범적 구성요건요소인식 요]

(3) 법적 평가의 착오(구성요건에 해당하지 않는다고 오인)

　★고의를 조각하지 않음+포섭의 착오에 해당

> 1) 인식의 정도
> ①확실성단계⇒②개연성단계⇒③충분한 가능성단계⇒④가능성단계(과실의 지적수준)⇒⑤가능성의 인식조차 없는 단계(인식없는 과실)
> 2) 의사의 정도
> ①의욕적 의사단계⇒②단순의사단계⇒③감수의사단계⇒④감수의사조차 없는 단계(과실범)

IV. 고의의 종류(지적요소+구성요건 실현에 대한 행위자의 의사관계)

■고의의 유형■

확정적 고의	직접적 고의, 구성요건의 실현을 행위자가 인식하였거나 확실히 예견한 때, 행위자가 그 결과를 희망하였는가는 문제되지 않는다. <u>행위의 필수적 결과를 예견한 이상 행위결단에는 이러한 결과의 실현을 위한 의지가 포함되기 때문이다.</u>
★불확정적 고의[미택개]	(1)미필적 고의: 조건부 고의, 구성요건적 결과의 발생을 확실하게 인식한 것이 아니라 그 가능성을 예견하고 행위 (2)택일적 고의: 결과발생은 확정적이나 <객체가 택일적>이어서 둘 가운데 하나의 결과만 일어날 수 있는 경우 (3)개괄적 고의: 결과 자체가 일어나는 것은 확정적이나 그 <객체가 불확정한 경우>, 즉 객체가 너무 많아서 무엇에 그 결과가 일어날 것인가가 확정되지 않은 경우

1. 확정적 고의(★직접적 고의)

구성요건적 결과의 실현을 행위자가 인식+확실히 예견+★그러나 결과를 희망하였는가 문제 안 됨

2. 불확정적 고의

(1) 의의

　구성요건적 결과에 대한 인식 또는 예견이 불명확+미필적 고의, 택일적 고의, 개괄적 고의

(2) 미필적 고의

　1) 의의

　결과의 발생 자체가 불확실한 경우+가능을 예견하고 행위

　2) 미필적 고의와 인식 있는 과실의 구별

(a) 개연성설

결과발생의 개연성을 인식한 때 미필적 고의+단순한 가능성을 인식한 때 인식 있는 과실

(b) 가능성설

구성요건적 결과의 발생 가능성을 인식한 때 미필적 고의인정

(c) 용인설

a) 구성요건적 결과발생을 가능하다고 판단(생각)+이를 ★승인 또는 내적으로 용인, 양해 시 미필적 고의인정

b) 법익침해를 내적으로 거부+결과의 불발생을 희망한 때 ★인식 있는 과실

(d) 무관심설

가능한 부수결과를 적극적으로 좋아함+무관심하게 받아들인 때 미필적 고의

(e) 회피설

고의는 구성요건의 실현의사를 의미+법익침해를 회피할 의사를 실현한 때 고의부정

★회피가능성설

(f) 위험설

허용되지 않는 위험의 인식+법익침해에 대한 결단이 있을 때 미필적 고의

(g) 위험차단설

행위 이후에 행운과 우연에 의하여만 결과가 불발생한 때 미필적 고의

(h) **감수설(묵인설)**

a) 결과발생의 가능성을 인식+★**구성요건 실현의 위험을 감수한 때** 미필적 고의인정

b) **[결과가 발생하지 않는다고 신뢰한 때] [인식 있는 과실]**

(3) 택일적 고의

결과발생은 확정적+But ★객체가 택일적임, 둘 중 하나의 결과만 일어날 수 있는 경우의 고의

(4) 개괄적 고의

결과 자체 발생은 확정적+But ★객체가 불확정한 경우

■ 미필적 고의와 인식 있는 과실 ■

(1)의사설	①**용인설**(용인하면 미필적 고의): 고의의 지적요소는 심리적 현상, 용인은 정서적·감정적 요소 구별해야 한다. ②**무관심설**(★**부수효과를 긍정·무관심하면 미필적 고의**): 무관심도 정서적 요소
(2)인식설	①가능성설: 고의의 범위 확대 ②**개연성설**(**개연성인식하면 미필적 고의**, 단순한 가능성 인식은 미필적 고의): 명백한 기준 없다.

(3)절충설	①회피설(행위자가 결과발생의 가능성을 인식하였음에도 그것을 ★회피의사가 없을 때 미필적 고의):행위자가 회피의 성과를 믿지 않고 행위를 계속한 경우에는 비록 회피행위가 있었더라도 고의를 인정할 수 있다. ②★Frank의 공식(구성요건적 결과발생이 확실한 경우에 행위자가 이러한 점을 알면서도 행위를 하였다면 미필적 고의): 결과가 확실히 예견되는 경우에는 행위를 하지 않았으리라는 가정하에 고의를 부정하는 것은 항상 타당하지 않다. ③결단설(결단이 있는 경우 미필적 고의) ④결합설(용인+개연성+무관심) ⑤감수설(감수시 미필적 고의인정: 묵인설, 신중설)

■ 개괄적 고의 ■

의의	첫 번째 행위에 의하여 이미 결과가 발생하였다고 믿었으나 ★실제로는 연속된 두 번째의 행위에 의하여 결과가 야기
법적 취급	(1)개괄적 고의설: 하나의 고의기수 (2)미수설: 제1행위 미수 제2행위 과실의 실체적 경합 (3)인과관계설: ★인과관계의 착오의 한 형태로 보고, ★인과과정이 행위자의 고의와 다른 것이 비본질적이기 때문에 발생한 결과의 고의기수범 성립(다수설) (4)계획실현설: 제1행위시 의도적 고의가 있으면 제2행위에 의한 야기는 범행계획의 실현으로 평가(고의기수인정). (5)객관적 귀속설: 객관적 귀속인정후 인과관계의 착오 논함(비판)

■ 반대형태의 개괄적 고의 ■

행위자가 결과가 자신의 ★두 번째 행위를 통해 발생한 것으로 믿었으나 사실은 최초행위의 착수시점에서 이미 결과가 실현된 경우(구타 후 살해의도 이미 구타시 사망⇒인과과정이 경미하므로 고의기수 인정)

◇형법의 도(총론) | 63

제6절 사실의 착오

I. 착오론 개관

1. 착오의 의의

(1) ★착오의 의의

★주관적 인식과 객관적 실재가 불일치

(2) ★적극적 착오

현실적으로 존재하지 않는 사실을 존재한다고 판단+★환각범, 미수범

(3) 소극적 착오

현실적으로 존재하지 않는 사실을 존재한다고 판단

2. 사실의 착오와 법률의 착오

(1) 사실의 착오

구성요건에 해당하는 ★객관적 사실에 대한 착오를 의미

(2) 법률의 착오

행위가 법적으로 허용되지 않는 점에 대한 착오를 의미

■ 구성요건적 착오 ■

형법 제13조	구성요건적 착오의 경우 고의의 기수로서 처벌하지 않고 경우에 따라서는 과실범으로 처벌
형법 제15조 ①항	행위자가 인식한 사실은 경하고 발생(실현)된 사실은 중한 경우에 경한 죄의 고의의 기수로서 처벌한다는 구성요건 착오의 일 유형 i)추상적 사실의 착오 중 경한 사실을 인식하고 <중한 사실>을 실현한 경우를 모두 가리킨다는 견해 ii)추상적 사실의 착오 중 경한 기본적 구성요건을 인식하고 중한 가중적 구성요건을 실현한 기본적·파생적 관계에 있는 경우에 국한시키는 견해, 「특별히」를 적극적으로 해석(죄질이 다른 경우 불인정)

■ 구성요건적 착오의 대상 ■

착오의 대상에 해당하는 것	객관적 구성요건적 표지(행위, 주체, 객체 인과관계 등)
★착오의 대상에서 제외 되는 것	★형벌의 종류, 가벌성, 처벌조건, 소추조건, 책임능력, 범행동기 등

II. 사실의 착오와 고의

1. 사실의 착오의 의의 및 효과

(1) 의의

구성요건적 불법요소에 대한 인식이 없는 경우+고의대상의 모든 상황에 대한 착오+★구성요건에 포함된 법적 개념, 규범적 구성요건요소를 포함한 모든 객관적 구성요건의 착오+★구성요건적 사실에 불포함 된 범죄의 동기, 책임능력 또는 처벌조각사유에 대한 착오는 사실의 착오에 해당 안 함

(2) 사실의 착오효과

1) 기본적 구성요건의 착오

기본적 구성요건에 해당하는 요소를 인식하지 못한 경우 처벌 불가+착오를 회피할 수 있었고 그리고 과실범의 구성요건이 있는 경우 과실범으로 처벌가능

2) ★ 가중적 구성요건의 착오

형을 가중하는 사유를 인식하지 못한 경우 가중적 구성요건에 의하여 처벌불가, 기본적 구성요건에 의하여 처벌가능+★죄질이 동일한 범죄 사이에도 적용

3) ★감경적 구성요건의 착오

형을 감경하는 사유가 있는 것으로 오인한 경우 감경적 구성요건에 의하여 ★처벌가능

2. 사실의 착오유형

(1) **구체적 사실의 착오**

인식한 사실과 실제로 발생한 사실이 동일한 구성요건에 속함+But ★구체적으로 불일치

(2) **추상적 사실의 착오**

인식한 사실과 실제로 발생한 사실이 ★서로 다른 구성요건을 충족

■ 구성요건착오의 태양 ■

구체적 사실의 착오	(1) ★동가치적 객체의 착오 (2) 인식사실과 발생사실이 동일한 구성요건에 속하나 구체적으로 일치하지 않는 경우 (3) 객체의 착오(행위객체의 성질, 동일성착오)/방법의 착오(타격·수단의 착오)
추상적 사실의 착오	(1) ★이가치적 착오 (2) 인식한 사실과 발생한 사실이 상이한 구성요건에 해당하는 경우 (3) 경(인식)⇒중(결과)/////중(인식)⇒경(결과)---양자 모두 객체의 착오와 방법의 착오 존재

III. 사실의 착오한계

1. 견해의 대립

(1) 구체적 부합설(구체화설)

1) 의의

인식과 발생한 사실이 구체적으로 부합하는 경우=발생한 사실에 대한 고의인정

2) 구체적 부합설의 내용

(a) 객체의 착오

고의범의 기수인정

(b) 방법의 착오

인식한 사실에 대한 미수+발생한 사실의 과실범의 상상적 경합

(2) **추상적 부합설**

1) 의의

범죄를 범할 의사가 있음+그 의사에 기해 범죄가 발생=인식과 사실이 추상적으로 일치하는 범위 내에서 고의범기수

2) 추상적 부합설의 내용

(a) **경한 A죄의 고의로 중한 B죄의 사실을 실현**

A와 B죄의 상상적 경합

(b) **중한 A죄의 고의로 경한 B죄의 사실을 실현한 경우**

중한 죄로 처벌

(3) 법정적 부합설

1) 의의

인식과 발생한 사실이 법정적 사실의 범위, 동일한 구성요건+죄질에 속하면 고의성립

2) 법정적 부합설의 내용

(a) **구체적 사실의 착오**

객체의 착오+방법의 착오불문+인식한 사실과 발생한 사실이 동일한 구성요건에 해당(속)하므로 결과에 대한 고의 성립

(b) **추상적 사실의 착오**

인식한 사실의 미수+발생한 사실의 과실범의 상상적 경합

2. 사실의 착오의 태양과 효과

(1) 목적의 착오 또는 객체의 착오

1) 목적의 착오의 의의

행위의 객체+목적의 성질(동일성)에 관하여 착오가 있는 경우

2) 유형

(a) **구체적 사실의 착오**

 a) 인식한 객체와 발생(결과)한 객체가 구성요건 상으로 동가치인 경우=고의를 조각하지 않음

 b) 객체의 착오=공범 또는 간접정범에 대하여 고의의 영향을 안 미침

(b) **추상적 사실의 착오**

 인식한 객체와 발생한 객체가 상호 다른 구성요건에 속하는 경우=과실범성립

(2) 방법의 착오 또는 타격의 착오

1) 방법의 착오의 의의

방법의 잘못(실력이 안 돼서)으로 행위자가 의도한 객체가 아닌 다른 객체에 결과가 발생

2) 유형

(a) **추상적 사실의 착오**

발생한 결과에 대한 과실범+인식한 사실의 미수의 상상적 경합

(b) **구체적 사실의 착오**

 a) 구체적 부합설

추상적 사실의 착오에 있어서와 같이 상상적 경합으로 처벌

 b) 법정적 부합설

고의의 성립

■ 구성요건적 착오에 관한 학설 ■

구체적 부합설	(1) 인식범죄와 발생범죄가 구체적으로 일치할 때 고의 성립 (2) 구체적 사실의 착오: <u>객체의 착오(갑인줄 알고 을살해: 고의 기수인정)</u>, <u>방법의 착오</u> 　<u>(갑살해의도 빗나가 을살해: 인식사실의 미수와 발생사실의 과실의 상상적 경합)</u> (3) 추상적 사실의 착오: <u>갑의 개인줄 알고 돌던졌으나 을이부상</u>⇒인식사실의 미수와 발생 　사실의 과실의 상상적 경합 (4) 예상외의 사실발생: 갑에게 발사 갑부상 을명중사망⇒인식미수 발생과실 상상적 경합 (5) 사람을 살해할 의사로 사람을 살해했음에도 불구하고 살인미수라고 하는 것은 법감정 　에 반한다.
법정적 부합설	(1) <u>동일한 구성요건 또는 죄질에 속할 때</u> 고의 기수 인정 (2) 구체적 사실의 착오: 객체의 착오·방법의 착오 불문 ★<u>고의기수(갑이라 믿었는데 을이</u> 　<u>었을 경우)</u> (3) 추상적 사실의 착오: 죄질이 동일하지 않으므로 인식사실 미수와 발생사실의 과실의 　상상적 경합 (4) 예상외의 사실발생 　① 갑에게 발사한 탄환이 갑과을 관통 사망 　　ⅰ) 두개의 살인죄 　　ⅱ) 갑에 대한 살인 을에 대한 과실치사(타당) 　② 갑에게 발사한 탄환이 갑관통 을상해 　　ⅰ) 갑에 대한 살인죄 을에 대한 살인미수 　　ⅱ) 갑에 대한 살인죄 을에 대한 과실치상(타당) 　③ 갑에게 발사한 탄환이 갑부상 을사망 　　ⅰ) 갑에 대한 살인미수 을에 대한 살인기수 　　ⅱ) 을에 대한 살인기수(이재상: 갑에 대한 미수는 흡수)
추상적 부합설	<특징> ⅰ) ★<u>경(인식)⇒중(발생): 경한죄 기수 중한죄 과실</u> ⅱ) ★<u>중(인식)⇒경(발생): 중한죄 미수 경한죄 기수</u> ⅲ) 발생하지 않은 경한 죄의 기수를 인정하는 것은 부당

(3) 인과관계의 착오

1) 현실(실제)로 진행되어진 인과관계가 예견되었던 인과의 진행과 <u>본질적으로 차이가 있는 경우</u>
　사실의 착오에 해당

2) 구성요건적 고의에 영향을 안 미침(<u>인관관계의 착오는 그다지 중요하지 않다고 판단, 고의의 성립에 영향을 주지 못함</u>)

1. 구성요건적 착오의 의의
 앞에서도 언급했듯이 구성요건적 착오라 함은 <u>행위자가 인식한 사실과 실재로 발생한 결과가 모두 범죄사실에 속하지만 둘 사이에 불일치가 있는 경우</u>를 말한다.

2. 유형화
구성요건적 착오는 크게 넷으로 유형화 할 수 있다. 즉, 첫째로 서로 다른 구성요건 사이의 착오와 둘째로 동일한 구성요건적 착오 셋째로 병발사건 넷째로 공범의 착오 등으로 나누어 볼 수 있다. 첫째로 서로 다른 구성요건 사이의 착오에는 경한 인식을 했으나 중죄의 결과가 발생한 경우(예를 들어 기본범죄를 인식했으나 가중범죄의 결과가 발생한 경우(보통살인인식 존속살해발생), 감경범죄를 인식했으나 기본범죄발생(승낙살인인식 보통살인발생), 죄질이 동일한 경우(점유이탈물횡령인식 절도발생), 죄질이 상이한 경우(손괴인식 살인발생))와 중죄를 인식했지만 경죄의 결과가 발생한 경우(가중범죄인식 기본범죄발생(존속살해인식 보통살인), 기본범죄인식 감경범죄발생(보통살인인식 승낙살인발생), 죄질이 동일한 경우(절도인식 점유이탈물횡령발생), 죄질이 상이한 경우(살인인식 손괴발생)), 둘째로 동일한 구성요건 사이의 착오는 예를 들어 행위자가 甲을 살해하려고 총을 쏘았으나 乙이 맞아 죽은 경우를 들 수 있고 셋째로 병발사건(竝發事件)의 경우에는 행위자가 甲에게 총을 쏘았으나 甲은 상처만 입고 뒤에 있던 乙이 사망한 경우를 예로 들 수 있다. 넷째로 공범의 착오를 들 수 있는데, 예를 들어 甲이 乙에게 丙을 살해하라고 교사를 했지만 乙이 丁을 丙으로 오인하여 살해한 경우(교사의 착오)를 들 수 있다.

3. 제15조 제1항에 따르는 착오해결
(1) 제15조 제1항의 적용 범위
 형법 제15조 제1항에 따르면 "특별히 중한 죄가 되는 사실을 인식하지 못한 행위는 중한 죄로 벌하지 아니한다."라고 규정하고 있다. 이러한 규정에 있어서 "중한 죄가 되는 사실을 인식하지 못한 행위"라는 의미는 **행위자가 경한 죄를 인식을 하고 행위로 나아갔으나 중한 죄가 되는 사실이 발생한 경우**를 뜻한다. 그런데 여기서 그 구체적인 범위는 다소 유동적이다. 즉, "특별히"라는 규정의 의미가 어떻게 해석되는가 여부에 따라 그 구체적 적용범위가 결정된다. 이에 대하여는 크게 세 가지 견해가 있다.

(2) 학설개관
 1) 첫 번째 견해
    이 견해는 제15조 제1항을 해석함에 있어서, <u>행위자가 가중적 구성요건을 실현한다는 인식을 하지 못한 경우는 물론 죄질을 같이 하는 범죄 사이에도 폭넓게 적용된다는 입장</u>이다. 이러한 입장에 의하면 서로 다른 구성요건 사이의 착오에 있어서 경한 인식을 했으나 중죄의 결과가 발생한 경우 중 기본범죄를 인식했으나 가중범죄의 결과가 발생한 경우(보통살인인식 존속살해발생), 감경범죄를 인식했으나 기본범죄발생(승낙살인인식 보통살인발생), 죄질이 동일한 경우(점유이탈물횡령인식 절도발생)에만 제15조 제1항이 직접적으로 적용되고 그 밖의 경우는 모두 학설에 맡겨지게 된다.
 2) 두 번째 견해
    이 견해는, **"특별히"** 중한 죄가 되는 사실이라는 의미는 불법가중 구성요건을 뜻하므로 제15조 제1항은 행위자가 기본적 구성요건을 실현한다는 인식을 하였고 가중적 구성요건이 실현(발생)된 경우에만 적용**된다는 입장이다. 이러한 입장에서는 서로 다른 구성요건 사이의 착오에 있어서 경한 인식을 했으나 중죄의 결과가 발생한 경우 중 기본범죄를 인식했으나 가중범죄의 결과가 발생한 경우(보통살인인식 존속살해발생)에만 제15조 제1항이 직접 적용되게 된다. 즉, 그 밖의 경우에는 학설에 따라야 한다고 한다.
 3) 세 번째 견해
  이 견해에 따르면, **제15조 제1항은 행위자가 경한 죄를 인식하고 행위를 하였고 중한 죄가 되는 사실이 발생한 모든 경우에 적용되는 것이 원칙이지만 그 법적 효과는 명문상 "중한 죄로 벌하지 아니한다."규정에 따라 중한 죄에 대한 고의기수 책임의 부과는 불가하다는 소극적인 제한**을 받게 된다고 한다. 이 견해의 특징은 위와 같은 소극적 제한을 받으면서도 구체적인 사안의 처리는 학설에 일임해야 한다는 것이다.

(3) 사안 별 제15조 제1항의 법적 효과
 1) 첫 번째 견해 및 두 번째 견해에 의한 해결
  언급한 바대로 제15조 제1항의 적용범위에 대한 첫 번째 견해 및 두 번째 견해에 의하면 "중한 죄로 벌하지 아니한다."라는 의미를 해석함에 있어서 이를 "경한 죄로 벌한다."라는 뜻으로 전환하여 해석하고 있다고 판단되므로 첫 번째 견해에 의하면 기본범죄를 인식했으나 가중범죄의 결과가 발생한 경우 예를 들어 보통살인을 인식하였고 존속살해가 발생한 경우에는 보통살인죄로 처벌되며 감경범죄를 인식했으나 기본범죄가 발생한 경우 예를 들어 승낙살인을 인식하였으나 보통살인죄가 발생한 경우 승낙살인죄로 처벌되고 죄질이 동일한 경우 예를 들어 점유이탈물횡령을 인식하였으나 절도가 발생한 경우에는 점유이탈물횡령죄로 처벌된다. 두 번째 견해에 의하면 기본범죄를 인식했으나 가중범죄의 결과가 발생한 경우 즉, 보통살인을 인식하였고 존속살해가 발생한 경우에는 보통살인죄로 처벌하게 된다.
 2) 제15조 제1항의 직접적인 적용이 불가하거나 적용되더라도 법적 효과가 학설에 위임된 경우
  이처럼 형법 제15조 제1항에 의하여 적용을 받는 사실의 착오는 매우 한정적일 수밖에 없다는 점을 우리는 알았다. 그리고 적용을 받을 지라도 법적 효과를 학설에 위임해야만 하는 제한적 규정임을 파악하게 되었다. 이러한 문제점이 있기 때문에 이론의 정립이 필요한데 바로 그것이 구성요건적 착오이론인 부합설(附合說)인 것이다. 언급했던 것처럼 두 번째 입장을 취하는 경우에 있어서 제15조 적용범위에 대하여는 죄질부합설을 취한바 있는데 이 입장에 의하면 제15조 제1항에 의하여 해결이 불가능했던 나머지의 경우를 해결하게 된다.

<제15조 제1항의 적용을 받지 않는 착오에 대한 해결>

착오문제를 합리적으로 해결하기 위하여 기본원리의 제시가 필수적이다. 구성요건적 착오가 있는 경우에는 단순히 발생한 범죄사실에 대해서만 고의가 존재하지 않기 때문에 인식한 범죄사실에 대한 고의 즉, 미수와 발생한 범죄사실 즉, 과실을 인정하면 가장 간편한 해결방법일 것이다. 그렇지만 행위자가 인식한 사실과 발생한 사실 간에 약간의 착오로 인한 불일치가 존재한다고 하여 위와 같이 동일한 방법에 의하여 해결을 한다면 발생한 범죄사실에 대한 고의범성립은 사실상 인정하기 어려워질 수밖에 없을 것이다. 이러한 문제가 발생하는 것을 조금이라도 완충시키기 위한 어떠한 이론 정립의 필요성이 제기된다. 즉, 행위자가 행위를 함에 있어서 착오가 존재하더라도 행위자가 인식한 범죄사실과 발생한 범죄사실 간의 착오에 있어서 그 착오가 중요한 경우에는 착오의 효과를 인정함으로써 인식한 범죄사실에 대한 미수(고의범) 및 발생한 범죄사실에 대한 기수(과실범)

를 인정하고 반면 행위자의 착오가 그다지 중요하지 않다고 판단되면 착오의 효과를 차단시켜 발생한 범죄사실에 대한 기수(고의범)를 인정해야 한다는 설득력 있는 이론의 제기가 필요하다. 이렇게 되면 착오가 있어도 일정범위 안에서 고의를 인정할 수 있는 근거를 다소나마 마련할 수 있다는 실마리를 제공할 수 있다. 그런데 이러한 기본원리의 제시에 있어서도 문제는 **착오에 대한 중요성 판단**을 어떠한 기준에 의하여 할 것인가라는 또 다른 문제가 제기된다. 이러한 제2차적 문제를 합리적으로 풀어야 하는 기준제시가 다름 아닌 **부합설(附合說)**인 것이다.

<착오의 중요성 판단기준>

(1) 문제해결을 위한 부합설의 의미와 착오의 중요성판단
1) 착오의 중요성 판단기준에 대한 이론으로서 부합설
　부합설은 언급했던 바대로, 착오가 존재한다는 전제를 내리고 행위자가 인식한 범죄사실과 발생한 범죄사실 간에 착오를 함에 있어서 중요한 경우에는 착오의 효과를 인정함으로써 인식한 범죄사실에 대한 고의범(미수범)과 발생한 범죄사실에 대한 과실범(기수범)으로 처벌하면 되고 만일 착오가 중요성을 갖지 않는다면 착오의 효과를 부정함으로써 발생한 범죄사실에 대해서만 고의범(기수범)을 인정해야 한다는 착오문제의 해결원리로서의 중요성판단기준에 관한 이론으로서 의미를 갖는다.
2) 제15조상 착오에 있어서 중요성을 판단하는 기본적 원리
　결론적으로 말하자면 <u>중요성을 인정하는 범위를 넓게 판단하면 고의성립은 좁아지고 반대로 중요성을 인정하는 범위를 좁게 판단하면 고의성립은 넓어지게 된다. 즉, 고의의 인정요건을 엄격하게 요구하게 되면 중요성판단의 범위를 넓게 보아야 하고 그 결과 고의성립은 적어지게 된다. 반면 고의의 인정요건을 느슨하게 보자는 입장에서는 착오의 중요성을 인정하는 범위가 오히려 협소해 지고 이에 따라 고의의 성립은 확장</u>되게 된다. 착오가 있을 경우에 발생한 범죄사실에 대하여 고의를 인정해야 한다고 한다면 여기서의 착오는 형법상 중요성을 지니지 않은 것으로 판단하였기 때문이라는 의미를 담고 있다. 따라서 착오의 중요성 판단은 고의를 어떻게 파악해고 이해해야 하는가에 대한 직접적 관련을 갖는다는 것과 동시에 고의의 인정범위를 책정하는 열쇠의 역할을 수행한다고 할 수 있다. 이를 구체적으로 언급하자면 **첫째로 구체적 부합설(具體的 附合說)**의 경우처럼(고의를 특정한 객체에 대한 인식과 의사로 파악) 고의의 인정요건을 엄격하게 요구하고자 하는 입장에서는 고의의 인정범위를 협소하게 인정하려 하고 따라서 착오가 발생한 경우에 착오의 중요성을 인정하는 범위가 확대되어 결과적으로 고의의 인정 또는 전용범위(專用範圍)가 협소해 지게 된다. 반면 **둘째로 법정적 부합설(法定的 附合說)**의 경우처럼(고의를 법정적 요건상 유개념(類槪念: 어떤 개념의 외연(外延)이 다른 개념의 외연보다 크고 그것을 포괄할 경우, 전자를 후자에 상대하여 이르는 말. 후자는 종개념이 된다. 예를 들면 '개', '고양이', '호랑이' 등에 대한 '동물'이 이에 해당한다.)에 대한 인식과 의사로 파악) 고의의 성립범위를 확장적으로 인정하고자 하고 착오가 발생한 경우에 있어서 착오의 중요성을 인정하는 범위가 협소해 지므로 고의의 인정 또는 전용범위가 결과적으로 확대되게 된다. 이러한 입장에서는 특정한 객체 이외에서 결과가 발생한 경우, 예를 들어 구체적 사실의 착오 중 방법의 착오가 있는 경우에 있어서도 해당 객체가 행위자가 인식했던 범죄의 객체와 법정적 요건인 유개념(類槪念)에 해당하기 때문에 형법상 당해 착오가 중요하지 않는다는 판단아래 발생한 범죄사실에 대해서만 고의범(기수범)을 인정해야 한다고 한다. 이렇듯 착오의 중요성을

인정하는 범위와 고의성립의 인정범위는 반비례적인 성격을 갖고 있다고 볼 수 있다. 다만 여기서 주의할 것은 구체적 부합설이 고의를 종개념(種概念: 어떤 개념의 외연이 다른 개념의 외연보다 더 작고 그 개념에 종속되어 있을 때, 전자의 개념을 후자의 개념에 상대하여 이르는 말. 예를 들면 '동물'에 대하여 '사람', '개', '고양이' 따위가 이에 해당한다.)으로 판단하고 있지는 않다는 점이다.

<가중적 구성요건의 착오에 대한 해결방법>

(1) 문제의 제기
　　그런데 행위자가 **가중적 구성요건을 실현하고자 하는 의사**를 가지고 행위로 나아갔지만 **결과는 기본적 구성요건을 실현하는데 그친 경우**에 이에 대한 형사법적 효과를 어떻게 부여할 것인가 문제된다. 예를 들어 행위자가 자신의 존속을 살해하려는 의도로 행위를 하였지만 결과가 단순살인죄에 그친 경우를 들 수 있다.

(2) 각각의 부합설에 따르는 문제의 해결방법
 1) 구체적 부합설에 의한 해결
　　그런데 구체적 부합설을 따르는 경우에도 견해차를 보이고 있다. 즉, 첫째 견해로 존속살해죄의 미수와 보통살인죄의 기수를 인정해야 한다는 입장이 있다. 전형적인 해결방법이다. 둘째 견해로 이보다 좀 더 세부적인 의미를 두고 접근해야 한다는 입장이 있다. 이 견해는 결과적 측면도 중요하지만 행위의 위험성을 간과해서는 안 된다는 점을 부각시키는 입장으로서 존속살해의 불능미수와 보통살인죄의 기수를 인정하고자 한다. 다음으로 셋째 견해는 위와 같은 경우에는 구체적 사실의 착오 및 추상적 사실의 착오에 대한 성격을 동시에 가지고 있다고 판단하여 객체의 착오에 있어서는 존속살해미수와 보통살인기수의 상상적 경합이 성립되고 방법의 착오에 있어서는 존속살해미수와 과실치사죄의 기수가 성립한다고 한다.

 2) 법정적 부합설에 의한 해결
　　법정적 부합설에 의할 경우에도 다소의 이견을 보이고 있다. 즉, 첫째로 **구성요건부합설**을 지지하는 입장에서는 **존속살해미수와 보통살인기수의 상상적 경합**이 성립된다는 입장과 둘째로 **죄질부합설**을 지지하는 입장에서는 **구체적 사실의 착오로 판단**하여 **보통살인죄의 기수**를 인정하고자 하는 입장이 있다.

<감경적 구성요건의 착오에 대한 해결방법>

(1) 문제의 제기
　　또한 행위자가 불법감경사유가 존재한다는 사실을 인식하지 못했지만 실제상으로는 불법감경사유가 존재하고 있었던 경우, 법적 효과를 어떻게 인정할 것인가 문제되고 있다. 예를 들어 보통살인의 고의로 나아갔지만 결과가 승낙살인죄로 나타난 경우를 들 수 있다.

(2) 견해의 대립
　　이런 경우에 대하여는 크게 세 가지 견해가 제기되고 있다. 첫째로 현재 많은 지지를 받고 있는 주장으로서 위의 예에서 승낙살인죄가 성립하려면 상대방의 승낙이 반드시 존재해야 하므로 이러한 경우처럼 승낙에 대한 인식이 존재하지 않는 경우에 있어서는 보통살인죄가 성립한다는 입장이 있다. 그리고 둘째로 위의 예에서는 승낙살인죄(경한 범죄)의 기수와 보통살인죄의 미수(중한 범죄)의 상상적 경합을 인정해야 한다는 입장이 있다. 즉, 중한 죄의 고의가 있었지만 결과가 경하게 발생한 것과 동일한 논리를 적용하여 경한 죄의 고의기수를 인정하고 결과가 발생하지 않은 중한 죄(기본범죄)의 미수를 인정해야 한다는 입장이다. 그리고 세째로 위의 예에 해당하는 경우에서는 객체의 착오인 경우에는 보통살인죄의 미수와 승낙살인죄의 기수의 상상적 경합이 성립(인정)되지만 방법의 착오인 경우에는 보통살인죄의 미수와 과실치사죄의 상상적 경합이 성립된다는 이원적 입장을 취하는 견해가 있다.

<병발사건이 발생한 경우에 대한 해결방법(예상을 하지 않은 사실이 병발사건인 경우 법적 효과)>

(1) 행위자 甲이 乙을 살해할 의사를 가지고 격발을 한 결과 乙 및 그 뒤에 있던 丙까지 이에 맞아 사망에 이른 경우
1) 구체적 부합설에 의한 해결
   구체적 부합설에 의하면, 乙에 대한 사실기수와 丙에 대한 과실치사죄의 상상적 경합이 성립(인정)한다.
2) 법정적 부합설에 의한 해결
   법정적 부합설에 의하면, 乙이 사망한 것에 초점을 맞추어 乙에 대한 살인죄의 고의를 병에게 전용시킬 필요까지는 없기 때문에 乙에 대한 살인기수와 丙에 대한 과실치사죄의 상상적 경합이 성립(인정)한다. 즉, 구체적 부합설에 의한 해결과 동일하다.

(2) 행위자 甲이 乙을 살해할 의사를 가지고 격발을 하였고 乙이 이에 맞아 죽고 그 옆에 있던 丙까지 관통하여 상해가 발생한 경우
 1) 구체적 부합설에 의한 해결
    구체적 부합설에 의하면, 乙에 대한 살인기수죄와 丙에 대한 과실치상죄의 상상적 경합이 성립한다.
 2) 법정적 부합설에 의한 해결
    법정적 부합설에 의하면, 乙에 대한 살인기수죄와 丙에 대한 과실치상죄의 상상적 경합이 성립한다. 구체적 부합설의 결론과 같다.

(3) 행위자 甲이 乙을 살해할 의사를 가지고 격발을 하였으나 乙은 상해를 입는데 그쳤고 그 옆에 있던 丙이 이에 맞아 사망한 경우
 1) 구체적 부합설에 의한 해결
    구체적 부합설에 의하면, 乙에 대한 살인미수죄와 丙에 대한 과실치사죄의 상상적 경합이 성립한다.
 2) 법정적 부합설에 의한 해결
    법정적 부합설을 따르는 경우에는 다양한 견해가 제기되고 있다. 즉, 첫째로 이와 같은 경우 乙에 대한 살인미수죄와 丙에 대한 살인기수죄의 상상적 경합을 인정해야 한다는 입장이 있다.

그러나 이 견해는 행위자가 하나의 고의를 가졌음에도 두 개의 고의를 인정했다는 점에서 비판을 받고 있다. 둘째로 乙에 대한 과실치상죄와 丙에 대한 살인기수죄의 상상적 경합을 인정해야 한다는 입장이 있다. 그러나 이 견해는 乙에 대하여 살인의 고의를 가지고 있던 것이 과실로 변경된 이유에 대한 해명을 할 수 없다는 단점이 지적된다. 셋째로 乙에 대한 살인미수죄와 丙에 대한 과실치사죄의 상상적 경합이 성립한다는 입장이 있다. 이 견해는 乙을 살해할 의사로 격발을 하였으나 乙은 온전하고(상처도 입지 않고) 대신 丙이 이에 맞아 사망한 경우(丙에 대한 살인기수)와 비교하여 형의 불균형이 문제되고 있다. 그리고 넷째로 가장 많은 지지를 받고 있는 견해로서 丙에 대한 살인기수죄만을 인정해야 한다는 입장이 있다. 즉, 乙에 대한 살인미수죄를 丙에 대한 살인기수죄에 흡수시켜야 한다고 한다. 그러나 **이 견해도 보호법익이 생명인 경우에 일신전속적인 성격을 갖고 있으므로 법익을 침해 받은 자(법익주체) 마다 각각 한 개의 죄를 인정해야 함에도 불구하고 乙에 대한 살인미수가 丙에 대한 살인기수에 자연과학적 의미로 흡수된다고 판단한 것은 죄수판단의 기본원칙을 무시한 결론이라는 비판**을 받고 있다.

(4) 행위자 甲이 乙을 살해할 의사를 가지고 격발을 하였으나 乙에게 상해만을 입히고 그 옆에 있던 丙에게도 상해를 입게 한 경우
 1) 구체적 부합설에 의한 해결
    구체적 부합설에 의하면, 乙에 대한 살인미수죄와 丙에 대한 과실치상죄의 상상적 경합이 성립한다.
 2) 추상적 부합설에 의한 해결
    추상적 부합설에 의하면, 乙에 대한 살인미수죄와 丙에 대한 과실치상죄의 상상적 경합이 성립한다.

■ 인과관계의 착오 ■

의의	인과관계의 착오란 행위자가 인식한 범죄사실과 현실로 발생한 범죄사실이 <u>법적으로 일치하지만 그 결과에 이르는 과정이 행위자가 인식했던 인과과정과 다른 경우</u>(인과관계는 고의의 인식대상이다.)
인과관계의 착오의 유형	(1)<u><행위의 작용방법에 착오가 생긴 경우></u>: 익사시킬 의도로 다리 아래 강으로 밀었는데 머리가 교각에 부딪혀 사망 (2)<u><예상보다 빠르게 구성요건적 결과가 실현된 경우></u>: 기절시킨 후 살해하려 했으나 기절시 이미 사망 (3)<u><고의 없는 제2의 행위에 의해 결과가 발생></u>: 개괄적 고의 적용여부가 문제
판단기준	(1)객관적 귀속설 (2)인과과정의 본질적 상위유무 기준설(다수설): **본질적 차이가 있을 때에만 구성요건적 착오**(예견 범위내+다른 행위로 평가될 수 있는지 여부)

✿ 인과관계의 착오(심화) ✿

1. 의의

(1) 의미
인과관계의 착오 또는 인과과정의 착오라 함은 행위자가 인식한 범죄사실과 비교하여 실제로 발생한 범죄사실이 법적인 측면에서는 일치하지만 사실적인 측면에서 볼 때 발생한 범죄사실이 원래 행위자가 인식(예상)했던 경로와 다른 과정을 통하여 발생한 경우를 의미한다.

(2) 구별개념(방법의 착오와 다른 점)
인과관계의 착오는 방법의 착오와 구별된다. 즉, 인과관계의 착오는 행위자가 원래 의도한 대상에서 결과가 발생하였지만 방법의 착오는 원래의 범죄대상에서 범죄가 발생한 것이 아니라 다른 대상에서 범죄가 발생한 경우(범죄대상 자체가 달라진 경우)이므로 양자는 상이하다.

2. 인과관계의 착오 유형

1) 시간적으로 볼 때 결과발생이 적시에 발생한 인과관계의 착오
여기에 해당하는 경우로는 첫째, 행위자 甲이 乙을 살해하려고 칼로 찔렀으나 乙의 사망원인이 칼에 묻어 있던 비브리오 폐혈증균에 의한 경우 둘째, 행위자 甲이 乙을 죽이려고 다리 밑으로 떠밀었으나 乙의 죽음이 교각에 머리를 부딪쳐 사망한 경우 셋째, 행위자 甲이 乙을 죽이려고 머리에 총을 쏘았으나 乙의 심장을 관통하여 사망케 한 경우 넷째, 행위자 甲이 乙을 죽이려고 총을 쏘았고 乙이 상해를 입자 병원으로 후송하는 과정에서 운전자 丙의 과속에 의하여 추돌사고로 乙이 사망한 경우 등을 들 수 있다.

2) 결과발생이 시간적으로 뒤에 발생한 인과관계의 착오
예를 들어 행위자 甲이 乙을 죽이려고 폭행을 가하였고 이에 乙이 사망에 이른 줄 알고 웅덩이에 매장하였으나 乙의 사망이 폭행에 의한 것이 아니라 웅덩이에서 숨이 막혀 죽은 경우를 들 수 있다.

3) 결과발생이 시간적으로 볼 때 앞에서 발생한 인과관계의 착오
행위자 甲이 乙이 마시는 음료수에 수면제를 혼합시켜 복용케 한 뒤 강물에 던져 살인을 하려 하였지만 乙은 이미 수면제 과다 복용으로 사망한 상태였던 경우, 행위자 甲이 乙을 죽이는 과정에서 乙을 기절시킨 뒤 추락시켰지만 사실은 기절시키는 과정에서 이미 乙이 사망에 이른 경우를 들 수 있다.

3. 시간적으로 볼 때 결과발생이 적시에 발생한 인과관계의 착오에 대한 해결

(1) 법적 성격에 대한 견해의 대립

1) 객관적 귀속설에 의하여 해결하자는 입장
이 견해는 **인과관계의 개념과 인과과정의 개념을 명백히 구분**해야 한다는 것을 전제로 인과과정은 고의의 인식대상에서 제외되어야 하고 인과과정에 대한 착오가 있게 되면 고의의 인정여부에 대한 범주에서 이를 완전히 배제시켜 객관적 귀속문제로 파악해야 한다고 주장한다.

2) 구성요건적 착오에 해당한다는 입장
반면 이 견해는, **인과관계가 객관적 구성요건요소라는 점을 부각**시키면서 인과관계 또한 고의의 인식대상이기 때문에 이에 대한 인식이 결여되었다고 한다면 구성요건적 착오에 해당한다고 주장한다. 구체적으로 이러한 견해에 의하면, 인과관계가 구성요건적 착오에 해당하여 고의가 조각되기 위해서는 실제로(현실로) 진행된 인과관계가 행위자가 예견한 인과과정의 진행과 비교하여 **본질적인 차이가 존재**해야 한다는 점을 강조하고 만일 그 차이가 일반적인 경험칙 등에 의하여 예견가능 한 범위 내에 있으며 다른 행위로 평가받을 수 없다면 이것은 이미 본질적인 차이가 없는 것과 같으므로 고의가 조각되지 않는다고 한다.

(2) 법적 효과에 대한 견해의 대립

1) 객관적 귀속설에 따르는 경우 법적 효과
시간적으로 볼 때 결과발생이 적시에 발생한 인과관계의 착오 중 첫째 내지 셋째의 경우에는 객관적 귀속이 인정되므로 살인기수죄를 인정하고 넷째의 경우에는 객관적 귀속이 부정되어 살인미수죄를 인정하게 된다.

2) 구성요건적 착오설에 따르는 경우 법적 효과
시간적으로 볼 때 결과발생이 적시에 발생한 인과관계의 착오 중 첫째 내지 셋째의 경우에는 결과에 대한 객관적 귀속이 인정되고 인과의 경과에 대한 착오를 평가해 보았을 때 비본질적인 차이가 발생한 것에 해당하므로 살인기수죄가 인정된다. 반면 시간적으로 볼 때 결과발생이 적시에 발생한 인과관계의 착오 중 넷째의 경우에는 객관적 귀속 자체가 인정받을 수 없는 상황이므로 인과관계의 착오가 아니므로 살인미수죄가 인정된다.

3) 소결
언급한 객관적 귀속이론에 의한 문제의 해결이나 구성요건적 착오설에 의한 문제의 해결이나 결론 상으로는 차이가 발견되지 않는다는 것을 알았다. 다만 구성요건적 착오설은 체계론적 관점에 주목하여 이를 해결하려는 반면 객관적 귀속설은 실제 발생한 결과를 중심으로 문제를 해결하려 한다는 점에서 약간의 차이를 보일 뿐이다. 이는 실제적으로 동일한 결론에 도달하는데 구성요건적 착오설처럼 체계론적 관점에 기준을 굳이 둘 필요성이 없다는 객관적 귀속설의 비판에서 기인한다. 위와 같이 시간적으로 볼 때 결과발생이 적시에 발생한 인과관계의 착오 중 첫째 내지 셋째의 경우처럼 객관적 귀속이 인정되는 결과에 대한 법적 효과에 대하여 객관적 귀속설을 따르게 되면 객관적 귀속이 인정되기 때문에 곧 바로 고의범의 기수가 인정되었지만 구성요건적 착오설을 따르게 되면 객관적 귀속을 인정받는 행위일지라도 인과과정상의 착오가 존재하기 때문에 기수의 결과발생에 대한 고의존부여부를 이차적으로 평가해 보아야 한다는 입장을 견지한다. 즉, 구체적으로 구성요건적 착오설에 의하면 인과관계의 착오가 있는 경우에 행위자가 인식(예견)했던 인과경과와 진행된 결과를 비교하여 보았을 때 그 차이가 비본질적인 경우 즉, 객관적으로 판단해 볼 때 예견가능성이 있는 경우에는 고의를 인정하고자 한다. 그런데 이는, 구성요건적 착오설에서 설정한 이와 같은 기준은 실질적으로 객관적 귀속의 판단기준과 별다른 차이가 없다는 점에서 객관적 귀속을 인정받는 결과에 대하여 또 한 번 구성요건적 착오의 법리를 적용해야 하고 결과적으로 고의의 인정이라는 동일한 귀결에 이르기 때문에 번거로운 체계론을 주장하기 보다는 객관적 귀속설을 따르는 것이 타당하다는 이면적 주장에서 비롯된 것이다. 이렇게 본다면 인과관계 또는 인과과정에 대한 착오의 문제를 독립적인 문제로 볼 여지가 사라지게 된다는 주장도 제기되고 있다.

4. 결과발생이 시간적으로 뒤에 발생한 인과관계의 착오

(1) 문제의 제기
이러한 문제는 행위자가 고의를 가지고 일정한 행위를 하였지만 이러한 제1차적 행위를 하고 난 이후 결과가 발생한 것으로 오인함으로써 또 다른 의도(원래의 고의가 없는 상태)를 가지고 제2차적 행위로 나아간 경우 실제로 발생한 범죄결과가 제2차적 행위에 기인하여 발생한 경우에 있어서 행위자에게 발생한 범죄사실에 대한 고의기수를 인정할 것인가에 대한 것이다.

(2) 문제되는 사안
이와 같은 문제는 다음과 같은 경우에 논의된다. 즉, 행위자 甲이 자신의 처乙(정신지체장애자)에게 丙이 젖을 달라고 희롱을 일삼자 화가나 丙을 폭행하였으며 점점 살인의 고의를 가지고 폭행에 임하였던바(돌로 머리를 침) 丙이 정신을 잃고 축늘어지자 甲은 丙이 사망한 것으로 오인하고 丙의 시체를 인멸하기 위하여 개울가에 웅덩이를 파고 매장하기에 이르렀는데 사실은 웅덩이 안에서 丙이 질식사한 경우에 발생한다.

(3) 판례의 태도
이와 관련하여 판례는 "피해자가 피고인들의 살해의 의도로 행한 구타행위에 의하여 직접 사망한 것이 아니라 죄적을 인멸할 목적으로 행한 매장행위에 의하여 사망하게 되었다 하더라도 전 과정을 개괄적으로 보면 피해자의 살해라는 처음에 예견된 사실이 결국은 실현된 것으로서 피고인들은 살인죄의 죄책을 면할 수 없다."라고 판시한 바 있다(대판 1988.6.28, 88도650참조).

(4) 견해의 대립

1) 개괄적 고의로 해결하려는 입장

(a) 내용
이 견해는 수 개의 부분적인 행위가 포괄적으로 하나의 행위의 결과로 실현되었다면 이러한 수 개의 부분행위 전부에 걸쳐서 하나의 개괄적 고의가 있는 행위로 판단해야 한다는 입장이다. 이렇게 되면 위의 사안에서 甲에게는 살인죄의 기수를 인정하게 된다.

(b) 문제점
그런데 범죄를 이루는 요소로서 고의란 구성요건적 고의를 의미하는데 살인행위에 대한 고의와 사체유기에 대한 고의를 한데 묶어 포괄적으로 하나의 고의가 있었다고 인정한 것은 죄형법정주의라든지 나아가서는 법치국가원리에 반함으로써 논리의 한계를 드러냈다는 비판을 받을 수 있다. 그리고 결과적으로 사전적 고의를 인정하는 것과 다름없는 해결방법이며 따라서 이와 같이 해결하게 되면 고의의 기수범성립 범위가 지나치게 확장됨으로써 형법의 보장적 기능을 저해시킬 수 있다는 비판이 제기된다.

2) 객관적 귀속으로 해결하려는 입장

(a) 내용
이 견해는 객관적 귀속의 판단기준을 일반적인 생활경험에 두고 있는 입장이다. 즉, 구성요건적 결과가 비록 행위자가 제2행위에 의한 죄적을 은폐할 목적에서 기인되었다고 하더라도 이러한 행위가 일반적인 생활경험의 범위 내에서 죄적인멸을 목적으로 한 전형적인 행위로 평가받게 된다면 객관적 귀속을 원칙적으로 인정할 것을 주장한다. 이러한 주장에 의하면 위의 사안에서 甲에게는 살인죄의 기수를 인정하게 된다.

(b) 문제점
그러나 이 견해도 고의를 인정하는 문제와 객관적 귀속을 인정하는 문제는 별개임에도 양자를 동일선상에서 판단하려 했다는 점에서 비판을 받는다. 즉, 특정한 행위가 있었고 그러한 행위에 의하여 결과가 발생된 사안에서 행위에 따르는 결과에 대하여 객관적 귀속이 인정된다고 하더라도 행위자의 결과발생에 대한 고의존부 판단은 별개라는 점을 중요하게 생각하지 않고 있다는 비판이 제기된다.

3) 계획이 실현되었다고 보는 입장(계획실현설)

(a) 내용
이 견해는 행위자가 범죄를 계획한 것이 실현되었는가 여부를 전체적인 관점에서 파악하고 그러한 범죄계획이 제1행위시에 의도적 고의에 의한 것인가 그렇지 않고 지정고의 또는 미필적 고의에 의한 것인가라는 기준에 의하여 고의기수여부를 판단하자는 입장이다. 즉, 특정한 행위를 함에 있어 행위자가 제1행위를 함에 있어서 의도적 고의(意圖的 故意)가 존재한다면 범죄결과가 제2행위에 의하여 발생했다고 하더라도 이와 같은 결과의 야기는 전체적으로 보았을 때 행위자의 범죄(행)계획을 포괄적으로 실현한 것으로 평가받기에 충분하므로 고의기수를 인정받아야 한다고 한다. 반면 제1행위에 있어서 의도적 고의에 못 미치는 지정고의(指定故意) 또는 미필적 고의(未必的 故意)가 존재한다면 제2행위에 기인하여 범죄의 결과가 발생하였다고 하더라도 그 결과는 고의가 아닌 과실행위에 의한 결과라는 것이다. 즉, 이와 같은 고의가 존재하는 경우에는 범죄(행)계획의 실현으로 평가받기에는 부족하므로 미수에 그친다고 주장한다. 이러한 기준에서 본다면 위의 사안에서 甲에게는 살인죄의 기수가 인정되게 된다.

(b) 문제점
이 견해는 고의를 세분화 하여 고의의 귀속여부를 판단하고자 했다는 점에서 매우 획기적인 방법이라고 평가받을 수 있다. 그러나 고의의 종류가 고의의 귀속여부를 결정한다는 것은 필연성에서 부족한 측면이 있다. 즉, 결과귀속이 고의의 종류에 종속적이라는 필연적 이유를 밝혀 내지 못하고 있다는 비판이 제기된다.

4) 단일행위로 보는 입장(단일행위설)

(a) 내용
 이 견해는 사회적 평가 또는 (형)법적 평가에 의하여 제1행위와 제2행위를 하나의 행위에 해당하는 부분동작으로 볼 수 있다면 고의기수범을 인정해야 한다는 입장이다. 이 견해에 따르면 위의 사안에서 甲에게는 살인기수를 인정하게 된다.

(b) 문제점
 그러나 이 견해에 대하여도, 고의 및 구성요건이 다른 범죄행위를 하나의 범죄행위로 평가하고 그러한 평가의 기준이 명확하지 않다는 비판의 목소리가 있다.

5) 제1행위의 미수와 제2행위의 과실로 보자는 입장

(a) 내용
 이 견해는 고의의 측면에서 볼 때 제1행위와 제2행위의 고의가 다름을 강조하는 입장으로서 양자가 달리하는 각각의 행위이므로 독자적 행위로 판단해야 마땅하다고 한다. 따라서 이 견해는 제1행위(제1차적 행위)에 대하여는 장애미수를 인정하고 제2행위(제2차적 행위)에 대하여는 과실을 인정하자고 주장한다. 여기서 주의할 것은 제1행위와 제2행위가 각각 별개의 행위라는 점에서 양 범죄는 실체적 경합관계를 이룬다는 점이다. 이러한 입장에 의해 위의 사안을 해결한다면 甲에게는 살인미수죄와 과실치사죄의 실체적 경합을 인정하게 된다.

(b) 문제점
 이 견해는 고의의 존재시점에 대한 오산(誤算)을 한 면이 지적된다. 즉, 고의는 범행에 대한 실행행위시(적어도 인과관계진행시점)에만 존재하면 충분하고 범행 전과정에 존재할 것을 요하지 않는다는 점에서 비판을 받는다. 그리고 각각의 독립된 두 개의 행위가 있었더라도 제1행위가 제2행위를 매개체로 하여 원래 실현하고자 했던 구성요건적 결과를 상당할 정도로 실현가능하게 만들었다고 평가를 받는다면 고의의 기수로 인정하는 것이 타당할진데 이 견해에 의하면 이러한 논리를 전혀 받아들이지 않고 다만 제2행위의 독립성만을 강조한 나머지 정작 객관적 귀속을 인정할 수 있는 고의의 기수까지 차단시키고 미수범을 인정하는 데 그치게 했다는 것은 부당한 처벌이라는 비판을 받는다.

6) 인과관계착오설로 해결하려는 입장

(a) 내용
 이 견해는 현재 가장 많은 지지를 받고 있는 주장이다. 이 견해에 따르면 위의 사안을 인과관계의 착오의 특수한 형태로 인정하고 제1행위와 발생한 결과 사이에 객관적 귀속을 인정해야 하며 여기서 현실적으로 진행된 인관관계를 예견된 인과의 진행과 비교해 보았을 때 그 차이가 본질적이지 않다면(인과관계의 차이가 일반적인 생활경험(生活經驗)에 의하여 예견가능 한 범위 내에 존재하고 여타의 행위로 평가받을 수 없는 상태) 고의의 기수범을 인정해야 한다고 주장한다. 이러한 입장을 따르면 위의 사안에서 甲에게는 살인죄의 기수범을 인정한다.

(b) 문제점
그러나 이 견해도 본질적인 차이를 구분하는 판단기준 즉, 일반적인 생활경험이라는 모호한 개념을 사용함으로써 객관적 기준제시에 실패를 하고 있다는 비판을 받을 수 있고 나아가 현실적으로 진행된 인과관계의 입증 문제가 제기될 수 있다.

5. 결과발생이 시간적으로 볼 때 앞에서 발생한 인과관계의 착오

(1) 문제의 제기
범죄를 저지르고자 하는 행위자가 준비행위인 제1행위를 하다가 범죄의 결과가 발생하였고 정작 제2행위(원래 범죄로 나아가고 범죄결과를 발생시킬 의사를 포함한 행위)는 시도조차 못한 경우에 대한 법적 판단이 문제된다. 예를 들어 甲이 乙을 순간적으로 기절을 시켜 낭떠러지로 추락사 시킬 예정이었으나 순간적으로 기절을 시킨다는 것이 乙의 목숨까지 잃게 한 경우 甲의 乙에 대한 살인고의의 기수책임을 인정할 것인가 문제된다.

(2) 견해의 대립(소결)
이러한 사안에 대하여 현재 가장 많은 지지를 받고 있는 **인과관계의 특수형태설**에 의하면 행위자가 **인식한 인과의 진행**과 비교하여 볼 때 **실제로 진행된 인과의 진행** 간의 불일치가 본질적이지 않다면(비본질적이라면) 甲에게 살인죄의 고의기수책임을 인정해야 한다고 한다.

3. ★해결(도해)

구별		구체적부합설(具體的 附合說)	법정적부합설(法定的 附合說)	추상적부합설(抽象的 附合說)
구체적사실의착오	객체의 착오	인식사실에 대한 미수와 발생사실에 대한 기수	발생사실에 대한 고의 기수	고의 기수
	방법의 착오			
추상적사실의착오	객체의 착오			(1) 경한 고의존재, 중한 결과발생: 경한 죄의 기수와 중한 죄의 과실범(상상적 경합) (2) 중한 고의 존재, 경한 결과발생: 중한 죄의 미수와 경한 죄의 기수(상상적 경합) 견해 및 중한 죄의 미수만 성립한다는 견해
	방법의 착오			

★ 추상적 부합설은 행위자에게 범죄를 범할 의사가 있고 그 의사에 기하여 범죄가 발생한 이상 인식과 사실이 <u>추상적으로 일치하는 한도</u>에서 고의범의 기수로 처벌해야 하고, 다만 형법 제15조 1항에 의하여 인식한 사실이 발생한 사실보다 경한 때에는 중한 죄의 고의범의 기수로 논할 수 없다.

■ 구성요건적 착오와 관련문제 ■

★<u>반전된 구성요건적 착오</u>	(1) 대상 또는 방법이 흠결된 <<u>불능미수</u>>(제27조) (2) 형법상 유일하게 착오가 행위자에게 불리하게 적용처벌(임의적 감면)
백지형법의 보충규범에 대한 착오	(1) 보충규범의 <u>객관적 표지</u>에 대한 착오: <u>구성요건적 착오</u> (2) 보충규범의 존재자체에 대한 착오: 금지착오
객관적으로 존재하는 정당화사정을 부지한 경우	주관적 정당화요소를 결한 경우로 불능미수(다수설)
★<u>위법성조각사유에 대한 착오</u>	(1) 위법성조각사유의 <<u>존재 내지 한계</u>>에 대한 착오: <u>금지착오</u> (2) 위법성조각사유의 <<u>전제사실에 대한 착오</u>>: <u>구성요건적 착오와 동일효과</u>

■ 법정적 부합설의 유형 ■

구성요건 부합설	행위자가 인식한 사실과 발생한 사실이 같은 구성요건에 속하는 경우에만 발생한 사실에 대한 고의를 인정
죄질부합설	행위자가 인식한 사실과 발생한 사실이 같은 경우는 물론 죄질이 동일한 경우에도 고의의 성립을 인정

■ 구성요건적 착오의 효과 ■

기본적 구성요건의 착오	고의범으로 처벌할 수 없고 <u>과실범</u>으로 처벌할 뿐이다.
가중적 구성요건의 착오	가중적 구성요건에 의하여 처벌할 수 없고 <u>기본적 구성요건에 의하여 처벌</u>이 가능하다.
감경적 구성요건의 착오	<u>감경적 구성요건에 의하여 처벌</u>할 뿐이다. (예: 촉탁살인죄(제252조))

제7절 과실

I. 개관

1. 과실의 의미와 종류

(1) 과실의 의의

1) 의의

정상의 주의를 태만함에 의하여 범죄의 성립요소인 사실을 인식하지 못함

2) 과실범

주의의무를 위반함으로써 구성요건적 결과가 발생+형벌이 과해지는 범죄

3) 과실범처벌

법률에 특별히 규정이 있는 경우에 한해 처벌

(2) 과실의 종류

1) 인식 있는 과실과 인식 없는 과실(구성요건의 실현이라는 결과에 대한 심리적 관계)

(a) 인식 있는 과실

구성요건이 실현될 수 있다는 것을 인식+But 주의의무에 위반하여 구성요건이 실현되지 않을 것으로 신뢰

(b) 인식 없는 과실

주의의무의 위반함에 있어서 구성요건이 실현될 수 있는 가능성 인식 못한 경우

2) 보통의 과실과 업무상 과실 및 중과실

(a) 업무상 과실

a) 보통과실과 비교하여 ★**주의의무가 가중되는 것이 아님**+주의의무동일 But ★**예견의무가 다르기 때문**에 책임이 가중되는 과실

b) 업무란 사회생활에서 가지는 지위를 가지고 계속적으로 종사하는 사무

(b) ★**중과실**

★극히 근소한 주의만 했었다면 결과발생의 예견이 가능했음에도 불구하고 부주의로 이를 예견하지 못함

■ 주의할 과실범 처벌규정 ■

보통과실범	업무상과실범	중과실범
과실일수죄(제181조)	X	X
★X	업무상과실장물죄 (제364조)	중과실장물죄 (제364조)

■ 비교 ■

보통과실	주의의무위반
★업무상과실	주의의무위반은 같으나 <예견가능성이 크다.>
★중과실	주의의무를 현저히 태만(극히 근소한 주의만을 기울였다면 결과방지)

2. 과실범구조(견해대립)

(1) 책임요소설

　책임형식에 불과+주의의무위반 역시 책임요소

(2) 신과실이론

　책임요소가 아니라 위법성의 요소

(3) 구성요건요소설

　주의의무위반은 과실범의 구성요건요소+위법성의 기초(과실은 과실범에 있어서 구성요건요소+구성요건해당성은 위법성징표)

(4) ★과실의 이중기능

　★구성요건요소+동시에 책임요소

II. 과실범의 구성요건

1. 주의의무위반

(1) 내용

구체적인 행위에 의하여 발생할 수 있는 법익에 대한 위험인식+구성요건적 결과의 발생을 방지하기 위하여 방어조치 취함

(2) 주의의무의 표준

1) 객관설

객관적으로 결정+객관적 주의의무위반의 침해, **사회생활에서 요구되는 주의태만**(타당)

2) 주관설(개별적 주의의무위반설)

구성요건의 단계에서 행위자 개인에게 가능한 주의의무에 국한+행위자가 결과발생의 가능성을 인식할 수 있을 것 전제, **자신의 능력과 지식을 기준**

■ 과실범의 구성요건해당성 ■

(1)객관적 주의의무위반	①**주의의무태만** ②**행위반가치를 구성하는 불법요소**(통설) ※객관적 주의의무위반은 과실의 구성적 요건이 아니라 단지 객관적 귀속에 관한 척도에 불과하다고 보고,<주관적 주의의무위반만>이 과실의 본질적 요소로서 과실범의 주관적 구성요건요소가 된다는 견해 있음 ③★**객관적 주의의무의 내용=결과예견가능성+결과회피가능성** ④판단: 객관설(일반인의 주의능력)⇒형법 제14조 ⑤★**제한원리=허용된 위험+신뢰의 원칙**
(2)결과발생	★**과실범은 결과범**이므로 결과발생요
(3)인과관계 및 객관적 귀속	①인과관계요 ②★**객관적 귀속=객관적 예견가능성+주의의무위반관련성**(행위자의 주의의무위반과 결과발생이 있더라도 주의의무를 다하였다 할지라도 결과발생시 객관적 귀속부정)+**보호목적관련성**(과속교차로 도착, 주의의무를 다하였으나 사고발생시 개관적 귀속 부정)[**객주보**]

2. 허용된 위험의 이론

(1) 허용된 위험의 의의

★[특정한 생활범위상 예견하고 회피할 수 있는 위험일지라도] [전적으로 금지할 수 없는 위험]+공장의 운영, 지하자원의 채굴, 건축 및 에너지 자원 이용+★**사회생활상의 필요성과 결합된 사회적 상당성**의 표현

(2) 신뢰의 원칙

1) 신뢰의 원칙의 의의

도로규칙을 준수한 운전자는 또 다른 교통관여자가 교통규칙을 ★**준수할 것을 신뢰하면 족함**+즉, 타인이 교통규칙에 위반하여 비이성적(정상적)으로 행동할 것까지 예견, 방어조치할 의무 없음

2) 신뢰의 원칙의 내용

★**과실범의 처벌을 완화**+주의의무를 합리적 조정, 원활한 교통기능

3) 신뢰의 원칙의 적용범위
ⓐ 도로교통과 신뢰의 원칙
 a) 자동차와 자동차 또는 자동차와 자전거의 충돌사고
  신뢰의 원칙이 널리 적용
 b) 자전거에 대한 자동차 운전자의 관계
  자동차전용도로에 자전거를 탄 사람이 나타날 것 예견불가능
 c) 보행자에 있어서의 신뢰의 원칙
  신뢰원칙이 철저하게는 적용되지 않음+고속도로상에서 일어난 보행자 충돌사고는 신뢰의 원칙을 인정+육교 밑을 횡단하는 보행자 충격한 운전자의 과실부정+횡단보도의 신호가 적색일 때 보행자가 건너지 않을 것이라는 신뢰가능+자동차전용도로상에서 보행자를 충격한 운전자과실부정
ⓑ 확대경향
 신뢰의 원칙은 공동 작업에 의한 위험한 업무에 확대=★분업관계가 확립+자격 없는 자, 수습 중인 자의 관여시 신뢰원칙적용 안 됨
4) 신뢰의 원칙의 적용한계
ⓐ 신뢰관계를 기대할 수 없는 특별한 사정이 있는 때 신뢰원칙 적용 안 됨
ⓑ 적용이 안 되는 경우
 a) 상대방의 불법(법칙위반)을 이미 인식한 경우
 b) 상대방의 법칙준수를 신뢰할 수 없는 경우+보호가 없는 유아, 노인, 불구자, 축제행렬
 c) **특수한 장소에서 서행+사고다발지역, 버스정류소, 유치원, 초등학교 앞** 등
 d) 운전자 스스로 교통규칙을 위반한 경우+과속으로 진행, 제동조치를 취하지 못한 운전자

■ 주의의무 ■

★특수지식	어느 교차로가 특히 위험한가를 알고 있는 운전자⇒주의무판단에서 고려O
특수능력	숙련된 운전자가 결과방지를 위하여 그가 할 수 있는 조치를 다한 것은 아니지만 보통의 운전자가 할 수 있는 조치를 다하였는데도 결과가 발생하였다면 객관설에 의하면 주의의무위반X

2. 결과발생, 인과관계와 객관적 귀속

(1) 과실범의 인정조건
 1) 결과가 행위자의 행위 사이에 인과관계 존재
 2) 행위가 결과에 대한 합법칙적 조건이 되는 때 결과에 대하여 인과관계인정
(2) 객관적 귀속
 결과가 주의의무위반으로 인하여 발생+주의의무위반에 의하여 침해된 규범이 결과 방지위한 규범인가에 따라 결정

(a) ★**주의의무위반관련성**
  a) 행위자가 주의의무를 위반+구성요건적 결과가 발생+But ★**주의의무를 다한 때에도 같은 결과가 발생했을 경우 객관적 귀속부정**
  b) 무죄추정설, 위험증대설(허용되지 않은 위험을 증가, 객관적 귀속인정)
(b) ★**보호목적관련성**
  a) <u>침해되어진 규범의 보호범위 밖에서 결과발생</u>=구성요건의 실현이 그러한 규범의 침해로 인한 것 아님
  b) ★<u>과속으로 도착</u>+But 그 지점에서 주의의무를 다한 경우 사고발생의 경우 <u>침해된 규범의 보호범위에서 발생한 것에 해당하지 않음</u>

(3) 예견가능성
  1) <u>결과+인과관계의 본질적 요소</u>=예견가능 하여야 함
  2) 결과와 인과관계의 예견가능성=결과불법과 행위불법 연결요소
  3) 객관적 예견가능성=객관적 표준에 의하여 결정

III. 과실범의 위법성과 책임

1. 과실범의 위법성

(1) <u>구성요건의 실현으로 인해 위법성이 징표</u>+구성요건에 해당하는 과실행위의 위법성은 위법성조각사유에 의하여 조각
(2) <u>사회적 상당성+허용된 위험=과실범의 구성요건해당성 자체조각</u>
(3) ★<u>과실범의 위법성조각사유=주관적 정당화요소의 존재를 필요치 않음</u>

2. 과실범의 책임

(1) 과실범의 책임
  구성요건에 해당하는 위법한 행위의 비난가능성
(2) <u>적법행위의 기대가능성이 없으면 책임조각</u>
(3) <u>과실범의 책임비난</u>
  1) 행위자의 개인적 능력, 경험과 지식에 의해 <u>주관적 기준으로 결정</u>
  2) 구성요건적 결과와 인과관계를 주관적으로 예견 가능해야 함

3) 결과에 대한 예견가능성의 주관적 기준=주의의무의 인식가능성과 일치

> 1) 과실범에는 구성요건적 사실의 인식과 의사라는 주관적 요소를 고려할 필요가 없기 때문에 미수를 논할 필요가 없다.
> 2) 과실에 의한 교사범이나 종범은 성립할 수 없다. 왜냐하면 교사범이나 종범은 모두 이중의 고의가 필요한 고의범이기 때문이다.
> 3) 과실범에 대하여 형법이 「정상의 주의를 태만함으로 인하여」라고 규정⇒객관설과 일치

■ 허용된 위험 ■

의의	(1) 현대 산업사회에서 <예견하고 회피할 수 있는 위험>이라 할지라도 <전적으로 금지할 수 없는 위험>으로 불가피하게 인정해야하는 위험 (2) ★업무의 사회적 유용성과 필요성 (3) 상식을 개념화한데 지나지 않아서 객관적 주의의무를 제한하는 데 구체적으로 기여 못한다는 견해(배)
체계적 지위	(1) 구성요건해당성배제사유설: 객관적 주의의무 준수⇒객관적 귀속 부정 (2) 위법성조각사유설: 원칙적 금지⇒법익교량의 관점에서 정당화 (3) 독자적 기능 부정설: 개념의 불명확성 내지 포괄성⇒이익형량, 정당행위, 긴급피난으로 해결
적용범위	과실범은 물론 미필적 고의의 경우에도 허용된 위험이 성립할 수 있기 때문에 ★고의범에서도 적용
적용의 한계	(1) 행위자의 주의의무: 행위자가 사회생활상 필요한 주의의무를 준수함으로써 사회적 상당성이 있을 때 허용된 위험이 된다. (2) 적용상의 기준 ⅰ) 법규 및 행정규칙: 준수하면 객관적 주의의무 위반부정 ⅱ) 도로교통의 관행 및 사회규범: <행위요구에 관한 법규가 없는 경우> 객관적 주의의무 및 제한의 기준이 될 수 있다.
신뢰의 원칙	행위자가 규칙을 준수하고 타인의 규칙준수를 신뢰하면 구성요건적 결과가 발생하더라도 특별한 사정이 없는 한 허용된다.

◇형법의 도(총론) | 87

■ 신뢰의 원칙(허용된 위험의 특별한 형태) ■

의의	규칙을 준수한 자는 다른 행위자도 규칙을 준수할 것이라고 신뢰하면 족하고 다른 관여자의 위반행위까지 예견하고 이에 대처해야 할 주의의무는 없다.
법적 성질	(1)허용된 위험의 특별한 경우 (2)객관적 주의의무와의 관계(객관적 주의의무의 범위를 제한 하는 기능의 내용에 관해) ⅰ)예견의무를 판단하는 기준 ⅱ)결과회피의무를 제한 ⅲ)★예견의무와 결과회피를 모두 제한 ※셋째견해 찬동: 다른 관여자의 규칙위반 행위를 예견하여 행위할 필요가 없다.
적용범위	(1)도로교통과 신뢰의 원칙 고속도로상/자동차전용도로/육교밑/횡단보도의 신호가 적색인 때 (2)적용범위의 확대 ⅰ)의료/기업활동(건축) ⅲ)신뢰할 수 있는 ★분업관계에 있어야 한다.
적용한계	(1)상대방의 규칙위반을 이미 인식한 경우 (2)상대방의 규칙준수를 기대할 수 없는 경우 예)유치원앞, 노인정, 정신이상자 (3)행위자 자신이 규칙을 위반한 경우 ※다만 규칙위반이 사고발생에 직접영향을 미치지 않는 경우에는 신뢰의 원칙은 그대로 적용된다. ★「ㅏ자형 교차로」에서 신호를 준수한 운전자는 속도위반을 하더라도 신뢰원칙이 적용되어 구성요건해당성이 조각된다.

★신뢰보호의 원칙은 공동작업자 상호간에 <신뢰할 수 있는 분업관계>가 확립되어야 한다(지휘감독관계에 있을 때에는 부적용).

■ 과실범과 관련문제 ■

과실범의 미수	결과발생을 인식·인용하여 실행에 옮기는 과정이 없기 때문에 미수가 성립할 수 없다.
과실범의 공범	(1)과실에 <의한> 교사·방조: 교사범과 종범은 고의범이므로 과실에 의한 교사·방조는 인정되지 않는다. (2)과실<범에 대한> 교사·방조: 간접정범이 성립한다(제34조 1항). (3)<과실범의 공동정범>: 다수설은 기능적 행위지배가 없으므로 동시범이 된다고 하나 판례는 일관되게 인정한다(행위공동설).
과실의 부작위범	★진정부작위범 및 부진정 부작위범 모두 성립가능

제8절 결과적 가중범

I. 개관

1. 결과적 가중범의 의의

(1) 의의

기본범죄인 고의(범)에 기인하여 행위자가 예견치 않았던 중한 결과가 발생한 때 형이 가중되는 범죄

(2) 구체적인 예

상해치사죄, 폭행치사죄, 낙태치사상죄, 유기치사상죄, 체포감금치사상죄, 강간치사상죄, 강도치사상죄, 교통방해치사상죄 등

(3) 결과적 가중범을 중하게 처벌하는 이유

고의에 의한 기본범죄에 의하여 당해 범죄에 전형적으로 결합되어 있는 위험을 행위자가 주의의무에 위반함으로써 발생하게 하였다는 점에서 ★행위불법이 중함

2. 결과적 가중범과 책임주의

(1) 결과책임사상의 유물

책임주의의 예외로 이해

(2) 상당인과관계설의 등장

1) **결과책임사상의 확대를 방지**하기 위하여 인과관계의 측면에서 제한

2) 기본범죄와 중한 결과 사이에 <u>상당인과관계가 있을 때에만</u>=결과적 가중범의 성립 인정

(3) **고의와 과실의 결합**

결과적 가중범은 ★[기본범죄에 대한 고의]+[중한 결과에 대한 과실]이 있어야 성립(고의와 과실의 결합형식)

(4) 결과적 가중범과 책임주의의 조화

1) 구성요건의 해석원리

객관적 귀속의 기준인 ★직접성의 원칙적용.

2) 앞으로의 방향

중한 형벌을 조정하는 노력경주

■ 결과적 가중범(제15조 제2항) 개관 ■

의의	(1) 고의에 의한 기본범죄에 의하여 행위자가 예견하지 못했던 중한 결과가 발생한 경우 그 형이 가중되는 범죄(고의+과실) (2) 고의범/결과범/독자적 범죄/행위반가치(잠재적 위험의 실현)가 크므로 가중처벌
책임주의와의 관계	(1) 중세교회법 (2) 조건적 인과관계설(결과책임사상의 유물): 기본범죄와 중한 결과 사이에 조건적 인과관계만 있으면 충분, 중한 결과는 객관적 처벌조건이 된다. (3) 상당인과관계설(조건적 인과관계를 상당성에 의해 수정): 기본범죄와 중한 결과사이 상당인과관계 (4) 고의·과실 결합설
종류	(1) 진정결과적 가중범: 고의(기본범죄)+과실(중한 결과) (2) ★부진정결과적 가중범: 고의(기본범죄)+과실 및 고의(중한결과) 　예) 현주건조물방화치사상죄, 특수공무집행방해치사상죄, 교통방해치사상죄, 중상해죄 (3) 부진정결과적 가중범 인정 여부 　ⅰ) 부정설: 중한 결과에 고의가 있으면 고의범이 성립할 뿐 　ⅱ) 긍정설: 중한 결과에 대하여 고의가 있음에도 불구하고 과실이 있는 경우보다 가볍게 처벌하는 <형의 불균형을 시정하기 위해서> 부진정결과적 가중범의 개념을 인정해야 한다.

II. 결과적 가중범의 종류

1. 진정결과적 가중범과 부진정결과적 가중범

(1) 진정결과적 가중범

고의에 의한 기본범죄에 기인하여 과실로 중한 결과 발생+상해치사죄 등 다수의 결과적 가중범

(2) 부진정결과적 가중범

중한 결과로 과실야기+고의(미필적 고의)에 의해서도 발생하게 한 경우

2. 부진정결과적 가중범의 타당성

(1) 중한 결과를 예견할 수 있으면 결과적 가중범성립+중한 결과에 대하여 고의가 있는 경우가 제외 안 됨

(2) 기본범죄로 인하여 고의로 중한 결과를 발생하게 한 경우 결과적 가중범과 비교하여 중하게 처벌하는 구성요건의 불구비시

　★결과적 가중범과 중한 결과에 대한 상상적 경합-->현주건조물방화치사상죄, 교통방해치상죄, 중상해죄 등

III. 결과적 가중범과 인과관계

1. 인과관계의 요부
중한 결과에 대한 인과관계와 과실이라는 요건을 구비해야 함

2. 인과관계의 범위
형법 제15조 제2항에 따르는 인과관계의 범위를 재차 상당인과관계설에 의하여 제한할 필요는 적다.

3. 중한 결과의 직접관계
(1) **직접성필요(직접성의 원칙)**

(2) 중한 결과의 발생
　　기본범죄를 실행하는 행위로부터 직접 발생한 것이면 족+★기본범죄의 결과에 의하여 발생한 것임을 불요

IV. 중한 결과에 대한 과실

1. 과실의 내용
(1) **★결과적 가중범에 있어서의 예견가능성=중한 결과에 대한 과실**

(2) 과실의 판단
　　예견가능성의 유무

2. 과실의 기본시기
본적 구성요건의 실행시에 존재

V. 결과적 가중범의 공범

1. 결과적 가중범의 공동정범
공동정범 전원이 중한 결과에 대해 과실이 있는 때에만 결과적 가중범의 공동정범 인정

2. 결과적 가중범의 교사 및 방조
(1) 결과적 가중범에 대한 교사 또는 방조
　　기본범죄에 대한 교사 또는 방조+교사범 또는 종범도 중한 결과에 대한 과실존재

(2) 정범이 중한 결과에 대해 고의가 있었거나+과실이 없었다는 것은 문제안 됨

■ 결과적 가중범의 성립요건 ■

결과적 가중범의 구성요건 해당성	(1)고의의 기본범죄: 기본범죄는 <u>기수·미수를 불문</u>한다. 따라서 기본범죄가 미수에 그친 때에도 결과적 가중범이 된다. (2)중한 결과발생: 침해범이 대부분이지만, 구체적 위험범인 경우도 있다. 중한 결과는 기본범죄의 「행위」 이외에 기본범죄의 「결과」로부터도 발생할 수 있다. (3)인과관계 및 객관적 귀속(<u>직접성의 원칙</u>) ※<u>중한 결과가 제3자의 행위나 피해자의 행위로 발생</u>한 경우에는 <u>직접성이 부정</u>된다.⇒강간의 피해자가 자살 (4)<u>중한 결과에 대한 예견가능성(=과실과 동일한 의미)</u> 　객관적 예견가능성: 구성요건요소/////주관적 예견가능성: 책임요소
결과적 가중범의 위법성	기본범죄와 중한 결과 모두 위법성이 인정될 때 결과적 가중범의 위법성이 인정된다. ①<u>기본범죄의 위법성조각⇒과실범</u> ②<u>중한 결과의 위법성조각⇒기본범죄의 고의범</u>
책임	<u>기본범죄와 중한 결과에 대한 과실범 모두에 존재</u>해야 한다.

■ 결과적 가중범의 미수 ■

기본범죄가 미수	(1)긍정설: 미수 성립 (2)★<u>부정설(판례, 다수설)</u>: 구조=<u>미수(기본범죄)+기수(결과)</u>이므로 미수를 인정할 수 없다. (3)검토: <u>강도치상, 해상강도치상, 인질강도치상에 미수범 처벌 규정</u>이 있으나 강도살인, 강도상해, 인질살해, 인질상해 등 고의범이 적용되므로 부정설이 옳다.
중한 결과가 미수	(1)진정결과적 가중범: ★<u>중한 결과에 과실이 있으나 결과가 발생하지 않은 경우⇒과실미수X⇒기본범죄만 성립</u> (2)부진정결과적 가중범: ★<u>중한 결과에 고의있으나 결과가 발생하지 않은 경우⇒규정X⇒미수X</u>

제 3 장 위법성

제1절 위법성의 이론 개관

I. 위법성의 의의

1. 불법과 위법성 이동(異同)

(1) 위법성의 의미

규범과 행위의 충돌+**불법의 성질 법질서에 대한 위반**

(2) 불법의 의미

행위에 의하여 실현되고 그것이 <u>법에 의하여 부정적으로 평가되어진 반가치 자체</u>

(3) 비교

위법성	불법
(1)구성요건에 해당하는 행위가 형법의 금지 또는 요구규범에 위반하는 것, 즉 <u>당위규범에 반하는 것</u> (<u>법규범과 충돌</u>)	(1)<u>구성요건에 해당하고 위법한 행위자체</u>
(2)★<u>관계개념</u>	(2)★<u>실체개념(무가치)</u>
(3)★<u>법질서전체</u>에 비추어 판단	(3)★<u>개개의 법률</u>에 비추어 판단
(4)★항상 질과 양이 동일	(4)★<u>질과 양이 다르다.</u>

2. 구성요건해당성 및 책임과의 관계

(1) 위법성과 구성요건해당성

1) 구성요건에 해당하는 행위

구성요건의 기초를 이루는 금지 또는 요구규범과 <u>허용규범의 충돌에 의하여 위법성조각가능</u>

2) 구별

구성요건에 해당하지 않는 행위+구성요건에 해당하지만 위법성이 없는 행위는 구별필요

(2) 위법성과 책임

1) 위법성의 판단

행위의 <u>소극적 성질</u>+객관적 판단

2) 위법성의 객관적 성질

평가방법에 있어서 객관성 의미+객관적 요소만을 위법성판단대상으로 삼는다는 의미가 아님

3) 위법성 판단의 대상

ⓐ ★**행위반가치+결과반가치포함**

ⓑ 행위반가치

의사방향에 대한 주관적 요소포함

4) 위법성판단에 있어서의 문제

<u>행위자가 무엇을 의욕하고 실현</u>하는가의 문제(<u>책임판단은 행위의사가 어떤 방법으로 형성+비난할 수 있는가</u> 문제)

(3) 범죄론상 위법성과 책임구별의 실익

1) 위법성

객관적 가치판단+행위의 공범에게도 위법+<u>위법하지 않은 행위에 대해서는 공범성립불가</u>+위법성이 조각되는 행위는 객관적으로 정당화되기 때문에 정당방위 불가

2) 책임

주관적 가치판단+책임의 유무는 공범관계에 영향 미치지 않음+★<u>책임은 주관적 가치판단이고 행위에까지 영향을 미치지 않음. 그러므로 정당방위가능</u>

3. 구성요건과 위법성(비교)

(1) 구성요건	(2) 위법성
특별한 유형	사회전체에 반하는 것
★<u>폐쇄적 성격</u>	★<u>개방적 성격</u>
★<u>잠정적 가치판단</u>	★<u>확정적 가치판단</u>
구성요건해당하지 않으면 범죄성립조건 배제	위법성조각하면 <u>법적으로 허용</u>

■ 구성요건해당성과 위법성과의 관계 ■

무관계설	⑴Beling ⑵구성요건해당성: 가치중립적/////위법성: 객관적 가치판단
인식근거설	연기와 불의 관계(Welzel)
존재근거설	위법성조각사유가 없는 한 원칙적으로 위법(Mezger)
<u>소극적 구성요건 표지이론</u>	구성요건(적극적 규정)+위법성조각사유의 부존재⇒불법

★ 제20조이하는 <소극적>으로 위법성이 조각되는 경우만을 규정하고 있다.

■ 위법성과 책임 ■

공범성립의 가능성	위법하지 않은 행위에 대해서는 공범성립이 불가능, ★**책임유무는 공범성립에 영향이 없다.**
정당방위의 가능성	위법하지 않은 행위에 대해서는 정당방위를 할 수 없고, **책임유무는 정당방위의 성립에 영향이 없다.**

II. 위법성의 본질[형실]

1. 형식적 위법성론과 실질적 위법성론

(1) 형식적 위법성론

1) 형식적 위법성론

위법성을 규범에 대한 위반으로 파악

2) 위법성의 본질

★법규범에 규정된 작위 또는 부작위의무의 침해

(2) 실질적 위법성론

위법성이 행위와 규범 간의 단순한 관계에 그치지 않고+내용적 의미내포+사회상규에 반하는 것을 의미+문화규범, 조리, 공서양속 등

2. 문제제기

위법성은 순수한 관계이지만 불법은 위법성의 실질+위법성의 내용적 의의, 위법성이 아니라 불법이론

III. 위법성의 평가방법[주객]

1. 주관적 위법성론과 객관적 위법성론

(1) 객관적 위법성론

1) 평가규범

법규범=행위위법성을 측정케 하는 ★**평가규범**으로 파악

2) 객관적 위법성의 내용

(a) 법규범=간접적 의미에서 의사결정규범+위법성에 관해서 평가규범

(b) 위법성=객관적인 평가규범에 대한 위반

(2) 주관적 위법성론

1) 의사결정규범

위법성=객관적 평가규범에 대한 위반이 아님+개인의 의사에 직접영향을 미치는 명령의 형태의 ★의사결정규범에 대한 위반

2) 주관적 위법성론의 내용

(a) ★**[책임능력을 가진 자만]이 규범의 수명자가 됨**+규범명령의 위반이 위법+**책임무능력자는 위반, 위법할 수 없음**

(b) 위법성판단+책임판단이 결합=귀속가능성이 위법성의 본질

2. 문제제기

(1) 책임능력불문하고 모든 사람이 규범의 수명자가 될 수 있음+연령, 정신상태, 인식능력은 고려치 않음.

(2) 책임무능력자=위법하게 행위 할 수 있음+보호처분도 형법상의 제재로서의 기능수행

■ 위법성의 판단은 법질서 전체의 입장에서 내려지므로 ★죄형법정주의에 구속되지 않는다.

■ 위법성의 평가방법(객주) ■

객관적 위법성론	(1)객관적인 평가규범에 대한 위반을 의미 (2)책임무능력자의 행위도 위법하다.
주관적 위법성론	(1)주관적인 의사결정규범에 대한 위반을 의미 (2)책임무능력자의 행위는 위법하지 않다.

■ 위법성의 본질(형실) ■

형식적 위법성론	(1)법규범에 규정된 작위 또는 부작위의무의 침해에 있다. (2)위법성의 실질적 내용을 밝히고 있지 않기 때문에 내용이 공허
실질적 위법성론	(1)[규범의 근저]에 놓여 있는 실질적 기준에 따라 파악 (2)권리침해설/법익침해설/규범위반설 (3)법익침해설은 동물이나 자연현상에 의한 법익 침해도 위법하다고 할 가능성이 있다. (4)규범위반설은 법익침해 내지 그 위험성이 없는 행위에까지 가벌성이 확대 위험이 있다.

IV. 위법성조각사유

■ 위법성조각사유의 규정(개관) ■

정당행위	제20조
정당방위	제21조
긴급피난	제22조
자구행위	제23조
피해자의 승낙	제24조
명예훼손죄의 사실의 증명	제310조

1. 일원론
(1) 모든 위법성조각사유의 기초를 이루는 통일된 기본원리 존재
(2) 목적설
구성요건에 해당하는 행위가 국가생활상 정당한 목적을 위한 수단일 경우에는 위법하지 않음=위법성조각사유의 기본원리
(3) 이익교량설
 1) 의의
 가치교량, 이익과 반대이익의 사회적 정당한 조정의 근본이념입각+이익의 교량에 의하여 경미한 이익을 희생, 우월적 이익 유지는 적법
 2) 이익교량설의 내용
 우월한 법익의 보호는 적법(법익교량설에서 발전)+법익교량이 위법성판단에 있어 중요 But 유일요소 아님, 관계이익의 교량을 요구

2. 다원설
위법성조각사유는 복수의 원리를 적용, 개별적 위법성조각사유에 따라 원리규명+형태별로 분류, 그 형태에 적응하는 원리결합

V. 주관적 정당화요소

1. 주관적 정당화요소
위법성조각사유를 인정하기 위한 주관적 측면

2. 주관적 정당화요소의 요부

(1) 불요설
객관적 구성요건의 실현에 의하여 금지가 충족되는 것처럼 허용규범에 있어서도 주관적 정당화요소는 불필요함+정당방위의 방위행위는 객관적인 측면에서 방위에 필요한 행위를 의미, 방위의사를 요하는 것은 아님

(2) ★필요설
행위반가치를 조각시키기 위하여 ★[고의에 대립되는] 주관적 요소 필요함. 따라서 주관적 정당화요소를 필요로 함(타당)

3. 주관적 정당화요소의 내용

(1) 어떠한 목적 또는 동기가 있어야 하는가 여부
개별적인 위법성조각사유에 따라 결정

(2) 피해자의 승낙
정당한 상황에 대한 인식이 있으면 족

(3) 정당방위, 피난행위, 자구행위
방위의사, 피난의사, 자구의사라는 정당화요소를 요

4. ★주관적 정당화요소를 결한 경우의 효과

(1) **결과반가치가 없는 경우이므로 ★불능미수의 규정이 유추적용**+불능미수에 해당(불능미수범설)

(2) 과실행위+미수에 그친 경우, 과실범의 미수 또는 불능범의 미수에 해당, 해결불가능 한 결과를 낳음

■ 위법성조각사유의 구성요소와 기능 ■

객관적 정당화 상황	<위법성조각사유의 객관적 전제사실>로서 구성요건에 해당하는 행위의 ★결과반가치를 상쇄
주관적 정당화 요소	<정당화 상황을 인식하고 이에 기하여 행위한다는 의사>로서 구성요건에 해당하는 행위의 ★행위반가치를 상쇄

■ 주관적 정당화요소 ■

의의	(1)정당화 상황을 인식하고서 이에 기하여 행위한다는 의사 (2)구조적으로 주관적 불법요소, 즉 <고의와 대칭>되는 개념으로서, 구성요건에 해당하는 <★행위의 반가치를 상쇄>시킨다.

주관적 정당화요소 요부	(1) 불요설: 주관적 정당화요소의 필요성 부인, 객관적 정당화상황만 있으면 위법성은 조각된다(객관적 위법성론+결과반가차론). (2) 필요설: 객관적 정당화상황 이외에 주관적 정당화 요소가 있어야 위법성 조각사유가 인정된다. ① <u>소극적 구성요건표지이론</u>: 객관적 정당화상황이 소극적 구성요건표지라면 <u>주관적 정당화요소는 구성요건배제를 가진 소극적 ★고의요소</u>이다. ② <u>인적 불법론</u>: 결과반가치뿐만 아니라 행위반가치도 조각되어야 정당화될 수 있는데, 행위반가치는 주관적 정당화요소에 의해서만 조각될 수 있다.
주관적 정당화요소의 내용	(1) 정당화상황의 인식요구설 (2) 정당화목적요구설 (3) 정당화상황의 인식·정당화목적요구설 (4) 의무합치적 검토의 추가요구설 (5) 개별검토설

■ 주관적 정당화요소를 결한 경우의 효과 ■

위법성조각설	위법성조각사유의 성립에는 주관적 정당화요소가 필요 없다.
기수범설	결과반가치의 측면 강조⇒기수
불능미수범설	<u>결과반가치는 배제되나 행위반가치는 존재</u>

■ 가벌적 위법성론 ■

의의	(1) 형식적으로는 구성요건에 해당하는 듯 외관을 보일지라도 <u>당해구성요건이 예정하는 정도의 실질적 위법성을 구비하지 못한 때에는 구성요건해당성 또는 위법성이 부정</u> (2) 일본은 우리의 형법 제20조와 같은 포괄적 위법성조각사유가 없고, 선고유예제도가 없는 일본에서 경미사건에 대한 형벌권의 제한의 필요성에서 대두된 이론(형벌의 겸억주의)
체계적 지위	(1) 구성요건해당성조각사유설 (2) 위법성조각사유설
판단기준	(1) 위법성의 질: 법익침해행위의 태양이 사회윤리적 관점에서 경미성이 인정 (2) 위법성의 양: 피해법익의 경미성이 인정
비판	<u>위법성개념을 상대화하는 과오, 위법성과 불법을 혼동</u>

★핵심정리

1) 정당방위·피해자의 승낙은 이익교량에 의하여 위법성을 조각하는 것이 아니다.
2) 넓은 의미로 사회적 상당설은 목적설에 속하는 이론이다.
3) 형법은 근본적으로 평가규범이며 의사결정규범은 이로부터 파생하는 성질에 불과하다.
4) 객관적 위법성론=평가규범/////주관적 위법성론=평가규범+의사결정규범
5) 위법성조각사유를 인정하기 위한 주관적 측면을 주관적 정당화요소라 한다.
6) 주관적 정당화요소를 결한 경우 불능미수범설은 불법구조면에서 불능미수와 동일하다.

제2절 정당방위

I. 정당방위 개관

1. 정당방위의 개념

(1) 정당방위

자기 또는 타인의 법익에 대한 ★**현재의 부당한 침해**를 방위하기 위한 상당한 이유가 있는 행위

(2) ★**불법 대 법**의 관계+「**법은 불법에 양보할 필요가 없다**」라는 명제를 기본사상으로 삼음

2. 정당방위의 인정근거[자법]

(1) 자기보호의 원리

타인의 위법한 침해로부터 스스로의 방위허용+원칙적으로 국가적·사회적 법익을 보호하기 위한 정당방위 불허

(2) 법수호의 원리

사회권적 측면에서 평화질서 및 법질서를 지킴

■ 정당방위의 근거 ■

침해의 현재성에 착안	개인적 측면에서 <자기보전의 원리>
침해의 부당성에 착안	사회적 측면에서 <법질서 수호의 원리>

■ 정당방위에 있어서 자기수호의 원리는 자연법적 권리/////타인의 이익은 법질서수호의 원리를 강조한 것이다.

3. 정당방위의 성질
위법성조각사유+적법한 행위+그러나 ★이익교량 사상 근거 없음

II. 정당방위의 성립요건

1. 현재의 부당한 침해
(1) 침해의 의의
 1) 의의
  (a) 법질서 전체에 의하여 보호되는 법익에 대하여 사람(타인 등)에 의한 공격 또는 그 위험
  (b) **침해가 목적, 고의일 것을 불요**+과실이나 책임 없는 행위가능
 2) 사람의 침해
  (a) 원칙적으로 침해는 사람에 의해 행해져함+물건이나 동물의 침해는 해당되지 안 됨
  (b) 예외적으로 동물에 의한 침해가 사람에 의해 사주된 때
   동물을 도구로 이용한 경우 사람에 의한 침해에 해당 정당방위가능
 3) 부작위에 의한 침해
  (a) 보증인지위가 인정된 경우인정
  (b) **★계약상의 채무불이행**
   ★정당방위가 성립하지 않음
(2) 현재의 침해
 1) 의의
  현재의 침해이어야 함+과거의 침해나 장래의 침해는 해당하지 않음
 2) 현재의 침해의 의의
  (a) 법익침해가 급박한 상태, 바로 발생, 계속되는 것
  (b) 계속범의 경우
   위법상태가 계속되는 때까지 침해계속+위법상태가 제거되아야 침해종료
 3) 현재의 침해의 범위
  (a) 공격자가 실행에 착수되지 않은 때
   ★방어를 지체(지연)함으로써 방어의 기회가 곤란한(어려워진) 경우 현재의 침해인정
  (b) 범죄가 기수에 이른 후
   법익침해가 계속되는 상태에 유지시 현재 침해에 해당
  (c) **예방적 정당방위**
   ★인정되지 안 됨

■ 정당방위는 <원래> 타인의 위법한 침해로부터 개인의 법익을 방어하기 위하여 인정되는 것이지 <공공의 질서를 방어하기 위한 것은 아니다.>
■ ★타인의 법익을 방어하기 위한 정당방위를 ★<긴급구조>라고 한다.

■ 정당방위에 있어서 방위행위 ■

(1)보호방위	수비적 방위
(2)공격방위	반격 방위

4) 판단의 기준

(a) 현재의 침해의 여부

★객관적 상황에 따라 결정(피해자의 주관이 아님)

(b) ★**급박한 침해가 이루어진 때기준**+방어행위시기준 아님

(c) **[장래침해가능성을 예견], 방어조치를 취한 때**

★상당성이 인정되면 정당방위 인정

(3) 부당한 침해

1) 고의+과실+결과불법 포함

2) ★명정자, 정신병자, 유아의 침해

★정당방위 가능

3) ★정당방위, 긴급피난, 징벌권자의 징계행위에 의한 침해

★정당방위 안 됨

2. 자기 또는 타인의 법익을 방위하기 위한 행위

(1) 자기 또는 타인의 법익

1) 법익의 범위

(a) 범위

a) 생명, 신체, 명예, 재산, 자유, 주거권 등 형법상 법익+가족관계, 애정관계 등 형법상의 구성요건에 해당하지 않는 법익 ★모두 가능

b) 타인의 법익을 방어

정당방위가능(긴급구조)

2) ★국가적, 사회적 법익

★정당방위에 의해 보호 안 됨+★명백하고 중대한 위험에 직면하여 국가가 스스로 보호조치를 취하기가 불가능시 가능

(2) 방어하기 위한 행위

1) ★방어행위가 증오, 분노, 복수, 다른 동기가 함께 작용

★정당방위성립

2) 싸움은 공격의사와 방위의사가 교차하는 경우

★방위행위에 해당 안 됨+But ★일방이 싸움중지, 예상 밖의 공격이 있는 경우에는 정당방위가 가능

3) ★타인의 법익을 방위하기 위한 정당방위

★타인의 의사는 문제 안 됨

4) 방위행위

방어적 행위인 보호행위+반대공격에 의한 공격행위 포함

3. 상당한 이유

(1) 상당한 이유

사회상규에 비추어보아 상당한 정도를 넘지 않아야 함+방어의 필요성을 의미

(2) 방어의 필요성

1) 침해에 대한 즉각(시)적 배제가 확실히 기대+위험의 제거가 보장시 인정

2) 공격자에게 피해가 적은 방법을 택해야 함+But ★선택의 여지가 없다면 큰 피해를 준 방어행위도 상당성을 인정받음

(3) 상당한 이유판단

객관적이어야 함

■ 정당방위의 성립요건 ■

방어의 필요성	(1)적합성의 원칙 (2)최소침해의 원칙 (3)균형성의 원칙X (4)보충성의 원칙X: 법은 불법에 양보할 필요가 없다.
사회윤리적 제한	(1)의의: 정당방위는 법질서 전체의 입장에서 요구된 행위여야 하므로, 요구되지 않는 방위행위는 사회윤리적 관점에서 제한을 받는다(요구성). (2)유형 ①책임 없는 자의 침해에 대한 방어(어린아이)⇒피할 수 없는 막다른 경우에 제한 ②보호관계에 있는 자의 침해에 대한 방위(남편의 폭행에 대해 부엌칼로 살해)⇒정당방위 부정 ③극히 경미한 침해에 대한 방위(10원짜리 핀을 훔친 할머니)⇒권리남용으로 정당방위부정

	④도발된 침해에 대한 방위 　ⅰ)목적에 의한 도발: 정당방위상황을 이용(상대방을 모욕하여 이를 빌미로 상해) 　　　ⓐ원인에 있어서 위법한 행위이론: 자신을 도구로 사용 　　　ⓑ권리남용이론 　　　ⓒ법질서수호이론: 법질서를 수호해야 할 이익이 없기 때문에 정당방위 인정되지 않는다. 　ⅱ)책임있는 도발: 간통현장을 목격한 남편의 공격에 대한 정부의 반격⇒자기보호는 인정되나 법질서수호의 이익이 현저히 감소(그러나 남편이 식칼로 위협시 가능)

■ 정당방위에서 상당한 이유 ■

정당방위 상황	(1)<자기 또는 타인의 법익>: ★법은 형법에 제한되지 않는다. ①국가도 주체가 될 수 있다. ② 국가적·사회적 법익: 원칙은 제외, 예외적으로 명백하고 중대한 위험시 가능 (2)<현재의 부당한 침해>: 작위이외에 부작위에 의한 침해도 가능하다. 이에는 작위의무가 존재해야 하고, 부작위가 가벌적이어야 한다. ①침해의 현재성: 방위행위시가 아니라 ★「침해행위시」를 기준으로 결정 ②침해의 부당성: 객관적으로 법질서와 모순되는 위법한 것 ※객관적으로 위법하면 구성요건해당성이 없는 행위에 대해서도 정당방위 가능하다(과실범처벌규정이 없는 과실행위), 침해가 유책할 것을 요하지 않는다(정신병자).
정당행위	(1)방위의사는 방위행위의 ★유일한 동기가 될 것을 요하지 않고, ★<주된 입장에 있으면 족>하다. (2)긴급구조(타인의 이익 방어)의 경우에는 피침해자인 타인의 의사는 고려할 필요가 없다. (3)방위행위는 침해자에게만 할 수 있고 제3자에 대한 반격은 긴급피난만이 가능
상당한 이유	범행행위는 행위 당시의 사정으로 보아 방위에 필요하고 사회윤리적으로 용인될 수 있어야 한다.

■ **과잉방위(제21조 ②항, ③항)** ■

의의 및 종류	(1)의의: 현재의 부당한 침해에 대한 방위행위는 있었으나, 그 방위가 상당성(<u>필요성+요구성</u>)의 정도를 넘는 경우 (2)종류 ①<u>내포적 과잉방위(질적 과잉방위)</u>: 상당성의 정도를 초과하여 반격을 가한 경우(손으로 방위할 수 있는 것을 몽둥이로 강타하여 중상입힘)⇒과잉방위 ②<u>외연적 과잉방위(양적 과잉방위)</u>: 침해의 현재성이 존재하지 않거나 이미 경과했음에도 불구하고 방위행위로 나아간 경우(반격으로 쓰러져 공격할 수 없는 자를 계속 폭행)⇒정당방위상황의 부존재로 오상방위, 예외적으로 제1행위와 연속된 일련의 행위일 때는 과잉방위 ③<u>고의의 과잉방위</u>: 방위행위가 상당성을 초과하고 있다는 사실을 방위자가 인식하고 있는 경우⇒과잉방위 ④<u>과실의 과잉방위</u>: 방위행위가 상당성을 초과하고 있다는 사실을 부주의로 인식하지 못한 경우⇒과잉방위
법적 성질	(1)<u>책임감소·소멸설: 적법행위의 기대가능성이 감소(통설)</u> (2)<u>불법감소·소멸설: 방위효과는 존재</u> (3)<u>불법·책임감소·소멸설</u>

성립요건	(1)정당방위상황의 존재
	(2)방위행위의 상당성 결여
	  ①상당성초과
	  ②행위자의 인식: 정당방위 상황의 인식과 방위의사만 있으면 <과잉성에 대한 인식은 불문>한다.
	  ③과잉행위의 원인: <형벌감면적 과잉방위>(제21조 2항)는 정황적인 것이어야 하고, <불가벌적 과잉방위>(제21조 3항)는 <u>공포·경악·흥분·당황</u>이라는 심리적 위약상태에서 비롯

효과	★형벌감면적 과잉방위(제21조 2항)는 임의적 감면/////불가벌적 과잉방위(제21조 3항)는 필요적 감면

■ 언어에 의한 명예훼손에 대하여 정당방위부정(판례)⇒현재의 침해성 불인정

III. 정당방위의 제한

1. 정당방위의 제한의 의의

정당방위의 역사는 <u>사회윤리적 근거</u>, 정당방위제한의 역사

■ 정당방위에 있어서 우리형법상 「상당한 이유」는 독일 형법의 「필요성」보다 넓은 개념이므로 「사회윤리적 제한」도 포함한다.

2. 정당방위의 제한의 이론적 근거
권리남용의 이론+상당성의 원칙이론+기대가능성이론+정당방위의 기본원리(법질서수호+규범적, 형사정책적 기초: 타당)

3. 정당방위의 제한의 유형
(1) 책임 없는 자의 침해에 대한 방위
1) 유아, 정신병자, 명정자, 금지의 착오에 의하여 행위 한 자의 공격
정당방위금지+But 공격을 회피할 수 없을 때에만 정당방위허용
2) 법수호의 이익이 약화되어 침해된 법익을 피할 수 없는 때에만 가능

(2) 보증관계에 있는 자의 침해에 대한 방위
1) 부부관계, 부자관계, 긴밀한 인적 관계에 있는 사람 간의 정당방위
정당방위의 성립 제한
2) 인적 관계
보증인(지위)처럼 긴밀한 가족관계에서만 인정

(3) 극히 경미한 침해에 대한 방위
1) 경미한 법익을 방위위해 높은 가치의 법익을 침해한 때
정당방위 성립
2) ★경미한 침해 모두에 대한 정당방위가 제한되는 것은 아님+[불균형이 심하며 참을 수 없고], 특별, [극단적인 경우에 한정]

(4) 도발된 침해에 대한 방위
정당방위가 허용되지 않거나 제한+목적의 도발의 경우, 행위자에 의해 야기된 상황이므로 법질서 방위의 필요성 없음 정당방위가 안 됨+책임 있는 도발의 경우 법질서 수호의 이익이 현저히 감소 정당방위 안 됨+도발행는 위법, 사회윤리적으로 정당화되지 않는 행위일 것 요

IV. 과잉방위와 오상방위

1. 과잉방위
(1) 의의
방위행위가 상당성의 정도를 도과+방위의 상당성이 없는 경우

(2) 법적 성질
1) 위법성이 조각되지 않음+책임 감소, 소멸
2) 야간 기타 불안스러운 상황 하에서 공포, 경악, 흥분 또는 당황
벌하지 않음+위법행위의 기대가능성이 없어 책임 조각

3) ★위법, 유책하게 공격을 도발한 때
★제21조 제3항의 규정은 적용 안 됨

2. 오상방위

(1) 의의
1) 객관적으로 보았을 때 정당방위의 요건이 구비되지 않았는데도 오신하고 방위에 나간 경우+★정당방위상황에 대한 착오
2) 오상방위와 과잉방위
[오상방위]는 [정당화방위상황이 없는 경우]+그러나, [과잉방위]는 [상당한 이유 이외의 정당방위상황이 존재]

(2) 법적 성질
1) 위법성은 조각 안 됨
2) 위법성조각사유의 전제사실에 관한 착오
고의를 조각하는 것은 안음+법적 효과는 사실의 착오와 같이 취급(제한적 책임설)

3. 오상과잉방위

(1) 의의
현재의 부당한 침해가 없는데도 존재한다고 오신하고 상당성을 도과하는 방어행위를 한 경우
(2) 오상과잉방위의 법적 처리
정당화상황이 존재하지 않는 경우+오상방위의 예로 처리
(3) 오상과잉방위는 형법 제21조 제3항이 적용 안 됨

4. ★비교(과잉방위와 오상과잉방위의 구별)

	오상방위	과잉방위	오상과잉방위
(1) 정당방위상황	X	★O	X
(2) 상당성	★O	X	X
(3) 법적 효과	고의 또는 책임조각	책임감소·소멸	고의 또는 책임조각
(4) 형법 제21조 제2항 및 제3항 적용여부	X	★O	X

■ 오상방위(현행법상 오상방위와 오상피난에 관한 **명문규정은 없음**) ■

개념	(1)<u>정당방위의 객관적 전제사실이 존재하지 않음에도 불구</u>하고 행위자가 그것이 존재하는 것으로 오신하고 방위행위로 나아간 것이다. (2)범위 　①현재의 침해가 아닌데도 현재성이 있다고 착각 　②적법한 침해임에도 위법한 침해라고 착각 　③침해가 없음에도 불구하고 침해행위가 있다고 착각
법적 성질	<u>위법성조각사유의 <객관적 전제사실>에 대한 착오(허용구성요건 또는 허용상황의 착오)</u>
법적 효과	(1)<u><소극적 구성요건표지이론></u>: <u>구성요건적 착오가 되어 고의를 조각</u>, 다만 허용구성요건에 대한 회피할 수 있는 착오의 경우과실범의 처벌규정이 있으면 과실범으로 처벌 (2)<u><엄격책임설></u>: <u>금지착오로 보아 제16조 적용</u> (3)<u><제한적 책임설></u>: <u>구성요건적 착오는 아니지만 그 유사성을 이유로 구성요건의 착오규정이 적용</u>. 소극적 구성요건표지이론과 이론적 구성은 다르지만 그 효과에 있어서는 결론이 같다. 　①<u>법효과제한적 책임설</u>: ★<u>구성요건적 고의는 인정</u>되나 ★<<u>책임형식으로서의 고의가 조각</u>>되어 처벌에 있어서 ★<u>사실의 착오와 같이 처벌</u> 　②<u>구성요건착오유추적용설</u>: 구성요건적 착오와 동일하지 않지만 <u>고의범의 행위반가치를 인정할 수 없으므로</u> 사실의 착오 규정을 유추적용

■ 군대내 초소교대 근무과정에서 상호격투로 사람을 살해한 사건에서 「현재의 급박하고도 부당한 침해가 있는 것으로 오인하는 데 대한 정당한 사유가 있는 데 해당한다.」고 판시⇒엄격책임설(대판)

■ 위법성 조각사유의 전제사실에 대한 착오의 경우는 위법성이 조각되는 상황이 존재한다고 오인한 경우로서 <<u>구조</u>>에 있어서 사실의 착오와 흡사하다. 그러나 <결과>면에서 보면 금지의 착오에 <u>접근</u>하고 있다.

제3절 긴급피난

I. 긴급피난의 의의와 본질

1. 긴급피난의 의의

자기 또는 타인의 법익에 대한 **현재의 위난**을 피하기 위한 상당한 이유 있는 행위+위법하지 않은 침해에 대하여 일정한도에서 허용, <u>정 대 정 관계</u>

2. 긴급피난의 본질

(1) 단일설

위법성조각사유나 책임조각사유의 하나로 파악

(2) 이분설(차별설)

위법성조각사유인 긴급피난///책임조각사유인 긴급피난이 포함

■ 긴급피난은 위난의 원인은 위법·적법을 불문하고 있고, 피난행위도 위난을 야기시킨 자뿐만 아니라 <u>이와 무관한 제3자에게도 가능하기 때문에 정 대 정의 관계</u>로 볼 수 있다.

■ 긴급피난의 본질 ■

단일설	법으로부터 자유로운 영역	구성요건에 해당할 지라도 이익충돌상황에 처하여 법질서가 위법·적법여부에 대한 판단을 유보할 수밖에 없는 영역에 속함(포기설): 중간영역을 인정할 수 없다. 갈등상황에 대한 법적 이익을 포기한다면 형법의 보호기능을 포기하는 것과 동일
	책임조각설	적법행위의 기대가능성이 없기 때문에 책임조각: 타인의 법익을 위한 긴급피난도 기대가능성이 있다.
	위법성조각설	**보호이익〉 침익: 생명과 생명이 충돌시 이익교량X**
2분설	생명·신체에 대한 긴급피난의 책임조각설	사람에 대한 긴급피난: 위법성조각사유/////생명·신체에 대한 긴급피난: 책임조각사유 ※생명과 신체, 신체에 대한 중대한 침해와 경미한 침해 사이에 이익교량가능
	법익동가치의 책임조각설	우월적 이익을 위한 긴급피난: 위법성조각사유/////법익동가치 사이의 긴급피난: 책임조각사유 ※긴급피난으로 인하여 책임이 조각되는가는 책임조각사유의 일반원리로 해결

3. 위법성조각의 근거

(1) 이익교량의 원칙
보다 가치 있는 법익을 보호키 위한 유일한 수단이 되는 긴급피난은 합법+모든 이익을 교량할 것 요구

(2) 목적설
정당한 목적을 위한 상당한 수단은 위법하지 않음

■ 긴급피난의 위법성조각사유의 근거 ■

이익교량의 원칙	(1) 법익균형의 원칙에서 유래하며, 그것은 보다 가치있는 법익을 보호하기 위한 유일한 수단이 되는 긴급피난행위는 합법 (2) 법익사이의 추상적인 서열만으로는 합법성에 대한 충분한 기준이 될 수 없고 모든 이익을 교량해야 한다.
목적설	정당한 목적을 위한 상당한 수단은 위법하지 않다.

■ 비교 ■

	국가적·사회적 법익에 대한 대응
긴급피난	★긴급피난이 허용된다는 학설이 옳다.
정당방위	★원칙적으로 허용할 수 없으나 <명백하고 중대한 때>에는 가능하다.

■ 자초위난에 대한 긴급피난의 가부 ■

제1설	현재의 위난이 피난자의 유책한 사유로 발생한 때에는 긴급피난을 할 수 없다.
제2설	이익교량의 요소를 감안하여야하므로 <목적 또는 고의>에 의한 자초위난의 경우에는 긴급피난이 허용되지 않지만 위난이 <책임 있는 사유>로 발생한 경우에는 긴급피난이 가능하다(다수설).
제3설	미리선박을 이동시키지 않아 태풍을 만나 타인의 피조개양식장에 피해를 입힌 선박의 선장에 대하여 긴급피난 인정, 강간중치아결손의 상해입 힌 경우 긴급피난 부인

★원인에 있어서 불법한 행위: 근원적으로 금지된 행위의 사상에 의하여, 불법한 원인행위와 인과관계가 있는 모든 결과에 대하여 형사책임을 지게 된다는 이론, 일단 피난행위가 긴급피난에 의하여 포섭된다면 가벌적 행위의 원인인 유책한 행위도 동시에 합법적 행위가 되기 때문에 별도의 원인이 된다는 것은 모순

■ 긴급피난=위난배제(정⇔정)+위난전가(정⇒정⇒정)+현재의 위난(부정⇒정⇒정)

II. 긴급피난의 성립요건

1. 자기 또는 타인의 법익에 대한 현재의 위난

(1) 자기 또는 타인의 법익

1) 보호될 수 있는 것은 자기 또는 타인의 법익
2) 법률에 의하여 보호되는 이익에 대하여 긴급피난이 가능
3) ★[형법]에 의해 보호되는 법익여야 할 것을 임을 [불요]+경제적 손실을 방지하기 위한 긴급피난 허용
4) 개인적 법익에 제한하지 않음+국가적 법익도 가능

(2) 현재의 위난

1) 법익에 대한 위난=침해가 확실+개연성이면 인정
2) 현재의 위난의 의의

법익침해가 즉시(곧) 발생할 것으로 예견되는 경우+★이미 침해된 위난은 그것이 증대할 때에는 현재의 위난으로 인정

3) 현재의 위난의 판단

객관적, 개별적으로 판단+구체적 상황, 그러한 상황에서 발생할 위험을 행위자가 속해 있는 사회의 이성적 관찰자의 판단에 따라 결정+일반적 생활경험, ★행위자의 특수지식고려

4) 위난의 원인

(a) **현재의 위난만 있으면 족함**
(b) **부당한 침해가 있을 것 불요**
(c) ★**현재의 위난이 위법-)정당방위와 긴급피난 가능**
(d) **위난의 원인은 사람의 행위+★[자연사실이건 불문]**

5) 자초위난

★상당성이 인정되면 긴급피난이 가능+But ★목적 또는 고의에 의한 자초위난에 대해 긴급피난 허용 안 됨

2. 위난을 피하기 위한 행위(피난행위)

(1) 피난행위

현재의 위난을 탈피(모면)하기 위한 일체의 행위+행위자는 현재의 위난을 인식, 높은 가치의 이익을 보호하기 위하여 행위

(2) 피난의사

긴급피난에 있어서 주관적 정당화요소

3. 상당한 이유

(1) 의의
위난을 피하기 위한 행위로서 사회상규상 당연하다고 인정되는 것

(2) 보충성의 원리
피난행위가 위난을 당한 법익을 보호하기 위한 [유일한 수단일 것 요구]+[회피할 여유가 있다면 긴급피난은 허용 안 됨]+피난방법도 [가장 경미한 방법을 선택](★상대적 최소피난의 원칙)

(3) 균형성의 원칙
보호되는 이익이 침해되는 이익보다 본질적으로 우월+★동일(같은) 이익 사이에는 인정 안 됨

(4) 관계법익+위험의 정도와 보호의 가치를 종합 판단

(5) 법익의 가치
1) 관계된 법익의 가치가 가장 중요함.
2) 생명

교량할 수 있는 법익이 아님+긴급피난에 의한 살인은 위법성이 조각 안 됨

3) 현재의 위난을 피하기 위해 사람을 살인한 때

기대가능성의 유무에 따라 책임

(6) 위난의 정도
죄질이 같은 법익 간이에는 그 법익에 대한 위험정도가 판단기준

(7) 보호의 가치
1) 보호법익의 절대적 가치보다 **생활상황의 보호가치에 중점**
2) 법익의 침해+그 이외에 위협되는 손해+필요한 침해의 범위+구조의 기회와 가능성 정 모두 고려

(8) 적합성의 원리
1) 위법성을 피하기 위한 적합한 수단일 것 요구
2) 사회윤리적 적합성

적합한 행위+인간의 자기 결정권 보장

3) 법적 절차

법적 절차가 있는 경우, 법적 절차를 따르지 않는 피난행위는 불허

■ 긴급피난의 성립요건 ■

긴급피난상황	(1) 자기 또는 타인의 이익: 모든 개인적 법익, **형법이외의 법익 포함**, 국가적 법익 적극설이 옳다. (2) 현재의 위난: ★행위성 불요(전쟁·천재지변 등에 대해서도 긴급피난 가능), ★위법성 불요(위법한 위난에 대해서는 긴급피난 이외에 정당방위도 가능하다.) ※★자초위난: 권리남용이 아닌 한 긴급피난가능, ★목적·고의에 의한 자초위난의 경우에는 긴급피난이 허용되지 않는다. ※★사회적 긴급피난(극심한 인플레이션): 허용되지 않는다. ※현재의 위난성: ★旣침해, 예방적 긴급피난상황, 계속적 위난 모두 위난의 현재성 인정 ※위난의 현재성: ★전문가의 판단(특수지식)
피난행위	(1) 방어적 긴급피난: 위난원인에 대하여 직접 반격 또는 위난을 유발한 당사자의 법익을 침해하여 법익을 보전 (2) 공격적 긴급피난: 위난과 관계없는 제3자의 법익을 희생하고 자기법익을 보전
상당한 이유	(1) 필요성의 원칙=보충성의 원칙(유일한 수단)+상대적 최소피난의 원칙(최소침해의 원칙) (2) 균형성의 원칙(우월적 이익의 원칙): 법익의 서열에는 모순되더라도 구체적 상황에 따라 법익침해의 정도도 이익교량의 중요한 기준이 된다.⇒큰 재산적 손실을 막기 위해 신체에 가한 경미한 침해 ※★방어적 긴급피난: [보호이익=침익]일지라도 긴급피난인정(위난유발자의 법익이 낮기 때문) ※★공격적 긴급피난: [보호이익＞침익]이어야 긴급피난 가능, 예외적으로 책임조각 (3) 적합성의 원칙: 사회윤리적 적합성(동의없이 강제채혈X)+적법절차(불법구속·기소된 자 도주X)

■ 비교 ■

경제적 손실을 방지하기 위한 긴급피난	긴급피난 가능
사회적 긴급피난(인플레이션·물자부족)	긴급피난 불허

■ 긴급피난에 있어서 자기 또는 타인의 법익은 정당방위에 있어서 보다 완화된다.
■ 긴급피난의 위난은 ★「이미 침해」가 발생한 경우뿐만 아니라 「예방적 긴급피난」의 경우나 「계속적 위난」도 포함한다. 따라서 긴급피난의 위난의 현재성은 정당방위의 현재성보다 요건이 완화된다.

■ 긴급피난에 있어서 위난은 자연현상, 동물에 의한 침해에 대해서도 가능하다. 그리고 위난이 위법하거나 부당할 것도 요하지 않는다.
■ 임부가 자신의 신체에 대한 위험을 유책하게 야기한 때에도 긴급피난으로서 낙태가 가능하다(위헌). 다만 자초위난의 경우에도 <이익교량의 요소를 고려하는 것까지 부정하는 것은 아니다.>
■ 긴급피난에 있어서 상당한 이유=보충성(유일)+균형성(우월적 이익)+적합성(사회윤리적 적합성+적법절차)
 ※운전면허 없는 의사가 응급환자에게 가기 위하여 <택시를 탈 수 있었음에도 불구하고> 스스로 자동차를 운전한 경우나 환자의 생명을 구조할 의사를 부르기 위하여 <담을 넘어 들어 갈 수 있었음에도 불구하고> 대문을 부수고 들어 간 경우⇒긴급피난 불허
■ 우월적 이익의 원칙은 구체적인 생활에 있어서 보호할 가치가 고려된다. 가령 재물을 손괴하고 있는 정신병환자를 일시 감금하는 것은 긴급피난으로서 인정된다. 즉 모든 상황을 폭넓게 고려해야 한다.
■ 긴급피난에서 <적합성>은 <목적설의 원리인 정당하게 승인된 목적>에서 유래
■ 중병에 걸려 있는 사람을 구조하려고 경한 환자를 마취시키고 장기를 동의 없이 이식⇒<사회윤리적으로 적합하지 않기 때문>에 긴급피난 불허
■ 긴급피난에 있어서 보호의 가치는 <보호법익의 절대적 가치보다는 구체적인 상황에 있어서 보호할 가치에 중점>을 두어야 한다. 따라서 법익의 위계 이외에 위협되는 손해와 필요한 범위, 구조의 기회와 가능성 정도도 함께 고려하여야 한다.
■ <적합성>을 긴급피난에 있어서 <상당성>을 판단하기 위한 ★적극적인 요소라기보다는, 법적용자에게 신중한 이익교량을 할 것을 호소할 뿐만 아니라 인간의 존엄이나 정의 그 자체를 이익교량의 대상에 넣어 상대화해서는 안 된다는 점을 확증하는 ★<제약원리>로 봄이 옳다는 견해가 있다.
■ 과잉피난은 위법성이 불조각 되므로 이에 대해서는 정당방위가 가능하다.

■ 비교 ■

고의의 자초위난	<스스로 야기한> 강간범행의 와중에서 피해자가 피고인의 손가락을 깨물며 반항하다가 <물린 손가락을 비틀어 잡아 뽑다가> 피해자(여자)에게 치아 결손의 상해를 입힌 경우⇒긴급피난 불허
과실의 자초위난	<부주의로> 개의 꼬리를 밟았는데 개가 줄을 끊고 달려들자 그 습격을 피하기 위하여 타인의 주거에 침입⇒긴급피난 허용

III. 긴급피난의 특칙

1. 긴급피난의 허용

(1) 위난을 피하지 못할 책임이 있는 자

긴급피난이 허용 안 됨

(2) 위난을 피하지 못할 책임 있는 자
군인, 경찰관, 소방관, 의사 등

2. 위난을 피하지 못할 책임이 있는 자의 긴급피난
(1) 타인의 위난을 구하기 위해 긴급피난
가능
(2) 감수하여야 할 의무의 범위를 넘는 자기의 위난
가능

IV. 과잉피난과 오상피난

1. 과잉피난
피난행위가 상당성을 결여한 경우+위법성 조각 안 됨(형의 감면, 면제)+행위자의 야간 기타 불안한 상태 하에서 공포, 경악, 흥분 또는 당황했다면 벌하지 않음

2. 오상피난
객관적으로 보면 긴급피난의 요건인 사실이 존재하지 아니함에도 존재한다고 오신, 피난행위+위법성이 조각되지 않음+위법성조각사유의 전제사실에 착오가 있는 경우에 해당

V. 의무의 충돌

1. 의무의 충돌의 의의와 종류
(1) 의무의 충돌 의의
1) 의의
두 가지 이상의 의무가 상호 충돌하여 행위자가 한 개의 의무만을 이행할 수 있는 긴급한 상태 당하여 그 밖의 다른 의무를 이행할 수 없게 됨으로써 구성요건을 실현하는 경우
2) ★부작위의무와 부작위의무가 충돌
★의무의 충돌에 해당할 수 없음(행위자는 둘 이상의 부작위의무를 동시에 이행할 수 있으므로)
3) 작위의무와 작위의무가 충돌
의무의 충돌에 해당
(2) 의무의 충돌의 종류
1) 논리적 충돌과 실질적 충돌

ⓐ 논리적 충돌

법규 사이의 모순으로 법의무가 논리적으로 충돌+민법상의 의무와 형법상의 의무의 충돌, 의사의 신고의무, 형법상의 비밀유지의무 등

ⓑ 실질적 충돌

의무를 발생케 하는 법규 자체와 무관, 행위자의 일신사정에 따라 두 가지 이상의 의무가 충돌, 따라서 의무의 충돌은 [실질적 의무의 충돌]을 뜻함

2) 해결할 수 있는 충돌과 해결할 수 없는 충돌

ⓐ 해결할 수 있는 충돌

행위자가 적법행위인가 위법행위인가 선택가능한 충돌+의무 사이의 형량이 가능한 경우

ⓑ 해결할 수 없는 충돌

행위자가 선택여지를 가지지 못하는 충돌+이익형량이 불가능한 경우의 충돌

2. 의무의 충돌의 법적 성질

(1) 견해

긴급피난의 일종 또는 특수한 경우+사회상규에 위배되지 않는 정당행위로서 독립된 위법성조각사유로 인정+초법규적 위법성조각사유로 설명 등

(2) 긴급피난과 의무의 충돌의 구별

1) 전자는 현재의 위난을 요건+후자는 반드시 이것을 요하지 않음
2) 전자는 위난의 원인이 문제 안 됨+후자는 법적 의무의 충돌요구
3) 전자는 피난자가 피난행위를 반드시 하여야 하는 것은 아님(의무이행강제 없음)+후자는 의무이행 강제
4) 전자(피난행위)는 통상 작위+의무불이행행위는 통상 부작위

(3) 의무의 충돌의 성격은 의무를 이행할 수 없는 긴급상태에 요함+긴급피난과 차이가 크게 없음+의무의 충돌은 이익의 충돌과 구조적 유사

3. 의무의 충돌의 요건

(1) 의무의 충돌

1) 두 가지 이상의 의무가 충돌

ⓐ 충돌

한 개의 의무를 이행함으로써 다른 의무의 불이행이 필연적인 경우

ⓑ 충돌 의무

★법적 의무이어야 함+도덕적, 종교적 의무로는 부족

2) 의무의 충돌이 이익의 교량이 인정되면 족함+충돌의 원인은 문제 안 됨

(2) 상당한 이유

1) 높은 가치와 낮은 의무의 충돌

ⓐ 높은 가치의 의무를 이행, 낮은 가치의 의무태만

위법성이 조각

ⓑ 의무의 형량(균량)

a) 판단은 의무와 관련된 법익의 추상적인 가치관계+구체적인 상황+보호필요성을 판단함에 있어 가지는 이익+위험의 정도+행위자의 목적+의무에 대한 가치관 등을 고려

b) ★<u>이행한 의무가 높은 가치이면 족+우월적일 것은 요하지 않음</u>

2) 동일(같은) 가치의 의무의 충돌

★<u>같은 가치의 충돌+해결할 수 없는 충돌의 경우=위법성조각</u>

(3) 주관적 정당화사유

의무의 충돌의 인식+높은 가치나 동일(같은) 가치의 의무의 하나를 이행한다는 인식+<u>이행할 의무의 선택 동기는 문제 안 됨</u>

4. ★비교

	긴급피난	의무의 충돌
(1) 위험·손해감수 가능성	O	X
(2) 타자개입가능성	O	X
(3) 행위	작위	부작위(법적 의무)
(4) 상대적 최소피난의 원칙 적용	O	X
(5) 원리	우월적 이익의 원칙	★동가치도 위법성조각
(6) 적합성원칙 적용	O	X

■ 의무의 충돌(1) ■

의의	**둘이상의 의무가 충돌**하여 행위자가 하나의 의무만을 이행할 수 있는 긴급상태에서 다른 의무를 이행할 수 없게 되어 구성요건을 실현하는 경우: 예)불이 난 집에 갇혀 있는 동생과 아버지 중에서 동생을 구하려다가 아버지를 미처 구하지 못하여 사망케 한 경우
범위	(1)부작위의무와 부작위의무: 동시에 부작위의무를 행할 수 있으므로 의무의 충돌이 아님 (2)**작위의무와 작위의무의 충돌: 의무의 충돌** (3)작위의무와 부작위의무: 다수설⇒의무의 충돌/////소수설⇒의무의 충돌이 아니다. ※부정설은 작위의무의 이행을 통한 부작위의무의 불이행은 긴급피난의 경우와 다를 바 없기 때문이다.
종류	(1)**논리적 충돌**: <법규사이에 모순>이 있기 때문에 그로부터 도출되는 법의무가 논리적으로 충돌: **신고의무(전염병예방법)와 비밀유지의무(제317조)**⇒작위의무와 부작위의무의 충돌이므로 긴급피난 또는 정당행위에 해당하기 때문에 **의무의 충돌이 아니다.** (2)★**실질적 충돌**: 의무를 충돌시키는 <법규 자체와는 상관없이> 행위자의 일신적 사정에 따라서 둘이상의 의무가 충돌하는 것: 동일인이 동시에 법원으로부터 증인소환 명령을 받은 경우⇒**의무의 충돌에 해당** (3)**해결할 수 있는 충돌**: 충돌하는 의무사이에 형량이 가능한 경우⇒의무의 충돌 (4)**해결할 수 없는 충돌**: 의사가 2명의 중환자를 놓고 고민하던 중 한 환자만 수술⇒책임조각사유로 보는 견해도 있으나, **의무의 충돌로 보는 것이 합당**

■ 의무의 충돌(2) ■

법적 성질	<법으로부터 자유로운 영역설>: 법적인 평가를 할 수 없는 개인의 양심에 따라 판단
	<정당행위설>: 사회상규에 위배되지 않는 행위의 일종⇒한 생명을 구하기 위하여 다른 생명을 방치하는 행위도 사회상규에 반하지 않는 행위라고 하는데 이는 법감정에 반한다.
	<초법규적 위법성조각사유설>: 형법에 직접규정이 없다.
	<긴급피난설>: 긴급피난의 특수한 경우(다수설)
	<가치분류설>:①이원설⇒이가치충돌: 의무의 충돌/////②동가치충돌: 면책적 긴급피난
	<개별적 적용설>: 동가치간의 의무의 충돌 뿐만아니라 고가치의 의무의 충돌의 경우에도 개별적으로 긴급피난에 해당한다.

■ 의무의 충돌(3) ■

의무의 충돌	(1) 두개이상의 <u>법적 의무가 충돌</u>하여야 한다(종교적·도덕적·윤리적 의무X). (2) 실질적 충돌 (3) 의무의 불이행이 구성요건에 해당하여야 한다. (4) 충돌상황이 행위자로 인하여 발생된 경우(고의+과실) 　ⅰ) 원인을 묻지 않고 의무의 충돌로 보는 견해 　ⅱ) 책임이 있으므로 위법하다고 보는 견해
상당한 이유	(1) <u>보호이익≥침익⇒보충성·균형성(긴급피난보다 완화)</u> (2) <u>보증의무＞협조의무</u> (3) <u>고가치의무＞저가치의무</u> 　※[이행한 고가치의 의무]가 저가치의 의무보다 [본질적으로 우월할 것을 요하지 않는다.] (4) 동가치의 의무의 충돌(해결할 수 없는 의무의 충돌) 　ⅰ) 책임조각사유설 　ⅱ) 위법성조각사유설(다수설): 법은 불법에 강요할 수 없다. 　ⅲ) 위법성 또는 책임조각사유설: 동가치의무의충돌⇒위법성조각/////해결할 수 없는 의무의 충돌⇒책임조각
주관적 정당화요소	(1) 의무의 충돌상황 인식+고가치 또는 동가치의 의무를 이행한다는 의사 (2) 내심적 동기는 불문

■ 의무의 충돌에서 문제되는 것 ■

의무의 가치에 대한 착오	서열에 대한 착오⇒★금지착오(제16조)
기대가능성	부득이한 사정으로 행한 경우⇒책임조각
확신범	<u>고가치 의무를 버리고 종교적 확신 등에 의거 행위⇒★위법하고 유책하다.</u>

■ 의무의 충돌은 <u>법적 의무가 강제된다</u>는 점에서 긴급피난과 다르다.
■ 의무의 충돌은 긴급피난의 특수한 형태로 보나 그 구조적 특징을 부정하지는 않는다.

제4절 자구행위

I. 자구행위의 의의

1. 자구행위의 의의

(1) 의의

행위자인 권리자가 <u>자신의 권리를 침해당한 경우</u>에 공권력의 발동을 수단으로 하지 않고 자력에 의하여 자신의 권리를 <u>구제·실현</u>하는 행위 = 민법상의 자력구제

(2) 자구행위의 발전

종전, 국가권력이 확립되지 아니함 + 자신의 실력으로 구제

(3) 원칙

법적 절차에 의한 구제를 적시에 <u>청구불가능</u> + 지체한 경우에는 공권력에 의한 청구권의 <u>실현이 불가능(곤란)</u>

(4) 규정

형법 제23조에 규정

2. 자구행위의 법적 성질

(1) 위법성을 조각하는 긴급행위

(2) 불법한 침해에 대한 자기보전행위 + <u>부정 대 정의 관계</u> + 침해된 청구권을 구조하기 위한 <u>사후적 긴급행위</u>

(3) 위법성조각 근거

긴급상태에서 개인(사인)이 국가권력을 대행

■ 자구행위의 위법성조각의 법적 성질 ■

권리행위설	사인의 <**정당한 이익**>을 보호하기 위한 <적법한 행사>
긴급행위설	법익의 불법한 침해로부터 <신속>한 보호
국가권력대행설	<공권력의 발동을 기대할 수 없기 때문>에 예외적 행사

II. 자구행위의 성립요건

1. 법정절차에 의하여 <u>청구권을 보전</u>하는 것이 불가능한 경우

(1) 청구권

  자구행위의 보호대상은 청구권

(2) 청구권의 범위

 1) 실체법상 권리에 한정되지 않음+무체재산권, 친족권, 상속권 포함

 2) 청구권은 보전할 수 있는 권리임을 요+★원상회복이 불가능한 권리는 불포함(생명, 신체, 자유, 정조, 명예)

(3) 자기의 청구권

 1) 자기의 청구권이어야 함+타인의 청구권을 위한 구제행위는 해당 안 함

 2) But 청구권자로부터 자구행위의 실행을 위임받은 자는 자구행위를 할 수 있음

■ 자구행위(제23조)란 권리자가 그 권리를 침해당한 때에 <공권력의 발동에 의하지 않고 자력에 의하여> 그 권리를 <구제·실현>하는 행위를 말한다.

■ 자구행위는 청구권을 <보전하는 행위>이지 그 <이행이 목적이 아니다.>

■ 자구행위는 침해에 대하여 자력으로 구제를 한다는 측면에서 정당방위와 같이 <부정 대 정>의 관계에 있으나 긴급피난은 <정 대 정>의 관계에 있다.

(4) 청구권에 대한 침해

 1) 청구권에 대한 침해가 있어야 함

 2) 불법한 침해

 (a) 침해는 불법한 침해여야 함

 (b) **★과거의 침해에 대하여만 가능**+현재의 침해는 정당방위 성립

 (c) 정당방위와의 한계

  a) 절취재물의 탈환

   절도범인을 추적하여 재물 탈환 허용

  b) 부작위에 의한 침해

   정당방위 성립

(5) 법정절차에 의한 청구권보전의 불가능

 1) 보충성

  ★청구권보전이 불가능한 긴급상황에서만 허용+자구행위의 보충성

 2) 법정절차

 (a) 청구권의 법정절차

   ★민사소송법상의 가압류, 가처분 등의 보전절차

 (b) **★경찰+기타 기관에 의한 구제절차 포함**

3) 청구권보전의 불가능
(a) 법정절차에 의해 청구권을 보전할 수 있는 상황
　침해가 증대되어도 자구행위 안 됨
(b) 법정절차에 의해 청구권을 보전하는 것이 불가능한 경우
　장소+시간관계로 공적 구제를 강구할 여유가 없는 경우
(c) **가옥명도청구, 토지반환청구 또는 점유사용권을 회복하기 위한 자구행위**
　★자구행위성립 안 됨
(d) 채무자가 도주하는 경우
　청구권보전이 불가능한 급박한 사정 존재시 자구행위 허용

2. 청구권의 실행불능 또는 현저한 실행곤란을 피하기 위한 행위

(1) 청구권의 실행불능 또는 현저한 실행곤란
 1) 청구권이 불가능하거나 현저히 곤란한 사정존재
 2) **청구권에 대한 충분한 물적 담보+인적 담보 확보된 경우**
　자구행위 안 됨
 3) 실행이 가능하다고 하더라도 현저히 곤란해지는 경우
　자구행위 가능

(2) 자구의사
 1) 의사
　청구권의 실행불능 또는 현저한 실행곤란을 탈피하기 위한 의사를 가지고 행동
 2) 자구의사
　자구행위의 주관적 정당화요소
 3) ★입증곤란을 피하기 위한 자구행위
　★불허
 4) 자구행위의 수단
　물건의 탈환, 파괴, 손괴, 의무자의 체포 또는 저항의 제거

3. 상당한 이유

(1) <u>권리의 남용에 해당+사회윤리에 반한 경우</u>
　상당한 이유에 해당 안 함
(2) <u>청구권보전범위를 벗어나 재산을 임의로 처분+이행을 받은 경우</u>
　상당한 이유 없으므로 자구행위 아님

4. ★비교

	자구행위	정당방위+긴급피난
(1) 현재성	**사후적 긴급행위**	1) 현재의 부당한 침해(사전적) 정당방위가능 2) 현재의 위난(사전적) 긴급피난가능
(2) 보호법익	★<u>자기의 청구권(협소)</u>	자기 또는 타인의 모든 개인적 법익(긴급피난의 경우 국가적·사회적 법익포함)

■ 자구행위의 성립요건 ■

절도피해자의 재물탈환행위	(1)<<u>절도범인을 현장에서 추적</u>>하여 도품탈환 ⅰ)<u>정당방위설</u>: 침해의 현재성 인정(다수설) ⅱ)자구행위설: 범인의 점유인정, 침해의 현재성 부정 ⅲ)구성요건해당성조각설: 불법영득의사가 없기 때문 (2)<<u>상당한 시간 경과 후</u>> 도품탈환: 과거의 침해이므로 <u>자구행위</u> ※도품탈환시 수반되는 가해행위: 정당방위·자구행위에 포함 ※제3자가 현행범·준현행범 체포⇒법령에 의한 정당행위(제20조)
퇴거불응자에 대한 강제퇴거행위	(1)<u>정당방위설</u>: 정당방위에서 부당한 침해는 작위뿐만 아니라 부작위에 의해서도 가능하므로 퇴거하지 않는 행위(부작위)에 대하여 정당방위 가능(통설) (2)자구행위설: 부작위에 의한 법익침해이므로 자구행위가능

■ 자구행위에서 <부당한 침해는 명문규정이 없다.> 그러나 <해석상 요구>됨

■ 자구행위에 있어서 부당한 침해상 문제 ■

자구행위상황	(1)청구권: <u>재산적 청구권+비재산적 청구권(무체재산권) 포함</u> (2)★<u>원상회복 가능해야</u> 한다. ※그러므로 원상회복이 불가능한 <<u>생명·정조·명예·자유</u>> 등은 청구권의 대상이 아니다. (3)<u>자기의 청구권이어야 한다.</u>⇒보호법익의 범위 협소 ※청구권자로부터 위임을 받은 경우는 자구행위가능 　　(여관주인⇒종업원⇒숙박비) (4)청구권에 대한 부당한 침해(후술) (5)법정절차에 의한 청구권<<u>보전</u>>이 불가능⇒보충성(후술)

자구행위	(1)청구권의 실행<불능> 또는 현저한 실행<곤란> (2)★2중의 긴급성=법정절차 불가능+즉시 자력구제 불가능·곤란 (3)피하기 위한 행위(충족수단X, 이행수단X, 보전수단O) (4)자구의사(주관적 정당화요소)
상당한 이유	필요성의 원칙(보충성+최소침해원칙)+★균형성의 원칙(약함)+적합성의 원칙 (사회윤리적 견지)

■ 자구행위상 청구권보전의 불가능(구체적인 경우) ■

가옥명도+토지반환청구+ 점유사용권의 회복	법정절차에 의해 보전가능하므로 자구행위X
채무자 도주	긴급시 자구행위O
※권리행사를 위한 폭행·협박·강취·갈취·편취하는 경우 자구행위X	

■ 자구행위는 형법 제21조 3항이 준용되지 않는다.
■ 자구행위의 경우 사력에 의한 구제를 인정하지 않는다면 법은 불법에 편드는 결과가 되어 정의와 공평의 관념에 반하게 된다.
■ 자구행위의 수단에는 제한이 없으나 단순히 입증곤란을 피하기 위한 행위나 청구권을 보전하는 범위를 벗어나 재산을 <처분하는 행위 등은 자구행위일 수 없다.>
■ 담보권이 확보되어 있어 청구권의 실현이 가능하면 자구행위가 허용되지 않는다.
■ 독일형법이나 일본의 형법을 비롯한 대부분의 입법례는 형법에 자구행위에 대한 규정을 두지 않고 있다.
■ 자구행위에서 법정절차는 <경찰 기타 기관의 구제절차도 포함>한다.
■ 단순한 입증을 피하기 위한 자구행위는 인정되지 않는다.
■ 물건 또는 금전의 독자적인 영득은 자구행위권에 의하여 정당화 될 수 없다.
■ 채권추심의 형태로 피고인이 야간에 폐쇄된 화랑의 베니어판 문을 뜯어내고 피해자의 물건을 몰래 가져간 경우는 자구행위가 아니다.
■ 형법 제23조 2항의 과잉자구행위는 위법성조각사유가 아니라 책임을 감경하거나 면책하는 사유일 뿐이다.
■ 자구행위에 대하여 폭력으로 맞서면 현재의 위법한 침해로 이에 대한 정당방위가 가능하다.

III. 과잉자구행위와 오상자구행위

1. 과잉자구행위

(1) 과잉자구행위

자구행위가 그 정도를 초과+위법성이 조각되지 않음+감경, 면제에 그침

(2) 형법 제21조

준용 안 됨

2. 오상자구행위

(1) 오상자구행위

행위자가 자구행위의 요건이 존재하지 않음에도 존재한다고 오신하고 자구행위로 나아감

(2) 처벌

구성요건적 고의를 조각하지 않음+오인에 과실이 있으면 과실범, 과실이 없으면 고의범으로 처벌 불가

제5절 피해자의 승낙

■ 피해자의 동의의 형법적 의의 ■

감경적 구성요건에 해당하는 경우	**촉탁·승낙살인죄**(제252조 1항) 자기소유일반건조물방화죄(제166조 2항) 자기소유일반물건방화죄(제167조 2항) 동의낙태죄(제270조 1항)[위헌]
동의가 있더라도 범죄가 성립하는 경우	**미성년자의제강간·추행죄**(제305조) **피구금부녀간음죄**(제303조)
양해에 해당하여 구성요건 해당성을 조각하는 경우	주거침입죄(제319조) 비밀침해죄(제316조) 절도죄(제329조) 횡령죄(제355조 제1항) 강간죄(제297조) 강제추행죄(제298조)
위법성을 조각하는 경우	**피해자의 승낙**(제24조)

I. 개관

1. 피해자의 승낙의 의의

(1) 의의

피해자가 불법의 가해자에 대하여 <u>자기의 법익을 침해하는 것을 허락하는 것</u>

(2) 의미

<u>자기보존과 자기처분</u>은 정당화원리로 인정+위법성조각사유.

2. 양해와 승낙

(1) 구별

피해자의 승낙-->구성요건해당성을 조각하는 양해+위법성을 조각하는 승낙으로 구별

(2) 양해

<u>구성요건적 배제사유+피해자의 승낙과 범죄체계상 구별</u>
★양해: 남의 사정을 잘 헤아려 너그러이 받아들임

II. 양해

1. 양해의 의의

(1) 피해자가 법익의 침해에 동의한 경우

<u>구성요건 자체 조각</u>

(2) 양해

피해자의 동의가 구성요건해당성 자체를 조각

양해	피해자의 승낙
(1)<u>사실적 성격</u> (2)<u>자연적 의사</u> (3)구성요건해당성조각 (4)<u>양해에 대한 착오</u>⇒양해가 존재한다는 사실을 모르고 행위⇒★불능미수	(1)<u>법률적 성격</u> (2)<u>통찰능력 필요</u> (3)위법성조각사유 (4)<u>승낙이 있음에도 불구하고 없다고 착오</u>⇒★<u>주관적 정당화사유를 결한 경우와 같은 이론</u>으로 처벌

2. 양해의 법적 성격 및 유효요건

(1) 법적 성격
구성요건요소의 해석 문제

(2) 양해의 유효요건
1) 개인의 자유에 관한 죄+재물에 대한 사실상의 지배와 관련된 절도죄 등

★자연적 의사능력으로 족함+특별한 판단능력 불요

2) 주거침입죄의 경우

행위능력 또는 판단능력이 있어야 유효

3) 양해의 표시여부

구성요건에 따라 상이+절도죄의 묵시적 동의, 배임죄는 표시 등

■ 양해의 법적 성격 ■

사실성질설	순수한 사실적·자연적 성질: **외부적으로 표현될 것X, 행위자가 이를 인식할 필요X, 행위능력X, 판단능력X** ※착오·기망·강요 등 의사의 하자·흠결이 있어도 무방
개별검토설	구성요건의 기능과 그 보호법익의 기능에 따라 개별적으로 정해야한다(통설) ⅰ)강간, 감금, 절도⇒자연적 의사능력만 있으면 족하다. ⅱ)모욕, 주거침입, 업무상 낙태 등⇒자연적 통찰능력+판단능력+행위능력

■ 양해의 유효요건 ■

양해자의 능력	⑴**처분능력 있는 자+자연적 의사능력** ⑵수동적 인내·단순한 방치⇒ 양해X
양해의 시기	행위시 존재해야 한다.
의사표시	⑴<자연적 의사능력>으로 충분한 경우⇒외부표시X, 양해가 있다는 사실인식X ⑵<자연적 통찰 능력·판단능력>을 요하는 경우⇒외부표시O, 양해가 있다는 사실인식O

■ 양해의 착오 ■

양해가 있음을 알지 못한 경우	★불능미수(불능한 실체를 지향)
양해가 있다고 오신한 경우	★구성요건적 착오(고의 조각)

■ <양해>가 인정되는 죄는 <개인적 법익>에 관한 <일부>에 한한다.

II. 피해자의 승낙

1. 승낙의 의의
 이익의 포기와 결합된 불이익을 수반하지 않는 법익의 소유자-->법익의 침해를 승낙했다면 위법성조각

2. 위법성조각의 근거
 법률행위설+이익포기설+법률정책설(이익교량설)+상당설
■ 피해자의 승낙이란 법익의 주체가 타인에게 자기의 법익을 침해할 것을 허용하는 경우를 말한다.

■ 피해자의 승낙에 있어서 위법성조각의 근거 ■

법률행위설	(1)승낙을 일종의 법률행위로 이해⇒법익침해권리 부여받았으므로 적법 (2)비판: 민법과 형법의 목적 다름
이익포기설	(1)이익포기시 법공동체의 개입여지가 없다. (2)비판: 생명에 대해서는 위법성조각 안 됨
사회상당성설	사회질서 전체의 이념에 비추어 상당성 존재
법률정책설	(1)개인적 자유 > 공동체 이익(법익보전) (2)비판: 법에 의하여 보호되는 이익은 법질서 전체의 정신에 비추어 용인될 수 있는 범위내 이어야 한다.
목적설	국가적으로 승인된 공동생활의 목적에 반하지 않음

■ <법률정책설>은 개인의 방해받지 않는 자유의 행사는 자유주의적 법치국가에 있어서 사회적 가치로 인정되어야 하므로, 법익의 보호에 대한 사회적 이익과 교량하여 <개인의 자유가 중요하다>고 인정될 때에는 그 침해에 대하여 피해자가 승낙하였으면 위법성이 조각된다.⇒<이익교량설>이라고도 한다.
■ 양해의 경우에 의사의 하자는 「절도죄나 주거침입죄」에 있어서는 영향이 없지만, 「강제추행죄」에서는 의미를 갖는다.

3. 피해자의 승낙의 요건
(1) 이익주체의 승낙
 1) 승낙자는 <u>법익의 소지자일 것 요구</u>+★[개인적 법익에 대한 죄에 한]하여 위법성이 조각
  +상해죄, 재산죄, 명예에 관한 죄, 업무와 신용에 관한 죄 등.

2) 타인의 법익

원칙적으로 승낙할 불가+But 처분권을 가지면 가능+국가적 또는 사회적 법익에 대한 죄는 승낙에 의해 위법성이 조각 안 됨

(2) 처분할 수 있는 법익에 대한 승낙

1) 법익에 대한 처분권을 소유+사람의 생명과 신체는 안 됨(살인의 승낙 등은 위법성이 조각 안 됨)

2) 신체

처분가능성은 사회상규적, 윤리적인 한계에 의해 제한+처분불가+병역을 피하기 위한 상해, 보험사기를 위한 상해는 위법

(3) 승낙

1) 승낙은 침해에 대한 의식적+자의에 의한 동의

2) 승낙능력

(a) 정도

법익의 의미 및 침해의 결과를 인식, 이성적으로 판단할 수 있는 자연적 통찰능력+판단능력

(b) 설명의무

자연적 판단능력에 의하여 구체적 상황을 판단하기 곤란(어려운) 경우 설명의무 요구

3) 자유의사에 의한 승낙

(a) 승낙

자유의사에 의해 이루질 것 요함+동기의 착오만으로는 부족

(b) 승낙의 표시

의사방향설+의사표시설+절충설(어떠한 방법이든 외부 인식하게 표시하면 족)

(c) 법익의 포기는 인지할 수 있도록 표현

4) 승낙의 시기

법익침해 이전에 표시+법익 침해시까지 계속+사후승낙은 위법성을 조각하지 않음+★언제나 철회 가능

(4) 주관적 위법성조각사유

1) 피해자의 승낙이 있음에도 행위자가 알지 못하고 행위

위법성 조각 안 됨.

2) 행위자가 승낙이 있는 것으로 오인한 때

위법성조각사유의 전제사실의 착오문제

■ 피해자의 승낙의 성립요건 ■

법익처분권자의 유효한 승낙	(1) 피해자가 원칙적 승낙자이지만 **처분권을 수여받은 자도** 될 수 있다. ※승낙능력은 <자연적 통찰능력과 판단능력>이 있어야 한다. ※승낙의 기준은 민법상 행위능력과 구별(독자적 기준):아동혹사죄(제274조) ⇒16세, 간음·추행죄(제305)⇒13세 (2) 승낙은 **개인적 법익에 한**한다. <생명>에 대해서는 승낙의 대상이 아니고 감경적 구성요건에 해당(승낙살인죄(제252조)), <신체>에 대해서는 상해가 <사회상규에 반할 경우> 위법(병역면제받기위한 상해) (3) 승낙은 <**자유롭고+진지**>한 것이어야 한다. ※★승낙⇒기망·착오·강요 등 의사의 흠결상태에서 승낙X ★양해⇒기망·착오·강요 등 의사의 흠결상태에서 승낙O (4) 승낙 방법 ⅰ) 의사방향설: 피해자의 내적 동의면 족하고 외적으로 표시불요, 행위자 역시 승낙 존재 인식하고 행할 필요 없다. ⅱ) 의사표시설: 외부에 명백히 표시해야 한다. 행위자도 승낙의 존재를 명백히 인식하고 행위 해야 한다. ⅲ) 절충설: 어떤 방법으로든 외부에 인식할 수 있도록 표시하면 족하다. 행위자는 승낙의 존재를 인식하고 행위 해야 한다. (5) **승낙의 상대방⇒특정불요**////승낙시기⇒행위전 또는 행위시까지 가능, **철회가능, 철회전의 행위 유효** ※특정되어 있는 경우 제3자에 대해서는 승낙효력X
처분행위	(1) 존재하는 승낙을 알지 못한 경우: 주관적 정당화 요소를 결한 경우 (2) 존재하지 않는 사실을 존재한다고 오신: 위법성조각사유의 전제사실에 대한 착오 (3) **법익침해는 과실로도 할 수 있다.**: 음주운전자의 차에 동승한 자가 교통사고시 상해를 입은 경우
상당성	법질서 전체의 정신 내지 사회윤리에 적합해야 한다.

IV. 추정적 승낙

1. 추정적 승낙의 의의와 성질

(1) 의의

피해자의 승낙이 없음+피해자 또는 대리인이 부재중+의식이 없어 필요한 때->승낙을 받을 수 없지만+모든 사정 객관적으로 판단+<u>승낙을 확실하게 기대 할 수 있는 경우</u>

■ 추정적 승낙이란 피해자의 승낙이 없거나 피해자 또는 그 대리인이 부재중이거나 의식이 없어 필요한 때에 승낙을 받을 수 없지만 <모든 사정을 객관적으로 판단>하면 승낙이 <확실히 기대될 수 있는 경우>를 말한다.

(2) 성격

1) 긴급피난설+승낙대체설+사무관리설+상당설+독자적 위법성조각사유설

2) 가상적 의사에 근거+의사의 판단상 객관적 이성이 보조수단

■ 추정적 성질의 법적 성질 ■

독자적 위법성조각사유설	긴급피난과 피해자의 승낙의 중간에 위치하는 독자적 구조 ※독일: 통일적 원리로서 사회상규 규정(우리의 제20조)없다. 우리형법에는 기본적 위법성조각사유에 속하지 않는 것은 제20조에서 포섭하므로 독자적으로 판단하면 현행법과 충돌
긴급피난설	이익충돌에 관점 ※추정적 승낙은 가정적 의사가 중심이 되고 이익교량은 가정적 의사를 확정하는 보조수단에 불과함을 간과
사무관리설	피해자의 이익을 위한 사무관리로 파악
승낙대체설	승낙의 대용물
정당행위설	사회상규에 반하지 않으므로 정당행위
2원설	유형에 따라 긴급피난과 사회상당성 또는 자율의 원리와 허용된 위험의 원리에 의하여 위법성 조각

2. 추정적 승낙의 유형

(1) 추정유형A(법익의 주체의 추정적 의사와 일치)

피해자의 이익을 위하여 법익을 침해한 경우

1) 피해자의 이익을 위하여 법익을 침해+높은 가치의 이익을 구조

 (a) 의사가 사경에 처하여 지체할 수 없는 중환자수술

 (b) 부인 부재중 남편의 업무처리

 (c) 고장 난 수도를 고치기 위해 타인의 주거에 침입

(2) 추정유형B(피해자의 가상적 의사에 합치)

피해자의 승낙이 추정되는 경우

1) 행위자가 자신의 이익을 위해 행위+피해자의 승낙이 추정되는 경우

 (a) 기차를 놓치지 않기 위해 친구 자전거를 타는 경우

 (b) 주인의 헌 옷을 거지(타인)에게 주는 경우

■ 추정적 승낙의 유형 ■

피해자(본인)을 위한 경우	피해자의 고가치의 이익을 구조하기 위해 저가치의 이익을 침해하는 경우: 자궁근종 수술 중 자궁암 발견시 수술
행위자나 제3자를 위한 경우	행위자의 이익이나 제3자의 이익을 위해 행위하였지만 피해자의 승낙이 추정되는 경우: 가정부가 거지에게 주인이 입지 않는 헌 옷을 준 경우

3. 추정적 승낙의 요건

(1) 법익주체의 <u>처분할 수 있는 법익</u>
 1) 처분할 수 있는 법익에 대해서만 가능+법익의 주체가 <u>법익침해와 결과에 대한 통찰 및 판단능력 요</u>
 2) 추정은 <u>행위시</u>에 있어야 함

(2) 승낙의 가능성
 1) 피해자의 승낙을 <u>곧바로 얻기가 불가능</u>할 것 요
 2) 피해자의 승낙을 얻는 데 다소의 위험이 수반되는 것에 불과한 때
 피해자의 판단 기다려야 함

(3) 승낙의 기대
 1) 객관적 추정에 해당
 2) <u>피해자가 반대의사를 명백히 한 경우</u>
 추정불가능

(4) ★양심에 따른 심사
 1) 행위자의 모든 사정을 고려한 **양심에 따른 심사전제**
 2) 양심적 심사부재(검토하지 아니하면) 위법
 3) ★<u>주관적 정당화요소</u>

■ 추정적 승낙의 성립요건 ■

일반적 피해자승낙과 공통되는 요건	⑴피해자가 처분능력을 갖아야 한다(**통찰력+판단능력**) ⑵개인적 법익으로서 **처분가능성**이 있어야 한다. ⑶판단시기: 행위시 ⑷**상당성요구**
특별요건	⑴<★보충성> 현실적 승낙을 얻는 것이 불가능해야 한다. ※극복할 수 없는 장애로 적시에 승낙받기 어려운 경우를 말하는 것

이고, 피해자의 거부 때문이 아니다.
(2) <승낙기대>
객관적으로 평가⇒피해자가 행위자의 행위내용을 <알았거나><승낙이 가능>했더라면 <승낙하였을 것이 **명백**한 경우>라야 한다.⇒<객관적인 개연성판단>⇒★<객관적 추정>
※피해자(본인)가 명시적인 반대 의사가 있는 경우
　ⅰ) 제1설: 피해자에게 이익이 있으면 인정
　ⅱ) 제2설: 의사와 이익을 고려 구체적으로 사회적 상당성에 따라 결정
　ⅲ) 제3설: 피해자의 반대가 명백하면 추정이 불가능(법익주체의 의사가 불합리하더라도 존중)
(3) ★<양심적 심사>
행위자가 모든 사정을 고려해서 양심적(객관적+보편타당+피해자의 진의 파악)으로 판단하여 행위를 하여야 한다.
※양심적 심사가 없었을 지라도 피해자의 진의에 부합하면 위법성을 조각할 수 있다.

■ 추정적 양해X⇒양해는 현실적으로 존재해야 하므로 인정할 수 없다.
■ 양심적 심사=<모든 사정을 검토>한 후 행할 것을 요구하는 것

■ 양심적 심사를 결한 경우 ■

객관적으로 승낙이 <추정되지 않는 데도> 신중한 심사를 결한 경우	위법성 조각사유의 전제사실에 대한 착오에 해당
객관적으로 <승낙이 추정되는 데도> 신중한 심사를 결하여 알지 못하는 경우	불능미수에 해당

■ 추정적 승낙이 있기 위해서는 현실적인 승낙을 얻는 것이 불가능해야 한다. 이를 추정적 승낙의 보충성이라고 하는 데, 이러한 승낙은 객관적으로 추정할 수 있어야 하는 것이어야 한다.⇒★<피해자 진의의 가정적 개연성판단>

제6절 정당행위

I. 정당행위 개관

1. 정당행위의 의의[법업기]
(1) <u>사회상규에 위배되지 아니함</u>으로써 국가적·사회적으로 정당하게 평가되는 행위
(2) 사회상규
    국가질서의 존엄성을 기초로 한 <u>일반국민의 건전한 도의감</u>

2. 위법성조각사유의 적용
(1) 위법성조각사유=법질서 전체의 정신에 의해 결정+법질서의 통일성 적용
(2) 초법규적 위법성조각사유=국제법+관습법+사회의 최고 가치관에 기반을 두고 있는 <u>초법률적인 자연법</u>
(3) 형법 제21조, 제24조에 규정되지 않은 행위=사회상규에 반하지 않으면 정당행위는 조각

■ 형법 제20조의 정당행위는 <일반성과 포괄성>,<보충성과 최종성>의 특징을 갖는다. 즉 총칙상 4가지 위법성조각사유에 해당하지 않는 위법성조각사유를 포괄적으로 규정한 일반적 규정이다.
■ 형법 제20조에 규정된 법령에 의한 행위, 업무로 인한 행위, 기타 사회상규에 위배되지 아니하는 행위의 상관관계

제1설	<법령에 의한 행위>와 <업무로 인한 행위>는 <사회상규에 위배되지 아니하는 행위>의 예시 규정이다(통설).
제2설	각각 병존의 개념이다.

■ 형법 제20조의 법적 성질에 대하여 ⅰ)구성요건해당성조각사유설 ⅱ)위법성조각사유설 ⅲ)양자포함설 등이 있으나 <u>위법성조각사유설이 타당하다</u>.
■ 정당행위가 위법성을 조각하는 것은 전체 법질서의 이념이나 선량한 풍속 기타 사회질서의 관점에서 수용되기 때문이다.

II. 법령에 의한 행위

1. 법령에 의한 행위

(1) 의의

법령에 근거를 두고 권리 또는 의무로서 행해진 행위+공무원의 직무집행행위, 징벌행위, 현행범인 체포, 노동쟁의행위

(2) 법령에 의한 행위

타인의 법익을 침해하였고 그것이 구성요건에 해당하는 경우라도 위법성 조각

(3) 법령에 의한 행위라 해도 사회상규에 비추어 권리남용에 해당하는 경우

위법성이 조각되지 않음

2. 공무원의 직무집행행위

(1) 법령에 의한 직무집행행위

1) 공무원이 법령에 의하여 규정된 직무를 수행하는 행위

정당행위로 위법성이 조각+집행관의 민사상의 강제집행, 검사 또는 사법경찰관의 긴급체포, 압수, 수색, 검증 등의 강제처분, 세법상의 강제처분

2) 공무원직무집행행위의 위법성을 조각요건

법령에 규정된 요건이 충족+행위가 공무원의 직무범위 속해야 함+ 또한 법에 규정된 정규의 절차에 따라 행해져야 함을 요

3) 제한

필요성과 상당성에 의해 제한

(2) 상관의 명령에 의한 행위

1) 위법성을 조각+But 위법성을 조각을 위해 명령자체가 적법할 것 요

2) 상관의 위법한 명령에 의한 부하의 행위

위법성을 조각하지 않음+절대적 구속력을 가진 명령의 경우는 책임조각+위법한 명령은 직무상의 명령에 해당 안 함

2. 징벌행위

(1) 형벌권자의 징벌행위

정당행위로서 위법성이 조각+사회상규상 위배되지 말아야 됨+친권자의 자에 대한 보호 또는 교양을 위한 징계, 학교의 장의 학생 징계, 소년원장 훈계

(2) 징계권의 행사가 위법성을 조각키 위한 요건

객관적으로 충분한 징벌사유존재+교육목적을 달성하기 위해 필요, 적절 정도+**주관적으로 교육의사**에 의하여 지배

(3) 징계행위가 위법성을 조각하지 않는 경우

1) 방법이 지나치게 가혹

2) 피해자에게 <u>상해를 입힌 경우</u>

3) 징계권자의 <u>성욕 만족</u>

4) <u>징계사유가 없음에도</u> 징계권 행사

(4) 위법성조각사유에 해당하지 않는 징계권행사

<u>교사의 폭행이나 상해는 불허</u>

3. 현행범인의 체포

(1) 사인이 현행범인을 체포하는 행위

법령에 의한 행위로서 위법성이 조각

(2) 현행범인 체포시 위법성조각 요건

협박, 체포, 도주의 저지 등에 제한

(3) <u>현행범인을 체포위해 사인이 무기사용</u>

불허

4. 노동쟁의행위

(1) 법에 의하여 허용된 쟁의행위

위법성조각

(2) 쟁의행위의 조건

1) 근로조건을 개선함으로써 <u>경제적, 사회적 지위를 향상목적</u>

2) 계급주의를 표방+정치적 목적을 달성하기 위한 쟁의행위

불허

3) 정당성이 인정->쟁의행위로서 폭력, 파괴행위, 사업장 안전보호시설의 정상적 유지·운영 정지, 폐지, 방해행위

불허

(3) 쟁의행위 인정요건

1) <u>근로조건의 유지, 개선 등을 목적(목적이 정당)</u>

2) <u>시기와 절차가 법령의 규정준수</u>

3) 폭력 또는 파괴행위를 수반 및 반사회성을 띤 행위에 해당하지 말 것

■ 정당행위(1):법령에 의한 행위 ■

개념	(1) 법령에 근거한 정당한 권리·의무의 이행 (2) ★실정법(행정규칙, 명령)O/////조리X, 관습법X ※국내법적 효력이 인정된 외국법O
유형	(1) <공무원의 직무집행행위> ⅰ) 법령에 의한 직무집행행위: 사항적·지역적인 직무관리에 속해야 한다. 적정절차에 따라야 한다. 필요성·비례성의 원칙을 충족시켜야 한다. ⅱ) 상관의 명령에 의한 행위: 감독권한이 있어야 한다. 명령(적법)의 내용이 부하의 직무에 속하여야 한다. ※위법명령에 복종한 경우: 구속력있는 위법명령⇒책임조각사유설이 통설/////구속력 없는 위법명령⇒위법성은 물론 책임도 조각되지 않는다. (2) <징계행위> ⅰ) 교육목적 달성에 필요·적절해야 한다. ※학교장의 징계·처벌(교 제76조), 소년원장·소년감별소장의 징계(소 제13조), 친권자·후견인의 징계(민 제915, 제945조) ⅱ) 체벌의 허용여부 ①부정설: 친권자의 체벌은 허용되나 학교장·교사의 체벌은 불허, 징계권을 정학 또는 퇴학으로 규정하고 있다. ②긍정설: 통설과 판례의 태도 ⅲ) 타인의 자녀에 대한 징계권: 불허 (3) <사인의 현행범체포>: 형소법 제212조 (4) <노동쟁의행위>: 목적(근로조건 및 임금)과 수단(비폭력적)⇒정치적X, 파괴X

5. 기타 법령에 의한 행위로서 위법성조각

(1) 모자보건법에 의한 임신중절수술

(2) 승마투표권과 법률상 인정된 복권발행

(3) 정신병자감호

III. 업무로 인한 행위

1. 의사의 치료행위

(1) 환자의 신체를 상하게 하는 경우

상해죄의 구성요건에 해당+But 정당행위로서 위법성조각

(2) 치료행위

주관적으로 치료의 목적+객관적으로는 의술의 법칙준수

(3) 구성요건해당성의 문제(유력설)

2. 안락사

(1) 동기+고의의 내용이 선한 목적일 때 위법성조각

(2) 안락사의 위법성조각 조건

　1) 환자의 불치의 병으로 사기에 임박

　2) 환자의 고통이 참아 눈 뜨고 볼 수 없을 정도로 극심

　3) 환자의 고통을 완화하기 위한 목적

　4) 환자의 의식이 명료한 때에는 본인의 진지한 승낙 존재

　5) 원칙적으로 의사에 의해 시행되고 그 시술방법이 윤리적으로 타당하다고 인정

(3) 환자의 치료를 도중에 중단하는 소극적 안락사+생명단축이 고통제거의 부수적 결과로 생성(발생)하는 간접적 안락사

　이 경우는 위법성조각

(4) 고통을 제거하기 위하여 적극적으로 사람을 살해하는 직접적 안락사+적극적 안락사

　이 경우는 위법성 불조각

3. 변호사 또는 성직자의 업무행위

(1) 변호사의 법정변론

　정당한 업무행위에 해당

(2) 성직자(종교직)가 고해성사로 범인 또는 비밀을 알고 사법당국에 고발하지 않거나 묵비

　정당행위로서 위법성조각

(3) 적극적으로 범인을 은닉+도피케 하는 것

　위법성 불조각

■ 정당행위(2):업무로 인한 행위 ■

개념	업무란 사회생활상 지위에 의하여 **계속·반복의 의사**로 행하는 사무를 말하는 데, 직무수행의 합목적성 때문에 위법성조각
유형	(1)<의사의 치료행위> 　ⅰ) 정당행위설(통, 판) 　ⅱ) 피해자 승낙설: 승낙이 있는 경우⇒ 피해자의 승낙/////승낙이 없는 경우⇒긴급피난 또는 추정적 승낙 　ⅲ) 구성요건해당성조각설: 성공한 치료행위⇒ 상해X/////실패한 치료행위⇒치료의사 존재+의술의 법칙 맞을 때⇒상해X (2)<안락사>

①**진정안락사**: 생명단축X, 고통제거위해 적당량의 마취제·진정제 투여⇒구성요건 해당성X, 위법성X(업무로 인한 행위)

②**부진정안락사**(생명단축)

㉠**소극적 안락사**: 생명연장 위해 적극적 수단을 취하지 않음(치료의 중단)⇒위법성조각

※승낙가능⇒자기결정권/////승낙불가능⇒추정적 승낙에서 위법성조각 근거

㉡**적극적 안락사**: 처음부터 생명단축 목적(극약투여)⇒위법성 불조각

③**간접적 안락사**: 고통완화 처치가 필수적으로 생명단축(말기암환자 몰핀주사) ⇒위법성조각

※긴급피난설, 허용된 위험설, 사회상규설(다수설) 등이 있다.

※안락사의 위법성조각 요건=<사기임박>+<참을 수 없는 육체적 고통>+<본인의 진지한 부탁>+<의사의 집도>+<수단·방법이 사회상규에 위배되지 않아야> 한다(나고야고판)

(3) **변호사 및 성직자의 직무수행행위**

※적극적인 범죄행위 즉 범인을 은닉·도피·자금지원 등은 위법성을 조각하지 않는다.

IV. 사회상규에 위배되지 않은 행위

1. 사회상규의 의미

(1) 의의

구성요건에 해당하고+개별적인 위법성조각사유에 속하지 않는 경우–>사회상규상 위배되지 않는 때에는 위법성이 조각

(2) 비교: 사회적 상당성

1) 사회적 행위자유의 범위에 포함 행위+사회생활질서를 현저히 침해하는 행위만 구성요건에 해당–>구성요건에 해당없음

2) 사회적 상당성

법적 규범내용에 의하여 구성요건보완, 가치체계

(3) 사회상규와 사회적 상당성의 구별

1) 사회적 상당성=구성요건조각사유

2) 사회상규=위법성조각사유의 일반원리

3) **사회적 상당성=사회생활상 정상적 행위행태**

4) 사회상규=일반적 행위형태와 불일치+구성요건이지만 사회윤리적 질서에 위배되지 않음

2. 사회상규의 판단기준

(1) 법익의 균형성

1) 보호이익과 침해이익 사이의 법익균형성

★결과반가치의 면에서 사회상규에 위배되는가의 판단기준

2) 침해가 중대한 경우

사회상규에 위배

(2) 목적과 수단의 상당성

1) 행위의 측면에서 사회상규의 판단기준

2) 사회상규에 위배되지 않는 행위

행위의 동기+목적이 법질서의 정신, 사회윤리에 비추어 용인

3) 목적과 동기의 정당성+수단의 정당성 또는 적합성고려+긴급성과 보충성 참작

3. 사회상규에 위배되지 않는 행위(사회상규에 위배되지 않는 행위에 해당하여 위법성이 조각된다는 경우)

(1) 소극적인 저항행위

사회상규에 위배 안 됨+상대방의 도발, 폭행, 강제연행

(2) 징계권 없는 자의 징벌행위

객관적으로 징계범위를 안 벗어남+주관적으로 교육목적으로 행한 때->사회상규에 위배 안 됨

■ 정당행위(3): 사회상규에 위배되지 않는 행위 ■

개념	법질서 전체에서 볼 때 용인 될 수 있는 행위
유형	(1)소극적인 저항행위: 강제 연행시 소극적으로 밀어붙이는 행위 (2)징계권 없는 자의 징계행위: 군대 제대한 지 얼마 안 되는 자가 동네 중학생들이 담배를 피자 약간의 기합을 준 경우 (3)권리실행행위: 교통사고시 치료비를 정당히 요구했으나 거절당하자 고소하겠다고 협박한 경우

■ 사회상규 ■

개념	(1)★공정하게 사유하는 <평균인>이 <건전한 사회생활>을 하면서 옳다고 승인한 <정상적인 행위규칙> (2)비교 ★<사회적 상당성>: 역사적으로 형성된 사회윤리적 공동생활의 질서 내에 속하는 행위(광주전매청 홍삼편법 판매사건)⇒구성요건 해당성 조각

기능	형벌질서 내에서 원칙적 금지와 예외적 허용을 실질적 위법성관점에서 <u>최종적으로 한계</u> 그음 ⇒ ★**원칙적인 자유의 영역을 확보**
기준	(1)이익교량의 원칙: 높은 이익 > 낮은 이익 (2)결과 반가치: 법익침해와 위험이 경미할수록 ⇒ 위법하지 않다.

■ 의사의 치료행위는 반드시 면허를 가진 자에 의할 필요가 없다. 즉 <u>무면허의사의 치료행위도 정당행위에 해당한다.</u>
■ 위법성은 법질서 전체와 불법과의 관계를 의미하는 ★<단일 개념>이다.
■ 공무원의 직무집행행위＝공무원의 담당사무＋담당구역내 에 있어야 한다.
■ 박종철군고문치사사건 ⇒ 위법의 구속력없는명령 ⇒ 책임불조각
■ 의사의 치료행위에 대하여 과거의 판례는 형법 제20조의 정당행위로 일관했으나, 대법원판례(자궁외 임신을 자궁근종으로 오진한 자궁적출사건)는 피해자의 승낙이라는 척도를 가지고 접근
■ 의사의 치료행위란 주관적으로는 치료의 목적으로, 객관적으로는 의술의 법칙에 따라 행해지는 신체침해행위를 일반적으로 지칭, 대법원은 대부분 상해죄가 아니라 <업무상과실치상>으로 의율하고 있다.

■ 의사의 치료행위 ■

성공한 치료행위	구성요건해당성조각
<u>의술의 법칙에 적합했으나 실패한 치료행위</u>	★**구성요건해당성조각**
의술의 법칙에 반하여 실패한 수술행위	★**구성요건해당성조각X, 위법성조각X**

■ 의사에게 치료의의사가 있고 의술의 법칙에 적합한 때에는 행위불법을 결하게 된다.

■ 비교 ■

사회상규	국가질서의 존엄성을 기초로 한 <u>국민의 건전한 도의감</u>
사회적 상당성	역사적으로 형성된 <u>사회윤리적 공동질서</u>

■ 존엄사와 소극적 안락사를 구별하고자 하는 입장 ■

의의	존엄사란 <대체로 깨어날 가능성이 없는 의식상실의 상태에 있는 환자>로 하여금 인간답게 <u>품위 있게 죽음을 맞이하도록 생명유지장치를 중지하는 것</u>을 지칭

소극적 안락사와의 구별	(1)존엄사는 육체적 고통을 수반하지 않고 (2)환자에게 자기결정권의 여지가 없으며 (3)사기에 임박했다고 볼 수 없다. (4)존엄사는 적극적으로 생명유지장치를 제거한다는 작위의 형태라는 점에서 구별

■ 판례상 사회상규의 판단기준=동기·목적의 정당성+수단방법의 상당성+법익균형성+긴급성+보충성
■ 사회상규의 판단에 있어서 <법익 균형성>은 <결과반가치적 측면>에서, <목적·수단의 정당성>은 <행위반가치적 측면>에서 기준이 된다.

제 4 장 책임론

제1절 책임이론

I. 책임론 개관

1. 책임의 의의[책책위기]

책임능력	14세 이상인 범죄자의 정신적·심리적 능력
책임형식으로서의 고의·과실	고의⇒범행의 심정반가치/////과실⇒주의의무태만에 대한 비난가능성
위법성인식	목적적 범죄체계론의 공헌(고의에서 분리된 독자적 책임요소)
기대가능성	행위시의 구체적 사정으로 보아 행위자가 범죄행위를 하지 않고 적법행위를 할 것을 기대하는 것

(1) 의의
1) 넓은 의미(사회적 의미)
도덕적 책임+윤리적 책임포함
2) 형사책임(형법적 의미)
법적 책임(도덕적, 윤리적 책임과 구별)

■ 책임이란 위법한 행위에 대하여 행위자를 개인적으로 비난할 수 있느냐의 문제를 말한다.

(2) 법적 기준에 따라 판단
(3) 형사책임과 민사책임
 1) 형사책임은 국가적 제재에 의해 행위자를 처벌
 2) 민사책임은 사인의 손해의 공평한 보상이 목적
 3) 형사책임은 책임주의의 관철이 요청
 4) 민사책임은 위험책임원리와 무과실책임 인정함
 5) 형사책임 원칙적으로 고의만 처벌하고 과실은 감경 또는 면제
 6) 민사책임은 고의인가 과실인가를 묻지 않음
(4) 비교

민사책임	형사책임
⑴**공평보상의 원칙**	⑴응보+예방책임
⑵무과실책임인정	⑵책임주의(책임의 주관화)
⑶고의와 과실을 불구별	⑶★고의와 과실을 구별
⑷책임의 경·중 불인정	⑷★책임의 경·중 인정

2. 책임과 위법성

(1) 위법성	전체법질서의 입장에서 내리는 객관적 판단(행위자의 특수성고려X)
(2) 책임	행위자에게 책임을 지울 수 있는가에 대한 주관적 판단(행위자의 특수성고려O)

■ 책임주의란 <책임없으면 범죄는 성립하지 않고>,<양형도 책임의 대소에 따라서 결정해야 한다.>는 원칙⇒★현행법상 책임주의의 잔재: 상해죄의 동시범특례(제263조)

■ 책임주의의 내용 ■

처벌의 전제	책임없이는 형벌을 과할 수 없으므로, 결과책임X, 우연책임X, 연대책임X, 연좌책임X
양형의 기초	책임의 정도를 초과하는 형벌을 과할 수가 없다.
불법과 책임의 합치	불법의 정도의 차이(질과 양)는 책임의 경중에 영향

II. 책임의 근거[도사인]

1. 도의적 책임론과 사회적 책임론

(1) 도의적 책임론의 의의

책임의 근거를 <u>자유의사</u>에 둠+책임은 자유의사를 가진 자가 자유로운 의사에 의하여 적법한 행위로 나아갈 수 있었는데도 위법한 행위로 나아갔기 때문에 이에 대한 윤리적 비난을 가함+<u>고전학파, 객관주의, 응보형주의의 책임이론</u>

(2) 사회적 책임론의 의의

인간의 <u>자유의사부정</u>+행위자의 반사회적 성격강조, 책임무능력자에 대하여도 사회방위의 보안처분인정+<u>책임능력은 형벌능력</u>+형벌과 보안처분은 사회방위의 수단이나 양적 차이남+사회적 책임론은 <u>근대적 학파, 주관주의, 목적형주의의 책임이론</u>

2. 책임과 자유의사

가치와 규범에 의하여 의사를 결정할 수 있는 인간의 능력기초+인간의 소질과 환경에 의하여 제약된 충동을 통제+규범과 가치개념에 따라 결단할 수 있는 능력전제

■ 책임의 <근거> ■

도의적 책임론	(1) 책임을 <**자유의사를 가진 자**>가 자유로운 의사에 기하여 적법행위를 할 수 있었음에도 불구하고 위법행위를 하였기 때문에 행위자에게 가해지는 <**도의적·윤리적 비난**> (2) 내용: 비결정론/의사책임론/행위책임론(행위자책임론X)/범죄능력(자유의사가 없는 책임무능력자에게는 형벌을 과할 수 없기 때문에 책임능력은 범죄능력을 의미)/2원론(형벌과 보안처분은 질적으로 다름)/고전학파(구파, 객관주의, 응보형주의) (3) <u>죄형법정주의</u>에 부합한다. (4) 소질 및 환경 등에 영향을 받는 사실간과
사회적 책임론	(1) 범죄는 <**소질과 환경**>에 의하여 필연적으로 <**결정된**> 행위자의 사회적 위험성이 있는 성격의 소산이므로 책임의 근거는 <**사회적으로 위험한 행위자의 반사회성**>에 있다고 한다. (2) 결정론/성격책임론(행위자의 반사회성)/<u>행위자책임</u>(행위X)/형벌능력(사회적으로 위험한 성격을 가진 책임무능력자에 대해서도 사회방위처분인 보안처분이 필요, 책임능력을 형벌능력으로 봄)/일원론(형벌과 보안처분은 질적 차이 없고 양적 차이가 있을 뿐)/근대학파(신파, 주관주의, 목적형주의) (3) 성격의 위험성이란 다의적 개념으로서 주관적 개입가능성이 크다는 위험 존재 (4) 인간이 자기억제 능력 있음을 간과

인격적 책임론	(1)<소질과 환경의 영향+어느 정도 상대적 자유>를 가진 인간을 전제로 <구체적 행위와 그 배후에 잠재되어 있는 행위자의 인격>에 책임의 근거가 있다. (2)<상대적 비결정론>/인격형성책임론 (3)인격형성과정 확정불가능

III. 책임의 본질[심규예]

1. 심리적 책임론과 규범적 책임론

(1) 심리적 책임론

책임을 결과에 대한 행위자의 심리적 관계로 파악+★고의 또는 과실만 있으면 책임조건은 구비(고의와 과실이 책임)

(2) 규범적 책임론

책임을 평가적 가치관계로 파악+책임의 불법의 비난가능성

2. 기능적 책임론

책임의 내용=형벌의 목적+일반예방의 목적에 의해 결정

■ 책임의 본질(1) ■

심리적 책임론	(1)<결과>에 대한 행위자의 <심리적 관계>, 심리적 사실인 <고의 및 과실이 있으면 책임이 있고> 없으면 책임이 없다. (2)고전적 범죄체계: 객관적·외적 요소⇒위법성/////주관적·내적요소⇒책임에 속하므로 고의 및 과실이 책임의 본질 (3)★고의 및 과실⇒책임능력/////★책임능력⇒심리적 관계가 아니므로 책임조건(책임구성부분X)일 뿐 (4)기준미약/고의는 있으나 책임조각사유가 있을 때 책임을 부정해야 하는 이유를 설명 못함/<결과에 대한 심리적 관계가 없는 「인식 없는 과실」의 책임을 인정할 수 없다.>
규범적 책임론	(1)책임을 ★평가관계(심리관계X)로 이해,<적법행위 가능성>이 책임의 중심적 요소이며 <비난가능성>이 책임의 본질 (2)책임을 <평가적 관계>로 이해 (3)유형 ⅰ)복합적 범죄체계 ①신고전적 범죄체계: 고전적 범죄체계의 기본구조유지,<심리적 책임개념에서 의사형성에 대한 비난가능성 내지 규범적 평가를 본질적 내용으로 하는 책임으로 변화>

	②책임의 요소: 고의 및 과실, 책임능력, 기대가능성(단 위법성인식은 고의의 한 요소) ⅱ)순수규범적 책임개념 　①목적적 범죄체계: 고의·과실은 구성요건요소이므로, 책임은 <모든 심리적 요소가 제거된> 순수한 평가문제 　②책임요소: 책임능력, 위법성인식, 기대가능성

■ 책임의 본질(2) ■

	ⅲ)신복합적 책임개념 　①**합일태적 범죄체계**:<행위방향으로서의 고의>는 구성요건요소이지만,<심정적 무가치로서의 고의>는 책임요소가 되며, 과실도 <행위형식으로서의 과실>과 <책임형식으로서의 과실>로 이해되어 <u>고의·과실의 2중적 기능인정</u> 　②**책임요소: 책임능력, 위법성인식, 책임형식으로서의 고의·과실, 기대가능성** ※복합적 책임개념: 책임평가 그 자체에 책임평가의 대상인 고의·과실을 포함시킴으로서 <대상의 평가와 평가의 대상>을 혼합 ※순수규범적 책임개념: 불법의 대상과 책임평가의 대상은 동일한 고의·과실행위임에도 불구 <책임평가에서만 고의·과실을 제거>함으로써 <책임판단은 그 대상을 상실>하여 <책임개념의 공허화>를 초래 ※신복합적 책임개념: 동일한 고의를 가지고 <불법과 책임의 단계에서 2중으로 평가>하는 것은 고의 실체를 이중으로 인정하는 결과를 낳는다.
예방적 책임론	(1)책임의 내용은 <**형벌의 예방적 목적**>에 의하여 결정 (2)예방의 문제를 책임단계에서 앞당겨 고려 (3)유형 　ⅰ)<u>Jakobs의 예방적 책임론</u>: 책임개념은 순수한 형식적 개념, 목적만이 책임개념에 내용을 제공하고 형벌을 근거지움, 일반예방(형사정책적 목적), 형벌은 침해된 법규의 안정화(적극적 일반예방)⇒형법과 형사정책혼동 　ⅱ)<u>Roxin의 답책성론</u>: 형벌은 책임에 의하여 제한, ★**일반예방과 특별예방적 필요성이 인정되는 한계 내**에서 과해야, 책임이 존재하는 경우에도 <예방적 필요성이 인정되지 않으면 답책성 탈락>

■<심리적 책임론>은 <가중처벌의 근거와 위법성인식문제> 등을 해결하기 위하여 도입된 이론이다.

3. 책임의 구성요소

(1) 복합적 책임개념

책임을 여러 요건으로 결합된 범죄요소로 파악+책임능력, 고의, 과실, 기대가능성, 즉 책임조각사유의 부존재

(2) <u>순수한 규범적 책임개념</u>
<u>고의와 같은 행위의 심리적 요소를 제거</u>
(3) 고의 및 과실의 이중기능
1) 책임판단대상
법적으로 비난받는 심정에 따른 행위+책임은 행위의 비난가능성+고의는 주관적 구성요건적요소이면서 책임요소가 되는 이중기능 수행
2) 책임개념의 구성요소
★<u>책임능력, 위법성의 인식, 책임형식 고의·과실, 책임조각사유의 부존재로 이루어짐</u>

IV. 책임판단의 대상

1. 행위책임의 원칙

(1) 책임판단의 대상
구체적인 행위=개별적인 행위책임(인격책임, 행위자책은 아님)

책임판단의 대상	⑴행위자 책임(행위자의 인격적 단면)/////행위책임(개개의 행위) ⑵형법의 입장 ①**행위책임의 원칙**: 구성요건에 해당하고 위법한 행위자체를 책임판단의 대상으로 삼음(개별적 행위책임) ※명확한 법치국가적 제한 기능수행, 현행형사소송법상 행위자의 인격을 조사하는 것은 불가능 등을 이유 ②**행위자 책임의 보충**: 행위자 형법이 형법에 영향을 미칠 수 있다. ※<u>누범/상습범가중/금지착오의 정당한 이유/양형/인식없는 과실</u>
책임판단의 기준	⑴<책임능력+위법성인식>⇒<**개인적 특성과 능력**>이 철저히 고려 되어야함 ⑵<책임형식으로서의 고의·과실+기대가능성>⇒평균인의 입장에서 <**평균적 가능성**>이 고려 되어야함

(2) 성격책임, 인격책임이 불가한 까닭
1) 불법
특정한 행위를 하거나 부작위하는 데 있음
2) 인격조사
정의개념이나 피고인의 사회복귀 도움 부정
3) 책임주의
<u>형벌을 부과할 것을 요구하는 응보형원리(책임주의)와 일치</u>

■ 책임판단 ■

■ 책임판단에 의하여 행위자에게 그가 합법을 결의하여 행동을 할 수 있었음에도 불구하고 불법을 결의하고 위법하게 행위 하였다는 것에 대한 비난⇒책임
■ 사회적 책임론에 의하면 책임무능력자의 행위일지라도 반사회성을 가지면 처벌할 수 있다.

■ 책임주의의 기능 ■

(1) 형벌을 근거지우는 기능

(2) 형벌을 제한하는 기능

※통설은 <기대가능성>을 책임의 <양>을 결정하는 양형책임의 요소로 보고 있다.

■ 답책성=일반예방적 필요성이 있는 책임
■ Roxin은 책임을 답책성으로 대체, 즉 ★답책성은 책임이 있는 경우에 일반 예방적 처벌의 필요성이 있을 때 인정되어야 한다. 책임은 처벌의 전제조건이다.

2. 행위책임과 인격책임

(1) 상습범에 대한 형의 가중

행위자의 인격책임에 의해서만 정당화 될 수 있다고 주장

(2) 인격적 책임론

책임은 행위자의 행위+인격을 떠날 수 없다고 주장

제2절 책임능력

I. 책임능력 개관

1. 책임능력의 개념

(1) 책임능력의 의의

1) 의의

평가적 가치관계, 규범적 평가, 구성요건에 해당하는 불법에 대한 비난가능성

2) 전제

책임은 책임능력을 전제, 책임능력은 ★**귀책능력**을 뜻함

(2) 책임능력의 내용

1) 자유의사

인간의 자유의사 문제와 직접 관련

2) 관점

(a) 규범적 관점

환경 및 소질에 의하여 제약되어진 충동통제+사회윤리적 규범과 가치관을 기준으로 의사결정능력이 없다면 책임을 부과 할 수 없음

(b) 의사결정

★책임능력=형법이 전제하는 자유로운 의사결정능력

2. 책임능력의 본질

(1) 도의적 책임론과 사회적 책임론

1) 도의적 책임론의 책임능력

행위의 시비, 선악을 ★변별+의사결정할 능력->★범죄능력을 의미

2) 사회적 책임론의 책임능력

형벌(사회방위처분)이 효과를 발휘할 수 있는 능력->★형벌능력+형벌적응성을 의미

(2) 형법의 전제

구성요건에 해당하고 위법한 행위를 한 사람은 일반적으로 책임능력을 가지고 있다라고 전제함

3. 책임능력의 규정방법

(1) 생물학적 방법

형법상 행위자의 비정상적 상태기술+그러한 상태에 있으면 책임이 없음

(2) 심리적 또는 규범적 방법

행위자가 사물을 변별, 의사를 결정할 능력이 없다면 책임능력이 없음

(3) ★혼합적 또는 결합적 방법

형법상 행위자의 비정상적 상태를 책임무능력의 생물학적 기초+그러한 생물학적 요소가 행위자의 변별능력 및 판단능력에 영향을 주었는가에 대한 심리적 문제를 함께 고려

■ 책임능력(1) ■

의의	행위자가 법규범의 의미의 내용을 이해하여 명령과 금지를 인식할 수 있는 <통찰능력>과 이에 따라 행위 할 수 있는 <조종능력>을 지칭

본질	(1) **<유책행위능력·범죄능력**으로 보는 견해> (**도의적 책임론**): 옳고 그름을 변별하여 행위 할 수 있는 유책행위능력, 이러한 능력이 있어야만 성립되는 범죄능력이 된다. (2) **<형벌적응능력·수형능력**으로 보는 견해> (**사회적 책임론**): 사회방위처분인 형벌이 효과를 거둘 수 있는 형벌적응능력 또는 수형능력으로 보는 견해⇒전과가 많은 상습범은 형벌적응능력이 없으므로 책임무능력자라고 해야 한다는 문제

■ 책임능력(2):규정방법 ■

생물학적 방법	(1) 행위자가 비정상적인 상태를 기술⇒책임능력X (2) 의사 등 전문가의 판단(恣意 개입우려 있음)
심리적 방법	(1) 행위자가 사물을 변별하거나 결정능력이 없는 상태(원인 불문)⇒책임능력X (2) 법관에 의해 판단
<u>혼합적 방법</u>	★생물학적 기초(의사)+심리적 방법(법관)

II. 책임무능력자

1. 형사미성년자

 (1) 규정

형법은 만14세 미만 자에 대하여 개인적 지적, 도의적, 발육상태를 고려, 책임무능력자로 규정+순수생물학적 방법

 (2) 만14세 미만자

책임능력전제의 형벌은 부과 불가+<u>소년법상 보호처분은 가능</u>

 (3) 소년범의 형벌

1) 법정형 장기 2년 이상의 유기형의 죄

법정형의 범위 내에서 부정기형선고

2) 부정기형 선고시

<u>장기 10년 단기 5년 이상 넘지 못함</u>+집행유예와 선고유예는 정기형선고

3) 18세 미만

사형 또는 무기형 부과 안됨+<u>15년의 유기징역</u>에 처함

2. 심신상실자

(1) 의의

심신장애로 인해서 **사물을 변별할 능력이 없거나+의사를 결정할 능력이 없는 자는 처벌불가**

(2) 심신상실의 요건

1) 심신장애의 생물학적 기초존재
2) 사물 변별능력+의사결정능력이 없다는 <u>심리적 요소 존재</u>

(3) 심신장애에 대한 구체적 내용

1) 심신장애는 정신장애, 정신기능 의미=정신병, <u>정신박약, 중대한 의식장애, 정신병질</u>
2) 병적 정신장애(정신병)

신체적, 병적 과정에 의해 파괴+<u>진행성뇌연화, 노인성치매, 뇌손상의 창상성정신병, 음주 및 약품중독 등의 외인성 정신병과 정신분열증, 조울증, 간질의 내인성 정신병</u>

3) 정신박약

백치, 치매+<u>증명할 수 있는 원인이 없는 선천성 지능박약</u>

4) 의식장애

자기의식과 외계의식 간의 정상적 연관 단절상태

5) 정신병질

감정의사, 성격장애

6) 명정

행위자가 규범에 따라서 <u>행위결정능력이 없다면 책임능력 부재(없음)</u>

(4) 심리적 요소

사물을 변별할 능력 또는 의사를 결정할 능력이 없어야 함.

1) 사물변별능력

ⓐ <u>선악판단+불법을 인식할 능력이 없는 자(지적 무능력자)</u>
ⓑ 사물을 변별할 능력

 법과 불법을 구별할 수 있는 능력

2) 의사결정능력

ⓐ 의사를 결정할 능력이 없는 자

<u>의지적 무능력+사물을 변별하고 이에 따라 행위 할 수 있는 능력->조종능력</u>

ⓑ 의지적 무능력

 인식에 따라 행위 할 수 있는 능력

ⓒ <u>의지적 능력-->불법 인식능력, 범행의 계획성과 숙련성, 기억능력으로는 인정하기 어려움</u>

3) 판단의 기준

(a) 사물을 변별할 능력, 의사를 결정할 능력
  행위시를 기준으로 판단
(b) ★**분리가능성**
  ★사물을 변별할 능력, 의사결정능력은 분리 가능+상상적 경합의 관계에 있는 범죄 중 한 개의 범죄에 대해서만 책임능력이 없는 경우도 존재
(c) 감정인의 판단
  의존 안 함+법관의 재량
4) 심신상실의 효과
  책임능력이 없기 때문에 책임이 조각+금고 이상의 죄에 해당, 재범위험성이 있을시 치료감호가능

■ 책임<무능력자> ■

형사미성년자	(1)<14세 미만자>: 생물학적 방법(육체적·정신적 성숙도와 무관)⇒절대적 책임무능력자 ※사실문제O, 호적X (2)형벌과 보안처분을 과할 수 없다. ※소년법상 예외 ⅰ)10세이상 14세 미만의 촉법소년과 10세이상 20세미만의 우범소년⇒보안처분가능(제4조) ⅱ)14세이상 20세 미만의 소년에 대한 장기 2년이상의 유기형⇒장기 10년, 단기5년의 범위내 상대적 부정기형(제60조) ⅲ)<범행당시> 18세 미만의 소년에게 사형·무기형선고시 <15년>의 유기징역으로 한다(제59조).
심신상실자	(1)심신장애로 인하여 사물변별능력X, 의사결정능력X (2)정신병, 정신병질, 의식장애(명정 등), 정신미약(백치 등) (3)전문가의 감정 또는 목격자의 증언·태도 등을 참작하여 판단가능 (4)★사물변별능력(통찰능력 즉 지적능력), 의사결정능력(조종능력)⇒법적 규범적 문제, <평균인의 일반적 능력을 기준으로 판단> (5)<심신상실자>가 <금고이상>의 형에 해당하고 <재범>의 위험성인정시⇒<치료감호>

III. 한정책임능력자

1. 심신미약자

(1) 처벌
  심신장애로 인하여 사물변별능력, 의사결정능력이 미약한 자의 행위에 대해서는 형을 감경

(2) 한정책임능력자

규범에 따라 행위 하는 것이 극히 곤란->책임감경

(3) 심신미약의 요건

혼합적(생물학적+심리적) 방법

(4) 생물학적 요소

순수한 정신병은 책임능력을 배제+경미한 뇌마비, 정신분열증, 간질, 가벼운 명정 또는 중독 한정책임능력인정+노이로제, 충동장애

(5) 심리적 요소

1) 심신미약의 심리적 요소

사물변별능력, 의사결정할 능력미약

2) 판단

법적, 규범적 관점에서 판단+법관이 판단

(6) 심신미약의 효과

1) 심신미약자의 행위는 형을 감경

2) 금고 이상의 죄를 범하고+재범위험성이 있다고 인정->치료감호

2. 농아자[청발]

(1) 의의

감각(청각)과 발음기능에 장애가 있는 자(농자인 동시에 아자)

(2) 처벌

형을 감경

■ 한정<책임능력자> ■

심신미약자	(1)사물 변별능력과 의사결정능력이 미약한 자 (2)경미한 정신분열 등⇒법관이 판단(법률문제)
농아자	(1)청각+발음기능이 모두장애가 있는 자 (2)선천적 후천적 불문

■ 소년인가의 여부는 범행당시가 아니라 <사실심판결선고시>이다.
■ 사물변별능력이 없으면 ★당연히 의사결정 능력이 없게 된다.
■ <심신미약자>는 책임능력자와 무능력자와 ★중간이 아니라 <책임능력자>이다.

IV. 원인에 있어서 자유로운 행위

1. 원인에 있어서 자유로운 행위의 의의

(1) 의의

행위자가 고의 또는 과실에 의하여 자신을 심신장애(심신상실+심신미약)상태에 놓이게 함으로써 범죄실행

(2) 특징

불법의 [실행]이라는 측면에서는 [책임무능력(한정책임능력)의 상태]하에서 저질러짐+불법을 저지른 결정적 [원인이 책임능력을 가진 상태]에서 행위자에 의하여 [자유로운 설정]

(3) 원인에 있어서 자유로운 행위와 책임주의

가벌성의 근거+착수시기를 명백히 규명

2. 원인에 있어서 자유로운 행위의 가벌성의 근거

(1) **원인행위를 실행행위**로 보는 견해(**구성요건 모델**)★[**구주원간**]

자신을 도구로 이용하는 간접정범+★원인행위가 실행행위 또는 착수행위+책임무능력상태에서의 행위는 원인행위에서 기인된 결과일 따름+Therefore 원인행위가 책임능력상태에서 조성되면 처벌가능

(2) **원인행위와 실행행위의 [불가분적 연관]**에서 책임의 근거를 인정하는 견해(**예적 모델**)★[**예불설**]

원인설정행위는 실행행위, 착수행위가 될 수 없음+But 책임무능력상태하에서 실행행위와 불가분의 연관을 가짐+원인설정행위에 책임비난의 근거 있음

(3) **책임능력결함상태**에서의 **실행행위에 책임의 근거**를 인정하는 견해

실행행위에서 가벌성근거를 찾는 견해

(4) 결어

원인에 있어서 자유로운 행위의 실행행위는 책임능력결함상태 하에서의 행위임+But 책임비난은 원인행위에 있음, 행위와 책임의 동시존재의 원칙에 대한 예외로서 가벌성이 인정되는 것이라고 해석

3. 원인에 있어서 자유로운 행위의 유형

(1) 고의에 의한 원인에 있어서 자유로운 행위

1) 의의

행위자가 책임무능력상태 또는 한정책임능력 상태를 고의로 야기+이때 책임무능력상태에서 행할 구성요건에 해당하는 행위의 실행고의를 가짐

2) 고의에 의한 원인에 있어서 자유로운 행위의 내용

(a) 책임능력결함상태-〉행할 행위에 대한 고의가 있으면 됨

(b) 책임능력결함상태-〉과실로 야기한 때-〉고의범이 성립

(c) 고의-〉미필적 고의로도 족함.

(d) 책임능력결함상태에서의 범죄에 대한 고의→특정범죄, 일정한 종류의 범죄

3) 실행의 착수시기

책임능력결함상태에서의 행위에 실행의 착수+책임 있는 행위자를 범죄로 견인하는 조종과정만 앞으로 당겨짐

(2) 과실에 의한 원인에 있어서 자유로운 행위

1) 의의

행위자가 [고의 또는 과실]로 책임무능력, 한정책임능력상태를 발생케 하고 그 상태에서 특정의 과실범구성요건을 실현할 것을 예견할 수 있었던 경우

2) 실행의 착수시기

책임능력결함상태에서의 구성요건적 행위에 대한 실행착수

4. 형법의 규정

(1) 제10조 제3항의 적용범위

1) 행위자가 위험의 발생을 예견할 것
2) 심신장애상태를 자의로 야기
3) 과실로 심신장애를 야기한 때에도 적용

5. 원인에 있어서 자유로운 행위의 효과

(1) 원인에 있어서 자유로운 행위→심신상실의 경우+심신미약의 경우에도 적용

(2) 책임무능력상태에서의 행위라도 처벌+한정책임능력상태에서 행위도 감경안 됨.

■ 원인에 있어서 자유로운 행위 유형(개관) ■

	결함상태야기	결함상태에서의 범행
제1소재	고의 * *	고의 * *
제2소재	고의 *	과실 *
제3소재	과실 *	고의

※ * *는 고의에 의한 원인에 있어서 자유로운 행위///// * 과실에 의한 원인에 있어서 자유로운 행위: 다수설

■ 원인행위와 실행행위의 불가분적 관련을 <예외 모델>이라고 한다.
■ 원인에 있어서 자유로운 행위는 자기 자신이 책임능력 결함상태에 빠지게 한 후 이러한 상태하에서 범죄를 실행한 경우이다.
■ 과실범에 있어서는 실행의 착수시기를 논할 실익이 없다. 과실범의 미수는 있을 수 없기 때문이다.

■ 원인에 있어서 자유로운 행위(1)<의의 및 근거> ■

의의 및 문제점	(1)행위자가 <고의 또는 과실>로 자기를 <심신상실 또는 심신미약>의 상태에 빠지게 한 뒤 이러한 상태에서 범죄실행 (2)<★책임 불조각> (3)행위와 책임의 동시존재의 원칙에 부합하는가가 문제 ※책임은 행위능력 있을 때에 지게되나 원인에 있어서 자유로운 행위는 이러한 점에서 문제 (4)실행의 착수시기에 대한 문제
가벌성 근거	(1)<원인설정행위에 있다는 설>(주관설)★[구주원간] ⅰ)<원인설정을 실행행위로 보고> 원인설정행위시에 가벌성의 근거가 있다고 판단 ①자기 자신을 도구로 이용하는 간접정범에 해당(원인설정시 책임능력 있고 결과 예견 또는 가능성이 있는 경우 책임비난 가능 ②행위와 책임능력의 동시 존재의 원칙에 부합 ⅱ)비판: 간접정범의 구조와 다름(도구가 책임능력자인 경우도 있다.)/책임무능력자에 대한 교사·방조는 공범일 뿐(제한적 종속형식)/실행행위의 정형성 무시하게 되어 가벌성확장 위험/예비행위와 구별이 곤란 (2)<책임능력결함상태하의 실행행위에 있다고 보는 설>(객관설) ⅰ)<원인설정행위는 단순한 예비행위>에 지나지 않고 <심신장애상태 하의 실행행위가 범죄의 실행행위>이므로 여기에 가벌성 근거 있다.★[실객반] ※실행행위시 반무의식 상태인정(주관적 요소인정) ⅱ)비판: 반무위식 상태행위 인정 곤란 (3)<원인설정행위와 실행행위의 불가분적 관련에 있다고 보는 설>:원인행위는 실행행위는 아니지만 일련의 과정이므로 책임비난 ※비판: 법치국가적 제한을 도과(행위와 책임의 동시존재의 원칙포기)★[예불원]

■ 원인에 있어서 자유로운 행위(2)<유형과 실행의 착수시기> ■

고의에 의한 원인에 있어서 자유로운 행위	(1)★[고의]로 심신장애상태야기+이 상태하에서 고의로 구성요건해당성실현 (2)실행의 착수시기 ⅰ)원인행위시설: 간접정범과 유사한 구조(다수설) ⅱ)실행행위시설: 실행의 착수시기는 <객관적인 구성요건의 정형>을 떠나서는 논증 안 된다. ⅲ)원인설정행위가 완전히 끝나고⇒법익을 위해할 행위의 진행이 결정적으로 개시된 때

과실에 있어서 자유로운 행위	(1) 행위자가 ★[고의 또는 과실]에 의하여 원인행위를 설정하고 특정한 과실범의 구성요건행위를 실현 한 경우 (2) 실행의 착수시기 ⅰ) 원인행위시설(다수설) ※취침 중에 유아를 질식케 한 어머니는 침대에 누울 때 실행의 착수가 있게 된다. 그러나 이 경우는 통상의 전형적인 과실행위에 지나지 않는다. 반드시 이를 과실에 의한 원인에 있어서 자유로운 행위라고 할 수 없다. ⅱ) 실행행위시설: 술을 마시는 것은 아직 자동차를 운전하거나 사람을 사망케 하는 행위라고 볼 수 없다. 즉 실행행위를 하여야 실행의 착수를 인정할 수 있을 것이다.

■ 원인에 있어서 자유로운 행위(3) ■

위험발생예견	자의=고의+과실 포함
자의에 의한 심신장애상태의 야기	심신상실+심신미약 포함

■ 원인에 있어서 자유로운 행위(도해) ■

```
<원인행위시>----------------------------<실행행위시>
 책임능력O                                책임능력X
 구성요건의 정형성X                       ★구성요건의 정형성O
 (술을 마심)                              (술취해 폭행)
```

제3절 위법성의 인식

■ 위법성인식은 구성요건에 해당하는 행위가 허용되지 않는다는 인식, 즉 행위자에 대한 부정적 가치판단을 하기 위하여 행위자의 법적 심정에 대한 가치판단의 문제
■ 비교

구성요건적 고의상 지적요소-----------------------------위법성인식
구성요건적 고의상 의지적 요소---------------------------기대가능성

- ■ <위법성인식>은 의사결정의 과정에서 행위자의 동기결정이 법질서 요청에 반하는 것으로서 <비난가능성의 지적 요소>에 해당한다.
- ■ <기대가능성>은 위법성을 통해서 행위자가 적법행위로 나아갈 수 있었음에도 불구하고 불법으로 나아갔다는 것을 의미한다는 점에서 <비난가능성의 의지적 요소>에 해당한다.
- ■ ★위법성인식은 사회윤리적 가치위반 또는 반도덕성의 인식을 의미하는 것은 아니다.
- ■ 행위자가 행위를 통하여 수개의 구성요건을 실현할 때에는 모든 구성요건의 실질적 불법내용에 대한 위법성의 인식이 있을 것을 요한다.
- ■ 위법성인식은 반드시 현실적으로 존재하는 경우에만 인정하는 것이 아니라 ★<잠재적 위법성 인식으로 족>하다.

1. 위법성의 인식의 개념

(1) 의의

행위자의 행위가 공동사회의 질서에 반하고+법적으로 금지되어 있다는 것을 인식

(2) 위법성의 인식의 기초

★공동사회의 가치위반 또는 법가치위반을 의미함+★사회윤리적 가치위반 또는 반도덕성을 의미 안 함

2. 위법성의 인식의 대상과 내용

(1) **위법성의 인식=**문제가 된 범죄종류의 **특수한 불법내용을 인식할 것 요**+**구성요건과 관련될 것 요**

(2) **위법성의 인식=★구체적인 금지+명령을 위반한 구체적 인식**

(3) ★**위법성인식의 분리가능성의 원칙**(위법성의 인식은 분리될 수 있음.)

수죄가 실질적 경합의 관계+상상적 경합의 관계에 있을 때

(4) 미필적 위법성인식

위법성은 ★확정적 인식을 요하지 않음+행위자가 그 행위의 위법성을 신중히 검토+★법에 위반한 가능성을 수인하는 것이면 됨

(5) 위법성의 인식=★[행위시에 현실적으로 존재하는 경우]--)★[현실화 되지 않은 불법의 인식도 됨]+★[충동범죄에 대한 위법성의 인식을 인정]

II. 위법성의 인식의 체계적 지위

1. 고의설

(1) 고의설의 의미

1) 고의(책임요소)=구성요건실현의 인식과 의사를 뜻하는 구성요건적 고의+위법성의 인식을 포함

2) 위법성의 인식

행위상황의 인식+고의의 구성요소+위법성의 인식이 없으면 고의는 조각+회피할 수 있었으면 과실범으로 처벌

2. ★책임설
위법성인식은 책임요소(타당)

■ 위법성인식(1) ■

개념	(1)공동질서에 반하고 법적으로 금지되어 있는 것을 인식 (2)고의⇒객관적 구성요건에 해당하는 사실+사실의 의미의 인식(금지 <사안>에 대한 인식)/////위법성인식⇒금지<규범>에 대한 인식 (3)책임비난의 핵심
내용과 유형	(1)내용: ①<법적 인식>⇒반도덕적 인식X, 구체적인 법규정까지 정확하게 인식할 필요가 없다./////②<금지규범의 인식>⇒실질적 위법성인식, 가벌성에 대한 인식까지는 필요없다. ※확신범 및 양심범도 위법성인식이 인정된다. ※범죄종류의 특수한 불법내용을 인식할 것을 요한다(개개의 구성요건을 떠난 추상적 위법성인식X). ※실체적 경합 및 상상적 경합의 경우처럼 행위자가 수 개의 구성요건을 실현할 때에 위법성인식은 각 구성요건에 따라서 분리 할 수 있다. (2)유형: 확정적 위법성인식/미필적 위법성인식/잠재적 위법성인식/현재적 위법성인식----->모두 인정 된다.

■ 책임배제사유와 면책사유 ■

책임무능력(제9조, 제10조 1항)	배제(벌하지 않는다.)
금지착오(제16조)	배제(벌하지 않는다.)
과잉방위(제21조 2항 3항)	면책
과잉피난(제22조 3항)	면책
면책적 긴급피난(제22조 1항 2항)	면책
과잉자구행위(제23조 2항)	면책
강요된 행위(제12조)	면책

■ 위법성인식(2)---위법성인식의 체계적 지위①(고의와의 관계) ■

고의설	⑴**[고의]를 [책임요소]로 이해**, 고의의 내용으로 <객관적 구성요건 사실에 대한 인식>+<위법성인식 또는 위법성인식의 가능성>이 필요하다는 견해 ⑵유형 　①<**엄격고의설**>: 고의=객관적 구성요건 사실에 대한 인식+<**현실적 위법성인식**> 　※평가의 대상인 고의 와 책임평가의 기능을 하는 위법성인식은 이질적임 　※상습범·확신범·격정범 등은 현실적 위법성이 없으므로 과실범처벌 규정이 없으면 불벌⇒형사정책적 결함 　②<**제한적 고의설**>: ⅰ)고의=<객관적 구성요건 사실에 대한 인식>+<위법성인식가능성>/////ⅱ) 위법성을 현실적으로 인식하지 못한 이유⇒법률위반성 또는 법률맹목성으로 인한 때에는 고의 성립 　※ⅰ)설은 위법성인식결여라는 과실적 요소를 고의의 내용에 포함 시킴으로써 상호모순초래 ⅱ)설은 막연
책임설	⑴고의⇒주관적 구성요건요소/////★위법성인식⇒책임요소(고의와 분리된 독자적 책임요소)--->목적적 행위론의 공헌 ⑵그러므로 **위법성인식의 결여는 고의 성립에는 영향이 없고**, 단지 위법성인식의 결여가 <**불가피했던 경우**>는 <**책임조각**>, <회피가능했던 경우>는 <책임감경>이 가능 ⑶유형 　①<**엄격책임설**>: 위법성에 대한 착오는 모두 <**금지 착오**> 　※위법성조각사유의 전제사실에 대한 착오에서 오인에 정당한 없는 경우를 고의범으로 처벌하는 것은 법감정에 반한다. 　②<**제한적 책임설**>: 위법성조각사유의 <**존재 및 한계**>에 대한 착오는 <**금지 착오**>이나 <**전제사실에 대한 착오**>는 법적 효과에 있어서 <**구성요건적 착오와 동일**> 　※위법성조각사유의 전제사실에 대한 착오의 경우에 <고의범의 구성요건에 해당하고 위법하다고 평가를 받았는데>, 새로이 책임고의가 조각되면 과실범으로 처벌된다면 형법체계에 반한다.

■ 위법성인식(2): 위법성인식의 체계적 지위 ■

기타학설	⑴<**위법성인식불요설**>: 구성요건실현에 관한 인식·인용만 있으면 고의 성립, 위법성의 인식 불요⇒법률의 부지는 용서받지 못한다. ⑵<**법과실준고의설**>: 고의의 성립에 <위법성인식 필요하지만> <위법성인식의 결여에 과실이 있을 때><고의와 동일하게 취급> 　※체계상의 문제가 발생 ⑶<**자연범·법정범구별설**>: 법정범의 경우 위법성인식이 필요하다.

■ 금지착오(1): <제16조의 해석> ■

1.자기의 행위가 법령에 의하여 죄가 되지 아니하는 것으로 오신한 행위	금지착오로 인하여 행위(위법성인식 결여상태)
2.정당한 이유가 있는 때	(1)행위자에게 <착오의 회피가능성이 없는 경우>⇒회피가능성은 구체적인 위법성의 인식가능성을 전제, 이는 ★<과실범의 주의의무위반의 기준과 같다.> (2)기준=양심의 긴장 및 조회의무기준설(독일)/////지적 인식능력기준설 (3)회피가능성사례 　①행위자가 법위반뿐만 아니라 반윤리성이 심한 경우: 사망시 신고 않고 매장⇒정당한 이유X 　②법률전문가·권한 있는 관청의 의견·법원의 판결을 신뢰한 경우⇒정당한 이유O
3.벌하지 아니한다.	(1)정당한 이유가 있을 때: 책임조각 (2)정당한 이유가 없을 때: 고의범으로 처벌, 단 책임감경가능

■ 금지착오(2): <의의 및 유형과 효과> ■

개념	(1)행위자가 행위시에 <구성요건적 사실을 인식>하였으나 <착오>로 인하여 자신의 행위가 <금지규범에 위반>하여 <위법함을 인식하지 못한 경우> (2)=법률의 착오=위법성착오 (3)위법성인식이 없는 경우 (4)위법성에 대한 ★소극적 착오(비교: 적극적 착오⇒반전된 금지착오(위법하지 않은 행위를 위법하다고 오인⇒환각범))
유형	(1)직접적 금지착오 　ⅰ)법률의 부지: 금지되는 <법규자체>를 인식 못한 경우 　　※판례⇒부정/////학설⇒인정 　ⅱ)효력의 착오: 무효라고 오인 　ⅲ)포섭의 착오: 금지규범을 너무 좁게 해석 (2)간접적 착오 　ⅰ)위법성조각사유의 <존재>에 대한 착오: 남편이 부인에 대한 징계권이 있다고 착오 　ⅱ)위법성조각사유의 <한계>에 대한 착오: 형소법 제212조상 사인의 현행범체포하면서 주거침입까지 허용된다고 착오 　ⅲ)위법성조각사유의 <전제사실>에 대한 착오: 객관적 정당화상황이 없음에도 있다고 착오⇒<구성요건적 착오로 볼 것인가 금지착오로 볼 것인가 문제>(후술)

효과	※위법성인식의 체계적 지위에 따라 해결 (1)고의설⇒고의조각, 과실범 (2)★책임설⇒정당한 이유가 있는 경우에 한하여 책임조각 (3)법과실준고의설⇒금지착오에 대해 <과실이 있으면> 고의범으로 처벌 (4)자연범·법정범구별설⇒자연범의 경우 고의 조각X, 법정범의 경우 고의 조각O

■ 위법성조각사유의 전제사실에 대한 착오 ■

개념	(1)행위자가 존재하지 않는 위법성조각사유의 <객관적 전제사실>이 존재한다고 오신하고 위법성조각사유에 해당하는 행위를 한 경우 (2)<오상>방위, <오상>피난, <오상>자구행위 ※<허용상황이라는 사실관계에 관한 착오라는 점>에서 구성요건적 착오와 흡사, 그러나 객관적 구성요건요소가 아니다. ※위법성을 인식하지 못한 점은 금지착오와 흡사, 그러나 금지착오는 ★<허용규범>의 착오이나 위법성조각사유의 전제사실에 대한 착오는 ★<허용상황>의 착오이다.
학설	(1)<고의설>: 위법성의 인식을 고의의 내용으로 이해⇒위법성인식이 없는 경우이므로⇒고의 조각, 단지 과실범문제 (2)<책임설> ⅰ)엄격책임설⇒금지착오(구성요건적 사실은 인식했으므로) ※행위상황착오와 행위전체에 대한 사회윤리적 평가에 대한 착오(금지착오)는 구별해야 한다. ※착오가 회피가능한 경우를 고의범으로 처벌하는 것은 법감정에 위반 ⅱ)제한적 책임설 ①유추적용설: 행위반가치가 부정되므로 구성요건적 착오에 관한 규정을 유추 적용 ②법효과제한적 책임설: 구성요건적 고의 조각X, 심정반가치를 인정할 수 없으므로 책임고의조각O⇒법효과면에 있어서만 구성요건적 고의가 조각된 것처럼 과실범으로 처벌 (3)<소극적 구성요건표지이론>⇒구성요건적 착오 ※소극적 구성요건표지이론(총체적 <불법>구성요건) [적극적 구성요건+위법성조각사유부존재]+[책임]

■ 로마법상 법률의 부지는 변명되지 않는다. 즉 법률의 부지는 용서되지 아니 한다.
■ 스스로의 사고에 의한 위법성의 판단도 불가능한 것은 아니다. 다만 이러한 경우에는 행위자가 법률을 올바르게 해석하고 그 효과를 판단할 수 있는 능력이 있어야 한다.
■ 기대가능성은 <유무>의 판단뿐만 아니라 <정도>의 판단도 있을 수 있는 개념이다. 즉 행위자가 처한 <구체적 사정에 비추어 보아> 적법행위의 기대가능성이 클 수도 낮을 수도 있다.

제4절 기대가능성

Ⅰ. 의의 및 연혁	1. 행위시 구체적 사정으로 보아 행위자가 범죄행위를 하지 않고+<u>적법행위를 할 것을 기대할 수 있는 가능성</u> 2. <u>규범적 책임론</u> 3. Leinenfänger사건 4. 우리의 경우는 기대불가능성을 초법규적 책임조각사유로 이해+<u>납북어부의 찬양·고무 행위</u>
Ⅱ. 체계적 지위	1. 독립된 책임요소설 2. 고의·과실의 구성요건요소설 3. <u>소극적 책임요소설(다수설)</u>
Ⅲ. 기능	1. 초법규적 책임조각사유를 인정할 것인가 과실범과 부작위범의 경우에는 기대불가능성의 이유로 초법규적 책임조각사유로 인정하는 것이 통설+고의적 작위범인 경우에도 기대불가능성을 이유로 초법규적 책임조각사유를 인정할 것인가가 문제 　①긍정설: 실정법에 모두 규정 불가능/고의와 과실 구별 불요 /책임에서는 형법의 엄격성이 완화 　②부정설: 책임개념의 상대화를 초래⇒일반예방기능 약화/판결의 자연법화 2. 보정적 기능(보정원칙) 　<개개의 형벌법규를 해석>하는 데 그 <범위와 한계>를 정하고, <법관>에게는 모든 정황을 고려하여 <정확한 판단>을 하게하는 책임원리로서의 기대가능성의 기능 　①제1설: 부작위범과 과실범의 경우⇒구성요건해당성 내지불법여부도 규제 　②제2설: 구성요건에 해당하는 불법>의 책임조각여부만을 판단
Ⅳ. 판단기준	1. 행위자 표준설 2. <u>평균인 표준설: 타당</u> 3. 국가표준설

■ 기대가능성은
ⅰ) <과실범>에 있어서 <주의 의무>의 범위를 한계·제한하는 기능
ⅱ) <부작위범>에 있어서 <작위의무>의 범위를 한계·제한하는 기능
■ 기대가능성에서 <u>보정기능이란 보정 내지 보완기능을 말하는 데 법관의 정확한 판결을 가능케 해주는 기능</u>을 한다.
■ 형법상 보정기능은 기대가능성의 규제원리로서 구성요건에 해당하는 불법행위에 대해서 책임을 조각하는 여부만을 판단하는 기능을 수행한다.

■ 비교 ■

부작위(행위불가능성)	기대불가능성
행위의 불가능성이 구성요건적 고의의 내용이 아니다.	구성요건 해당성이 긍정되는 경우에 한하여 작위의무의 기대가능성이 있다.

■ 기대불가능성으로 인한 책임조각사유 ■

강요된 행위(제12조), 과잉방위(제21조3항), 과잉피난(제22조 3항)	기대불가능성으로 책임조각
과잉방위(제21조 2항), 과잉자구행위(제23조 2항)	기대불가능성과 기대감소로 책임조각 내지 감경
친족간의 범인은닉·증거인멸(제151조 2항 및 4항)⇒범인자신 포함	★기대불가능성으로 책임조각
단순도주죄(제145조), 위조통화 취득후 지정행사죄(제210조)	기대가능성의 감소로 책임감경

■ 기대가능성에 대한 착오 ■

기대가능성의 <존재와 한계>에 대한 착오	행위자가 스스로 판단할 성질이 아님, 그러므로 형법상 무의미
기대가능성의 <기초가 되는 사정>에 관한 착오	(1)제1설: 구성요건적 착오⇒고의조각 (2)제2설: 과실범 (3)제3설: 금지착오(착오가 불가피하면 책임조각) (4)제4설: 특별한 종류의 착오

■ 초법규적 책임조각사유 ■

의무의 충돌	부득이한 사정으로 저가치의무> 고가치의무
위법+절대적 구속력 명령	도저히 반항(항거)할 수 없으므로
생명·신체 이외의 법익에 대한 강요된 행위	형법12조에는 해당하지 않으나 해석상 가능

제5절 강요된 행위

Ⅰ. 의의	1. <저항할 수 없는 폭력이나>+<자기 또는 친족의 생명·신체에 대한 위해>를 <방어할 방법이 없는 폭행·협박>에 의하여+강요된 행위는 벌하지 않는다. 2. 적법행위의 기대불가능성이 일반적인 책임조각사유임을 예시한 규정
Ⅱ. 성립요건	1. 강제상태 (1) 저항할 수 없는 폭력: 상대적 폭력(심리적 폭력)O + 절대적 폭력(물리적 폭력)X (2) 수단·방법제한 없다. 직접·간접폭력 불문(맹견사주) (3) 저항의 불가능: 폭력을 제거할 힘이 있더라도 거부할 입장이 되지 못한 경우도 포함 (4) 자기 또는 친족의 생명·신체에 대한 위해를 방어할 방법이 없는 협박 ※해악을 실현할 의사가 없거나 실현이 불가능하더라도 그 협박의 진지성을 상대방이 인식한다면 협박O ※사실상 부부와 사생아도 포함 ※자초한 강제상태->책임 불조각(제12조의 강제상태X) (5) 방어의 불가능 2. 강요된 행위 피강요자의 행위는 구성요건해당성+위법성이 충족되어야 하고 폭행·협박과 인과관계에 있어야 한다.+또한 피강요자는 강요된 상태에서 부득이 위난을 피한다는 인식이 있어야 한다.
Ⅲ. 효과	(1) 적법행위의 기대가능성이 없기 때문에 책임조각 (2) 위법성은 불조각-->이에 대해 정당방위 가능 (3) 강요자의 책임: 간접정범설(통설)->행위자를 자유 없는 도구로 이용

제6절 비교

	강요된 행위(제12조)	긴급피난(제22조)
Ⅰ. 본질	책임조각사유	위법성조각사유
Ⅱ. 원인	<u>부당O</u>(폭행·협박)	현재의 위난O, <u>부당X</u>
Ⅲ. 상당성	<u>X</u>	O
Ⅳ. 법익	자기 또는 친족의 <u>생명과 신체</u>	자기 또는 타인의 <u>모든 법익</u>

■ 비교

납북되어 부득이 찬양·고무	강요된 행위O
월북한 뒤 찬양·고무	강요된 행위X

■ 독일에서는 기대가능성을 기대불가능성에서 초법규적 책임조각사유가 인정되는 것이 아니라 <개별적인 형법의 범위와 한계를 명백하게 하여 주는 <u>보정원칙에 지나지 않는다.</u>>고 한다.
■ 확신범의 경우 내재적 관념이나 확신으로 인하여 행위가 스스로 의사결정이 사실상 강제되는 결과를 낳게 되는 경우까지 강요된 행위로서 인정할 수 없다. 즉 <u>확신범은 위법성은 물론 책임도 조각되지 않는다.</u>
■ 기대가능성론은 책임배제사유가 아니라 ★면책사유이다.
■ 강요된 행위는 <u>이익교량, 법익 균형성을 요구하지 않는다.</u>

제 5 장 미수론

제1절 미수범

I. 미수범개관

> **[미수범]**
>
> A. 중지미수(제26조: 필요적 감면)
>   1) 착수미수: 실행행위자체를 종료X
>   2) 실행미수: 실행행위종료O 결과X
> B. 장애미수
>   1) 협의의 장애미수(제25조: 임의적 감경)
>   2) 불능미수(제27조: 임의적 감면)
>   (a) 수단의 착오
>   (c) 대상의 착오
>
> ■ 착수미수와 실행미수는 중지미수의 성립요건에서 실익이 있으므로 중지미수에 위치시킴

■ 범죄의 실현단계 ■

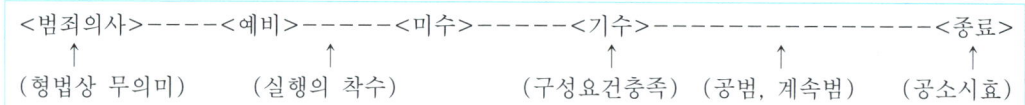

```
<범죄의사>----<예비>------<미수>------<기수>--------------<종료>
    ↑           ↑            ↑           ↑                    ↑
(형법상 무의미) (실행의 착수)        (구성요건충족) (공범, 계속범)    (공소시효)
```

1. 범죄의 실현단계

(1) 범죄의사
 1) 외부에 실현되지 않은 경우는 형법의 대상 안 됨
 2) 법질서가 침해시 불법+내심의 의사는 침해하는 것이 아님

(2) 예비
 1) 예비의 의의
  범행장소의 탐사, 범행도구의 구입+범죄실현의 일체준비행위
 2) 예비의 의미
  범죄행위가 아님+기수와는 상당한 거리+고의를 입증 불가하므로 침해에 해당하지 않음

3) But 법익의 가치+행위 또는 행위자의 위험성 때문에 <u>법적 평온상 중대한 위협요소가 되면 처벌가능</u>

4) 형법 <u>특별한 규정이 없는 한 불벌</u>

★ 단순한 범죄의사의 전달은 음모가 아니다.

(3) 미수

1) 의의

범죄의 실행에 착수하였으나 행위를 <u>종료하지 못하였거나</u> <u>결과가 발생하지 않은</u> 경우

2) 미수범의 의미

범죄의 실행에 <u>착수한</u> 점에서 예비와 구별+행위의 가벌성 결정

(4) 기수와 종료

1) 기수의 의의

범죄실행, 구성요건의 실현을 완성한 경우+<u>구성요건의 형식적 실현</u>

2) 범죄의 실질적 종료의 인정요건

구성요건상 보호되는 법익침해가 행위자가 의욕 한 대로 발생

3) 범죄의 기수와 종료의 구별의 실익

⒜ <u>공소시효 진행의 기산점</u>

   범죄의 실질적 종료시

⒝ <u>범죄의 기수 이후 실질적 종료 이전까지</u>

   공범의 성립이 가능

⒞ <u>기수 이후 실질적 종료 이전에 형을 가중하는 사유의 실현</u>

   가중적 구성요건 적용

■ 범행의 기수이후 종료시까지 ■

공동정범, 종범	O
정당방위의 침해의 현재성	O
공소시효기산점:<종료시부터>	O
가중적 구성요건 적용	O
종료시까지 일죄	O

2. 미수의 처벌근거

(1) 객관설
미수의 처벌근거는 구성요건에 의해 <u>행위의 객체에 대한 위험</u>에 있음

(2) 주관설
미수의 처벌근거는 위험하거나+위험하지 않은 행위에 의하여 표현된 <u>법적대적 의사</u>에 있음+미수도 기수와 동일하게 처벌해야 되며 불능범도 처벌

(3) 절충설
주관설의 의한 미수의 범위를 객관적 기준에 의하여 제한+불능범은 벌하지 않고 미수범의 처벌은 기수의 형에 비해 임의적 감경

(4) 결론

1) 미수범의 형

<u>기수범의 형보다 감경할 수 있다고 하여 처벌+미수범의 처벌할 죄는 본조에 정함</u>

2) <u>불능미수를 벌</u>하는 의미

<u>주관주의적 위험 형법+객관주의적 침해 형법</u>의 절충적 입장.

■ 미수범의 처벌근거 ■

객관설	(1)<u>구성요건적 결과실현에 근접한 [위험성]</u>에 있다. (2)객관주의/결과반가치 (3)<u><불능범>⇒<위험성이 없으므로>⇒<불가벌></u> (4)<u>필요적 감면(결과발생 없으므로)</u> ※행위반가치 불고려, 미수범은 결과보다는 내심이 중요한 근거, 현행법은 임의적 감경
주관설	(1)외부적으로 표시된 <범죄적 의사 내지 법적대적 의사>에 근거 (2)주관주의/행위반가치 (3)<u><불능범>⇒<법적대적 의사 있으므로>⇒<가벌></u> (4)<u>미수와 기수는 <법적대적 의사>라는 점에서 차이 없으므로 <동일하게 처벌></u> ※결과반가치 불고려, 가벌성의 범위확대⇒심정형법 위험성,미수범의 예외적 처벌과 임의적 감경설명 곤란
절충설	(1)불능범은 위험성이 없으므로 불가벌 (2)미수범은 행위반가치는 존재하나 <현실적 법익침해가 없으므로> 임의적 감경

■ 미수범의 처벌근거에서 <객관설> ■

양적인 측면	<예비행위에 대한 관계>에서는 미수의 가벌성을 양적으로 제한
질적인 측면	불능범의 처벌을 부정

■ 미수범의 처벌 근거에서 절충설의 대표적인 예가 <인상설>이다.
 ※인상설은 독일의 통설로서 미수의 처벌근거인 <범죄의사>가 <사회심리적 효과>로서의 <일반인에 의한 행위의 인상>에 의하여 보충된다고 한다.
■ 미수범의 처벌근거에 있어서 절충설=위험성(객관주의)+감경처벌(주관주의)
■ <인상설>은 미수범의 처벌근거를 범죄의사에 두면서 <미신범의 불가벌성을 설명>하기 위하여 <법익평온상태의 교란에 대한 인상>이라는 정도의 <객관적 요소>를 고려하는 이론이다.
■ 범죄의 실현단계를 논하는 것은 고의범이며 과실범은 제외된다.

3. 형법상 미수범의 체계
(1) 장애미수
　행위자의 의사에 반해 범죄를 완성치 못한 경우
(2) 중지미수
　행위자의 자의(의사)에 의해 범죄를 중지
(3) 불능미수
　위험성으로 처벌
(4) 미수범의 처벌
　장애미수의 형은 임의적 감경, 불능미수의 형은 임의적 감면, 중지미수의 형은 필요적 감면

■ 미수범의 구성요건=주관적 구성요건(고의)+실행의 착수+범죄의 미완성
■ 협의의 미수는 장애미수(제25조)를 의미한다. 그러므로 미수범의 실행의 착수를 장애미수의 실행의 착수로 보아도 무방하다.

■ 비교 ■

장애미수(제25조)	임의적 감경[장임경]
불능미수(제27조)	임의적 감면[불임면]
중지미수(제26조)	필요적 감면[중필면]

II. 미수범의 구성요건

1. 주관적 구성요건
(1) 특정한 범죄의 구성요건실현에 대한 결의, 고의가 있어야 미수범이 성립
(2) 미수범의 주관적 구성요건
  1) 확정적 행위의사
  (a) 미수범이 성립
    무조건적 구성요건실현의사+★확정적 행위의사존재
  (b) 행위의사가 확정적일 경우
    실행이 ★일정한 조건의 발생에 좌우되어도 고의는 인정
  2) 기수의 고의
    미수의 고의에 있어서도 ★기수의 고의가 있어야 함+★미수의 고의 가지면 불벌
  3) 과실범의 미수
    미수범은 ★행위실현의 의사를 전제+과실범의 미수 불가능

2. 실행의 착수
(1) 실행의 착수
범죄실행의 개시+범죄적 기도의 개시와 구별
(2) 견해의 대립
  1) 객관설
  실행행위 개념을 객관적 기준에 의해 정해야 함+구성요건에 해당하는 실행행위를 해야 함(행위의 위험성이나 범죄의사의 강도 기준 적용하는 것은 법치국가적 원리에 반함)
  2) 형식적 객관설과 실질적 객관설
  (a) **형식적 객관설**
    행위자가 엄격한 구성요건에 해당하는 행위+적어도 이론적으로 구성요건에 해당한다고 볼 수 있는 행위의 일부분을 행하여야 함
  (b) **실질적 객관설**
    객관적 측면에서 구성요건적 행위와 필연적으로 결합되어 있으므로 구성요소로 볼 수 있는 행위가 있으면 실행의 착수를 인정+보호법익에 대한 직접적 위험 또는 법익침해에 밀접한 행위가 존재하면 실행의 착수 있음
  3) 주관설
  범죄는 **범죄적 의사의 표동**+실행의 착수는 범의의 확실성에 의하여 정해야 함+범의와 그 성립이 행위에 의하여 확정되거나 범의에 표동이 존재하는 때에 실행의 착수인정

4) 주관적 객관설(개별적 객관설)
ⓐ 실행의 착수=실질적, 객관적 요소+주관적 요소 결합하여 결정
ⓑ 실행의 착수의 기준
보호되는 행위의 객체 또는 구성요건의 실현에 대한 직접적 위험+But 해당여부는 객관적이 아님, 개별적 행위계획(즉, 주관적 표준)에 의하여 결정

(3) 실행의 착수시기
1) 기준
구성요건에 해당하는 행위 또는 직접 구성요건의 실현을 위한 개시
2) 구성요건적 행위의 개시
ⓐ <u>결과가 발생하지 않는 경우에도 인정</u>+살인의 고의로 총을 발사, 허위에 의해 기망행위를 한 때
ⓑ <u>경합범의 일부를 이루는 행위가 개시된 때 인정</u>+강도죄나 강간죄는 폭행 또는 협박행위, 야간주거침입절도죄는 주거침입, 특수절도죄는 건조물 손괴
ⓒ 구성요건실현을 위한 직접적 행위
 a) ★<u>구성요건적 행위가 아직 개시되지 않았어도 직접 구성요건실현 위한 행위가 있는 경우 실행착수인정</u>
 b) 직접성의 인정
 구성요건적 행위와 시간적, 장소적 접근의 경우 인정
 c) <u>구성요건의 실현을 위하여 별도의 실행행위가 필요한 경우</u>
 직접 구성요건 실현행위에 해당 안 함
 d) 범죄의사의 고려
 (가) 직접 구성요건의 실현행위의 여부
 행위자의 [범죄의사]+[범죄계획]에 의하여 결정
 (나) 범죄의사에 의한 공격수단이 공격객체와 실제적 연관 상태에 있어서 직접적인 위험범이 발생하게 된 경우
 인정

(4) 특수한 경우의 착수시기
1) 공동정범과 공범의 착수시기
ⓐ 공동정범의 실행의 착수여부
 a) ★<u>공동정범자의 전체행위를 기초</u>로 판단
 b) ★<u>공동정범 가운데 한 사람이 행위계획에 따라 실행을 착수한 때</u>
 모든 공동정범에 관해 실행의 착수인정
ⓑ ★교사범과 종범의 실행의 착수여부
 ★정범의 실행행위가 있는 때
ⓒ 간접정범의 착수시기

★피이용자가 선의의 도구인가 악의의 도구인가 불문+★이용자기준
　(d) 원인에 있어서 자유로운 행위
　　a) 동시존재의 원칙에 대한 예외로 원인행위의 책임을 근거로 가벌성을 인정
　　b) Therefore책임능력결함상태에서의 구성요건적 행위에 실행의 착수

3. 범죄의 미완성
(1) 범죄의 완성
　구성요건적 결과가 발생한 것+행위자가 그 목적을 달성여부 불문
(2) 범죄의 미완성원인
　수단의 잘못이나 객체의 착오인가 불문
(3) 범죄의 완성이 주관적 사유에 의해 성립되지 이루어지지 않을 수 있음+인과관계 존재해야 기수
(4) 착수미수와 실행미수
　1) 착수미수
　　행위자가 착수한 ★실행행위를 종료하지 못함
　2) 실행미수
　　★실행행위는 종료 But 구성요건적 결과가 발생하지 않음

III. 미수범의 처벌

1. 임의적 감경
미수범의 처벌은 원칙으로 기수범과 동일+경우에 따라 형을 감경

2. 미수의 처벌근거
미수의 위험성+범죄의사의 강도에 따라 형을 감경

3. 미수범의 감경사유
미수범이 불법과 책임내용상 기수보다 경하게 평가할 수 있느냐를 고려함

4. 미수범의 형의 감경
주형에 한함+부가형, 보안처분은 감경 안 됨+징역형과 벌금형의 병과시 징역형 및 벌금형도 감경 가능

■ 장애미수(제25조) ■

의의	(1)행위자 이외의 장애로 인하여 **자신의 의사에 반**하여 범죄를 완성하지 않은 경우 (2)비자의적⇔중지미수(자의적) (3)결과발생가능⇔불능미수(처음부터 결과발생 불가능)

성립요건	1.<주관적 요건>
	(1)★**미필적 고의로 충분**(기수의 고의 있어야한다.)
	(2)★**구성요건 실현의사O**(미필적 행위의사X)
	※<u>조건부 범행결의는 인정</u>된다.:상자에 현금이 들어 있으면 영득하고 없으면 그만 두겠다는 의사로 상자 개파
	2.<실행의 착수>:실행의 착수는 예비와 미수를 한계 짓는다. 그러므로 언제부터 실행의 착수를 인정할 수 있는가가 문제된다.
	  (1)[**객관설**]: 구성요건에 해당하는 **외부적·객관적인 행위**를 기준
	    ①<u>형식적 객관설</u>: 엄격한 의미에서 구성요건에 해당하는 **정형적인 행위를 개시**한 때(절도죄에 있어서 재물을 손으로 잡은 때)⇒예비의 범위가 확대, 미수의 범위축소
	    ②<u>실질적 객관설</u>: 실질적 관점에서 객관적 실행여부를 판단
	      ⅰ)<u>Frank공식</u>: 구성요건전단계 일지라도 <**구성요건적 행위와 필연적으로 결합**>되어 있는 구성요소로 보이는 행위가 있으면 착수(금고문을 열기 위해 망치로 자물통을 때릴 때)
	      ⅱ)<u>위험한 침해공식</u>: 보호법익에 대한 <**직접적 위험야기**> 또는 법익침해에 대한 <**밀접한 행위**>가 있을 때(금고문을 열 때)
	  (2)[**주관설**]: 범의의 <**외부적 행위 또는 비약적 표동**>이 있을 때(금고 털기 위해 주거침입)⇒미수의 범위가 예비(범의가 있으므로)단계까지 확대
	  (3)[**절충설**]:<**범죄계획+법익의 직접침해**>(주관적 객관설, 개별적 객관설)
	3.<범죄의 미완성>

■ 실행의 착수에 대한 검토 ■

공동정범	공동정범 중 1인이 범행계획에 따라 실행에 착수하면 인정(전체행위기준)
간접정범	(1)제1설: 주관설⇒피이용자를 이용하기 시작한 때(통설) (2)제2설: 객관설⇒피이용자가 실행행위를 개시한 때 (3)제3설: 이용행위가 끝나고 피이용자가 실행행위를 위하여 행동에 옮기기 시작한 때(아직 실행행위는 하지 않음)
공범	정범의 실행행위가 있을 때
원인에 있어서 자유로운 행위	(1)원인설정행위시설(다수설) (2)실행행위시설(유력)

부진정부작위범	(1)최초이행가능성설: 물에 빠진 것을 보았을 때 (2)최후이행가능시설; 물속으로 가라앉아 손가락 끝만 보일 때 (3)위험설: 물에 빠진 자가 아우성치거나 그대로 놔두면 위험이 발생할 것이 예상될 때(위험발생, 증대)

■ 실행의 착수에 대한 절충설을 <제한적 객관설> 이라고도 한다.

IV. 관련문제

1. 거동범과 미수
구성요건상 일정한 결과발생을 요구하지 않는 단순거동범->미수문제 없음

2. 부작위범과 미수
(1) 진정부작위범의 미수
 1) 불능범의 경우를 제외하고 미수불가
 2) ★퇴거불응죄의 미수 처벌규정 존재+But 동죄의 미수범은 불가
(2) 부진정작위범의 미수
구조행위를 지체함+피해자에게 직접적인 위험발생+기존의 위험이 증대되었을 때에 미수성립

3. 결과적 가중범과 미수
(1) 기본범죄의 미수
결과적 가중범은 성질상 기수에 이른 것임+미수가 아님
(2) 부진정결과적 가중범의 미수
부진정결과적 가중범의 처벌규정을 안 둠

■ 부작위범의 미수 ■

진정부작위범의 미수	(1)제1설: 긍정설⇒미수범처벌규정이 있으므로 인정 (2)제2설: 부정설⇒진정부작위범은 거동범이므로 미수X
부진정부작위범의미수	결과범의 성격이 있으므로 미수O

■ 비교(실행의 착수) ■

간접죄	주관설
강간죄	형식적 객관설
절도죄	밀접행위설(실질적 객관설)

■ 강도살인죄나 준강도죄, 강간죄의 경우는 단순한 실행의 착수만으로 결합범의 착수를 인정할 수는 없다.

■ 격리범에 있어서 실행의 착수 ■

객관설	독이 든 케익이 배달된 때
주관설	우체국에 독이 든 케익을 우송하려고 한 때
절충설	우체국에 배달위탁을 완료한 때

※격리범이란 구성요건에 해당하는 행위와 이에 의한 결과발생이 시간적·장소적으로 간격이 있는 범죄로서 독이든 케익을 우송하여 사람을 살해한 경우가 이에 해당한다.

■ 장애미수는 감경할 수 있는 데, 감경할 수 있는 것은 ★주형에 한하며 <부가형 또는 보안처분>에 대해서는 감경할 수 없다.
■ 장애미수에 있어서 ★징역형과 벌금형이 병과된 때에는 징역뿐만 아니라 벌금형도 감경할 수 있다.

■ 형법에서 추가된 미수범처벌 규정 ■

(1)강요죄(인질강요죄)
(2)인질상해죄(인질살해죄)
(3)컴퓨터 등 사용사기죄
(4)편의시설부정사용죄

■ 형법상 미수범 처벌규정이 없는 범죄 ■

(1)폭행죄, 존속폭행죄, 무고죄, 위증죄, 유기죄, 모욕죄, 명예훼손죄	⇒ 형식범
(2)증거인멸, 범인은닉죄, 공무집행방해죄, 업무방해죄	
(3)범죄단체조직죄, 소요죄, 다중불해산죄, 전시공수계약불이행죄	⇒공안을 해하는 죄
(4)다중불해산죄, 전시군수계약불이행죄, 전시공수계약불이행죄 ※퇴거불응죄는 진정부작위범이나 미수범처벌규정이 있다.	⇒진정부작위범 중 일부
(5)장물죄, 점유이탈물횡령죄	
※강요죄는 미수규정 있다.	신설

■ ★부진정결과적가중범인 [현주건조물일수치사상죄]의 경우 미수범처벌 규정이 있다(제182조).

제2절 중지미수

I. 중지미수개관

1. 중지미수의 개념

(1) 의의
범죄의 실행에 착수한 자가 당해 범죄가 완성되기 이전에 ★자의적으로 이를 [중지]하거나 [결과발생을 방지]한 경우

(2) 처벌
중지미수에 대하여 형을 감경 또는 면제

- 중지미수(제26조)란 범죄의 실행에 착수한 자가 그 범죄가 완성되기 전에 자의로 이를 중지하거나 결과발생을 방지한 경우에 해당한다.
- 영미법계에서는 중지미수와 장애미수를 구별하지 않고 일률적으로 처벌하지만, 독일과 오스트리아 및 그리스 형법에서는 중지미수를 처벌하지 않는다. 이에 반하여 스위스 형법에서는 착수미수의 중지는 불가벌이지만 실행미수의 중지는 형을 감경할 수 있도록 하고 있다. 그러므로 우리의 형법이 중지미수에 관하여 필요적 감경 또는 면제를 규정하고 있는 것은 절충적 입장이라고 말할 수 있다.

2. 중지미수의 법적 성격

(1) **형사정책설(황금의 다리이론)**
중지미수의 특별취급이유는 범죄의 기수를 방지하려는 형사정책적 고려+미수의 단계에 이른 행위자에게 범죄의 완성을 중지, 결과의 발생을 방지하기 위한 충동부여

(2) **법률설**
1) 의의
중지미수는 범죄성립요건의 하나를 소멸, 감소하게 하는 것

2) 위법성 소멸, 감소설
고의는 주관적 불법요소이고 위법성의 요소임+중지의 결의는 위법성을 소멸, 감소시키는 주관적 요소

3) 책임 소멸, 감소설
중지미수의 형을 감면토록 한 이유는 책임의 감소 또는 책임의 감소와 소멸로 이해+자기행위의 가치를 부정하는 규범의식에 대한 각성 또는 행위자의 인격태도를 원인으로 해서 감소, 소멸

(3) 결합설
형사정책설과 법률설의 결합+미수의 형을 감면 또는 면제하는 이유 해결

(4) 보상설, 형벌목적설, 책임이행설
1) 중지미수의 본질에 대한 합일적 설명

2) 보상설(공적설)

불법의 결과발생을 방지함으로써 법의 세계로 돌아왔다면 미수의 불법과 일반의 법의식에 대한 행위자의 부정적 행위 및 작용을 회복시킨 것임+미수에 대한 가벌성이 소멸 또는 감소+행위자의 자의에 의하여 중지의 공적에 대한 보상

3) 형벌목적설

중지미수는 그 처벌이 형벌의 목적인 일반예방, 특별예방에 비추어 불필요한 경우+범죄의사가 약하고(강력하지 않음) 미수에 표현된 행위자위험성 현저히 약화

4) 책임이행설

범죄의 완성에 대해 원상회복의무로서의 책임을 이행

(5) 결론
중지미수는 인적 처벌조각사유에 해당+But 형을 감경한 경우에는 책임조각사유에 해당

■ 중지미수에 있어서 <형의 필요적 감면 근거> ■

1) 형사정책설	(a)황금의 다리이론 (b)범죄의 기수를 방지하려는 **형사정책적** 고려 (c)독일의 경우 중지미수를 벌하지 않기 때문에 설득력이 있으나 우리의 경우는 필요적 감면사유임에 불과하여 형사정책적 효과가 반감 (d)중지미수를 필요적으로 감면한다는 것을 일반인이 모를 경우 효과 없음
2) 형벌목적설	행위자의 위험성이 현저히 약화->예방적 기능이 무의미->처벌필요성 감면
3) 법률설	(a)위법성 소멸·감소설: 미수의 고의는 주관적 불법요소이며 위법성 요소이므로, 중지의 결의는 위법성 소멸·감소시켜 주는 주관적 요소 ※위법성소멸시 무죄판결을 해야 마땅하나 형면제판결(유죄판결)을 하는 것은 충돌 (b)책임 소멸·감소설: 규범의식의 각성과 인격태도를 고려해서 책임을 소멸·감소시킴 ※책임소멸시 무죄판결을 해야하나 현행법은 형면제판결(유죄판결)을 하는 것은 충돌
4) 책임이행설	원상회복에 대한 의무인 책임을 이행하여 범죄에 이르는 것 방지 ※책임의 이행과 범행의 중지나 결과발생의 방지를 동일시하는 것은 부당
5) 보상설	중지자의 공적을 보상하여 형을 감경 또는 면제(은사설+공적설)
6) 결합설	형면제->형사정책설+형감경->책임감소설

- 형벌목적설은 행위자의 위험성이 중지로 인하여 반드시 약화되었다고는 볼 수 없다는 점에서 비판을 받고 있다.
- ★중지미수는 형의 필요적 감면을 인정하는 점에서 중지범에서 가장 관대하다.

II. 중지미수의 성립요건

1. 주관적 요건(자의성)

(1) 견해의 대립

1) 객관설

★외부적 사정과 내부적 동기를 구별+외부적 사정에 의해 범죄가 완성되지 않은 경우는 장애미수, 그렇지 않은 경우는 중지미수

2) 주관설

★후회, 동정, 기타 윤리적 동기에 의해 중지한 경우 중지미수+그 외는 장애미수

3) ★프랭크의 공식

★범죄를 실행하려고 했지만 원하질 않아서 중지한 때 중지미수+★범죄행위를 하려고 했지만 할 수 없는 경우 장애미수

4) 절충설

일반사회통념상 범죄수행에 장애가 될 만한 사유가 존재하면 장애미수+자기의 의사에 의하여 중지한 경우에 중지미수(자의성인정)

5) 규범설

자의성을 순수 평가문제로 봄+범행중지의 내심적 태도에 대하여 처벌이라는 측면에서 평가+비이성적 이유에 따른 중지, 합법성으로 회귀, 법의 회귀 등 존재시 자의성인정

(2) 자의성의 판단자료

1) 자율적 중지

(a) 특별한 사정의 변경이 없음에도 행위자 스스로 내적 동기로 말미암아 자율적으로 중지

자의성이 인정+후회, 동정, 공포, ★범행의욕상실

(b) 자율적 중지 존재

★윤리적으로 정당한 가치 불요

2) 실행의 불가능 또는 곤란

(a) ★범죄의 실행 또는 완성이 불가능하기 때문에 중지한 경우

★자의에 의한 중지 아님

(b) ★합리적 판단에 의하면 범죄중단이외에 다른 선택여지가 없는 경우

★자의성인정 안 됨
(3) 판단의 기준
1) 객관적, 외부적 사실을 기준으로 결정하는 것이 아님+사실에 대한 행위자의 주관적 인식을 기초로 판단
2) ★[객관적으로 보았을 때] [장애사실이 있었음에도] [주관적으로 이를 알지 못하고 자율적으로 중지]
★중지미수성립
3) ★객관적으로 보았을 때 결과발생이 불가능한 경우라 해도 행위자가 주관적으로 가능할 것으로 오인하고 중지+결과의 발생방지 한 경우
★중지미수성립

■ 중지미수의 성립요건 : <주관적 성립요건> ■

주관적 요건	<자의성> ⑴의의: **자의로 범행중지** ⑵자의성 판단기준 　①**객관설**:<**외부적 사정**>으로 인하여 범죄미완성⇒<**장애미수**> 　　　　　내부적 동기로 인하여 범죄미완성⇒<중지미수> 　②**주관설**:<**윤리적동기(동정/후회/연민/양심)**>⇒<**중지미수**>, 　　　　　그 이외의 동기⇒<장애미수> 　　　※자의성과 윤리성 혼동/형법적 비난≠윤리적 비난 　③**Frank공식**:<**할 수 있었음에도 불구하고 하기를 원치 않아서 중지**> 　　　⇒<**중지미수**> 　　　　<하려고 했지만 할 수가 없어서 중지>⇒<장애미수> 　　　※범인의 심리상태에 의존하므로 자의성 인정 확대 　④**절충설**:<**타율적**>⇒<**장애미수**>/////<**자율적**>⇒<**중지미수**> 　⑤**규범설**: **필요적 감면의 보상을 받을 가치**가 있을 때는 중지 미수 ⑶척도 자율적 동기에 의하여 범행을 중지해야 하는데 이는 내적·외적 사정 불문하며 반드시 윤리적으로 정당할 필요까지는 없다. 이러한 자의성판단은 <행위자가 주관적으로 인식한 사실을 기초>로 한다. ※범행실현은 가능하지만 중지하는 것이 합리적이라고 판단하여 중지했을 지라도 자의성부정⇒생리중이어서 부적합하다고 판단 강음 중지(중지미수X) ※범죄상황에 대하여 불리하다고 판단하여 중지한 경우⇒자의성부정⇒**범행이 발각된 것으로 착각하여 중지(중지미수X)**
객관적 요건 (후술)	**실행의 중지 또는 결과의 방지**

2. 객관적 요건(실행의 중지 또는 결과의 방지)

(1) 착수미수와 실행미수의 구별

1) 착수미수와 실행미수의 의의

(a) 착수미수와 실행미수

결과발생에 필요한 행위를 모두 했는가 여부+실행행위종료

(b) ★범죄의 완성을 위하여 필요한 모든 행위를 다하지 않은 경우

착수미수

(c) ★계획에 따라 범죄의 완성을 위해 모든 행위조치를 [종료했]을 경우

실행미수

2) 구별의 기준

(a) 주관설

착수시와 행위자의 의사에 의하여 결정

(b) 객관설

객관적으로 결과발생의 가능성이 있는 행위가 존재하면 실행행위종료

(c) 절충설

행위자의 의사+행위 당시의 객관적 사정종합->결과발생에 필요한 행위 끝났으면 실행행위종료

(d) 결론

중지시의 행위자의 주관을 기준으로 판단

(2) 착수미수의 중지

1) 착수미수의 중지

(a) ★행위계속을 포기하는 부작위로 중지미수성립

(b) ★실행불가능 한 경우일 지라도 행위자가 가능하다고 오인한 때

★중지가능

2) 행위계속의 포기

계획된 구체적 행위의 실현 자체가 아님+이미 행해진 구체적 착수행위를 계속하지 않음+★행위자가 유리한 상황 하에서 실행키 위해 잠정적으로 중지한 경우도 해당

3) 결과불발생

행위자가 행위의 계속을 중지+But 결과가 발생한 경우

중지미수 성립 안 됨

(3) 실행미수의 중지

1) 단순하게 행위계속을 부작위하는 것으로는 부족+행위자가 자의에 의하여 결과의 발생을 방지하려는 ★적극적 행위 요

2) 실행미수의 중지미수가 성립하기 위한 요건
(a) 결과발생의 방지
 a) 방지행위
 (가) 인과의 진행을 의식적+의욕적으로 중단하기 위한 행위 요
 (나) 결과의 발생을 방지하는 데 객관적으로 상당한 행위 요
 b) ★타인의 조력(도움)을 받아도 무방
 행위자로 인하여 행위 할 것 요+★제3자에 의한 결과의 방지는 행위자 자신이 결과발생을 방지한 것과 동일시 정도 노력 요
(b) 결과의 불발생
 a) 중지행위의 성공
 (가) ★중지행위가 성공해야 함
 (나) 결과가 행위자에게 객관적으로 귀속케 할 수 없는 경우
 결과가 발생한 경우가 아님
(c) 인과관계
 a) ★결과불발생과 방지행위 사이에는 인과관계가 존재해야 함
 b) ★행위자가 알지 못하는 사이에 타인에 의하여 결과발생이 방지된 경우
 중지미수가 안 됨
(d) ★불능미수에 대한 중지미수
 ★성립+행위자가 결과발생이 불가능하다는 것을 모르고 결과방지를 위해 진지한 노력 요
(e) 방지행위에 의하여 결과발생이 방지될 수 있었다고 인정된 경우
 중지미수

■ 중지미수의 성립요건: <객관적 성립요건> ■

실행의 착수	실행의 착수로 나아가야 한다.
실행의 중지 또는 결과의 방지	(1)착수미수와 실행미수의 구별 착수미수(전단): 착수O실행종료X/////실행미수(후단): 실행종료O결과발생X <구별기준> ①주관설: 착수시 <범행계획>에 비추어 실행을 계속하도록 되어 있는 경우 ⇒<착수미수>/////계획된 모든 행위가 <완결됐으나> 결과미발생⇒<실행미수> ②중지시설: 중지시에 행위자가 추가적 행위나 대체방법을 통한 범죄완성이 <가능한 데도 포기>⇒착수미수/////결과발생의 가능성을 믿고 범죄완성을 위한 <추가적 행위가 불요하다고 판단>하여 중지⇒실행미수 ③객관설: 객관적으로 결과발생의 가능성이 있으면 실행행위종료

④<u>절충설</u>: 범행계획+객관적 결과발생 가능성⇒법익 침해의 위험성 있는 행위가 종료되었다고 인정되면 실행행위종료
(2)<u>착수미수의 중지</u>: 실행행위 종료전 자의로 중지
※부작위범⇒명령된 작위의무의 이행/작위범⇒<u>행위계속을 포기하는 부작위가 있으면 중지행위</u>
※★잠정적인포기면 족O(종국적 포기까지 필요없다.)
※<u>결과가 발생하지 않아야 한다.</u>
(3)<u>실행미수의 중지</u>: 실행행위는 종료했으나 결과발생을 자의로 방지하는 경우
=적극적 작위O(소극적 부작위X)+상당성(적합)+직접성(자신이 직접)
※방지행위자의 <진지한 주도>+<제3자의 방지가 동일시 할 수 있을 정도>인 경우 타인의 도움을 받아도 무방: 의사의 도움을 받아 살인방지
※실행미수의 중지는 결과가 불발생해야 한다. 즉 <u>진지한 노력을 하였을 지라도 결과발생하면 중지미수X</u>
※인과관계필요O/불능미수에 대한 중지미수O(후술)
※★행위자가 상해를 입힌 뒤 후송시 교통사고 사망⇒결과방지 했다고 간주, 즉 상해와 사망이 인과관계X

■ 예비의 중지 ■

문제의 소재	실행행위를 중지하면 형을 필요적 감면하나, 실행의 착수이전에 중지한 경우 감면규정이 없으므로 <형의 균형상 문제>
학설	(1)<u>부정설</u>: 중지미수는 실행착수 이후의 개념(판례) 　　<시정방안>①예비의 중지가 자수에 이르렀을 경우 필요적 감면 유추적용 　　　　　　　②중지미수를 형면제 말아야 한다. (2)<u>긍정설</u> ⅰ)제1설: 언제나 중지미수의 규정 준용(예비의 중지는 기수의 중지가 아니라 예비행위를 중지하는 것이므로 감면의 대상형은 기수형이 아니라 예비·음모의 형이어야 한다.) ⅱ)제2설: [예비의 형>중지미수의 형] 일 때만 형의 균형상 중지미수의 규정을 준용(다수설) 즉 형면제⇒언제나 중지미수의 규정 준용/////형감경⇒예비의 형>중지미수의 형일 때 중지미수의 규정준용

■ 불능미수에 대한 중지미수 ■

문제점	<결과발생이 처음부터 불가능>하지만 <행위자가 이를 모르고 진지한 노력을 한 경우> 중지미수가 성립할 것인가 예)밀가루를 농약으로 오인하고 먹인 후 반성하여 해독약을 먹인 경우
부정설	방지행위에 의하여 결과가 발생하지 않은 것이 아니다.

긍정설	<불능미수의 형>은 <임의적 감경>인데, <중지미수의 형>은 <필요적 감면>이다. 이 경우 불능미수는 결과발생의 가능성이 중지미수보다 작다. 그럼에도 불구하고 진지한 노력을 했을 경우 결과발생의 위험성이 큰 중지미수보다 무겁게 처벌하면 형벌의 불균형초래

■ 공범과 중지미수 ■

(1) <착수미수·실행미수 불문>하고 결과발생 위해 진지한 노력을 해야 한다.
(2) 중지범이 <다른 공범자 전원의 실행행위를 중지시키거나 모든 결과의 발생을 방지>하여야 한다.

■ 정범이 자의로 중지를 했을 경우 정범은 중지미수가 되고, 공범은 장애미수가 된다.
■ 공범이 정범의 범행을 중지시킨 경우는 공범은 중지미수의 공범이 되고, 정범은 장애미수가 된다.
■ 간접정범의 경우는 피이용자의 행위가 <간접정범의 의사대리>라고 인정되는 때에 한하여 중지미수 성립
■ 범죄의 실행 또는 완성이 불가능하기 때문에 중지한 경우는 자의에 의한 중지가 아니다. 즉 강간에 착수했으나 심리적 쇼크로 성교가 불가능하였을 때에는 중지미수가 성립할 수가 없다.
■ 간접정범은 피이용자를 통한 결과발생을 위하여 필요한 모든 행위를 다한 경우에 인정되기 때문에 착수미수와 실행미수의 구별은 의미가 없다.
■ 착수미수의 중지에서 실행의 중지는 <계획된 구체적 행위의 실현 그 자체가 아니라> <이미 행하여진 구체적 착수행위를 계속하지 않는 것을 의미>하므로 행위자가 다음에 보다 유리한 상황에서 실행하기 위하여 ★<잠정적으로 중지한 때>도 포함한다.
■ 갑은 을·병 등과 공모하여 A의 재물을 강취하고 나아가 A를 죽이려 하였다. 그런데 갑은 실행착수전에 이탈하였고 을·병은 A를 죽이고 말았다.
 ※제1설: 이탈자는 기능적행위지배를 제거한 때 공동정범 성립하지 않는다.
 ※제2설: 실행착수전 이탈하였으므로 공동정범 부정, 단 중지이전까지의 행위기여가 정범의 실행에 인과관계가 있을 때 교사 또는 방조 가능
 ※판례: ★실행착수전 이탈시 공동정범X

III. 중지미수의 처벌

1. 중지미수의 처벌

중지미수는 형의 **필요적 감면사유**+중지범공적 참작+**법관 재량결정**

2. 법조경합의 경우

살인행위중지, 상해결과 발생 한 경우 중한 죄의 미수범으로 처벌하면 족함, 경한 죄는 흡수, 독립 처벌불가

3. 상상적 경합의 경우
제40조에 의하여 처벌

IV. 관련문제

1. 예비의 중지

(1) 예비행위를 중지한 때
중지미수규정 적용 안 됨

(2) 예비의 중지
예비행위를 한 자가 예비행위를 자의로 중지+실행의 착수포기

■ 중지미수에 있어서 형의 감면의 성질 ■

제1설	책임감경·조각사유
제2설	형의 면제⇒인적 처벌조각사유/////형의 감경⇒책임감경사유

■ 비교(중지미수) ■

단독범	착수미수⇒실행행위중지/////실행미수⇒결과발생방지를 위한 진지한 노력
공범	착수미수 및 실행미수 모두 결과발생방지의 진지한 노력 필요

제3절 불능미수

I. 불능미수의 의의

1. 불능범과 불능미수

(1) <u>불능범</u>
행위자에게 범죄의사 있음+외관상 실행의 착수 행위 있음+But <u>행위성질상 결과발생불가능</u>+<u>구성요건의 실현가능성 없음</u>

(2) 불능범의 처벌의 규정
실행의 <u>수단·대상의 착오</u>로 인해서 <u>결과의 발생이 불가능</u>함에도 <u>위험성</u>이 있는 경우에는 처벌(형을 감경 또는 면제)

(3) 불능범과 불능미수의 구별
1) 위험성의 유무에 따라 구별
2) 불능범의 경우
사실상 결과의 발생이 불가능+위험성이 없기 때문에 벌할 수 없는 행위
3) 불능미수의 경우
결과발생은 사실상 불가능+But 위험성 때문에 미수범으로 처벌
4) 제25조와 제27조의 미수범
(a) 제25조
결과의 발생은 가능했지만 미수에 그친 장애미수+장애미수범의 형은 임의적 감경
(b) 제27조
결과의 발생은 불가능+But 위험성이 있는 불능미수+불능미수범의 형은 임의적 감면

2. 불능범과 구성요건의 흠결
(1) 구성요건의 흠결이론
불능범의 문제를 구성요건의 흠결에 의하여 해결
(2) 구성요건의 흠결이론의 내용
1) 범죄의 주체, 객체, 수단, 행위상황 등이 구비되지 않은 경우
구성요건사실의 흠결이므로 벌할 수 없는 불능범이 됨
2) 구성요건적 결과가 흠결될 경우
불능범
3) 구성요건적 결과가 흠결 이외의 구성요건적 요소가 흠결된 경우
미수의 구성요건해당성을 결하기 때문에 범죄 성립 안 됨

■ 불능미수(제27조)에서 법률의 표제가 불능범과 불능미수의 동의어로 이해해야한다는 견해도 있다.
■ 구성요건 흠결이론: 구성요건요소 중 ★<인과관계에 관한 부분을 제외하고> 주체, 객체, 수단, 행위상황 등의 요소가 흠결되어 있는 경우 행위자가 이것이 존재한다고 오신하여 행위를 하더라도 당연히 벌할 수 없는 불능범, 가령 죽은 자를 살아 있는 자라고 오신하여 저격하는 경우 이에 해당

■ 비교 ■

환각범	★구성요건자체에 흠결
구성요건흠결	구성요건자체는 흠결이 없으나 ★구성요건[사실]에 대하여 흠결이 있는 경우

■ 우리형법은 제27조에서 <수단의 착오와 대상의 착오>에 관하여 구성요건의 흠결이 있는 경우에도 위험성이 있으면 처벌하도록 하고 있으므로 구성요건흠결이론은 적용할 수 없다.

3. 환각범

(1) 환각범

구성요건 자체가 존재하지 않는 경우

(2) 구성요건의 흠결

구성요건은 존재+But 구성요건적 사실이 존재하지 않는 경우

(3) 비교(1)

구성요건적 착오	존재하는 구성요건적 사실을 인식하지 못한 경우
반전된 구성요건적 착오 (불능미수)★[반구불]	존재하지 않는 구성요건적 사실을 존재한다고 오인

(4) 비교(2)

금지의 착오	위법한 행위를 위법하지 않다고 오인한 경우+소극적 착오
반전된 금지의 착오 (환각범)★[반금환]	위법하지 않은 행위를 위법하다고 오인한 경우+적극적 착오

(5) 비교(3)

포섭의 착오	금지규범을 너무 좁게 해석⇒처벌
반전된 포섭의 착오	금지규범을 너무 확대 해석⇒불벌

(6) 비교(4)

수단의 착오(불능미수상)	불가능한 수단을 행위자가 가능한 것으로 오신+적극적 착오로서 반전된 구성요건착오
방법의 착오 (구성요건적 착오상)	가능한 방법이 있었으나 행위자가 예견한 대로 결과가 발생하지 않은 경우+소극적 착오

■ 불능미수①: <개념 및 비교> ■

개념	(1)수단 또는 대상의 착오로 인하여 <결과 발생이 불가능하더라도> <위험성> 때문에 미수로 처벌하는 경우 (2)=반전된 구성요건착오★[반구불] (3)처음부터 결과발생 불가능

	(4)성격: 미수범·불능범 구별설(위험성기준)/준불능범설(불능범과 미수범 중간)/흠결미수범설(가벌적 흠결미수)/불능미수범설(다수설)
비교	(1)<**환각범**>:사실상 허용되는 행위를 금지되거나 처벌된다고 오인(**반전된 금지착오**) ★[반금환] ⅰ)**협의의 반전된 금지착오**: 금지규범 존재 자체에 대한 착오⇒동성연애 ⅱ)**반전된 허용착오**: 위법성조각사유를 인식 못한 경우⇒제310조상 오로지 공공이익+진실 일 경우도 명예훼손죄로 처벌 된다고 착각 ⅲ)**반전된 포섭의 착오**: 상황과 의미는 인식했으나 적용법규해석을 잘못하여 넓게 해석함으로써 자신의 행위가 금지규범에 적용되는 것으로 착각⇒명의인 없는 문서를 문서로 착각 ⅳ)반전된 가벌성착오: 인적 처벌조각사유임에 처벌된다고 오인 ※자기물건을 타인의 물건으로 착각하고 절도(규범적 구성요건에 대한 착오): 반전된 구성요건적 착오인가 반전 된 포섭의 착오인가가 문제된다. ①★**사실상황**에 대한 착오⇒불능미수(반전된 구성요건 착오) ②★**금지규범의 적용범위**에 대한 착오⇒환각범(반전된 금지착오) (2)미신범: 비과학적인 방법(주술)⇒형법상 무의미 (3)불능범: 불가벌

II. 불능미수의 성립요건(결과발생의 불가능, 위험성, 실행착수)

1. 실행의 착수

(1) 행위자가 실행의 착수했을 것 요

전체계획에 따라 직접 실행행위

(2) 실행의 착수

불능범과 불능미수 구별 기준

(3) 결과의 발생이 가능한 경우의 착수행위에 해당하는 행위존재

불능미수의 착수

2. 결과발생의 불가능

(1) **결과발생의 불가능**

(2) **불능미수**

실제 존재하는 구성요건적 사실을 인식하지 못한 사실의 착오와 대립의 적극적 착오의 경우에 해당+반전된 사실의 착오★[반구불]

(3) 실행의 <u>수단 또는 대상의 착오</u>★[수대]

1) 수단의 착오

수단의 불가능성을 의미

2) 수단의 착오와 타격의 착오의 구별

(a) **수단의 착오**

★수단 자체가 착오

(b) **타격의 착오**

행위자가 인식한 것과 [다른 객체]에 결과가 발생

3) 대상의 착오

객체의 불가능성+사체에 대한 살인행위, 자기 재물의 절도행위, 임신하지 않은 부녀의 낙태행위

(4) 객체의 불가능성=★사실상 불가능+법률상 불가능 불문

(5) 주체의 착오

1) 주체의 불가능성

신분 없는 자가 자신이 신분 있는 것으로 오인하고 진정신분범을 범함+공무원임용을 모르고 수뢰죄를 범한 경우, 보증인지위가 없음에도 부진정부작위범을 범한 경우

2) ★주체의 흠결의 경우 불능미수가 성립할 수 없음

(a) ★신분 없는 자의 행위-)미수범의 행위반가치를 결함

(b) 불능범은 결과의 발생이 불가능+위험성이 있을 때에만 불능미수로 처벌-)주체의 착오의 경우까지 확대-)죄형법정주의 원칙에 반함

3. 위험성

(1) 위험성이 있으면 불능미수로 처벌+위험성이 없으면 불능범으로 처벌불가

(2) 견해대립

1) 구객관설★[구절상]

(a) 불능을 **절대적 불능과 상대적 불능**으로 구별

★[절대적 불능은 벌할 수 없지만] [상대적 불능은 처벌]

(b) 절대적 불능

결과발생이 개념적으로 불가능한 경우+사체에 대한 살인행위, 독살의사로 설탕을 먹인 경우

(c) 상대적 불능

구체적인 특수한 경우에만 불가능한 경우+부재중인 사람에 대한 사격, 치사량 미달의 독약으로 살인을 기도

2) 법률적 불능, 사실적 불능설

[법률적 불능은 불능범]+[사실적 불능은 미수범]

3) <u>구체적 위험설(신객관설)</u>★[구신]
(a) **[구체적 위험성이 없으면 불능범]+[구체적 위험성이 있으면 미수]**
(b) 결과발생의 개연성인정, 구체적 위험성 존재-〉미수가 됨.
4) <u>추상적 위험설</u>★[추행일][주관적 위험설]
(a) 행위시에 **행위자가 인식한 사실기초**+행위자가 판단한 대로의 사정이 존재했으면 **일반인의 판단**에서 결과발생의 위험성이 있는 경우-〉추상적 위험
(b) 행위자의 주관적 사정을 그대로 판단대상=**주관적 위험설**
5) 주관설
(a) <u>주관적으로 범죄의사가 확실하게 표현었다면 객관적으로 절대불능이어도 미수범으로 처벌</u>
(b) <u>원칙적으로 불능범의 개념을 인정치 않음</u>+**미신범은 미수범의 범위에서 제외**
6) 인상설
(a) 행위자의 **법적대적 의사가 일반인의 [법적 안정감+사회적 평온상태교란의 인상]**을 줄 경우 위험성인정
(b) <u>미수범의 처벌범위를 지나치게 확대문제</u>

■ 불능미수②: <성립요건> ■

주관적 요건	고의+확정적 행위의사+특수한 주관적 구성요건요소
객관적 요건	1.실행의 착수 ※실행의 착수는 불가벌적 불능범과 가벌적 불능미수를 구별하는 기준 2.결과 발생의 불가능 ⑴**자연과학적·사실적 개념** ⑵유형 　ⅰ)<u>수단의 착오</u>: 수단의 불가능⇒밀가루를 독약으로 알고 살해 　ⅱ)<u>대상의 착오</u>: 객체의 불가능성⇒사체에 대한 살인 　ⅲ)<u>주체의 착오</u>: 주체의 불가능성⇒비공무원을 공무원으로 착각하고 수뢰 　　※**주체의 착오에 관하여 부정설이 다수설: 비신분자는 규범상 수명자X+죄형법정주의에 반함** 3.위험성(판단기준) ⑴<<u>구객관설</u>>＝절대적 불능·상대적 불능(판례)★[구절상] 　※절대적 불능: 시체에 대한 살해의도/////상대적 불능: 방탄복 입은 자에 대해 사격-----〉상대적 불능의 경우에만 가벌 ⑵<<u>법률적 불능·사실적 능설</u>>: 사실적 불능이 불능미수 ⑶<<u>구체적 위험설</u>>(신객관설)＝[**행위자 인식+일반인 인식**]⇒기초로 [**일반경험법칙**]에 따라 판단★[구신][행일경] 　※실탄이 없는 총에 실탄이 있다고 판단하여 발사: 불능미수 ⑷<<u>추상적 위험설</u>>＝[**행위자 인식**]⇒기초로 [**일반인 인식**]

	※설탕을 독약으로 오인 먹인 경우: 불능미수★[추행일]	
(5)**주관설**(미신범만 불가벌)		
(6)인상설: 법동요적 인상		

6) ★불능미수의 위험성 판단기준

	위험성판단 기초	결정(판단)
구체적 위험설	**행**위자 인식+**일**반인 인식	일반 **경**험법칙으로 판단
추상적 위험설	**행**위자 인식	**일**반인이 판단
주관설	행위자 인식	행위자 판단
인상설	행위자 인식(법적대적 의사)	일반인(법적 안정감 또는 사회적 평온상태 교란)

III. 불능미수의 처벌

1. 결과의 발생이 없고 위험성이 없는 불능범
불벌

2. 위험성이 있는 불능미수
처벌+임의적 감면사유

3. 불능미수는 중지미수의 경우보다 무겁게 장애미수보다는 가볍게 처벌

IV. 불능미수와 환각범

1. 환각범의 의의
사실상 허용되고 있는 행위를 금지되거나 처벌한다고 오인+적극적 착오

2. 환각범의 유형
(1) 형법규정에 의하여 금지되지 않은 행위를 형법규정에 반하는 것으로 착각하고 행위+동성애, 근친상간, 계간
(2) 사실상 위법성조각사유에 해당하는 행위를 처벌받는다고 오인
반전된 위법성조각사유의 착오+반전된 허용착오

(3) 행위상황과 의미인식+But 규범의 ★해석잘못, 적용범위를 자기에게 불리하게 적용된다라고 인식 + ★반전된 포섭의 착오
(4) 인적 처벌조각사유가 존재함에도 행위가 처벌받는다고 인식+반전된 가벌성의 착오임.

3. 규범적 구성요건요소의 착오

(1) 사실에 대한 착오
　불능범+불능미수
(2) <u>규범의 범위에 대한 착오</u>
　환각범

■ 미신범은 미수에서 요구되는 구성요건적 행위가 없기(실행행위의 정형성이 없음) 때문에 미수범의 범위에서 제외된다고 한다.
■ 인상설은 미수범의 범위를 지나치게 확장하고 있다는 점에서 비판을 받는다.
■ 계간·동성연애가 처벌된다고 착오=환각범(반전된 금지착오)으로 불가벌

■ 비교 ■

어머니가 물에 빠진 남의 아이를 <자기아이로 착각하였으나 구조하지 않은 경우>	<불능미수>
어머니가 물에 빠진 남의 아이를 <구조의무가 있다고 생각했으나 구조하지 않은 경우>	<환각범>

제4절 예비죄

I. 예비의 의의

1. 예비

(1) 의의
　범죄실현을 위한 준비행위+아직 실행의 착수행위로 나가지 않은 일체의 행위
(2) 예비의 내용
　1) 구성요건을 직접 실행하지 않음+범죄실행을 위한 조건실행
　2) 의도한 행위를 객관화할 것을 최소실행+미실행을 최대

2. 예비죄의 처벌

(1) 예비죄

예비행위를 내용으로 하는 범죄

(2) 범죄의 음모 또는 예비행위가 실행의 착수에 이르지 않은 경우

원칙적으로 불벌

(3) 예비행위에 의해 침해되는 법익가치+행위, 행위자의 위험성+미리 형벌권발동필요+형사정책적 근거

예비처벌+내란죄, 간첩죄, 여적죄, 폭발물사용죄, 방화죄, 일수죄, 교통방해죄, 통화위조죄, 살인죄, 강도죄 등 중대 범죄

3. 예비와 실행착수의 구별

(1) 예비

법익침해에 필요한 전제조건 조성(만듦)

(2) 실행착수

구성요건에 규정된 규범의 금지영역에 대한 직접적 침해

4. 예비와 음모의 비교

(1) 음모(목적+2인 이상 합의)

일정한 범죄를 실행할 목적+2인 이상 합의

(2) 음모(실행착수관련+위험성)

실행착수의 이전 개념+범죄수행의 위험성 정도 예비와 동일

(3) 음모(준비행위)

★심리적 준비행위(But 예비는 그 이외의 준비행위)

III. 예비죄의 법적 성격

1. 기본범죄에 대한 관계

(1) 견해의 대립

1) 발현형태설

예비를 기본범죄의 발현형태로 판단

2) 독립범죄설

예비죄를 기본범죄와는 독립된 범죄유형으로 판단

3) 이분설

예비죄를 기본범죄의 발현형태인 경우+독립범죄의 경우로 구분

4) 결어

예비죄는 기본범죄의 발현형태

2. 예비죄의 실행행위성

(1) 독립범죄로 이해

실행행위성인정

(2) 견해대립

1) 긍정설

수정적 구성요건인 이상 실행행위성 인정

2) 부정설

기본범죄에 대한 정범의 실행에 한정+따라서 실행착수 이전의 예비행위의 실행행위성 인정불가+예비행위는 무정형, 무한정성격 실행행위의 개념을 인정불가

III. 예비죄의 성립요건

1. 주관적 요건

(1) 예비의 고의

예비죄가 성립하려면 고의가 있어야+과실의 예비죄나 과실범의 예비죄 불성립

(2) 예비의 고의의 내용

1) 예비의 고의는 준비행위에 대한 고의를 의미한다는 견해

2) 예비의 고의를 기본적 구성요건에 관한 고의를 의미한다는 견해

3) 결어

예비는 준비행위의 인식이 필요+기본범죄에 대한 인식은 목적의 내용이 됨->준비행위의 고의

(3) 기본범죄를 범할 목적

1) 고의+기본범죄를 범할 목적이 있을 것을 요(목적범)

2) 예비의 목적

★확정적 고의 요

2. 객관적 요건

(1) 외적 예비행위

1) 예비행위는 외부적 준비행위일 것 요

[범죄계획의 의사표시+내심의 준비행위만]으로 예비행위 [불인정]

2) 예비행위는 구성요건실현행위를 계획+계획범죄실현 함에 적합한 조건 요

(2) 물적 예비와 인적 예비

1) 외부적 준비행위

물적 준비행위에 제한 안 됨+범죄실현을 위한 준비행위임이 명백하다면 물적, 인적 준비행위 불문

2) 인적 준비행위일지라도 심리적인 것 이외의 준비행위는 예비인정가능

3) 구체적인 예

범행도구의 구입+범행장소의 물색+답사+잠입+알리바이조작위해 사전에 대인접촉+장물을 처분할 사람을 확보->예비에 해당가능

(3) 자기예비와 타인예비

1) 자기예비

자기가 스스로+타인과 공동해 실행행위를 위하여 예비

2) 타인예비

(a) 긍정설

간접적인 법익침해행위, 법익침해의 실질적 위험성 면에서 자기예비와 비교하여 동등함

(b) 부정설

공범행위의 단계에 따라 타인예비가 정범 또는 공범이 되므로 부당

(c) 소결

타인예비가 예비에 포함되게 되면 예비의 범위가 지나치게 확대되며 나아가 공범과 정범의 구별이 불가능해짐(부정설)

■ 예비죄(제28조)①: <개념 및 법적 성격> ■

개념	(1)예비란 **특정범죄 준비행위**이다(실행의 착수X). (2)음모와의 구별 　ⅰ)음모⇒예비(구 다수설·판례) 　ⅱ)**음모(인적)/예비(물적)**
법적 성격	(1)발현형태설: 독립범죄X, <**기본범죄의 발현형태O**>, 즉 기본적 구성요건의 <**수정형식**>(다수설) ※실행행위성을 인정 (2)**독립범죄설: 실행행위성인정**

	(3)2분설(일본) ※범죄를 범할 목적⇒수정형식/////무엇 무엇의 목적으로 무엇 무엇을 준비한 자 ⇒독립범죄

■ 예비죄(제28조)②: <성립요건> ■

주관적 요건	(1)고의: 실행고의설(다수설)/예비의 고의설 (2)**목적**: **확정적 인식설**(타당)
객관적 요건	(1)**외부적 준비행위O**/**단순한 범행계획·내심적 준비X** (2)물적+인적 예비 (3)자기예비O, 문제는 **타인의 실행행위를 위하여 준비하는 경우를 예비로 볼 것인가가 문제**된다. ※긍정설은 법익침해의 위험성에서 자기예비와 차이점이 없다. 그러나 긍정설에 의하면 정범행위의 발전단계에 따라 타인예비가 공범 또는 예비로 되는 불합리 초래⇒부정설이 타당(다수설) (4)예비행위로부터 직접 결과가 발생한 경우: 실행행위가 존재하지 않으므로⇒**예비+과실범이 문제**된다.

IV. 관련문제

1. 예비죄 공범

(1) 기본범죄가 실행의 착수가 없는 예비죄에 대하여 공동정범과 교사, 방조가 성립가능한가의 문제

(2) 예비죄의 공동정범

   예비죄 자체의 실행행위는 긍정+예비의 공동정범 인정

(3) 예비죄의 교사범과 종범

1) 교사범의 경우

   예비죄의 교사범을 예비에 준하여 처벌

2) 종범의 경우

(a) 긍정설

   정범이 예비죄로 처벌된다면 공범을 종범으로 처벌하는 것은 공범종속성설상 당연

(b) 부정설

   예비죄는 미수와 관련하여 실행행위가 없기 때문에 불가

■ ★예비죄의 공동정범: 인정(예비죄의 실행행위성 긍정하므로)

2. 예비죄의 미수와 예비죄의 수죄

(1) 예비죄의 미수
예비는 미수 전의 단계이기 때문에 예비의 미수는 불가

(2) 예비죄의 수죄
한 개의 범죄실현을 위하여 수 개의 예비행위가 있는 경우, 한 개의 예비죄 만 성립함

■ 예비죄의 교사방조가 성립할 것인가. 특히 예비죄의 교사범(미수의 교사)는 제31조에 규정하고 있으므로 <예비죄의 방조(종범)>가 성립할 수 있는가가 문제의 초점
<학설>
ⅰ) 공범독립성설: 방조행위자체가 공범의 실행행위⇒예비의 종범성립
ⅱ) 공범종속성설
  ① 긍정설: 예비죄는 기본적 구성요건의 수정형식으로 실행행위성 인정⇒예비의 방조인정
    ※ 방조의 미수에 대해서는 교사의 미수와 같은 처벌규정을 두지 않고 있다.
  ② 부정설: 예비죄는 기본적 범죄행위에 대한 실행행위성이 없으므로 부정
  ③ 2분설
    ⓐ 예비죄의 독립성이 인정되는 경우⇒실행행위성인정⇒종범성립O
    ⓑ 예비죄의 수정형식⇒종범성립X
■ 예비죄의 미수는 성립할 수 없다고 봄이 타당
■ 예비행위가 수개일 지라도 하나의 특정범죄를 목적으로 하면 하나의 예비죄만 성립한다.

■ 타인예비를 부정하는 입장 ■

<준비하는 행위>-----------<예비O>
<준비에 도움을 주는 행위>--------<예비X>

제 6 장 공범론

제1절 공범론 개관

[A. 최광의 공범]
(1) 임의적 공범
  1) 공동정범
    (a) 공모공동정범
    (b) 과실범의 공동정범
    (c) 승계적 공동정범
  2) 협의의 공범
    (a) 교사범
    (b) 종범

(2) 간접정범

(3) 필요적 공범
  1) 집합범
  2) 대향범

[B. 범죄참가형태]
(1) 정범
  1) 직접정범
    (a) 단독정범
    (b) 공동정범
    (c) 동시범
  2) 간접정범

(2) 공범
  1) 교사범
  2) 종범

I. 공범의 의의

1. 공범의 의의와 참여형태

(1) 단독범(단순범)
한 개의 범죄를 단독으로 실행

(2) 공범(범죄참여형태)
2인 이상이 협력하여 실행

(3) 공동정범
두 사람 이상이 공동해 죄를 범한다는 점에서 단독정범과 구별+범죄자 스스로 범죄를 행한 정범

(4) 간접정범
타인을 도구로 이용하여 죄를 범함

(5) 교사범과 종범
타인의 범죄를 교사 또는 방조함으로써 타인의 정범으로 범하는 범죄

2. 공범의 입법형태(방식)

(1) 분리방식
정범과 공범을 분리+각칙의 구성요건을 총론상 공범이론에 의하여 보완

(2) 단일정범체계
정범과 교사범 또는 종범의 구별포기+구성요건실현을 위하여 인과적으로 기여한 자는 무조건 정범+통일적으로 정해진 형벌의 범위 내에서 행위기여의 정도에 의하여 처벌

■ 범죄 참가형태의 규정방식 ■

단일정범체계	구성요건실현에 원인적 기여자⇒모두정범, 단 양형단계에서 세분화하여 형량결정
정범·공범분리형식	정범과 공범을 분리하여 각칙의 구성요건을 총론의 공범이론에 의하여 보완케 하는 이론

3. 필요적 공범

(1) 의의

1) 임의적 공범

1인이 실행할 것을 예상, 규정한 보통(일반적)의 구성요건을 다수인이 협력+가공하여 실현+원칙적으로 형법은 임의적 공범만 의미

2) 필요적 공범

구성요건 자체의 규정(의미)에서 2인 이상의 참가+단체의 행동을 전제로 해서 성립하는 범죄

(2) 필요적 공범의 종류

1) 집합범

(a) 의의

다수인이 동일한 방향+같은 목표를 향하여 공동으로 작용하는 범죄+일종의 군중범죄

(b) 집합범의 구별

a) 소요죄 등

다수인에게 동일의 법정형이 부과된 경우

b) 내란죄 등

참가자의 기능+지위+역할+행위의 양태에 따라 법정형에 차등

(c) **합동범은 공동정범의 특수형태**에 속함

2) 대향범

(a) 의의

2인 이상의 대향적으로 협력함으로써 성립하는 범죄

(b) 대향범의 구별

a) ★대향범 쌍방의 법정형이 같은 경우+아동혹사죄 등

b) 대향자 사이에 법정형이 다른 경우+뇌물죄에 있어서 수뢰죄와 증여죄, 배임수증죄에 있어서 배임수재죄와 배임증재죄 등

c) 대향자 일방만을 처벌하는 경우+음화등 반포, 판매, 임대죄, 범인은닉죄 등

(3) 공범규정의 적용(필요적 공범의 외부(인)에서 관여시 그 행위에 대한 공범규정 적용여부)

1) 집합범의 경우

(a) 집단 외(밖)에서 자금, 정보를 제공+다른 사람의 가담을 권유한 자

적용됨

(b) 집단의 구성원이 아닌 자

공범규정을 인정불가

(c) 소결

교사와 방조에 관한 규정만 적용

2) 대향범의 경우

(a) ★외부에서 대향자에게 관여한 경우

★공범규정이 적용

(b) 증뢰자, 수뢰자에 대하여 제3자의 교사, 방조, 공동정범 모두 가능

(c) 대향자 일방만을 처벌, 타방에 대하여는 처벌규정이 없는 경우

처벌되지 않은 대향자에 관여행위는 문제 안 됨

(4) 요약(필요적 공범)

1) 의의	구성요건 자체가 처음부터 **2인 이상이 참가해서만** 실행할 수 있는 범죄
2) 종류	ⓐ 집합범: 다수의 행위자가 동일방향의 행위를 통하여 동일목표를 지향하는 공범형태 　＜유형＞ 　　ⓐ동일법정형 　　**특수공무집행방해죄＋특수도주죄＋특수주거침입죄＋소요죄** 　　ⓑ상이한 법정형: 내란죄＋반국가단체구성죄[내반] ※합동범은 공동정범의 특수한 형태이다. ⓑ 대향범: 2인 이상의 자가 서로 반대방향의 행위를 통하여 동일목표를 지향하는 공범 　＜유형＞ 　　ⓐ동일법정형: 도박죄＋아동혹사죄＋부녀매매죄[도아부] 　　ⓑ상이한 법정형: 수뢰죄(증뢰죄)＋배임수재죄(배임증재죄)＋자기낙태죄(동의낙태죄)＋단순도주죄(도주원조죄) 　　ⓒ일방만처벌: 음화판매죄＋촉탁·승낙살인죄＋범인은닉죄
3) 공범규정의 적용여부	ⓐ 문제점: 내부참가자는 각자에게 적용될 형벌이 각칙에 별도로 규정되어 있기 때문에 내부참가자 상호간에는 임의적 공범을 전제로한 총칙상의 공범규정을 적용하지 않는다. 문제는 외부관여자인데 총칙상의 공범규정 적용여부가 문제 ⓑ **집합범의 경우** 　ⓐ동일법정형일 경우: **총칙상 공범규정적용O, 즉 교사범O, 종범O, 그러나 집단의 구성원이 아닌 자는 공동정범X** 　ⓑ상이한 법정형일 경우: 내란죄의 경우 집단외부에서 교사·방조 가능하다는 것이 다수설 ⓒ 대향범의 경우: **동일한 법정형 및 상이한 법정형이 규정된 경우는 총칙상 공범규정 적용O＋대향자 일방만 처벌하는 경우, 특히 처벌되지 않는 대향자에 대한 공범규정의 적용여부 -> 부정설(통,판)**

■ 필요적 공범과 신분 ■

집합범	신분범X⇒제33조 적용X
대향범	(1)**상습도박죄(제246조 2항)**: 부진정 신분범⇒제33조 단서 적용 (2)**간통죄(제241조 1항)**: 진정신분범이므로⇒제33조 본문 적용, 그러나 자수범이므로 간접정범은X[위헌] (3)**수뢰죄(제129)**: 진정신분범이므로⇒제33조 본문 적용

II. 정범과 공범의 구별

1. 정범의 개념

(1) **제한적 정범개념**이론★[제공확]

1) 의의

[구성요건을 행위자 스스로 행한 자만]이 정범+구성요건 이외의 행위에 의하여 결과에 조건에 제공한(준) 자는 정범이 아님

2) 규정의 의미

(a) 교사범과 종범은 형법 제31조와 제32조에 의하여 처벌
(b) **공범은 정범의 처벌을 확장하는 [처벌확장사유]**
(c) 정범과 공범의 구별에 관한 객관설과 결합

(2) **확장적 정범개념이론**★[확공축]

1) 의의

조건설 기초+구성요건적 결과의 발생에 대한 ★[조건을 설정한 자]는 모두 정범+★[그것이 구성요건에 해당하는 행위인가 여부불문]

2) 규정의 의미

교사범과 종범은 원래 정범으로 처벌해야 함+But 공범규정에 의하여 특별취급을 받을 뿐임+[공범규정]은 정범의 처벌범위를 축소시키는 [처벌축소사유]+주관적 정범이론과 결합

(3) 법률상 규정

1) 공동정범	제30조
2) 교사범	제31조
3) 종범	제32조
4) 간접정범	제34조

2. 정범과 공범의 구별기준

(1) **객관설**

1) **형식적 객관설**

구성요건에 해당하는 행위를 **직접 행한 자가 정범**+실행행위 이외에 방법으로 조건을 제공자는 공범

2) **실질적 객관설**★[실객필동]

★**행위가담의 위험성의 정도**에 의하여 정범과 공범을 구별

객관적 기준의 구별

a) **필연설**

결과발생에 대해 **필연적 행위를 한 자는 정범**+그 외는 공범

b) **동시설**

행위수행의 시간적 연관을 기준+**행위시에 가담한 자가 정범**+그 전, 후에 가담한 자는 공범

(2) **주관설**

인과요소의 동가치성 인정(인과관계에 관한 조건설을 전제)+정범과 공범은 결과조건을 제공한 점에서 동일하므로 **정범과 공범의 구별은 주관적 요소**

(3) **고의설(의사설)**

정범과 공범을 고의에 의하여 구별+**정범의사로 행위 한 자는 정범**+공범의사로 행위 한 자가 공범+정범의사는 행위를 자기의 범죄로 실현코자 하는 의사+**공범의사는 타인의 범죄로서 행위를 야기, 촉진하는 의사**

(4) **목적설(이익설)**

자기의 목적 또는 이익을 위하여 행위하면 정범+타인의 이익 또는 목적을 위하여 행위를 하면 공범

(5) ★**행위지배설**

1) 의의

구별기준으로 **주관적 요소와 객관적 요소결합**

2) 행위지배

★**구성요건에 해당하는 사건의 진행을 장악**+**사태의 핵심형상(상황)을 지배**

3) **구성요건의 실현을 ★[저지+진행]하게 할 수 있는 자**

정범

4) **자신의 행위지배에 의하지 아니하고 행위를 [야기하거나 촉진]하는 자**

공범

5) **구성요건요소를 자신 스스로 유책하게 실현한 직접정범**

구성요건에 해당하는 행위 **자체를 지배**+항상 정범

6) **타인을 위해** 구성요건을 실현한 경우+다수인이 가담해 각자가 구성요건을 실현한 경우

공범

(6) ★**의사지배**

1) ★**[타인을 도구]로 이용하여 범죄를 실행한 간접정범**

의사지배 형태

2) **[간접정범]은 [우월성 내지 의사지배] 존재**

정범성 가짐

(7) ★**기능적 행위지배**

1) 의의

[2인 이상이 공동]하여 죄를 범한 공동정범+행위지배

2) 공동정범

★[역할분담]+[전체계획의 수행에 필요불가결의 부분을 분업]+[공동 수행]+공동정범은 각자 행위지배를 가진 정범

3) 범죄계획을 수립하고 조종하는 범죄단체의 수괴

정범 가능성 인정

(8) 결론

1) 정범

(a) 객관적 행위가담과 의사관여의 정도 고려

(b) 결과가 목적적으로 조종+행위를 공동으로 형성한 [행위의사의 작품]으로 볼 정도로 구성요건을 지배+공동지배자

(c) 공범

행위지배 없음+타인의 범죄를 야기, 촉진한 자

(d) **신분범과 과실범**

의무범죄상에서는 구성요건의 특수한 의무침해에 정범요소 있음

(e) **자수범**

정범요소는 자수성에 존재

(9) 비교(정범성의 표지)

1) 신분범	현실적 행위지배의 여부와는 관계없이 가담자가 구성요건상의 신분자이면 정범 (**행위지배X**)
2) 의무범	형법외적 특별의무의 침해만이 정범성을 근거지우고 행위지배와 같은 다른 표지는 불요(**행위지배X**)
3) 자수범	구성요건의 성질상 ★직접 구성요건을 실행한 자만이 정범이 되고 행위지배는 정범성의 판단의 기준이 되지 않는다(**행위지배X**).
4) 지배범	실행지배+의사지배+기능적 행위지배 필요

■ ★정범의 우위성: 정범개념을 확정짓고 그 다음에 공범을 규정

■ 정범의 개념 ■

제한적 정범개념	(1)구성요건에 해당하는 행위를 ★스스로한 자만⇒정범 그 이외의 행위에 의하여 결과야기에 가공⇒공범

	(2)★<원래 정범만을 처벌>하므로, <교사범, 종범을 처벌하는 것⇒형벌확장사유> (3)객관설
확장적 정범개념	(1)구성요건적 결과발생에 ★<조건>을 설정한 자⇒ 모두정범(★단일정범개념) (2)결과에 대한 조건들은 동가치성이 인정되야함 (3)★<교사범, 종범도 원인을 준 자이므로 원래는 정범의 형으로 처벌해야 하는데 정범보다 가볍게 처벌하는 것>⇒<형벌축소사유> (4)주관설

■ 정범과 공범의 구별기준① ■

의의	객관적 요소와 주관적 요소로 형성된 행위지배의 개념을 정범과 공범의 구별에 관한 지도원리 도입
유형	(1)Welzel의 행위지배설: 목적적 행위지배 (2)Roxin의 행위지배설: 행위지배의 개념을 관여한 작용에 따라 규범적·가치론적 측면과 존재론적 측면을 고려하여 유형적으로 파악 　①실행지배⇒직접정범 　②의사지배⇒간접정범 　③기능적 행위지배⇒공동정범

■ 정범과 공범의 구별기준②: <행위지배설> ■

객관설	(1)형식적 객관설: 구성요건에 해당하는 실행행위를 [직접] 행한 자가 정범[형직] 　※간접정범과 집단의 배후조종자를 공동정범으로 인정할 수 없는 결함 (2)실질적 객관설[필동직우]: 행위기여의 위험성 정도가 기준 　①필연설: 결과발생에 필수불가결한 행위한 자가 정범 　　※자연과학적 인과개념≠형법적 가치판단/타인의 범죄를 결의시킨 교사범을 항상 정범을 보는 문제/인과관계를 논하지 않는 거동범에서는 정범과 공범 구별X 　②동시설: 행위시에 가담한 자가 정범 　　※간접정범(사전가담자)의 정범성 설명 곤란 　③직접설: 직접적 인과관계가 있으면 정범 　　※간접정범(간접)의 정범성 설명 곤란 　④우위설[우동협]: 동가치 또는 협동적이면 정범
주관설	(1)의사설:정범의 의사⇒정범/////공범의 의사⇒공범 　※순환론(정범개념, 종범개념 확정되어야) (2)이익설: 자기의 이익⇒정범 　※촉탁살인(제252조 1항) 및 제3자를 위한 사기(제347조 2항)를 모두 공범으로 보아야 한다는 문제점 　※상기 학설을 극단적 주관설이라고 하는데, 이러한 주관적 척도에 행위기여의 양태, 사건경과에 대한 지배 등의 객관적 요소를 결합⇒제한적 주관설

III. 공범의 종속성

1. 공범종속성설과 공범독립성설

(1) ★공범종속성설

1) 의의

★[공범의 성립]은 [정범의 성립에 종속]

2) 공범의 본질

(a) 타인(정범)의 구성요건실현에 가담

(b) 공범의 처벌근거

  a) 정범의 행위를 야기+촉진해 정범의 행위에 원인제공

  b) 공범의 불법은 정범의 불법에 종속

(c) 공범종속성설의 내용

  a) 정범이 위법하게 실행에 착수조건으로 성립

  b) ★[미수범의 공범은 가능]+[But 공범의 미수는 불가능]

  c) 공범과 간접정범의 구별은 엄격

(2) ★공범독립성설

1) [공범은 독립한 범죄]+[정범에 종속 안 됨]

2) 교사범, 종범, 방조행위에 의하여 반사회성이 징표->정범의 성립과 관계없이 성립

3) 공범

타인의 행위를 이용하여 자기의 범죄를 실행하는 단순정범

4) 공범독립성설의 내용

(a) 공범은 독립하여 성립+★[교사행위는 미수로 처벌]+미수의 공범, 범의 미수도 미수범으로 처벌

(b) 간접정범 개념은 공범종속성설의 결함을 보충+★간접정범도 공범

(3) ★비교

	공범종속성설	공범독립성설
1) 공범의 미수	(a)정범 적어도 실행에 착수해야 공범이 성립하므로 **미수의 공범O+공범의 미수X** (b)기도된 교사, 제31조 2항, 제3항을 특별규정으로 봄	(a)공범은 정범과 독립된 범죄이므로 정범의 실행과는 무관하게 처벌+★**미수의 공범O+공범의 미수O**> ★<모두 미수>로 처벌 (2)제31조 제2항, 제3항을 독립성설에 근거한 규정으로 봄
2) 간접정범	(a)피이용자의 행위를 정범의 행위로 볼 수 없으므로 이용자는 간접	(a)교사·방조행위가 있는 이상 공범은 성립할 수 있으므로 이용자는 공범

		정범 (b)그러므로 공범과 간접정범은 구별된다.	(b)그러므로 간접정범과 공범의 구별 필요성이 없다.
3)	공범과 신분	제33조 본문을 원칙규정	제33조 단서가 원칙규정
4)	자살관여죄(제252조 제2항)	**특별규정**(자살이 범죄가 아님에도 교사·방조자를 처벌)	공범독립성설의 유력규정

2. 종속성 정도

(1) 공범의 종속형식

1) **최소한의 종속형식**

정범이 **구성요건에 해당**하면 공범성립

2) **제한적 종속형식**

정범의 행위가 **구성요건에 해당하고 위법**하다면 공범성립

3) 극단적 종속형식

정범의 행위가 **구성요건에 해당하고 위법, 유책성**을 모두 갖추어야 공범성립

4) 확장적 종속형식(최극단적 종속형식)

정범의 행위가 **구성요건에 해당+위법+유책+가벌성**의 조건까지 모두 갖추어야 공범성립

(2) 제한적 종속형식의 타당

1) 공범처벌근거가 정범의 책임에 가담하는데 있는 것이 아님+정범의 불법을 야기, 촉진한 데 있음
2) 정범에게 책임능력, 고의, 과실이 없을 때에 간접정범이 성립한다고 하여 극단적 종속형식을 취한 것은 아님

(3) 종속형식(도해참조)

■ 공범의 종속성은 정범에 종속하여 성립하느냐, 정범과 독립하여 성립하느냐에 관한 문제이다. 그러므로 <u>종속성유무</u>를 심사한 뒤 <u>종속성의 정도</u>를 심사해야 한다.

```
<최소한 종속형식>                                      <확장적 종속형식>
  공범⇒    大------------------------------------------------ 小
  간접정범⇒小------------------------------------------------ 大
```

■ 비교 ■

1) 최소한 종속형식	정범의 행위가 구성요건해당O
2) 제한적 종속형식	정범의 행위가 구성요건해당O+위법O
3) 극단적 종속형식	정범의 행위가 구성요건해당O+위법O+책임O
4) 확장적 종속형식	정범의 행위가 구성요건해당O+위법O+책임O+가벌성O

3. 공범의 처벌근거

(1) 견해의 대립

(a) **책임가담설**

공범의 처벌근거는 공범이 정범을 유책하게 범죄에 빠져들게 하여 정범을 타락케 함(정범에 대한 침해)

(b) **불법가담설**

공범의 처벌근거는 정범에 대하여 위법한 행위를 야기, 촉진한 점에 있음+<u>공범의 불법은 정범의 사회적 일체성해체</u>, 법적 평온파괴

(c) **순수야기설**

공범의 불법자체의 불법 즉, 공범구성요건을 인정+<u>공범불법의 독자성 인정</u>

(d) **종속적 야기설**

공범의 처벌근거는 공범이 정범의 범행을 야기, 촉진한다는 점에 있음+<u>공범불법의 근거와 정도는 불법에 의존</u>

(e) **혼합적 야기설**

a) <u>순수야기설+종속적 야기설</u>

b) 공범의 불법이 일부는 정범의 행위+일부는 자신의 법익침해에서 유래

c) 공범은 종속적임+But 동시에 자신의 법익침해포함

■ 공범의 처벌 근거 ■

문제점	공범이 정범에 종속하여 성립한다면 <u>**직접 실행행위를 하지 않은 자를 처벌하는 근거**</u>가 무엇인가
학설	(1)<u>책임가담설</u>: 정범을 유책한 범죄에 끌어들인 책임(정범을 타락시킴) (2)<u>불법가담설</u>: 정범으로 하여금 불법한 범행을 저지르게 하여 정범의 사회와의 일체성을 해체시킴으로써 법적 평화를 침해(정범에게 위법한 행위를 야기 또는 촉진) (3)<u>순수야기설</u>: 공범이 독자적인 공범구성요건실현 스스로 보호법익침해(공범의 불법을 정범의 불법에서 찾지 않음)

(4) **종속적 야기설(다수설)**: 정범의 구성요건적 침해를 야기 또는 촉진, 근거와 정도에 있어서 모두 정범의 불법에 종속(수정된 야기설)
(5) **혼합적 야기설**: 정범의 행위와 공범의 독자적인 법익침해

제2절 간접정범

I. 간접정범 개관

1. 간접정범의 개념

(1) 구체적인 예

★타인을 도구로 이용하여 범죄를 실현+정신이상자를 충동질하여 방화케 함, 내용을 모르는 간호사에게 독약을 주사케 하여 살해

(2) 간접정범의 규정

형법 제34조 제1항은 어느 행위로 인하여 처벌되지 아니한 자 또는 과실범으로 처벌되는 자를 교사 또는 방조해 범죄행위의 결과를 발생케 한 자는 처벌

2. 간접정범의 본질

(1) 간접정범의 정범성

공범의 한 형태이지만 공범이 아니라 정범에 해당

(2) 정범의 정범성을 인정하기 위한 이론적 근거

1) 도구이론

기구나 동물을 도구로 사용하는 경우처럼 사람을 도구로 사용하는 정범

2) 인과관계이론

(a) 조건설

간접정범은 정범의 의사로 행위하였기 때문에 정범

(b) 원인설

간접정범은 결과에 영향을 주었으므로 정범

3) 구성요건론

간접정범은 실행행위와 동일하게 평가할 수 있음+이용자가 피이용자보다 우월성존재 정범인정이

4) 확장적 정범개념이론

간접정범은 당연히 정범

(3) 간접정범의 의미

★인간을 도구처럼 사용

(4) 간접정범은 실행행위자에 대한 의사지배 때문에 간접정범성을 띰+의사지배는 우월적 의사, 인식으로 인한 행위지배를 의미

■ 간접정범(제34조)의 의의 및 본질 ■

의의	타인을 생명있는 도구로 이용하여 간접적으로 범행(의사지배)
본질	(1) 공범설★[공제독] <제한적 정범개념이론>은 구성요건을 스스로 행한자 만 정범이므로 간접정범은 공범, <공범독립성설>은 자기의 범죄수행을 위하여 타인의 행위를 이용하는 것이 공범 (2) 정범설★[정확종지] <확장적 정범 개념이론>은 조건을 준 자는 모두 정범, <공범종속성설>은 인적 도구를 이용한다는 점에서 정범(법적 평가가 물적 도구를 이용하는 직접정범과 같다.), <행위지배설>은 지배·조종이라는 행위지배를 하기 때문에 정범

II. 간접정범의 성립요건

1. 피이용자의 범위

(1) 간접정범의 피이용자

어느 행위로 인해 처벌되지 않은 자 또는 과실범으로 처벌되는 자일 것 요

(2) 어느 행위로 인해 처벌되지 않은 자

구성요건해당성, 위법성, 책임이 없어 범죄가 성립되지 않은 경우

(3) 구성요건에 해당하지 않는 행위를 이용하는 경우

1) 객관적 구성요건에 해당하지 않는 도구

피이용자의 행위가 객관적 구성요건을 충족하지 않는 경우+이용자의 강요, 기망에 의해 피이용자가 자살, 자해

2) 고의 없는 도구

피이용자의 행위가 객관적 구성요건에 해당하지만 구성요건적 고의 없는 경우+의사가 고의 없는 간호사를 시켜 환자에 독약을 주사하는 경우

3) 신분 또는 목적 없는 고의 있는 도구

(a) 신분(목적) 없는 고의 있는 도구

진정신분범상 신분과 목적범에 있어서 목적은 구성건요소+이를 결한 자의 행위는 구성요건해당성이 없음

(b) 신분 없는 도구를 이용한 때에도 이용자와 피이용자 사이에 기능적 행위지배가 있다고 볼 수 있는 경우

공동정범이 성립할 여지 존재

(4) 구성요건에 해당하지만 위법하지 않은 행위를 이용하는 경우

1) 적법하게 행위하는 도구를 이용한 경우

간접정범은 성립

2) 국가기관

국가기관의 적법한 행위를 이용한 때->간접정범이 성립+★국가기관에 허위사실을 신고하여 형식상 적법한 영장을 통해 구속된 때 체포감금죄의 간접정범+국가기관을 도구로 이용하는 간접정범은 허위의 사실을 신고한 때에 한정+국가기관에 객관적으로 진실을 신고한 때에는 행위지배가 없으므로 간접정범성립 안 함

(5) 정당방위상황

1) 방위자를 도구로 이용하여 공격자를 침해하기 위하여 고의로 정당방위상황을 야기(초래)한 경우

간접정범 성립

2) ★방위의사가 없는 경우

★지배 못함+간접정범 불성립

3) 긴급피난

타인의 긴급피난행위를 이용하는 경우 간접정범성립+낙태에 착수한 임부가 생명의 위험이 발생하자 의사를 찾아갔고 의사가 임부의 생명을 구하기 위하여 낙태수술을 한 경우->그럼에도 낙태죄 성립[낙태죄 위헌]

(6) 구성요건애 해당하는 위법한 행위이지만 책임 없는 피이용자를 이용하는 경우

1) 간접정범은 정범, 정범의 요소를 갖춘 때

간접정범이 성립함

2) 이용자가 피이용자의 책임무능력, 책임조각사유를 인식하고 그 자를 책임 없는 도구로 장악, 우월한 의사지배, 이용한 경우

간접정범 성립

(7) 피이용자가 책임 없는 경우

1) 책임능력 없는 도구

(a) 피이용자가 책임무능력자인 때

이용자의 행위지배가 인정, 원칙상 간접정범성립

(b) 피이용자가 형사미성년자 또는 정신이상자

시비 변별능력이 있으면 교사범성립

2) 책임 없는 도구

(a) 피이용자가 법률의 착오에 빠짐+그러한 착오에 정당한 이유가 있는 경우

이용자가 착오를 야기+이를 인식하고 이용->간접정범성립

(b) 피이용자의 착오를 알지 못한 때

공범성립

3) 자유 없는 도구

(a) 피이용자의 강요된 행위, 상관의 명령에 의한 행위를 이용한 때

피이용자가 자유없이 행동하는 도구로 인정->이용자는 간접정범(But 자발적 의사면 공범성립)

(b) ★피이용자가 유책하게 구성요건을 실현

　★간접정범성립불가

(c) ★인적 처벌조각사유가 있는 피이용자를 이용한 때

　★이용자는 공범

2. 이용행위

(1) 교사 또는 방조

1) 간접정범의 이용행위

교사와 방조 포함

2) 이용자가 외관상 방조행위에 해당하는 방법으로 관여

행위의 실행이 이용자의 의사에 의하여 지배되었다면->간접정범성립+乙이 丙에게 가져다 줄 음료수에 乙이 모르는 사이에 甲이 독약을 타 사망케 한 경우

3) 결과의 발생(실행의 착수시기)

★이용자가 피이용자를 이용하기 시작한 때

■ 간접정범의 성립요건 ■

피이용자의 범위	1.<어느 행위로 이하여 처벌되지 아니하는 자> ⑴구성요건해당성이 없는 행위를 이용하는 경우 　ⅰ)구성요건의 객관적 표지가 결여된 경우 　　①이용자의 강요·기망에 의하여 피이용자가 자살·자상한 경우⇒간접정범설(통설), 위력에 의한 살인죄설 　　②진정신분범에서 신분자가 <신분 없는 고의 있는 도구>를 이용하는 경우 (피이용자에게 <고의>가 있으므로 이용자에게 우월적 지배X, 피이용자는 순수한 도구X): ★공무원이 처를 이용하여 수뢰⇒신분자가 비신분자를 이용할 경우에는 <사회적·심리적 관점>에서 행위지배가 인정되므로 간접정범 성립 　ⅱ)구성요건의 주관적 표지가 결여된 경우 　　①고의 없는 도구 이용(피이용자의 구성요건 착오 이용도 동일) 　　②목적 없는 고의 있는 도구 이용(목적범)(행사할 목적으로 목적없는 자로 하여금 통화위조케 함)⇒간접정범성립 ⑵구성요건해당성은 인정되나 위법성이 없는 행위를 이용하는 경우 　①타인의 정당행위를 이용하는 경우 　②타인의 정당방위를 이용하는 경우 　③타인의 긴급피난을 이용하는 경우

(3)구성요건해당성·위법성은 인정되나 책임이 없는 도구를 이용하는 경우
 ①피이용자의 책임무능력을 이용
 ②피이용자의 정당한 금지 착오를 이용하는 경우
 ③피이용자의 강요된 행위를 이용하는 경우
 ④기대불가능한 자를 이용하는 행위
(4)구성요건+위법+유책한 자를 이용하는 경우(배후정범이론)
2.<과실범으로 처벌되는 자>

■ 배후정범이론 ■

개념	(1)직접행위자인 피이용자가 고의범으로 처벌되는 경우에 이용자인 배후인물 역시 간접정범이 성립한다. (2)협의의 예외적 제한된 상황에서 완전히 유책적으로 행위한 고의의 정범도 배후자에 의하여 지배될 수 있는 이론이다. (3)이 이론은 간접정범의 피이용자 범위에 관하여 아무런 제한을 두고 있지 않고 직접정범과 간접정범을 함께 규정하여 정범으로 처벌하고 있는 독일형법에서 가능한 이론이다. 그러므로 우리형법에서도 이를 인정할 것인가가 문제 되고 있다.
유형	(1)배후자의 기망으로 피이용자에게 자기행위의 객관적 의미에 대하여 착오가 있는 경우 ①형이 가중되는 상황에 대하여 기망: 예컨대 A는 C가 거주하는 건조물에 방화코자 하였다. 자기가 직접 실행하는 것보다 C와 사이가 안 좋은 B를 이용하기로 하였는데, B가 방화를 하지 않을 것이 우려되어 C가 건물을 창고로 사용한다고 거짓말을 하여 B가 실행⇒A는 일반건조물방화죄에서는 교사범/현주건조물방화죄에서는 간접정범(고의 없는 도구로 이용)이 성립한다. 그러므로 이를 해결하는 방안으로 A는 현주건조물방화죄의 간접정범 B는 일반건조물 방화죄의 직접정범으로 처벌 ②배후자에 의해 의도된 다른 범죄의 실현에 이용당한다는 사실을 이용자가 모를 경우:A는 B를 이용하여 그의 원수인 C를 살해하기로 하고, C를 살해할 의도를 숨기고 B에게 독약을 주면서 수면제이니 C가 잠들면 물건을 탈취 하자고 먹인 경우⇒A는 강도교사O 그런데 살인죄의 간접정범이 성립되는가가 문 제 에 대해서는 배후정범은 아니고 우리형법상 <어느 행위로 인하여 처벌되지 아니하는 자>에 해당하므로 보통의 간접정범이라고 보는 것이 타당(배후인 A가 의도한 중한 범죄인 살인죄로 처벌되지 아니하는 자에 해당) ③범죄피해의 크기에 대해서 기망한 경우: 진주목걸이를 손괴의사로 모조품이니 걱정 말고 손괴하라고 시킨 경우⇒배후정범X 손자는 직접정범O, 배후자는 손괴죄의 교사범O (2)객체의 착오를 유발한 경우:A가 B를 죽이기 위해 한적한 곳에 잠복해 있음을 알고 B와 사이가 안 좋은 C를 그곳에 보내어 죽게 한 경우⇒배후자에게 방조범/B는 살인미수, A는 살인죄의 직접정범(유력)

■ 이상과 같은 이외에도 범죄조직의 우두머리처럼 조직지배를 통하여 범죄를 저지르는 경우가 있는데 이런 경우는 보통의 간접정범이론에 의하여 처리하면 족하다.

III. 간접정범의 처벌

1. 간접정범과 처벌
외형상 [교사에 해당하면 정범과 동일한 형으로 처벌]+[종범에 해당하면 정범의 형보다 감경]

2. 간접정범의 미수
(1) 간접정범의 미수의 처벌

피이용자가 범죄실행을 승낙하고 실행착수를 하지 않거나+범죄실행을 승낙하지 않은 때->예비 또는 음모에 준해 처벌

(2) 간접정범이 실행에 착수한 이후

예비 또는 음모에 준해 처벌 불가

IV. 관련문제

1. 간접정범과 착오
(1) 피이용자의 성질에 대한 착오

1) 이용자가 피이용자를 생명 있는 도구로 판단하고 이용했지만 실제로는 악의의 도구인 경우

간접정범이 성립하지 않고 공범이 성립

2) 피이용자가 책임무능력자임에도 이용자가 책임능력자로 생각(오인)하고 교사 또는 방조한 경우

간접정범이 성립하지 않고 공범이 성립

(2) 실행행위의 착오

1) 피이용자가 간접정범이 기도한 범위를 초과해 실행한 경우

간접정범은 초과부분에 대하여 책임지지 않음

2) 간접정범이 결과에 대해 미필적 고의+결과적 가중범의 중한 결과 예상

결과에 대하여 책임을 짐

■ 간접정범의 미수 ■

제1설	간접정범의 미수는 일반적인 미수규정에 따라 처벌해야한다는 견해(타당)
제2설	간접정범의 미수는 공범의 예에 의하여 교사한 경우만 예비·음모에 준하여 처벌해야한다는 견해

■ 간접정범과 착오 ■

피이용자의 성질에 대한 착오	1. 이용자가 피이용자에게 고의 및 책임능력이 없는 줄 알았으나 실제는 있었던 경우⇒공범설(다수설) 2. 상기와 반대의 경우⇒공범설(다수설)
실행행위에 대한 착오	1. 구체적 사실의 착오⇒착오의 일반원리에 따라 해결 2. 추상적 사실의 착오 ⅰ) 원칙: 사주내용초과시 사주한 범위내에서 간접정범 ⅱ) 예외: 초과부분에 미필적 고의 또는 예견가능성이 있었을 경우⇒전체 범죄에 대하여 간접정범 또는 결과적 가중범 성립

■ 신분범에 대하여 제33조에서 비신분자가 신분자를 이용하는 간접정범은 성립할 수 없다. 왜냐하면 비신분자는 정범의 적격이 없기 때문이다.
■ 간접정범은 교사방조의 예에 의하여 처벌되나 간접정범의 교사방조는 의사지배로서의 교사방조를 행한 것이므로 [교사 및 방조범의 교사방조와는 다르다.
■ ★간접정범이 개념상 불가능한 경우=①생명없는 도구 이용 ②자수범 ③진정신분범 ④부작위에 의한 간접정범★[생없자진정부작위]

2. 간접정범의 한계

(1) 신분범과 간접정범

1) 신분범

행위주체에 일정한 신분을 요하는 범죄

2) 간접정범이 성립하려면 간접정범자에게 정범적격 필요

신분 없는 자가 신분 있는 자를 이용하여 진정신분범의 간접정범 성립불가+비신분자가 단독으로 신분범의 정범이 되지 않음+★비공무원은 공무원을 이용해 수뢰죄를 불가, 비신분자는 횡령죄나 배임죄의 간접정범 불가

(2) 자수범과 간접정범

1) 자수범의 의의

(a) 의의

정범 **자신이 직접 실행해야 만**이 범할 수 있는 범죄+자수에 의해 구성요건을 직접 실현해야 만이 불법실현이 가능한 범죄

(b) 즉,
자수에 의하지 않고 실행하는 공동정범+간접정범은 불가
2) 자수범의 인부와 이론적 근거
(a) 자수범의 인정
 a) 간접정범도 정범+신분 없는 자가 진정신분범의 간접정범이 될 수는 없음
 b) 자수에 의한 실행에 의하여 불법이 실현되는 범죄
(b) 이론적 근거
 a) 문언설(형식설)
 구성요건의 문언에 구성요건을 충족할 수 없게 규정되어 있는 범죄
 b) 거동범설
 결과범과 거동범 구별+일정한 신체거동만 존재하면 범죄가 성립하는 것이 자수범
 c) 법익보호표준설
 법익보호의 관점+자수범을 진정자수범과 부진정자수범으로 구별+행위자형법적 범죄, 법익침해 없는 행위관련적 범죄를 진정자수범으로 파악
(c) 자수범의 판단기준
 a) 불법의 정범이 <u>자신의 신체를 행위수단</u>으로 사용해야 함
 b) 구성요건상 <u>일신적, 인격적 행위</u>를 요구
 c) 법률(소송법 기타)에 의해 스스로 요구하는 범죄
3) 형법상의 자수범
(a) 형법상의 자수범의 3유형
 a) 범죄의 실행에 행위자의 신체를 수단으로 요구+준강간죄, 준강제추행죄, 피구금부녀간음죄, 군형법상의 계간
 b) 일신상에 있어서 인격적 행위를 요구+업무상 비밀누설죄
 c) 법률(소송법 등 형법 이외)이 행위자 스스로의 행위를 요구+위증죄, 군형법상의 군무이탈죄
(b) 공정증서원본부실기재죄
 허위공문서작성죄의 간접정범을 처벌하기 위한 규정+But <u>자수범은 아님</u>

■ 간접정범의 한계로서 자수범 ■

의의	자연인인 정범 **자신이 직접 범죄를 행하였을 때** 범죄가 성립되는 범죄(간접정범형태X)
인정여부	(1)**부정설**:<**자연과학적 인과론, 확장적 정범개념론**>⇒범행에 조건적 기여만 있으면 정범을 인정하므로, 간접정범을 부인하는 자수범은 불성립, <실정법근거설>은 형법 제34조 1항이 교사, 방조의 예에 의하여 처벌되므로 제33조가 적용되어 자수적 실행이 없는 자도 간접정범이 될 수 있다고 한다. 공범독립성설도 부정

	(2)<u>긍정설</u> ①<u>문언설</u>: 개개의 문언에 의하여 국외자의 행위는 구성요건을 충족 시킬 수 가 없는 범죄가 자수범 ②<u>거동범설</u>: 신체의 거동만 있으면 범죄가 성립하는 거동범은 자수범 ③<u>개별적 구성요건</u>으로 해석하는 견해:<신체가담요구＋인격적 행위요구＋소송법 등 법률이 스스로 행위요구> ④<u>법익보호표준설</u>(Roxin) 　　ⓐ행위자형법적 범죄＋법익침해없는 행위관련적 범죄⇒진정자수범 　　ⓑ특수한 의무침해를 전제로 한 범죄⇒부진정자수범
판례	부정수표단속법 제4조 위반사건(1992.11.10, 92 도 1342)에서 발행인이 아닌 자는 위 법조가 정한 허위신고의 주체가 될 수 없고, 허위신고의 고의 없는 발행인을 이용하여 간접정범의 형태로 허위 신고죄를 벌할 수 없다고 판시함으로써 <u>자수범의 개념을 인정</u>하였다.
예	<u>준강간·강제추행죄(제299조)/피구금부녀간음죄(제303조)/업무상비밀누설죄(제317조)/위증죄(제152)/군무이탈죄(군형법 제30조)</u>

■ Roxin은 군무이탈죄나 위증죄와 같이 법익을 침해하지만 정범에게 특수한 의무침해를 전제로 하기 때문에 간접정범으로 범할 수 없는 범를 부진정 자수범이라 하였다.

■ 허위공문서작성죄가 자수범인가 ■

통설	자수범O
유력설	공정증서원본부실기재죄는 허위공문서작성죄의 간접정범을 처벌하기 위한 규정이지만 그것 때문에 허위공문서작성죄가 자수범이 되는 것은 아니다. 신분없는 자가 허위공문서작성죄의 간접정범이 될 수 없는 것은 그것이 진정신분범이기 때문에 당연하기 때문이다.

■ 자수범의 유형 ■

제1구별	(1)★<u>진정자수범</u>: 신분자⇒비신분자O/////비신분자⇒신분자O 　예)<u>위증죄</u> (2)★<u>부진정자수범</u>: 신분자⇒비신분자O/////비신분자⇒신분자X 　예)수뢰죄/허위진단서작성죄/허위공문서작성죄/업무상비밀누설죄
제2구별	(1)<u>실질적 자수범</u>: 성질상 간접정범 형태로 범할 수 없는 범죄(일반적) (2)<u>형식적 자수범</u>: 간접정범형태로 범할 수 있으나 구성요건규정상 간접정범의 형태로 범할 수 없게 된 범죄 　예)허위공문서작성죄(간접정범의 형태: 공정증서원본부실기재죄)

■ 과실에 의한 간접정범은 견해가 대립하나 행위지배를 할 수 없다고 보여지므로 부정설이 타당

V. 특수교사 및 방조

1. 특수교사 및 방조의 의의
(1) 타인을 <u>지휘 감독할 지위에 있는 자</u>가 <u>지위를 이용해 교사, 방조</u>

비난가능성이 크므로 형가중

(2) 이용자가 그 <u>지위를 남용했다는 점</u>에 가중의 이유가 있음

공무원의 직무상 범죄에 대한 한 형의 가중취지와 동일

2. 교사와 방조의 성질
(1) <u>특수공범+특수간접정범, 동일하게 적용</u>
(2) 지휘, 감독을 받는 자는 그 근거가 <u>법령에 규정된 경우에 한하지 않음</u>+[사실상 지휘 감독]을 받고 있는 자면 족함+특수교사, 방조자는 피이용자가 지휘, 감독을 받는 자임을 [인식]해야 함

제3절 공동정범

I. 공동정범의 의의와 본질

1. 공동정범의 의의
(1) 공동정범의 의의

2인 이상이 공동하여 죄를 범함

(2) 공동정범의 특색

1) <u>동시적+상호적인 이용관계</u>를 가지고 공동으로 범죄 실행
2) 공동정범의 불법내용은 스스로에 있음+<u>타인의 행위와 관련되지 않음</u>
3) 공동정범의 종속성

<u>분업적 행위실행</u>+<u>기능적 역할분담</u>의 원칙에 근거

4) 공동정범의 정범성

공동정범이 공동결의로 분업적 실행에 의해 공동으로 행위지배+<u>기능적 행위지배</u>

5) 공동정범과 간접정범의 유사성(같지는 않지만)

행위자 스스로 실행으로 나아가지 않은 부분에 대해 <u>다른 공동 행위자의 행위를 자기를 위하여 이용</u>

6) 공동정범과 간접정범의 구별

(a) 공동정범

　분업적 행위실행에 의해 ★**전체계획 지배**

(b) 간접정범

　단독적 행위지배

■ 공동정범의 개념 및 본질 ■

개념	(1) 2인 이상의 자가 공동의 범행계획에 따라 각자 실행의 단계에서 <u>＜본질적인 기능을 분담하여＞</u> 이행함으로써 성립하는 범죄 (2) **기능적 행위지배** (3) ★**일부실행·전부책임의 원칙** (4) 공동정범은 **공동자 전원의 현장성은 요건 X**
공동정범의 본질	※ ＜2인 이상이 공동하여＞에서 ＜공동＞이 무엇을 의미하는가가 문제 ⅰ) **범죄공동설**: 수인이 공동하여 **특정한 범죄**를 행하는 것(객관주의) 　① 고의공동설: 1개의 특정된 동일한 고의범 　② 구성요건공동설: 각자의 고의는 달라도 ＜**중요한 구성요건**＞에 대하여 공동정범성립인정, 책임은 고의의 범위내에서 개별적 　③ 부분적 범죄공동설: 죄가 상이할 지라도 ＜**구성요건적으로 중첩**＞하는 범위에서 인정, 책임은 각자의 고의·과실의 범위내에서 부담 ⅱ) ＜**행위공동설**＞: 수인이 ＜**행위를 공동으로 하여**＞ 각자 자기의 범죄를 실행하는 것(판례) 　① **사실행위공동설**: ＜행위공동＞은 ＜전구성요건적·자연적 의미의 사실행위의 공동＞을 의미한다. 　② **구성요건적 행위공동설**: ＜행위공동＞이란 ＜각자 구성요건에 해당하는 실행행위의 공동＞을 의미한다.

■ 공동정범은 ＜분업적 행위실행에 의한 기능적 행위지배+기능적 역할분담＞의 원칙이 지배한다.
■ 범죄공동설⇒수인일죄/////행위공동설⇒수인일죄+수인수죄

2. 공동정범의 본질

(1) 범죄공동설과 행위공동설

1) 범죄공동설

(a) **공동정범은 수인이 공동하여 특정의 범죄를 행하는 것**

(b) **객관주의범죄론**

　객관적으로 구성요건이 하나+특정한 범죄를 수인이 공동→공동정범

(c) **행위공동설의 공동정범**

　수인이 행위를 공동으로 하여 범죄 행함+수인이 <u>자연적 의미의 행위를 공동</u>→공동정범

(2) 범죄공동설과 행위공동설의 차이

1) 공동으로 행한 사실이 수개의 범죄사실일 경우

   ⒜ **범죄공동설**

   공동정범 성립

   ⒝ **행위공동설**

   각각 공동을 행하는 행위가 특정한 한 개의 범죄구성요건에 해당 요->수개 공동정범 성립불가

2) 공동으로 행한 사실이 한 개의 범죄사실의 일부분에 속한 경우

   ⒜ **범죄공동설**

   공동정범 인정

   ⒝ **행위공동설**

   공동정범 성립불가+구성요건의 전부에 대한 방조

3) 고의를 달리하는 경우 과실범의 공동정범과 고의범, 과실범의 공동정범

   ⒜ **범죄공동설**

   공동정범인정

   ⒝ **행위공동설**

   공동가공의 의사로 특정 범죄에 대한 고의를 공동으로 할 것을 요->공동정범불인정

(3) ★비교

	범죄공동설	행위공동설
이론적 배경	객관주의	주관주의
승계적 공동정범	X	O
과실범의 공동정범	X	O
부분적 공동정범	X	O
고의범과 과실범의 공동정범	X	O
이종·수개의 구성요건 사이의 공동정범	X	O

II. 공동정범의 성립

1. 주관적 요건

(1) 공동가공의 의사

1) 공동정범은 <u>주관적 공동가공의 의사</u>, 공동의 의사 요

2) 공동가공의 의사

 (a) <u>기능적 행위지배의 본질적 요건</u>

 (b) 개별적 행위가 <u>전체로 결합</u>+분업적으로 실행된 행위의 전체에 대한 <u>책임인정</u>

■ 공동정범의 성립요건 ■

주관적 요건	⑴공동<u>실행의사</u>: 의사의 상호이해(편면적 공동정범은 동시범 또는 종범일 뿐) ⑵의사연락은 <u>묵시적이어도</u> 상관없다. ⑶의사연락은 <u>연쇄적·간접적 연락</u>도 가능 ⑷공동자중 초과실행한자, 그 자만 초과실행에 대하여 책임을 진다. ⑸<승계적 공동정범의 문제> ⑹<과실범의 공동정범의 문제>
객관적 요건	⑴공동의 실행행위:<공동자 각자가 구성요건의 전부 또는 일부를 실행한 경우+구성요건의 범위내는 아닐지라도 <u>전체계획에 의하여 결과를 실현하는 데 불가결한 요건이 되는 기능을 분담하였는가</u>> 종합판단 ⑵★<u>현장성X</u> ⑶공동의 실행행위는 <실행의 착수 이후 실질적 종료이전>에 있어야 한다. ⇒<u>공동정범에서 이탈</u>(전술) ⑷<공모공동정범의 문제>

(2) 동시범

1) <u>공동의 의사가 없는 경우</u>에 2인 이상이 죄를 범한 경우

공동정범 불성립+단순정범이 결합된 것에 불과+자기가 실행한 행위에 책임+<u>독립행위의 경합</u>

2) <u>동시 또는 이시</u>의 독립행위가 경합한 경우

결과발생의 원인된 행위가 판명되지 않으면 각 행위를 <u>미수범으로 처벌</u>

■ 동시범(제19조) ■

의의	⑴<u>다수인이</u>(동일장소 불요) ⑵<u>의사연락 없이</u> ⑶동시 또는 이시에 ⑷동일한 행위객체에 대하여(★<u>사실상 동일함을 요하지 않고</u>, ★<u>구성요건상 객체가 동일하면 족함</u>)

	(5)결과발생의 원인이 판명되지 않은 범죄행위★(개별적 검토) ※공동정범은 인과관계를 ★포괄적으로 검토
문제점	<공동정범에서 의사의 연락(공동의사)의 내용>을 어떻게 파악하는가에 따라 동시범의 성립범위가 차이 (1)범죄공동설: 의사연락은 1개의 고의공동을 의미⇒동시범의 성립확대 (2)행위공동설: 의사연락은 행위를 공동으로 할 의사를 의미⇒동시범의 성립축소 ※편면적 공동정범⇒범죄공동설에서는 동시범일 뿐 ⇒행위공동설에서는 공동정범 성립
효과	(1)고의와 고의행위⇒각자미수 (2)고의와 과실행위⇒고의 행위만 미수 (3)과실과 과실행위⇒불가벌

3) 동시범의 특례(제263조)

1) 의의	상해의 동시범에 있어서 원인행위가 판명되지 아니한 때에도 공동정범이 성립⇒원고(검사)의 입증 책임을 완화
2) 법적 성질	①법률상 추정설: 법률상 공동책임추정 ②법률상 의제설: 공동정범으로 의제 ③거증책임전환설(다수설): 피고인(가해자)가 입증 ④2원설: 실체법상⇒공동정범의 범위확장+소송법상⇒거증책임전환
3) 요건	독립행위의 경합+상해결과의 발생+원인행위의 불분명
4) 효과	①고의의 상해와 고의의 상해 경합⇒상해죄의 공동정범 ②고의의 상해와 과실치상 경합⇒상해기수와 과실치상죄의 공동정범 ③과실치상과 과실치상의 경합⇒과실치상의 공동정범
5) 적용범위	①상해죄·폭행치상O ②상해치사·폭행치사⇒판례O+학설X ③★강간치상죄·강도치상죄X⇒보호법익을 달리함(이유)

(3) 편면적 공동정범
1) 공동정범은 모두 역할분담+공동작용에 대한 상호이해 존재->이 것을 충족 못하면 <u>편면적 공동정범</u>
2) 범죄의사의 상호이해가 없이 한 사람만이 이러한 의사를 가진 경우
   편면적 공동정범 즉, 이는 공동정범이 아님

(4) 공동의사의 방법

1) 상호이해

반드시 명시적 의사표시, 의사연락을 필요로 하는 것 아님 + ★묵시적 의사연결으로 족

2) 공동인식

공동정범은 ★상호 면식이 있음을 요하지 않음 + 자기 이외에 다른 사람과 공동으로 죄를 범한다는 사실인식이면 족

(5) 공동정범에서 문제(승계적 공동정범 등)

1) 의의

⒜ 공동의사의 성립

★반드시 사전에 있었음을 불요

⒝ 공동정범의 공동의사에 따른 성립시기

a) 공모공동정범

공동의 의사가 행위 이전에 성립

b) 우연적 공동의사

행위시에 성립

c) 승계적 공동정범

실행행위의 일부 종료 후 그 기수 이전에 성립

2) 승계적 공동정범의 문제(공동정범의 성립가능성과 후행자의 책임범위)

⒜ 공동정범의 성립가능성

a) 범죄공동설

승계적 공동정범은 공동정범 될 수 없음 + 전체범죄의 방조

b) 행위공동설

공동정범의 성립인정

c) 공동정범상 공동의사가 사전에 있을 것을 요하지 않음 + ★**행위 도중에 공동의사가 성립한 경우 역시 공동정범성립**

⒝ 승계적 공동정범 또한 공동정범의 다른 요건을 구비요

a) 선행자와 후행자에게는 공동으로 범죄를 완성한다는 공동의 의사 존재

b) 공동의사가 성립할 수 있는 시기

범죄의 종료시까지

c) 후행자는 나머지 실행행위를 행함으로서 실행행위분담

d) Therefore 후행자의 개입 이전에 선행자에 의하여 범죄가 완성된 때

승계적 공동정범성립불가

3) 공동정범의 성립범위

(a) 적극설
후행자에게도 전체행위에 대한 공동정범의 책임인정
(b) 소극설
★후행자에게 가담 이후의 행위에 대해서만 공동정범의 성립인정

■ 승계적 공동정범 ■

의의	(1)공동실행의 의사가 <선행자의 실행행위의 일부종료 후 그 기수전>에 성립한 경우를 말하는 것으로 주로 <결합범>이나<포괄일죄> 등에서 문제된다. ※공모공동정범⇒공동실행의사가 <실행행위이전에 성립>/////우연적 공동정범⇒공동의 실행의사가 <실행행위시>에 우연히 형성 (2)선행자와 후행자 사이에 공동정범이 성립하는가+후행자에게 전체행위에 대한 공동정범의 성립을 인정할 것인가⇒공동정범의 주관적 요건 문제
공동정범성립가능성	(1)부정설: 의사연락은 실행행위시에 있어야 한다. (2)긍정설: 의사연락은 실행행위이전에 있을 필요가 없다. (3)판례: 농협직원의 백미에 대한 배임죄사건에서 포괄일죄의 범행도중에 공동정범으로 가담한 자는 이미 이루어진 종전의 범행을 알았다하더라도 가담이후의 범행에 대해서만 공동정범으로서의 죄책을 진다고 판시(인정)
성립요건	공동가공의사(주관적 요건)+공동실행행위(객관적 요건) ※공동실행의 의사가 성립할 수 있는 시기: 기수시까지(김, 배), 범죄의 종료시
공동정범 성립범위	<전체범죄에 대하여 공동정범을 인정할 것인가> (1)적극설: 후행자가 선행자의 <양해>아래 선행자가 형성한 기존의 정황을 인용하고 이용한 이상, 공동실행의 의사와 공동의 실행행위가 모두 존재하므로 전체에 대하여 공동정범성립 (2)소극설: 후행자의 행위와 선행자 사이에 인과관계를 인정 할 수 없고+형법상 추인 또는 사후고의를 인정할 수 없고+선행사실에 대한 후행자의 기능적 행위지배를 인정할 수 없다. (3)판례: 연속된 필로폰제조 도중 가담자는 가담이후의 행위에 대해서만 책임

■ <승계적 공동정범에 대한 소극설>은 인과관계가 없는 선행사실에 대하여 후행자가 책임을 진다는 것은 <자기책임의 원칙에 반한다.>는 점을 든다.
4) 과실범의 공동정범
(a) 2인 이상이 공동과실로 인하여 과실범의 구성요건적 결과를 야기한 경우에 과실범의 공동정범 성립여부
(b) 견해의 대립
 a) 긍정설

(가) 행위공동설

공동정범은 행위의 공동이 존재하면 족함+공동의 의사도 행위를 공동으로 할 의사를 의미한다고 해석+고의를 달리하는 범죄의 공동정범, 과실범 또는 과실범의 공동정범인정

(나) 공동행위주체설

공모만으로는 부족+실행행위를 분담했다고 볼 수 있는 범위에서 공동정범이 성립+공동행위주체가 성립+실행행위분담+과실에 의해 결과발생->공동정범성립

(다) [기능적 행위지배설]

공동정범의 본질이 기능적 행위지배에 있음+과실범의 공동정범 역시 기능적 행위지배가 인정되는 경우 가능

(라) 과실공동, 행위공동설

과실범상 공동정범이 성립하기 위해서는 의사의 연락을 불요+의무의 공동+행위의 공동이 있을 경우->공동정범이 성립

b) 부정설

(가) 범죄공동설

고의를 같이하는 범죄에 대해서만 공동정범성립+고의범과 과실범의 공동정범, 과실범의 공동정범 불성립

(나) ★목적적 행위지배설

공동정범은 정범일종+정범은 범죄의사와 목적적 행위지배가 있어야함->과실범의 공동정범은 불성립

(다) [기능적 행위지배설]

공동의 결의에 기초한 역할분담+과실범에서 공동정범 성립여지 없음

5) 과실범의 정범요소

주의의무위반+과실범의 공동정범 역시 주의의무를 공동으로 침해+주의의무의 공동과 구성요건실현행위의 공동을 의미

■ 과실범의 공동정범 ■

의의	(1)2인 이상이 공동의 과실로 인하여 과실범의 구성요건적 결과를 발생케 한 경우에 과실범의 공동정범이 될 수 있는가 (2)[공동정범=공동가공의사+공동가공사실]이 있어야 하는 바, <공동의사의 내용을 어떻게 파악할 것인가>가 문제
인정여부	(1)긍정설 ⅰ)행위공동설: 공동의 의사는 행위를 공동으로하면 족하다. ⅱ)공동행위주체설: 실행행위를 분담한 이상 공동정범 성립 ⅲ)기능적 행위지배설: 기능적 행위가 인정되는 범위 내에서 공동정범성립 ⅳ)과실공동·행위공동설: 의사연락은 요하지 않고 <의무의 공동이 있고><행위의

	공동이 있을 때> 인정 (2) 부정설 ⅰ) 범죄공동설: 특정범죄를 공동으로 하는 것이므로 고의를 같이 하는 범죄에 대해서만 공동정범 성립이 가능하다. ⅱ) 목적적 행위지배설: 범죄의 의사와 목적적 행위지배가 있어야 한다. ⅲ) 기능적 행위지배설: 공동의 결의에 기초한 역할 분담이 있어야 하는데 없다.⇒동시범으로 처벌 (3) 판례: 열차가 후행하다가 사고 난 사건에서 사고열차의 퇴행에 관하여 서로 상의하고 동의한 이상 <퇴행에 과실이 있었다면> 과실책임을 진다고 판시.
성립요건	공동의 객관적 주의의무+공동행위의 인식+공동의 주의의무의 인식
처벌	(1) 긍정설⇒공동정범/////(2) 부정설⇒동시범 ※성수대교붕괴사건에서는 시공업자와 감독공무원들을 업무상과실치상죄의 공동정범의 성립을 긍정

2. 객관적 요건

(1) 공동가공의 사실
 1) 공동가공의 의사+공동가공의 사실=실행행위의 분담
 2) 각자가 모든 구성요건의 충족을 요하지 않음+구성요건일부 실행도 성립

(2) 실행의 분담
전체계획에 다른 결과를 실행하는데 불가결한 요건의 기능분담

(3) 범죄계획의 수행에 필수적인 역할을 분담하면 족+분담을 반드시 현장에서 행할 것은 요하지 않음

(4) 공모공동정범
1) 의의

2인 이상의 자가 공모하였고 그러한 공모자 가운데 일부가 공모한 것에 따라 범죄의 실행에 나아갔지만 나머지 일부가 실행행위를 담당하지 않았다고 해도 그 공모자에게도 공동정범이 성립

2) 견해의 대립

(a) 긍정설

 a) 공동의사주체설

공동목적을 실현하기 위해 동심일체를 이룸+일부의 행위는 공동의사주체의 행위로 되며 직접 실행행위를 분담치 않은 공모자도 공동정범으로 처벌

 b) 간접정범유사설

실행하지 않은 공모자 역시 타인과 공동해 타인의 행위를 이용하여 실행한 점에서 공동정범 인정가능

 c) 적극이용설

공범자의 이용행위를 실행과 가치적으로 동시함+적극적 이용행위에 실행의 형태 인정

ⓑ 부정설(통설)
　공모공동정범에 대하여 공동정범의 성립을 부정
ⓒ 공모관계로부터의 이탈
　a) 공무이탈자가 공모자 중 평균적 일원에 불과한 경우
　실행에 착수하기 전에 이탈의 의사를 표시했다면 공동정범관계 해소
　b) 공모관계상 주모자지위로서 다른 공모자의 실행에 강력한 영향을 미친 경우
　실행에 미친 영향을 제거키 위해 진지한 노력 필요

■ 공모공동정범 ■

의의	(1) 수인이 범행을 공모하여 그 공모자 중의 일부가 실행행위로 나아간 때에는 실행행위에 나아간 자뿐만 아니라 단순히 공모에 참가한 데 그친 자도 역시 공동정범이 된다는 이론 (2) ★지능범+실력범(강도)에까지 확대 (3) 수괴처벌+입증곤란 완화 ※그러나 실행행위공동(공동정범경립요건)이 없고, 자기책임의 원칙에 반할 가능성 있다.
인정 여부	(1) 긍정설 　ⅰ) 공동의사주체설: 공동의사가 형성된 이상 가능 　ⅱ) 간접정범유사설: 서로 타인의 행위를 이용한 것과 유사 　ⅲ) 적극이용설: 직접실행행위에 나가지 않았을 지라도 실행 행위와 동일하게 평가할 수 있을 정도로 적극이용하는 경우는 성립 　ⅳ) 기능적 행위지배설: 각자가 범행의 전체계획을 수행하는데 불가결한 요건을 분담하였느냐를 기준, 수괴인정O (2) 부정설: 실행해위를 분담하지 않았으므로 교사나 방조범(통설) (3) 판례: 상지대부정입학사건에서는 인정/////파업전야영화상영의 영화법위반에서는 기능적 행위지배가 필요하다고 인정하여 공모공동정범 부정
실행착수전 공모관계 이탈	(1) 인과관계단절 여부를 기준으로 하는 견해: <실행착수 이전에 이탈하였으므로 공동정범의 성립은 부정하되, 중지이전까지의 행위기여가 정범의 실행에 인과관계 있는 행위인가 여부에 따라 교사 또는 방조를 인정> (2) 기능적 행위지배 여부를 기준으로 하는 견해: 이탈자가 공모에 의하여 담당한 <기능적 행위지배를 제거한 때>에는 공동정범이 불성립 (3) 판례: 공동정범책임X(이탈시 반드시 명시적일 필요없다. 묵시적O) (4) 결론: <실행착수전이탈>+<이탈의 의사표시>+<다른 공범의 승낙>이 필요하나, <이탈자가 강력한 영향력을 미친 경우는 스스로 영향력을 제거>해야 한다.

III. 공동정범의 처벌

1. 공동정범과 처벌

(1) 공동정범은 각자를 <u>그 죄의 정범</u>으로 처벌
  공동실행행위로 인하여 발생한 사실의 전부에 대하여 공동정범은 각각 정범으로서의 책임부과
(2) 공동정범은 <u>공동의사의 범위 내에서만</u> 성립
  공동정범 중 어느 한 사람이 공동의사의 범위를 초과->그 부분은 단순정범이 성립
(3) 다른 공동자가 행한 초과부분에 대하여 고의없는 공동자가 그러한 결과를 <u>예견할 수 있었을 경우</u>
  결과적 가중범의 공동정범 성립가능
(4) 결과적 가중범의 공동정범
  공동정범 각자가 결과발생에 대한 예견가능해야 함

2. 공동정범과 신분

(1) 진정신분범
  공동정범의 각자가 신분을 가질 것 요
(2) <u>비신분자는 단독으로 진정신분범의 정범이 될 수 없음+But 신분자와 공동하여 신분범 가능</u>
(3) 공동정범자 중 책임조각사유, 처벌조각사유가 있는 자가 있는 경우
  <u>해당자만 적용</u>

3. 공동정범과 착오
공동정범 중 한 사람이 구성요건을 같이하는 것 가운데 객체의 착오가 있는 경우->다른 공동정범의 고의를 조각 못함

제4절 교사범

I. 교사범 개관

1. 교사범의 의의

(1) 의의
<u>타인으로 하여금 범죄를 [결의케 하여] 범죄를 실행하게 한 자</u>

(2) 교사범과 공동정범의 구별

1) 교사범

타인을 교사해 죄를 범함+<u>스스로 행위지배에 관여 안 함</u>

2) 공동정범점

기능적으로 행위지배를 행함

(3) 교사범과 간접정범의 구별

1) 간접정범

어느 행위로 인해 처벌되지 않거나 과실범으로 처벌되는 <u>도구</u>를 이용하여 의사지배를 행하는 정범

2) 교사범

정범의 범죄 전제로 함

(4) 교사범과 종범의 구별

1) 교사범

타인에게 범죄[결의를 생기게] 하거나 [강화함]

2) 종범

타인의 결의를 전제로 함, 실행을 유형적, 무형적으로 <u>조력(도움)</u>

2. 도해

교사범	방조범
1) 무⇒유	1) 방조
2) 경⇒중	2) 강화

II. 교사범의 성립요건

1. 교사범의 교사행위

(1) 교사행위

1) 교사행위의 의의

(a) 교사행위

타인(정범)에게 범죄의 결의를 가지게 하는 해위

(b) 타인(피교사자)이 이미 범죄를 결의하고 있다면 교사행위 아님+But **범죄결의가 확고에 이르지 않고 막연할 정도의 범죄계획에 그치고 있다면 교사가능**

(c) 교사자가 피교사자의 결의보다 중한 범죄를 실행하게 한 경우

전체범죄에 대한 교사범 성립

(d) 피교사자의 결의보다 경미한 범죄를 실행하게 한 경우

방조가능+교사 불가능

■ 간접정범과 교사범은 행위지배유무에서 차이가 있다 즉 간접정범 행위지배(의사지배)가 있다. 이에 반해서 교사범은 행위지배(의사지배)가 없다.
■ 단순한 범죄유발상황을 만드는 것은 교사X, 즉 범죄일반교사X(특정O)

2) 교사행위의 수단

(a) 교사행위의 수단은 제한 없음+범죄결의에 영향을 미칠 수 있으면 족+명령, 지시, 설득, 애원, 요청, 유혹, 감언, 이익제공, 위협

(b) **강요, 위력, 기망에 의한 경우**

간접정범이 성립할 수 있기 때문에 교사행위불가능

(c) 교사는 반드시 명시적, 직접적 방법 불요+★묵시적인 경우 가능

(d) 수인이 공동+연쇄적인 방법에 의한 교사

가능

3) 부작위와 과실에 의한 교사

(a) 작위에 의한 교사

부작위는 정범을 결의케 할 수 없음

(b) 과실에 의한 교사

불가능

(2) 교사범의 고의

1) 의의

(a) 정범에게 범죄결의를 갖게 하고+정범에 의하여 범죄를 실행하려는 고의

(b) **교사범의 [이중의 고의]를 요+[미필적 고의]로 족**

2) 고의의 내용

(a) 구체적일 것

구체적+특정한 범죄와 정범에 대한 인식

(b) 교사자는 특정한 범죄에 대한 고의 존재요+구성요건에 해당하고 위법하게 하는 상황을 인식 요

(c) But **정범이 범할 범죄의 일시, 장소+구체적인 실행방법+정범의 가벌성 등은 고의의 내용에 해당 안 함**

(3) 미수의 교사

1) 교사자의 고의

구성요건적 결과를 실현할 의사+따라서 교사의 미수는 처벌되나 미수의 교사는 불벌

2) 미수의 교사의 의의 및 정도
ⓐ 정범(피교사자)의 행위가 미수에 그칠 것을 예견하고 교사
ⓑ 교사자의 고의의 인식 정도
 (가) 제1설
교사의 고의가 있고 교사의 미수와 동일하게 가벌적임
 (나) 제2설
미수의 교사는 교사의 고의가 부존재하기 때문에 교사범 불성립(타당)
ⓒ ★**결과발생에 대하여 미필적 고의가 있을 시에는 [미수의 교사에 해당 안 함]**

2. 피교사자의 실행행위

(1) 피교사자의 결의
1) 피교사자는 교사에 의하여 범죄실행결의를 해야 함
2) 정범이 범죄실행을 승낙치 않으면 교사범은 불성립
3) 피교사자의 결의
교사에 의한 것임을 요+교사행위와 피교사자의 결의 사이에는 인과관계 요
4) 과실범으로 처벌되는 자를 이용하는 행위->간접정범으로 처벌

(2) 피교사자의 실행행위
1) 교사행위와 실행하는 정범의 결의가 있음에도 정범의 실행이 없는 경우
교사범 불성립+예비, 음모에 준하여 처벌가능
2) 실행행위는 착수 또는 실행에 착수했을 것 요
3) 정범의 실행행위
객관적 구성요건요소와 주관적 구성요건요소가 충족+위법할 것 요+But 실행행위에 대해 책임이 있을 것 불요

(3) **기도된 교사(도해): 실패한 교사+효과없는 교사**

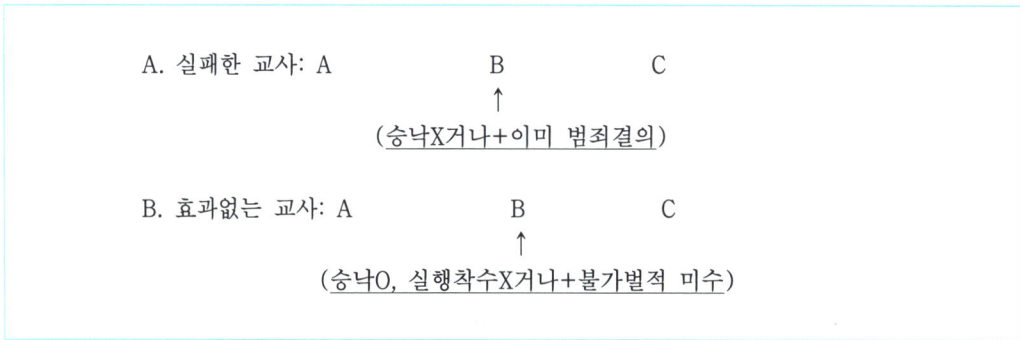

■ 교사범 ■

의의	(1)타인으로 하여금 범죄를 결의하게 하여 실행케 한 자 (2)유발 (3)의사지배X

교사자에 대한 요건	1. 교사자의 교사행위: 범죄의사가 없는 자에게 범죄결의를 갖게 하는 것
	  (1)이미 범죄결의를 하고 있는 자에게 동일범죄교사⇒교사X, 종범 및 교사의 미수는 가능
	  (2)이미 범죄결의를 가진 자에게 가중적 구성요건을 교사⇒전체범죄의 교사O
	  ※전체방조와 초과부분교사/단순한 가중범일 때는 방조, 독자적인 범죄일 때는 교사
	  (3)이미 범죄를 가진 자에게 경미범죄교사⇒교사X, 방조O
	※수단 무제한/특정의 구체적 범죄결의/공동교사O/부작위에 의한 교사X/과실에 의한 교사X
	2.교사자의 고의: 2중고의설⇒교사의 고의+정범의 고의
	  (1)특정한 정범에 대한 인식: 특정되어 있는 한 다수인O
	  (2)특정한 범죄에 대한 인식: 상세한 인식은 요하지 않으나 본질적 표지 인식요
	  ※고의+주관적 구성요건요소인식⇒통화위조교사시 행사목적
	  (3)<미수의 교사>
	    기회제공형⇒적법, 가벌/////범의 유발형⇒불법, 불가벌
	  (4)미수의 교사가 기수유발⇒과실범설 타당(방조범설도 있다.)

피교사자에 대한 요건	1.피교사자의 범행결의 ※과실범에 대한 교사⇒간접정범O/////편면적 교사X ※교사가 유일한 조건일 필요는 없다. 2.피교사자의 실행행위: 기수·미수 불문 ※신분범·목적범에서는 피교사자에게 신분·목적이 있어야 한다.

III. 교사의 착오

1. 실행행위의 착오

(1) 교사내용보다 적게 실행한 경우

1) 피교사자가 교사받은 것보다 적게 실행한 경우

교사자는 피교사자가 실행한 범위 내에서 책임+특수강도를 교사받은 자가 강도죄를 범한 경우, 살인을 교사받은 자가 살인미수일 경우

2) 양죄가 상상적 경합의 관계에 있을 경우

형이 중한 것으로 처벌

(2) 교사내용보다 초과하여 실행한 경우

1) 질적 초과

(a) 의의

질적 초과란 피교사자가 교사받은 범죄와 전혀 다른 범죄를 실행한 경우를 말함

(b) 책임

교사자는 교사범으로서의 책임을 안 짐

(c) 처벌

교사한 범죄에 대하여 예비, 음모를 벌하는 규정이 있을 때에는 교사자는 예비, 음모에 준하여 처벌

(d) 질적 초과로 인한 교사범의 면책

질적 차이가 본질적인 경우에 한정+사기를 교사했는데 공갈, 공갈을 교사했는데 강도 실행

2) 양적 초과

(a) 의의

양적 초과란 교사의 내용과 실행행위가 구성요건을 달리하지만 공통적 요소를 가지고 있는 경우를 말함

(b) 책임

교사자는 초과부분에 대하여는 책임을 안 짐+절도를 교사하였는데 강도를 실행, 상해를 교사하였는데 살인실행

(c) 과실여부

과실여부에 따라 결과적 가중범 성립가능

2. 피교사자에 대한 착오

★피교사자를 책임능력자로 판단했지만 책임무능력자인 경우+책임무능력자로 판단했으나 책임능력자인 경우−>모두 교사범성립

■ 교사의 착오 ■

실행행위에 대한 착오	(1)구체적 사실의 착오⇒구성요건적 착오 일반이론으로 해결, 발생사실에 대한 교사범 성립 (2)추상적 사실의 착오 　ⅰ)교사내용에 미달시(예, 특수강도교사⇒단순강도) 　　①원칙: 피교사자의 실행범위내 책임 　　②예외: 교사한 범죄의 예비·음모의형〉실행한 범죄의 형일 때는 상상적 경합에 의하여 예비·음모의 책임(강도교사 절도실행시 강도의 예비·음모로 처벌) 　ⅱ)교사내용초과시

	①질적초과: <본질적이면>⇒교사한 범죄의 예비·음모(예, 강도교사시 강간했을 때는 강도 예비·음모로 처벌)/////<비본질적이면>⇒교사한 죄의 교사범(예, 공갈교사시 강도실행했을 때에는 공갈죄의 교사범) ②양적초과 ⓐ원칙: 초과부분책임 안지고 <u>교사한 범죄의 교사범처벌</u> ⓑ예외: 피교사자가 결과적 가중범을 실현했을 경우 <교사자에게 중한 결과에 대한 과실이 있는 때에 한하여 결과적 가중범의 교사> 책임
피교사자에 대한 착오	피교사자에 대한 책임능력에 대한 인식은 교사자의 고의의 내용이 아님, 그러므로 이에 대한 <착오>는 교사범의 고의 불조각 ※피교사자를 14세이상의 책임능력자인 것으로 알고 절도를 교사했는데 13세의 책임무능력자 이었을 경우 또는 그 반대의 경우에도 절도죄의 교사범 성립

IV. 교사범처벌

1. 교사범의 처벌

(1) 처벌

<u>교사범은 정범과 동일한 형으로 처벌</u>

(2) 교사범의 형

1) 형선고

정범과 동일한 형을 선고+But 교사범의 형이 더 중할 가능성 존재

2) 자기의 지휘, 감독을 받는 자를 교사한 때

정범에 정한 형의 <u>장기 또는 다액의 1/2 가중</u>

2. 신분범

진정신분범상 비신분자도 진정신분범의 교사범이 될 수 있음+But <u>신분자가 비신분자를 이용해 교사한 경우에는 진정신분범에 대한 간접정범이 성립</u>

3. 가감적 신분

부진정신분범에 있어서 가감적 신분은 신분자에게만 영향을 미침, 공범에게는 안 미침
- 교사자는 정범과 동일한 형(법정형)으로 처벌한다.
- 공범은 처벌의 종속성이 인정되지 않기 때문에 ★<u>교사범의 처벌을 위해서 정범을 먼저 처벌되어야 하는 것은 아니다.</u>

- 공동교사O/////편면적 교사X
- 결과적 가중범의 교사에서 과실유무는 교사자를 기준으로 한다.

V. 관련문제

1. 간접교사

(1) 교사의 교사

1) 타인에게 제3자를 교사하여 범죄를 실행하게 한 경우+甲이 乙에게 丙을 시켜 丁을 살해토록 교사
2) 타인을 교사하였지만 피교사자가 직접 실행하지 않고 또다른 제3자를 교사하여 실행하게 한 경우+甲이 乙에게 丁을 살해할 것을 교사, 乙은 丙에게 丁을 살해토록 한 경우

- 간접교사: A가 B에게 C를 시켜 D를 죽이라고 한 경우
- A는 C에게 죽이도록 특정, 그러므로 C가 D를 죽인다는 사실을 알고 있다.

(2) 연쇄교사

1) 연쇄교사의 의의

   교사가 수인을 거쳐 계속되는 경우

2) 연쇄교사자(간접교사자)는 자기와 정범 간에 관여한 사람 수, 이름을 알 필요 없음+정을 모르고 관여한 사람이 있어도 교사범의 성립

(3) 간접교사의 가벌성

간접교사도 타인을 교사하여 죄를 범한 자에 해당함+교사범과 동일하게 처벌

- 연쇄교사: 교사가 수인을 거쳐 순차적으로 계속된 경우
- (교사자 A), (피교사자겸 교사자B), (피교사자겸 범행실행자C), (피해자D)
- 교사자A가 정범인C를 모르더라도 교사범성립
  ※ B가 교사행위에 이용당한 사실을 모르고 다시 C를 이용한 경우에도 성립
- 교사의 교사=간접교사+연쇄교사

2. 교사의 미수

(1) 교사의 미수

교사자가 교사행위에 실패한 경우+교사행위는 성공했지만 피교사자가 실행에 착수하지 않은 경우+실행에 착수하였으나 미수에 그친 경우

(2) 실패된 교사

교사자가 교사행위에 실패한 경우

(3) 효과 없는 교사
교사자가 교사행위에는 성공하였지만 정범이 실행에 착수하지 않은 경우

(4) 기도된 교사[기실효]
1) 실패된 교사+효과 없는 교사
2) 공범종속성설
피교사자의 실행행위가 없기때문에 교사범으로 처벌 불가
3) 공범독립성설
공범의 가벌성을 정범과 독립해서 교사자 자신의 행위로 결정->교사의 미수임
4) 규정
(a) <u>교사를 받은 자가 범죄의 실행을 [승낙]하고 실행의 [착수에 이르지 아니한 때]</u>
교사자와 피교사자를 음모 또는 예비에 준하여 처벌
(b) <u>교사를 받은 자가 범죄의 실행을 승낙하지 아니한 때</u>
교사자에 대하여는 음모 또는 예비에 준하여 처벌

■ 실패한 교사: [교사자만] 예비·음모로 처벌(제31조 3항)
■ 효과없는 교사: 교사자와 피교사자 모두 예비·음모로 처벌(제31조 2항)

■ 교사의 교사 인정여부 ■

공범독립성설	교사자체가 범죄의 실행행위이므로 인정
공범종속성설	(1)부정설: 법적 확실성 해할 우려 (2)긍정설: 인과관계와 객관적 귀속을 인정하는 한 인정 ※형법이 <타인을 교사하여 죄를 범한 자>라고만 규정하고 있고 방법에 대해선 규정 없다.⇒그러므로 인정

■ 예비의 교사
기수의 고의가 없는 경우⇒미수의 교사와 같이 불가벌/////기수의 고의가 있는 경우⇒효과없는 교사
즉 교사자·피교사자 모두 예비·음모로 처벌

제5절 종범

■ 형법각칙상의 방조범

적용	방조행위가 각칙상 독립된 구성요건으로 특별히 규정된 경우에는 방조행위 자체가 <정범의 실행행위에 해당>하므로 제32조는 적용X
예	★간첩방조(제97조 1항), 도주원조(제147조), 아편흡식 등 장소제공(제201조 1항), 자살방조(제252조 2항)

■ 종범(방조범)에서 문제되는 것은 파수보는 행위를 공동정범으로 볼 것인가 종범으로 볼 것인가에 있다.
■ 종범은 기수가 된 이후라도 그 종료전에 성립할 수 있다.
■ 종범은 <이미> 범행결의를 가진 자의 실행행위를 <도와주>거나 그 결의를 <강화>시킨다는 특징이 있다.

I. 종범 개관

1. 종범의 의의

(1) 종범

정범을 방조한 자

(2) 방조

정범에 의한 구성요건실행을 가능하게 하거나 용이하게 하거나 또는 정범에 의한 법익침해를 강화하는 행위

(3) 종범의 특징

정범의 실행행위에 가담하는 것이기 때문에 행위지배 없음

(4) 방조의 구분

1) 종범과 교사범의 구별

 (a) 종범

  이미 범죄결의를 한 자에게 결의 강화나 조언

 (b) 교사범

  새롭게 범죄 결의를 생성케 하는 범죄

2) 종범과 공동정범의 구별

(a) 종범

  행위지배가 없음

(b) 공동정범

  분업적 역할분담+공동의사에 의한 기능적 행위지배 있음

3) 정범실행을 방조하는 행위가 특별구성요건으로 규정된 경우

도주원조, 아편흡식 등 장소제공, 자살방조

II. 종범의 성립요건

1. 종범의 방조행위

(1) 방조행위의 방법과 태양

1) 방조행위의 방법

(a) 방조행위

  정신적 또는 물질적 방법으로 정범의 실행행위를 돕는 행위

(b) 물질적 방조

  범행도구대여+범죄장소의 제공+범죄에 필요한 자금제공+유형적, 물질적 방법에 의한 방조

(c) 정신적 방조

  조언+격려+무형적, 정신적 방조행위+정범에게 두려움제거 안전감 주어 정범의 결의강화

2) 방조행위의 시기

(a) ★**방조행위는 반드시 정범이 실행착수이후 구성요건을 실현하는 것을 돕는 것을 불요**

(b) 예비행위를 방조한 경우-)정범의 실행착수가 있는 경우에 방조행위 가능

(c) 범죄의 기수가 된 후-)종료 이전에는 종범의 성립이 가능

3) 부작위에 의한 방조

부작위에 의한 방조성립가능+종범의 보증인지위 요

4) 방조행위의 인과관계

(a) 부정설

방조행위가 정범행위를 [용이하게 하였다고 인정]되면 족함+★[정범의 실행행위의 원인이 될 필요는 없음]

(b) 긍정설

방조행위가 정범의 범죄에 대하여 인과관계가 있을 것 요+범죄실행의 방법, 수단에 영향을 미쳤을 것 요

(2) 종범의 고의

1) 고의의 내용

(a) 종범의 고의

방조의 고의+정범의 행위가 구성요건에 해당하는 행위라는 인식

(b) <u>과실에 의한 방조</u>

불가+경우에 따라 과실범의 정범으로 처벌가능

(c) 종범은 정범에 의하여 실현되는 범죄의 본질적 요소를 인식하여야 함+But ★**정범이 누구인가, 실존유무는 필수 지득사항 아님**

2) 미수의 방조

미수에 그치게 할 의사로 방조한 ★**미수의 방조 불가**

3) 편면적 방조

종범의 성립은 방조의 고의, 정범의 고의가 있으면 족함+종범과 정범 간의 의사의 일치 불요+★**편면적 방조가능**

2. 정범의 실행행위

(1) 종범의 종속성

1) <u>종범의 종속성</u>

★정범의 실행행위가 있어야 함+실행행위는 구성요건에 해당하고 위법해야 함

2) 정범의 실행행위에 대한 <u>범죄의 증명이 없는 경우</u>

종범 성립 안 됨

3) 정범의 행위

★고의범일 것을 요+과실범에 대한 방조는 간접정범성립

(2) 실행행위정도

1) 정범이 실행착수 했을 것 요

2) <u>방조의 미수</u>

★예비, 음모로 처벌불가

3. 방조범(주의사항): 방조가 정범의 실행행위에 해당하는 경우

적용	방조행위가 각칙상 독립된 구성요건으로 특별히 규정된 경우에는 방조행위 자체가 정범의 실행행위에 해당하므로 ★**제32조는 적용X**
예	★간첩방조(제97조 제1항), 도주원조(제147조), 아편흡식 등 장소제공(제201조 제1항), 자살방조(제252조 2항)

III. 종범처벌

1. 종범의 처벌

(1) 종범의 형

정범의 형보다 감경+불법내용과 책임이 정범보다 경함

(2) 종범 처벌의 형

1) 정범이 미수에 그친 경우

종범은 이중으로 형을 감경 가능+종범의 형이 정범의 선고형보다 중할 가능성 있음

2) 가중처벌하는 법률위반의 경우

종범에 대한 감경 안 함

2. 특수종범의 처벌

(1) 자기의 지휘, 감독을 받는 자를 방조해 결과를 발생케 한 자

정범의 형으로 처벌

(2) 신분 없는 자

진정신분범의 종범 가능+부진정신분범에 있어서는 비신분자는 보통 범죄의 종범성립

(3) 종범이 실행행위를 분담하여 기능적 행위지배로 나갔다거나+교사행위까지 행한 경우

종범은 정범 또는 중한 공범형식에 흡수+공동정범 또는 교사범이 성립함

IV. 관련문제

1. 종범의 착오

(1) 정범의 ★양적 초과의 경우

정범의 ★초과부분에 대하여 종범은 책임을 지지 않음+결과적 가중범의 경우에는 결과를 예견가능하면 결과적 가중범의 종범이 성립

(2) 정범의 ★질적 초과

종범 ★처벌불가(항상)

(3) 정범이 종범의 인식보다 적게 실행한 경우

종범은 정범의 실행범위 내에서 처벌

2. 종범의 종범, 교사의 종범, 종범의 교사

(1) 종범의 종범

1) 종범의 종범 의의
정범에 대한 간접방조+연쇄방조
2) 종범에 대한 종범이 종범의 방조행위만을 쉽게(용이하게) 하겠다는 의사만을 가진 경우 정범이 도움을 받는다는 것을 알았다고 인정+방조의 교의는 그것만으로 족함

(2) 교사의 종범
1) ★교사의 방조[교사하려는 자를 도와줌]
[정범에 대한 방조]로 종범성립
2) ★교사에 대한 방조[교사 자체방조]
★처벌불가

(3) ★종범[방조]의 교사
★종범을 교사한 자도 정범을 방조한 것임+종범으로 판단(타당)

■ 종범의 성립요건 ■

방조자에 관한 성립요건	1. 방조자의 방조행위: ★범행결의 강화+실행가능, 용이
	(1) 정신적 방조(언어방조), 물질적 방조(거동방조) 불문
	(2) 부작위에 의한 방조: 보증인적 지위에 있으면 가능
	(3) 예비단계에서 방조는 실행의 착수가 있으면 방조성립
	(4) 종료전까지 방조 가능(종료이후에는 방조X)
	(5) 인과관계
	   ① 불요설(위험증대설, 정범행위촉진설(판례))
	   ② 필요설(합법칙적 조건설, 기회증대설)
	2. 방조자의 고의: 2중의 고의/특정한 [정범]에 대한 고의+특정한 [범죄]에 대한 고의
	※미수의 방조: 피방조자⇒미수/////방조자⇒불가벌
	※편면적 방조: 방조자와 피방조자 사이에 의사의 일치를 요하지 않으므로 성립

피방조자에 관한 요건	1. 실행의 착수: 미수·기수 불문 ※기도된 방조(정범의 실행행위가 없다.)는 불가벌/예비행위에 대한 종범에 대하여 부정설이 타당 2. 실행의 정도(제한적 종속형식)

■ 종범의 착오 ■

실행행위에 대한 착오	(1) 방조행위와 정범의 실행행위가 불일치 (2) 구체적 사실의 착오: 구성요건적 착오로 해결⇒발생한 사실의 종범 (3) 추상적 사실의 착오 　① 방조내용에 미달⇒실행범죄내 책임 　② 방조내용을 초과 　　ⓐ <**질적 초과⇒언제나 불가벌**> 예) 절도방조 했는데 살인 　　ⓑ 양적 초과: 원칙⇒예상했던 범죄의 종범(절도방조 강도실행시 절도방조성립)/////예외⇒정범이 결과적 가중범 실현시 방조자가 중한 결과에 대한 과실이 있으면 결과적 가중범의 종범
피방조자착오	피방조자를 책임능력자로 알았으나 무능력자인 경우⇒방조O 반대의 경우⇒방조O

■ 종범은 정범의 형보다 ★필요적 감경한다(제32조 2항).
■ 방조의 방조, ★교사의 방조 성립(정범에 대한 방조로 봄), ★방조의 교사는 교사자에게 종범성립

제6절 공범과 신분

I. 개관

1. 공범의 종속성

(1) 공범의 종속성

정범의 ★[불법에 대한 종속]을 의미+★[책임에 대한 종속을 의미하는 것은 아님]+종속의 정도는 제한적 종속형식취함

(2) 공범과 신분의 문제

신분이 범죄의 성립, 가감에 영향을 미칠 경우 신분 있는 자와 신분 없는 자가 공범관계에 있을 때의 취급문제

2. 신분범의 의의와 종류

(1) 신분의 의의

1) 신분범

신분이 범죄의 성립+형의 가감에 영향을 미치는 범죄

2) 신분

특정한 범죄행위에 대하여 ★범인의 인적 관계인 특수한 지위, 상태+영업성, 상습성과 같은 인적 상태포함

(2) 신분의 종류

1) 구성적 신분

⒜ 구성적 신분의 의의

일정한 신분이 있어야 범죄가 성립하는 경우->신분은 가벌성을 구성하는 요소로서의 기능

⒝ 진정신분범

구성적 신분을 필요로 하는 범죄+수뢰죄, 위증죄, 허위진단서작성죄, 업무상 비밀누설죄, 횡령죄, 배임죄

⒞ 가감적 신분(부진정신분범)

신분이 없어도 범죄는 성립, 그러나 신분에 의하여 형이 가중되거나 감경되는 경우+존속살해죄, 업무상 횡령죄는 가중적 신분, 영아살해죄

2) 소극적 신분

⒜ 소극적 신분의 의의

신분으로 인하여 범죄의 성립 또는 형벌이 조각되는 경우

⒝ 소극적 신분의 종류

a) 불구성적 신분

의료보호법상 의사+변호사법위반상 변호사 신분->범죄성립을 조각하는 불구성적 신분

b) 책임조각신분

만14세 되지 않은 자(연령)

c) 형벌조각신분

친족상도례상 친족의 신분

구성적 신분	⑴행위자에게 일정한 신분이 있어야 범죄성립 ⑵수뢰죄/위증죄/횡령죄/배임죄/허위진단서작성죄/업무상비밀누설죄 등
가감적신분	⑴신분없어도 범죄성립하나, 신분으로 인하여 형이 가중 또는 가감되는 경우= 부진정 신분범 ⑵존속살해죄/업무상횡령죄/영아살해죄
소극적신분	⑴위법조각신분: 변호사법위반(변호사)/의료법위반(의사) ⑵책임조각신분: 범인은닉죄/증거인멸죄/형사미성년자 ⑶형벌조각신분: 친족상도례

■ 판례는 목적을 신분(1994.12.23,93 도1002:모해)으로 파악하고 있다. ※모해목적으로 교사했는데 위증자는 모해목적을 갖고 있지 않은 경우

■ 비교

행위<자>관련적 표지	(1) 신분O (2) 보증인적 지위 (3) <목적>⇒판례는 신분O/학설은 신분X
행위관련적 표지	(1) ★누구에게나 존재할 수 있는 <행위관련적 표지>는 신분개념에 불포함 (2) 고의/표현/경향/불법영득의사

■ 신분이란 [일정한 범죄에 대한 특별한 인적표지]로서 [범인의 특수한 성질·지위·상태]를 말한다.
■ 신분의 분류(형식적 방법)

II. 형법 제33조 본문의 해석

1. ★신분관계로 인하여 성립될 범죄의 범위

(1) 부진정신분범의 범위

부진정신분범에 있어서 신분이 범죄의 구성에 영향을 안 미침+★형벌을 가감하는 기능을 가질 뿐임+동조 단서에 규정+본문은 진정신분범만 적용

(2) 부진정신분범도 본문이 적용된다는 견해도 있음

2. 전 3조를 적용한다는 의미(★[비신분자]가 [진정신분범의 공동정범, 간접정범 성립가능성])

(1) 공동정범

1) ★비신분자가 신분자와 같이 진정신분범의->교사범, 종범 또는 공동정범 가능
2) 공동정범이 될 수 없는 자->예외적으로 공동정범 성립가능 하도록 특별규정

(2) 간접정범

간접정범은 성질적으로 단독정범의 한 형태+★비신분자가 신분자를 이용하여 진정신분범의 간접정범 성립불가

3. 신분자가 비신분자에게 가공한 경우

[신분자가 비신분자를 이용하여 진정신분범을 저지른 경우]->[신분 없는 고의 있는 도구를 이용한 경우에 해당]->[간접정범이 성립]

III. 형법 제33조 단서의 해석

1. 공범의 성립과 과형

(1) 부진정신분범을 비신분자와 신분자가 공동정범으로 범한 경우

비신분자는 공동정범이 성립+신분자는 부진정신분범이 성립

(2) 비신분자가 신분자를 교사 또는 방조하여 부진정신분범을 범한 경우

비신분자는 교사범 또는 종범이 됨+But 신분자에게는 부진정신분범의 정범성립

(3) 단서규정의 비신분자를 중한 형으로 벌하지 않는다는 규정

1) 책임개별화원칙 적용

2) 부진정신분범에 있어 가감적 신분

신분이 책임요소로 기능

2. 「중한 형으로 벌하지 아니한다」의 의미

(1) 가중적 신분

비신분자는 신분범의 공범이 아님+즉, 공동정범, 교사범, 종범이 됨, 중한 형으로벌하지 않으면 책임의 개별화 이룸

(2) 감경적 신분

비신분자를 항상 경한 형으로 처벌하므로→동조의 취지에 반한다.

(3) 형의 가중 또는 감경사유

항상 신분자의 일신에 한하고 공범에게는 안 미침

3. 신분자가 비신분자에게 가공한 경우

비신분자가 신분자에게 범죄에 가공한 경우+신분자가 비신분자에게 가공한 모두 적용

4. 결론(도해)

(1) 비교(1)

	제33조 본문	제33조 단서
통설	진정신분범의 성립과 과형(연대적)	부진정신분범의 성립과 과형(개별적)
판례	★진정신분범 및 부진정신분범의 성립 (연대적)	★부진정신분범의 과형(개별적)

(2) 비교(2)

제33조 본문	★신분자가 비신분자에게 가공한 경우 적용X (신분자⇒비신분자X)
제33조 단서	★신분자⇒비신분자O+비신분자⇒신분자O

■ 비신분자가 신분자에게 간접정범의 형태로는 가공할 수 없다. 왜냐하면 비신분자는 정범적격이 없기 때문이다.

IV. 관련문제

1. 소극적 신분과 공범

(1) 불구성적 신분과 공범

1) 불구성적 신분을 가진 자가 범죄에 신분 없는 자에게 가공한 경우

  신분자에게는 범죄가 구성되지 않기 때문에 비신분자의 범죄도 성립 안 함

2) 신분자가 비신분자의 범죄에 대하여 교사범 또는 종범으로 가공한 경우

  공범성립

3) 신분자와 비신분자가 공동정범이 된 경우

  범죄성립

(2) 책임조각신분 또는 형벌조각신분과 공범

1) 책임조각신분, 형벌조각신분을 가진 자+비신분자가 공동정범의 관계에 있는 경우

  신분자는 책임이 조각, 형벌이 조각, 불벌+범죄성립에는 영향 없음.

2) 신분자의 범죄에 비신분자가 교사 또는 방조한 경우

  신분자는 책임 또는 처벌이 조각+비신분자는 그 죄의 교사범 또는 종범으로 처벌

3) 책임조각신분자를 교사, 방조한 비신분자에게 의사지배가 인정된 경우

  간접정범성립

4) 형벌조각신분의 신분자가 비신분자를 교사, 방조한 경우

  신분자는 책임 또는 처벌 조각+비신분자는 정범으로 처벌

■ 비교 ■

제33조 본문	위법신분의 위법연대 및 종속성강화
제33조 단서	★책임신분의 <책임개별화 원칙>과 <종속성완화>

■ 제33조에 대한 비판 ■

(1)	진정신분범에 있어서 구성적 신분은 정범적격인데, 비신분자가 진정신분범의 공동정범이 될 수 있는가
(2)	제33조는 소극적 신분에 대해서는 규정하고 있지 않다.
(3)	신분자의 불법은 비신분자의 불법보다 중하므로 진정신분범에 가공한 비신분자의 형은 감경해야 한다.
(4)	제33조 단서 <중한 형으로 벌하지 아니한다.>규정⇒책임의 개별화원칙을 직접 나타내는 표현으로 바꿔야 분명하다.

■ 제33조 적용=공동정범O/교사범O/종범O/간접정범X
■ <공범의 종속성이론>이 <일관하여 적용될 수 있느냐>와 관련하여 문제되는 것이 <공범과 신분 이론>이다.
■ 공범은 종속성은 가지지만 공범의 종속성은 정범에 대한 <불법>에 대한 종속성을 의미하고 그 <책임>에 대한 종속까지 의미하는 것은 <아니다.>

제 7 장 죄수론

제1절 죄수이론

I. 죄수론 개관

1. 죄수론
범죄의 수가 1개인가+수개인가의 문제

2. 죄수론의 의의
일죄인가 수죄인가 문제+어떻게 처벌할 것인가 문제

II. 죄수결정의 기준

1. 견해의 대립

(1) 행위표준설
1) 의의

범죄의 본질은 행위+객관주의범죄론의 입장+행위를 표준 행위가 하나면 범죄도 하나고 행위가 수개면 범죄도 수개라고 평가

2) 해결

⒜ 연속범은 수죄+상상적 경합범은 일죄

⒝ 강간, 추행, 간통죄는 원칙적으로 행위표준설+공갈은 협박행위마다 일죄구성

(2) 법익표준설
1) 의의

범죄의 본질은 법익의 침해+객관주의 범죄론의 입장+범죄의 수를 범죄행위로 인해 침해되는 보호법익의 수 또는 결과의 수를 기준으로 결정

2) 해결

⒜ 수죄의 경우

한 개의 행위에 의하여 수개의 법익을 침해+수개의 결과 발생

⒝ 일죄의 경우

수개의 행위에 의해 한 개의 법익침해

(3) 의사표준설

1) 의의

범죄의 본질은 범죄의사의 표현+주관주의범죄론의 입장+범죄의사를 기준으로 하여 범죄의 수를 결정

2) 해결

상상적 경합과 연속범->의사의 단일성이 인정되면 일죄

(4) 구성요건표준설(구성요건충족설)

1) 의의

법률적인 구성요건충족의 문제+구성요건을 일회 충족하면 일죄, 수개의 구성요건에 해당하면 수죄

2) 해결

상상적 경합은 원래수죄 But 과형상 일죄로 취급

■ 죄수론은 <범죄의 수>를 정하는 문제를 다루는 형법이론인데, 범죄론과 형벌론의 가교역할을 한다.

■ 비교<죄수론> ■

형법상	형의 적용상 차이
형사소송법상	공소의 효력(공소불가분의 원칙), 기판력의 범위 등에서 차이

2. 소결(도해)

(1) 행위표준설	(a)자연적 의미의 행위의 수 (b)[연속범⇒수죄]+[상상적 경합⇒일죄] (c)공갈죄 ※하나의 구성요건의 내용이 수개의 행위로 구성된 결합범 설명 곤란+자연적 의미≠법적 개념
(2) 법익 표준설	(a)보호법익의 수 또는 결과의 수 (b)전속적 법익⇒주체마다 1개의 죄성립+비전속적 법익 그렇지 않다. (c)상상적 경합은 사실상 수죄이나 처벌상 일죄 (d)판례의 태도(연속범은 제외) ※수개의 법익침해가 1개의 범죄를 구성하는 경우설명 못함/동일한 법익⇒여러 태양으로 침해하는 경우⇒수죄X(예: 통화위조와 행사)
(3) 의사표준설	(a)범죄의사의 수 (b)주관주의범죄론

	(c)★상상적 경합, 연속범⇒의사의 단일성 인정⇒일죄 ※범죄의 정형성무+범죄의의사가 한 개이고 다수의 범죄발생을 설명X
(4) 구성요건표준설	(a)구성요건에 해당하는 수 (b)상상적 경합은 원래수죄이나 과형상 일죄 ※반복된 행위가 동일구성요건을 수회 충족시 문제

III. 수죄의 처벌

1. 병과주의

(1) 병과주의

1) 각 죄에 정한 형을 병과하는 주의
2) 범죄에 정한 형이 무기징역이나 무기금고 이외의 이종의 형만 병과주의 채택

2. 흡수주의

1) 수죄 가운데 가장 중한 죄에 정한 형으로 처단, 다른 경한 죄에 정한 형은 이에 흡수되는 주의
2) **상상적 경합+경합범 가운데 중한 죄에 정한 형이 사형 또는 무기징역이나 무기금고 인 때->흡수주의 채택**
3) 흡수주의의 형태
   경죄에 정한 형의 하한이 중죄에 정한 형의 하한보다 높은 경우->경한 죄의 하한 이하로 처벌할 수 있느냐와 관련->각 죄에 정한 형의 결합을 요구하는 결합주의

3. 가중주의

(1) 가중주의
  수죄에 대해 한 개의 전체형을 선고+가장 중한 형을 가중
(2) 원칙적으로 경합범만 가중주의로 처벌

■ 수죄의 처벌 ■

병과주의	무기징역, 무기금고 <이외>의 <이종>의 형(제38조 1항 3호)
흡수주의	(1)경한죄 하한>중한죄 하한일 경우⇒<상한은 중한 형, 하한은 경한죄의 형> (2)상상적 경합⇒가장중한 죄(제40조)/////가장 중한 죄형이 사형,무기징역, 무기금고 인 때⇒가장 중한 형(제38조 1항 1호)

가중주의	사형, 무기징역, 무기금고 <이외>의 <동종>의 형일 때에는 정한 장기 또는 다액의 2분의 1까지 가중(제38조 1항 2호)

제2절 일죄

I. 서론

1. 일죄

(1) 일죄의 의의

범죄의수가 한 개인 것+범죄행위가 한 개의 구성요건 충족

(2) 법조경합

한 개 또는 수개의 행위가 수개의 구성요건을 충족+But 구성요건 상호간관계에 의하여 한 개의 구성요건만 적용

(3) 포괄일죄

각각 독자적으로 구성요건을 충족+수개의 행위가 포괄일죄 구성

II. 법조경합

1. 법조경합의 본질

(1) 법조경합

한 개 또는 수개의 행위가 외관상 수개의 형벌법규에 해당+But 형벌법규성질상 한 개의 형벌법규만 적용+다른 법규의 적용을 배제, 일죄만 성립

(2) 법조경합의 성격

법조경합은 행위가 외관상으로는 수개의 구성요건해당+실질적으로는 한 개의 구성요건만 적용

2. 법조경합의 종류[특보흡택]

(1) 택일경합

1) 의의

실제로 양립될 수 없는 두 개의 구성요건 간에 일방만이 적용되는 관계+절도죄와 횡령죄, 강도죄와 공갈죄

2) 택일경합은 외견상으로 보아도 한 개의 범죄만 성립한다는 점→법조경합과 구별

(2) 특별관계

1) 의의

어떠한 구성요건이 다른 구성요건의 모든 요소를 포함+그 이외의 다른 요소를 구비함으로써 성립하는 경우

2) 특별관계의 내용

(a) 특별법의 구성요건을 실현하는 행위-〉일반법의 구성요건을 충족+But 일반법의 구성요건을 실현한 행위-〉특별법의 구성요건을 충족 못 함

(b) 특별관계의 구체적인 예

 a) 가중적 구성요건, 감경적 구성요건과 기본적 구성요건의 관계+**존속살인죄, 영아살해죄, 촉탁살인죄는 살인죄의 특별범죄, 특수폭행죄, 특수절도죄는 폭행죄나 절도죄에 우선적용**

 b) 경합범, 결과적 가중범과 그것의 내용인 범죄의 관계+**강도죄는 절도죄와 폭행죄, 협박죄, 상해치사죄는 상해죄, 과실치사죄의 특별범죄**

(c) 특별법(범죄)의 인정요건

특별형벌법규 구성요건이 일반형벌법규 포함+법익이 동가치적 이어야 함

(3) 보충관계

1) 의의

어떠한 형법법규가 다른 형벌법규의 적용이 없을 경우 보충적으로 적용됨

2) 보충관계의 인정

여러 가지 형벌법규가 동일한 법익에 대하여 서로 상이한 침해단계에 적용될 경우

3) 보충관계상 기본법은 보충법에 우선적용

4) 보충관계의 의미해석

(a) **명시적 보충관계**

법률의 규정에 관련 의미연관해석+일반이적죄, 일반건조물등방화죄, 일반물건방화죄

(b) **묵시적 보충관계**

 a) 묵시적 보충관계의 범위

법조경합의 내용으로 흡수관계를 인정하는가 여부에 따라 상이해 짐

 b) 묵시적 보충관계의 인정

 (가) 경합범죄

경합범죄, 불가벌적 사후행위의 경우 인정+예비는 미수와 기수, 미수는 기수에 대하여 보충관계

 (나) 각각 서로 다른 구성요건 간에의 보충관계+상해죄와 실인죄, 위태범과 침해범, 유기죄와 살인죄

5) 보충관계가 성립

(a) 여러 단계의 범죄실현이 한 개의 범죄의사에 의한 것임 요+경과범죄가 행위보다 중대한 불법 내용을 가지면 No+★**[강도미수]는 [절도기수와 보충관계 No]**

(b) 가벼운 침해방법

같은 법익에 대한 침해에 있어 중한 침해방법과 경한 침해방법 사이
보충관계인정

(c) **종범은 교사범과 정범, 교사범은 정범->보충관계**

(d) **공범이 교사행위로 방조한 때->교사범으로만 처벌+공동정범이 된 때->공동정범으로만 처벌**

(e) **부작위범은 작위범, 과실범은 고의범에 대해서 보충관계**

(4) 흡수관계

1) 의의

어떠한 구성요건에 해당된 행위의 불법과 책임내용이 다른 구성요건에 포섭+전체과정의 반가치가 완전히 포함+특별관계나 보충관계 인정 안 되는 경우

2) 흡수관계

한 개 또는 수개의 행위로 수개의 구성요건을 실현

3) 흡수관계의 유형

(a) 전형적 불가벌적 수반행위

일반적, 전형적으로 결합되어 있음으로 다른 구성요건충족+그러나, [구성요건의 불법내용이 주된 범죄와 비교하여 경미하기 때문에 고려치 않는 경우+수반행위가 일반적인 범위를 도과하여 고유의 불법내용을 갖게 될 때에는 불가벌적 수반행위는 성립 No]

(b) 불가벌적 사후행위

a) 의의

사후행위가 또 다른 구성요건에 해당하지만 이미 주된 범죄에 의하여 완전히 평가를 받은 것이므로 별죄를 구성하지 않음+주된 범죄와 사후행위가 법익침해상 단일한 평가

b) 불가벌적 사후행위의 성질

흡수관계+주된 범죄가 전제, 예정하는 행위+전형적 연관

c) 요건

(가) 범죄의 구성요건에 해당됨을 요함

(나) 불가벌적 사후행위는 주된 범죄 비교하여 보호법익을 같이하거나+침해의 양을 초과하지 말아야 함

(다) 사후행위가 새로운 법익을 침해한 경우->불가벌적 사후행위No

(라) 피해자 및 법익이 같을 지라도 사후행위가 주된 범죄에 의하여 침해된 법익의 범위를 초과한 경우->불가벌적 사후행위No

(마) 주된 범죄는 재산죄가 보통+But 반드시 이에 한정되지 않음

(바) 주된 범죄에 의하여 행위자가 처벌받을 것 불요+주된 범죄가 범죄의 성립요건을 결여, 범죄의 증명이 없는 경우(처벌받지 않은 때) 사후행위 처벌가능

(사) ★사후행위는 제3자에 대한 관계상에서는 불가벌적 사후행위No

3. 법조경합처리

(1) 법조경합의 효과
배척된 법률이 적용되지 않으므로 행위자가 법률에 의하여 처벌불가

(2) 상상적 경합의 경우
부가되는 법률상 범죄내용이 추가되어 평가

(3) 법조경합상 제3자가 가중적 구성요건을 인식 못한 경우
기본적 구성요건에 대해 고의가 있으면 공범성립

■ 일죄(법조경합) ■

특별관계	(1)구성요건이 다른 구성요건의 모든 요소를 포함+다른 요소 구비/**특별법＞일반법**/ 특별법 적용 안 되더라도 일반법적용 안됨 (2)가중적·감경적 구성요건 　**존속살해, 영아살해, 촉탁살인＞보통살인/////특수폭행＞폭행 　/////특수절도＞절도** (3)결과적 가중범: **상해치사＞상해죄, 과실치사** (4)**횡령＞배임** (5)**강도＞폭행, 협박, 절도**
보충관계	(1)기본법이 적용 안 되면⇒보충법적용 (2)명시적 보충관계 　**외환유치, 모병이적, 여적＞일반이적/////현주건조물방화, 공용건조물방화＞일반 건조물방화** (3)묵시적 보충관계(경과범죄, 가벼운 침해방법) 　**기수＞미수＞예비(불가벌적 사전행위)/////정범＞교사범＞종범 　/////작위＞부작위/////침해범＞위태범**
흡수관계	(1)**전부법은 일부법을 폐지**한다. (2)★**불가벌적 수반행위+불가벌적 사후행위**
택일관계	(1)성질상 양립할 수 없는 두 개의 구성요건에 어느 하나만 적용 (2)★**절도죄와 횡령/////강도죄와 공갈**

■ 불가벌적 수반행위(흡수관계) ■

①	낙태시⇒ 상해
②	살인시⇒재물손괴
③	살인시⇒상해
④	자동차절도시⇒그 속의 휘발유절도

⑤	도주죄⇒수반된 수인의 절도
⑥	사문서위조시⇒인장위조
⑦	감금시⇒폭행·협박
⑧	상해시⇒협박

4. ★ 결어(도해)

(1) 특별관계	1) 구성요건이 다른 구성요건의 모든 요소를 포함+다른 요소 구비+특별법>일반법+특별법 적용 안 되더라도 일반법적용 안 됨 2) 가중적·감경적 구성요건 존속살해, 영아살해, 촉탁살인>보통살인+특수폭행>폭행+특수절도>절도 3) 결과적 가중범: 상해치사>상해죄, 과실치사 4) 횡령>배임 5) 강도>폭행, 협박, 절도
(2) 보충관계	1) 기본법이 적용 안 되면⇒보충법적용 2) 명시적 보충관계 외환유치죄, 모병이적죄, 여적죄>일반이적+현주건조물방화죄, 공용건조물방화>일반건조물방화 3) 묵시적 보충관계(경과범죄, 가벼운 침해방법) 기수>미수>예비(불가벌적 사전행위)+정범>교사범>종범+작위>부작위+침해범>위태범
(3) 흡수관계	1) 전부법은 일부법을 폐지한다. 2) ★불가벌적 수반행위+불가벌적 사후행위
(4) 택일관계	1) 성질상 양립할 수 없는 두 개의 구성요건에 어느 하나만 적용 2) 절도죄와 횡령+강도죄와 공갈

■ 불가벌적 사후행위 ■

의의	(1)범죄에 의하여 획득한 위법한 이익을 확보하거나 사용·처분하는 <구성요건에 해당하는 행위>가 <이미 주된 범죄에 의하여 완전히 평가>된 것이기 때문에 <별죄를 구성하지 않는다.> (2)<범죄완성후 위법상태의 계속이 처음부터 예상>+<이미 포괄적으로 위법평가 되므로 거듭처벌이 불필요>
법적성질	(1)흡수관계설(다수설) (2)보충관계설 (3)실체적 결합설(인적처벌조각)

요건	(1) 사후행위⇒구성요건에 해당 (2) 주된 범죄와⇒동일법익 또는 동일객체 침해(침해의 양초과 안됨), 그러므로 **새로운 법익침해시 새로운 죄 성립** (3) 주된 범죄⇒상태범일 것 ※★주된 범죄에 의하여 행위자가 <처벌>받거나 주된 범죄가 사후행위보다 <무거운> 범죄일 것은 <불요>
예	(1) 부정된 사례(새로운 범죄가 성립) 　전당표사건: 절취한 전당표로 전당물편취⇒사기죄/////예금통장절취 후 인출사건⇒사기죄/////신용카드 절취후 부정사용 사건⇒신용카드부정사용죄 (2) 인정된 사례(범죄성립X) 　열차승차권 환전사건: 절취한 열차승차권 환전⇒불가벌적 사후행위/////자기앞수표 환금사건⇒불가벌적 사후행위/////장물횡령사건⇒불가벌적 사후행위
효과	행위자는 처벌받지 않는다. 그러나 <제3자에 관계에선 불가벌적 사후행위가 되지 않는다.>

III. 포괄일죄

1. 포괄일죄의 의의

(1) 의의

수개의 행위가 포괄적으로 한 개의 구성요건에 해당함으로써 일죄를 구성하는 경우

(2) 포괄일죄와 과형상의 일죄와의 구별

포괄일죄는 수개의 행위가 구성요건을 한 번 충족함으로써 원래 일죄를 구성하며 별죄구성 안 함

(3) 좁은 의미의 포괄일죄

1) 한 개의 행위로 전부 흡수되어 일죄를 구성
2) 한 개의 구성요건이 수개의 행위를 결합함으로써 결합된 행위가 한 개의 구성요건행위에 해당
3) 구성요건의 성질상 동종행위의 반복예상
4) 수개의 행위가 이미 완성된 위법상태의 유지에 그치는 때
5) 동일(같은) 법익에 대하여 시간적으로, 장소적으로 근접한 수개의 행위와 같은 의사에 의하여 반복된 때
6) 즉, 접속범, 연속범, 집합범

2. 포괄일죄종류

(1) 결합범

1) 의의

개별적으로 보면 독립된 범죄의 구성요건에 해당+But 수개의 행위가 결합하여 한 개의 범죄를 구성

2) 구체적인 예

강도죄는 폭행죄와 협박죄 및 절도죄, 강도살인죄는 강도죄와 살인죄, 강도강간죄는 강도죄와 강간죄

3) 결합범과 결합된 범죄간에는 특별관계+But **결합범 자체는 한 개의 범죄완성을 위하여 수개의 실행행위가 포함->포괄일죄성립**

4) 결합범은 일부분에 대한 실행착수

원칙적으로 전체에 대한 실행의 착수가 됨+일부분에 대한 방조의 경우 전체에 대한 방조성립

5) 구성요건이 반복된 수개의 행위를 예상한 범죄

간첩죄, 범죄단체조직죄, 통화위조죄 등은 동일구성요건의 반복된 실현, 포괄일죄성립

(2) 계속범

1) 구성요건적 행위가 기수에 다다름으로써 위법상태야기+구성요건적 행위에 의하여 그러한 상태가 유지되는 범죄+주거침입죄, 감금죄+범죄성립위해 일정시간필요

2) 위법한 상태를 유지위해 같은 구성요건을 다시 충족->한 개의 행위로서 포괄일죄성립

(3) 접속범

1) 동일법익에 대하여 수개의 행위가 불가분적 접속으로 행하여진 범죄

2) 시간적, 장소적 연관을 가지고 있으며 단일한 의사에 의한 수개의 행위가 구성요건적 불법을 강화->한 개의 행위로 포괄일죄

3) 접속범요건

(a) **반복되어진 행위는 [시간적, 장소적]으로 [직접적 접속]**

(b) ★**단일한 범의(고의)**에 기한 것

(c) 반복행위는 **동일(같은) 법익**에 대한 것일 것

(4) 연속범

1) 의의

연속한 수개의 행위가 동종의 범죄에 해당

2) 연속범과 접속범과의 구별

(a) 연속범상 연속된 수개의 행위가 **반드시 구성요건적으로 일치할 것 불요**

(b) 연속범은 **장소적, 시간적 접속의 요건 불요**

(c) 연속범의 경우 죄수의 결정->견해대립

(d) 연속범은 일정한 요건이 구비시->포괄일죄

3) 연속범의 요건

(a) 구성요건에 해당하고 위법, 책임존재

(b) 객관적 요건

　a) ★**법익의 동일성**

　(가) 각각의 행위가 같은 법익을 침해

　(나) 같은 법익을 침해한 경우일지라도 전속적 **법익에 있어 법익의 주체가 같지 않으면 연속범 불성립+수인에 대한 살인, 상해**

　(다) **기본적 구성요건과 가중적 구성요건, 기수와 미수 사이**

연속범이 가능+포괄일죄로서 가중적 구성요건 또는 기수의 일죄

　(라) 즉, ★**절도와 절도미수 및 특수절도가 연속관계→한 개의 특수절도성립**

　b) 침해의 동종성

　(가) 각각의 행위는 범죄실행의 형태 유사 요

　(나) ★**고의범과 과실범, 작위범과 부작위범, 정범과 공범 사이**

★연속범성립불가

　(다) ★**범죄의 객체, 실행목적의 동일성 불요**

　c) 시간적, 장소적 계속성

각각의 행위는 시간적, 장소적 계속성존재

(c) 주관적 요건

　a) ★**범의단일성의 인정**

　b) 전체고의

행위자가 사전에 범행의 시간, 장소, 피해자, 범행방법포함+행위의 전체결과인식+개별적 행위에 의해 단계적으로 실현할 것 결의

　c) 각각(개개)의 행위가 앞의 행위와 계속적인 심리적 연관 존재하면 **족+종료 후 반복의 연쇄고의의 경우 연속범 인정**

4) 연속범처리

(a) 실체법상의 효과

　a) 실체법상 포괄일죄

　b) 구성요건이 다른 때

가장 중한 죄로 처벌+절도와 특수절도의 연속은 특수절도죄, 동일 죄의 기수와 미수가 연속이면 기수처벌

　c) **경한 죄의 기수와 중한 죄의 미수의 연속**

양 죄의 상상적 경합

(b) 소송법상의 효과

　a) 소송법상 일죄

　b) 연속범으로 유죄판결 받은 때→판결의 기판력은 판결 이전에 저지른 모든 행위에 미침

　c) 공소가 제기된 때→면소판결을 선고

(5) 집합범

1) 의의

다수의 동종의 행위가 동일한 의사에 의해 반복, 포괄하여 일죄구성+영업범, 직업범, 상습범

2) 영업범

행위의 반복으로 수입원으로 삼음

3) 상습범

반복된 행위로 획득된 경향으로 인한 죄

4) 직업범

범죄의 반복이 경제적, 직업적 활동에 기인한 죄

5) 영업성, 상습성, 직업성 자체만으로는 포괄일죄 불가+경합범성립

3. 포괄일죄처리

(1) 실체법상 일죄+하나의 죄로 처벌

(2) 일죄이므로 형의 변경이 있는 때에 최후의 행위시법적용

(3) 포괄일죄의 일부분에 대하여 공범성립가능

(4) 소송법상 일죄

4. 결어(도해): 포괄일죄

(1) 결합범	1) 수개의 구성요건에 해당하는 수개의 행위가 결합하여 한 개의 범죄 구성 2) 강도죄+강도살인죄	
(2) 계속범	1) 기수이후에도 위법상태가 계속되는 범죄 2) 주거침입죄+감금죄	
(3) 접속범	1) 시간적·장소적 접속 2) 하루에 쌀 열가마 훔침/하나의 문서로 동일인에 대한 수개의 명예훼손사실적시 　+동일한 기회에 같은 부녀를 수회 간음	
(4) 연속범	1) 연속한 수개의 행위+법익의 동질성+시간적·장소적 접속X(계속O, 범의의 계속성은 불요) 2) 실체법·소송법적으로도 일죄 3) 수일간 쌀 열가마 절도	
(5) 집합범	1) 다수의 동종의 행위가 동일한 의사 경향에 의하여 반복되지만 일괄하여 일죄 구성 2) 영업범(행위의 반복으로 수입원 삼음): 음화판매+무면허의료행위 3) 직업범 4) 상습범	

■ 연속범 ■

의의	동일한 법익을 침해하는 수개의 행위가 연속
법적성질	포괄일죄설(통, 판)/경합범설/처분상일죄설
성립요건	법익의 동일성+침해의 동종성(행위의 객체·목적의 동일성X)+시간적·장소적 계속성(접속성X)+범의의 단일성(전체고의설이 있으나 <계속적 고의설: 다수설 및 판례>이 합당)
효과	포괄일죄/다만 경한 죄의 기수와 중한 죄의 미수가 연속⇒양죄의 상상적 경합

제3절 수죄

I. 상상적 경합 개관

1. 상상적 경합의 본질

(1) 상상적 경합의 의의

1) 한 개의 행위가 수개의 죄에 해당하는 것

2) 상상적 경합규정

한 개의 행위가 수개의 죄에 해당하는 경우 가장 중한 죄로 처벌

3) 상상적 경합특색

수개의 죄에 해당+실현된 수개의 구성요건에 대한 유죄판결이 있어야 하지만+But 행위가 한 개이므로 한 개의 죄에 정한 형으로 처벌

4) 상상적 경합에서 일죄와 수죄에 대한 견해

(a) 일죄설

상상적 경합은 행위가 한 개에 해당하기 때문에 일죄(행위+의사표준설)

(b) 수죄설

한 개의 행위가 수개의 죄에 해당하기 때문에 수죄(구성요건+법익표준설)

5) 상상적 경합과 법조경합의 구별

행위가 한 개라는 점에서 법조경합과 동일+But 실질적으로 수죄에 해당+수개의 구성요건이 적용

6) 상상적 경합과 경합범의 구별

(a) 상상적 경합

행위가 한 개임을 요

(b) 경합범

수개의 행위를 요건으로 함

(2) 견련범과 상상적 경합

1) 견련범

범죄의 수단, 결과인 행위가 수개의 죄명에 해당+주거침입과 절도, 강도, 강간, 살인이나 문서위조와 위조문서행사, 사기

2) 견련범에 해당하는 경우

원칙적으로 경합범이 됨+예외적으로 행위의 동일성이 인정되는 범위 내에서 상상적 경합 성립가능

3) 인정

현재는 견련범규정이 없음->불인정

2. 상상적 경합의 요건

(1) 행위의 단일성

행위자는 한 개의 행위에 의하여 수개의 죄를 저질러야 함

(2) 행위단일성의 기준

1) 자연적 행위단일성

한 개의 행위의 의미에 대하여 사물자연상태에서 사회통념적으로 한 개로 이해

2) 행위의 완전동일성

구성요건적 실행행위가 완전히 동일할 때 항상 한 개의 행위로 판단

3) 행위의 부분적 동일성

(a) 실행행위의 부분적 동일성이 인정되는 경우에도 한 개의 행위로 파악

(b) 결합범, 결과적 가중범에 있어서 실행행위의 일부가 동일

상상적 경합인정

(c) 연속범의 일부행위로 인해 일어난 범죄

상상적 경합인정

(d) 목적범

형식적 기수, 실질적 종료 사이의 행위는 상상적 경합가능+목적범상에 있어서는 목적을 달성하기 이전까지 한 개의 행위인정가능

(e) 계속범

a) 강간, 강도 또는 강도를 저지르기 위해 주거침입한 때

행위의 단일성 인정 안 됨->경합범

b) 감금죄가 동시에 강간 또는 강도의 수단이 된 경우

상상적 경합성립

c) 음주운전과 업무상 과실치사상죄의 관계

경합범성립

■ 상상적 경합 성립요건 ■

행위의 단일성	(1)구성요건적 의미에서 행위가 1개인 경우 (2)행위의 완전동일성⇒언제나 단일성인정 　①고의범과 과실범: 실행행위의 동일성이 인정되면 상상적 경합(1개의 총알로 재물손괴와 과실치상) 　②**부작위범와 부작위범**:<★**부작위의 동일성이 아니라, 기대되는 행위의 동일성 인정되면**>상상적 경합 　③<**작위범과 부작위범**>:<실행행위의 동일성을 인정할 수 없으므로>상상적 경합 ★불가능 (3)행위의 부분적 동일성: 실행행위의 부분적 동일성이 인정되는 경우에도 행위의 단일성을 인정할 수 있다. 　①결과범·결과적 가중범: 가능 　②목적범: 가능(사문서위조죄와 동행사죄 및 사기죄)/////판례는 실체적 경합으로 봄 　③계속범: 계속범의 위법상태의 계속이 다른 범죄를 실현하기 위한 수단이 되는 경우(강간수단으로 감금)⇒상상적 경합/////※그러나 단지 동시성만 인정되는 경우(주거침입 기회에 강간)⇒실체적 경합 (4)연결효과에 의한 상상적 경합: 독립된 행위가 실체적 경합관계에 있지만 처벌은 상상적 경합의 예에 의한다(후술).
수개의 죄	(1)이종의 상상적 경합 (2)동종의 상상적 경합: 전속적 법익은 가능하지만 비전속적 법익은 불가능하다 (절충설).
효과	(1)가장 중한 죄에 정한 형(제40조) (2)전체적 대조주의: 상한과 하한 모두 중한 형으로 처벌해야하고 경한 죄에 병과형·부과형이 있으면 병과 (3)수개의 죄 중 어느 일부에 대한 공소제기의 효력 및 기판력은 수개의 죄에 미친다.

4) 연결효과에 의한 상상적 경합

서로 다른 두 개의 행위가 다른 행위에 의해 한 개가 될 수 없음+연결효과에 의한 상상적 경합은 불인정

■ 연결효과에 의한 상상적 경합 ■

의의	2명의 부녀를 감금하고 강간한 경우처럼 2개의 독립된 행위가 제3의 행위와 각각 상상적 경합관계에 있을 때, 이 때 두 개의 행위가 제3의 행위에 의하여 연결되어 상상적 경합을 인정할 것인가가 문제
학설	(1)긍정설: 연결행위의 불법내용이 다른 2개의 범죄보다 가볍지 않다는 전제하에 상상적 경합인정 (2)부정설: 서로 상이한 두 개의 행위가 제3의 행위에 의하여 1개행위X⇒실체적 경합
판례	실체적 경합관계를 인정하고 처벌은 상상적 경합

■ 연결효과에 의한 상상적 경합(도해) ■

```
허위공문서 작성죄(A)
                    \←상상적 경합
  |←실체적 경합      수뢰후 부정처사죄(C)
                    /←상상적 경합
동행사죄(B)
```

※문제점: A와 B죄는 실체적 경합관계를 이루어 가중적으로 처단될 것이 다른 범죄를 범한 것 때문에 도리어 경하게 처단되는 불합리가 발생, 즉 상상적 경합을 인정하게 되면 부분적으로나마 가벌적 평가가 중복되어, 가벌적 평가를 중복할 수 없는 독립된 범죄로 구성된 실체적 경합보다는 경하게 된다는 불합리가 발생한다.

■ 상상적 경합시 전체적 대조주의 타당(중한 죄의 법정형의 하한이 경한 죄의 법정형의 하한보다 경한 경우에 경한 죄의 법정형의 하한보다 경한 형으로 처벌할 수 있을 것인가): 형의 상한만을 비교하는 중점적 대조주의를 따른다면 상해라는 중한 결과를 수반하는 <u>공무집행방해죄가 상해를 수반하지 않는 공무집행방해행위보다 오히려 가볍게 벌금형으로 처벌되는 부당한 결과를 초래</u>

■ 판례의 태도 및 유력견해 ■

고의범과 과실범	도로교통위반죄와 업무상과실치상죄⇒상상적 경합(신호무시)
수개의 부작위범	구호의무와 보고의무(뺑소니)의 상상적 경합
작위범과 부작위범	X
결합범	강간을 위한 폭행으로 사망⇒강간치사와 폭행치사의 상상적 경합
결과적 가중범	살인의 고의로 현주건조물 방화⇒살인죄와 현주건조물 방화치사죄 상상적 경합(처벌은 현주건조물방화치사죄)

목적범	사문서위조죄와 위조문서행사죄 및 사기죄 사이⇒상상적 경합	
계속범	동시성만 인정되는 경우는 인정되지 않으나/////감금죄가 강간 또는 강도의 수단이 된 때처럼 <계속범이 다른 범죄를 실현하기 위한 수단이 되는 경우>실행행위의 객관적 동일성이 인정 되는 경우이므로⇒상상적 경합	
예	무면허운전과 음주운전⇒상상적 경합	
예	무면허운전과 과실치상⇒실체적 경합(자연적 행위의 중첩이 전부에 걸치지도 않을 뿐 아니라 상당한 시간 동안 일치하는 것도 아니므로)	
예	음주운전죄와 과실치사상죄⇒전자가 후자의 과실의 내용으로 되어 있는 때에만 상상적 경합이 되고 그 이외에는 실체적 경합(판례는 상상적 경합으로 봄)	
예	문서위조·변조죄와 동행사죄⇒실체적 경합(판례)	
예	위조유가증권행사죄와 사기죄⇒상상적 경합(이재상)	
예	위조문서행사죄와 사기죄⇒실체적 경합(판례), 상상적 경합(유력설)	
예	위조통화행사죄와 사기죄⇒실체적 경합(판례), 다수설은 상상적 경합	

(3) 수개의 죄
 1) 이종의 상상적 경합
서로 다른 수개의 구성요건에 해당
 2) 동종의 상상적 경합
동일 구성요건에 수회 해당
 3) 전속적 법익
  (a) 생명, 신체, 자유, 명예+전속적 법익
수인의 법익주체의 법익에 대한 침해+수개의 죄에 해당
  (b) 국가적, 사회적 법익 중 개별적 고유가치를 가진 범죄
수죄에 해당+한 개의 고소장으로 수인무고, 수인의 공무집행방해, 수개의 문서 동시 행사
 4) 비전속적 법익
  (a) 재산범죄 상 한 개의 행위에 의한 이상 소유자가 수인인 경우에도-)구성요건적 불법이 양적으로 증가, 강화되는데 그치면 한 개의범죄가 성립
  (b) 재산죄 중 강도죄, 공갈죄처럼 개인의 전속적 법익을 동시에 보호하는 범죄-)동종의 상상적 경합가능
  (c) 비전속적 법익인 공공의 법익 간에는-)동종의 상상적 경합은 성립 안 함

3. 상상적 경합의 법적 효과

(1) 실체법적 효과

1) 상상적 경합의 경우에 가장 중한 죄에 정한 형으로 처벌
2) 형의 경중 비교에 있어서의 견해대립

ⓐ 중점적 대조주의

중한 형만 비교+대조하면 족

ⓑ 전체적 대조주의

2이상의 주형의 전체에 대해 비교+대조할 것 요

ⓒ 수죄의 법정형 중 상한과 하한 모두 중한 형에 의해 처단+경한 죄에 병과형 또는 부가형이 있을 경우에는 병과

(2) 소송법적 효과

1) 과형상의 일죄

ⓐ 상상적 경합의 수개 죄 가운데에서 어떤 죄에 관해 확정판결이 있는 경우

전부에 대해 기판력이 발생+일부에 대해 공소의 제기가 있는 경우 전체에 대하여 효력이 미침

ⓑ 수개의 죄 중 일부분이 무죄인 경우

판결주문에 무죄선고불요+주문에서 무죄를 선고했어도 판결에 영향을 미친 위법이 있다고 할 수 없음

2) 실질적인 수죄

ⓐ 상상적 경합관계의 모든 범죄사실과 적용법조기재+일부분이 무죄인 때에는 이유 설시

ⓑ 상상적 경합관계의 죄 중에서 한 개 죄는 친고죄이고 기타 다른 죄는 비친고죄인 때

친고죄에 대하여 고소가 없거나 고소가 취소된 경우–>비친고죄의 처벌에 영향 안 미침

II. 경합범

1. 경합범의 본질

(1) 경합범의 의의(개요: 법률의 규정)

> 제37조 (경합범)
> 판결이 확정되지 아니한 수개의 죄 또는 금고 이상의 형에 처한 판결이 확정된 죄와 그 판결확정 전에 범한 죄를 경합범으로 한다.
>
> 제38조 (경합범과 처벌례)
> ①경합범을 동시에 판결할 때에는 다음의 구별에 의하여 처벌한다.
> 1. 가장 중한 죄에 정한 형이 사형 또는 무기징역이나 무기금고인 때에는 가장 중한 죄에 정한 형

으로 처벌한다.
2. 각 죄에 정한 형이 사형 또는 무기징역이나 무기금고이외의 동종의 형인 때에는 가장 중한 죄에 정한 장기 또는 다액에 그 2분의 1까지 가중하되 각 죄에 정한 형의 장기 또는 다액을 합산한 형기 또는 액수를 초과할 수 없다. 단 과료와 과료, 몰수와 몰수는 병과 할 수 있다.
3. 각 죄에 정한 형이 무기징역이나 무기금고이외의 이종의 형인 때에는 병과한다.
②전항 각호의 경우에 있어서 징역과 금고는 동종의 형으로 간주하여 징역형으로 처벌한다.

제39조 (판결을 받지 아니한 경합범, 수개의 판결과 경합범, 형의 집행과 경합범)
①경합범중 판결을 받지 아니한 죄가 있는 때에는 그 죄와 판결이 확정된 죄를 동시에 판결할 경우와 형평을 고려하여 그 죄에 대하여 형을 선고한다. 이 경우 그 형을 감경 또는 면제할 수 있다.
②삭제
③경합범에 의한 판결의 선고를 받은 자가 경합범중의 어떤 죄에 대하여 사면 또는 형의 집행이 면제된 때에는 다른 죄에 대하여 다시 형을 정한다.
④전3항의 형의 집행에 있어서는 이미 집행한 형기를 통산한다.

(2) 경합범과 상상적 경합의 구별
상상적 경합은 한 개의 행위가 수개의 죄에 해당

(3) 경합범의 인정
수개의 행위가 법조경합, 포괄일죄의 관계에 있어서 일죄에 해당No+수죄에 해당Yes

(4) 경합범의 내용
1) 경합범의 제도적 기능
수죄의 경우의 형의 양정기능
2) 경합범의 성립요건
실체법상의 요건 이외+수죄가 하나의 재판에서 같이 판결될 가능성(소송법적 요건)
3) 동시적 경합범
동시에 심판 가능한 경우
4) 사후적 경합범
사후적 심판가능성 존재

2. 경합범요건

(1) 시적 경합범의 요건
판결이 확정되지 않은 수개의 죄
1) 수개의 행위로 수개의 죄를 범할 것
한 개의 행위로 수개의 죄를 범하거나+수개의 행위로 한 개의 죄를 범한 경우->경합범 불성립
2) 수개의 죄는 모두 판결이 확정되지 않았을 것

(a) 판결의 확정

통상적인 불복방법에 의하여 다툴 수 없는 상태+실질적, 일사부재리의 효력을 가진 판결이 확정된 것과 동일의미

(b) 수개의 죄

a) 동시에 판결될 것+모두 판결이 확정되지 않더라도 같이 판결될 상태에 있어야 함

b) 판결이 확정되지 않은 수개의 죄 중 일부가 기소되지 않은 경우

경합범 안 됨

c) 죄가 후에 추가로 기소된 경우

병합심리 된 때에만 동시적 경합범

(2) 사후적 경합범의 요건

1) 의의

판결이 확정된 죄와 그 판결확정 전에 범한 죄

2) <u>판결확정 전후의 죄</u>

서로 경합범이 되지 않음

3) 확정판결의 범위

벌금형, 약식명령, 집행유예, 선고유예의 판결이 확정된 경우포함+판결의 유예기간이 경과, 형의 선고가 실효, 면소된 것으로 간주포함

4) 확정판결전에 범한 죄

항소판결선고 이전에 범한 죄 의미

5) 죄를 범한 시기

포괄일죄의 중간에 확정판결이 있다고 해도 범죄는 확정판결 후에 종료되었기 때문에 확정판결 전에 범한 죄가 안 됨

3. 경합범의 처분

(1) 동시적 경합범의 처분

1) <u>흡수주의</u>

가장 중한 죄에 정한 형이 사형 또는 무기징역이나 무기금고인 때에는 가장 중한 죄에 정한 형으로 처벌

2) <u>가중주의</u>

(a) 각죄에 정한 형이 사형 또는 무기징역이나 무기금고 이외의 동종의 형인 때에는 가장 중한 죄에 정한 장기 또는 다액의 1/2까지 가중하되, 각죄에 정한 형의 장기 또는 다액의 합산한 형기 또는 액수를 초과 안 됨

(b) 과료와 과료 몰수와 몰수는 병과가능

ⓒ 징역과 금고는 동종의 형으로 간주 징역처벌
ⓓ 유기자유형을 가중하는 시 25년을 넘지 못함
ⓔ 경합범의 각죄에 선택형이 있는 때에는 그 중에서 처단할 형 종을 선택한 후 가장 중한 죄에 정한 선택된 형의 장기 또는 다액의 1/2까지 가중

3) 병과주의
ⓐ 각죄에 정한 형이 무기징역이나 무기금고 이외의 이종의 형인 때에는 병과
ⓑ 이종의 형
유기자유형과 벌금 또는 과료, 벌금과 과료, 자격정지와 구류+일죄에 대하여 이종의 형을 병과 할 것을 규정한 경우도 적용

(2) 사후적 경합범의 처분
1) 형의 선고
ⓐ **경합범 중 판결을 받지 않은 죄가 있는 때**
그 죄에 대하여 선고
ⓑ 형법 제37조의 후단의 경합범을 의미+But 경합범을 동시에 판결할 수 없는 경우 포함
2) 확정판결 전후에 범한 죄
ⓐ **중간에 확정판결이 있는 전후에 범한 죄**
경합범에 해당 안 함
ⓑ 소년에 대한 두 단기형의 합계가 5년을 초과
문제No

(3) 형의 집행과 경합범
1) 경합범에 의해 판결의 선고를 받은 자가 경합범 중에 어떤 죄에 대하여 사면 또는 면제 된 때
다른 죄에 대하여 다시 형을 정함.
2) 형의 집행
이미 집행한 형기 통산

■ 실체적 경합(제37조) ■

의의	판결이 확정되지 아니한 수개의 죄 또는 확정된 죄와 그 판결이 확정되기 전에 범한 죄
요건	1.실체법적 요건: ⑴구성요건침해의 다수성 ⑵행위의 다수성 2.소송법적 요건 　ⅰ)동시적 경합범의 경우: 전부판결 미확정+전기소 병합심리 　ⅱ)사후적 경합범의 경우: 판결이 확정된자와 그 판결확정 <전>에 범한 죄

	※확정판결의 범위: 벌금형/약식명령/선고유예/집행유예의 확정/형의 선고가 실효/면소 간주 포함 ※확정판결전에 범한 죄: 항소심판결선고 전에 범한 죄 ※사후적 경합범을 인정하는 취지는 <동시심판의 가능성이 있었던 사건>에 대하여 동시적 경합범과 같은 취급 ※죄를 범한 시기: 종료시 기준⇒포괄일죄의 중간에 이종의 범죄에 대해 확정판결이 개재된 경우에는 그 판결확정 후의 범죄로 본다(사후적 경합범X). 그리고 계속범에 있어서 위법상태의 계속 중에 확정판결이 있을 때에는 범행이 종료되지 않았으므로 중간의 확정판결에 영향을 받지 않고, 제37조 후단의 경합범이 되지 않는다.
효과	1.동시적 경합범 ⑴사형, 무기징역, 무기금고⇒가장 중한 형(제38조 1항 1) ⑵사형, 무기징역, 무기금고 이외의 동종의 형⇒가장 중한 형에 정한 장기, 다액에 2분의 1까지 가중하되 합(형기, 액수)을 못 넘는다(제38조 1항 2). ⑶무기징역, 무기금고 이외의 이종⇒병과 2.사후적 경합범 ⑴경합범 중 판결을 받지 아니한 죄가 있는 때⇒그 죄에 대하여 형선고(동시적 경합범을 동시에 판결할 수 없는 경우에도 적용판례): 판결을 받지 아니한 죄의 독자적인 책임의 범위 내에서 형선고(다수설) 3.경합범에 의하여 판결의 선고를 받은 자가 경합범중의 어떤 죄에 대하여 사면 또는 형의 집행이 면제된 때에는 다른 죄에 대하여 다시 형을 정한다(제39조).⇒다시 심판 X, 형의 집행부분만 다시 정함O

MEMO

형사법

형법의 도

제 3 편
형벌론

제1절 형벌의 종류

I. 개관

1. 형벌의 의의

(1) 의의

국가가 행위자 등의 범죄에 대하여 법률상 제재(효과)로서 그 행위(범죄자)에 대하여 책임을 전제로 법익을 박탈하는 것+범죄를 전제, 범죄 없으면 형벌도 없으며, 범죄인에 대하여 부과하는 제재

(2) 형벌과 보안처분의 구별

형벌은 책임을 전제+기초로 과해지는 제재 But 보안처분은 책임불요

2. 형벌의 종류

(1) 형벌의 종류

 (a) 생명형

사형

 (b) 자유형

징역, 금고, 구류

 (c) 명예형

자격상실, 자격정지

 (d) 재산형

벌금, 과료, 몰수

(2) 특징

주형과 부가형의 구별 폐지+몰수형의 부가형은 존재

II. 사형

1. 사형제도의 의의

(1) 사형의 의의

범죄자(수형자)의 생명을 박탈하는 형벌

(2) 사형의 집행방법

 1) 사형의 집행방법

교수형, 총형, 참수, 전기살, 가스살, 석살, 교살
 2) 현행규정
교도소 내에서 교수하여 집행+교수형채택+군형법은 총살형인정
 3) 사형범죄
내란죄, 내란목적살인죄, 외환유치죄, 여적죄, 모병이적죄, 시설제공이적죄, 시설파괴이적죄, 간첩죄 등

2. 사형존폐론

(1) 사형폐지론
 1) 베까리아의 사형폐지론
범죄와 형벌(저서)+사형폐지주장
 2) 사형폐지론의 논거
 (a) 야만적이고 잔혹한 형벌+인간의 존엄과 가치의 전제가 되는 생명권을 침해
 (b) 무고의 시민에 대한 집행→회복불가
(2) 사형존치론
 1) 의의
범죄에 의해 타인의 생명권을 빼앗아간 자에 대한 처형 당연
 2) 사형존재론의 논거
형벌의 본질이 응보+극악한 범죄인에게는 사형을 선고 마땅

3. 사형제도개선

(1) 사형선고와 집행의 제한
(2) 사형범죄의 축소

■ 사형규정 ■

추가	강간살인죄(제301조의 2), 인질살해죄(제324조의 4)
삭제	강도치사(제338조), 현주건조물방화치상죄(제164조 2항), 현주건조물일수치사상죄(제177조), 교통방해치사상죄(제188조), 음용수혼독치사상죄(제194조)

■ 절대적 법정형으로 사형만이 규정된 범죄: 여적죄(제93조)

■ 사형제도 ■

존치론	위하/응보/정의관념에 부합/현실적인 정치·사회·문화적 환경고려 시기상조
폐지론	인간의 존엄성에 반함/위하력 적음/오판시 회복불가능/특별예방X

III. 자유형

1. 자유형의 의의

(1) 의의

신체적 자유를 박탈하는 것을 내용으로 하는 형벌

(2) 목적

자유를 박탈+개과천선하게 하는 교육적 내용+사회복귀목적

2. 형법상의 자유형

> 제42조. 징역 또는 금고는 무기 또는 유기로 하고 유기는 1개월 이상 30년 이하로 한다. 단, 유기징역 또는 유기금고에 대하여 형을 가중하는 때에는 50년까지로 한다.

(1) 징역

1) 의의

수형자를 교도소 내에 구치함으로써 정역에 복무

2) 징역의 종류

(a) 무기징역

20년 경과 후에는 가석방이 가능

(b) 유기징역

1월 이상 30년 이하이나 형을 가중하면 50년까지 가능

3) 금고

(a) 의의

수형자를 교도소 내에 구치, 자유를 박탈형벌+정역에 복무하지 않음.

(b) 정역에 복무하지 않음

과실범+정치범+명예를 존중할 필요가 있는 자+신청시 정역을 부과가능

(c) 종류

무기와 유기

(3) 구류

1) 의의

교도소 내에 구치하는 것을 내용+기간은 1일 이상 30일 미만

2) 유형

경범죄처벌법+단행법규

3. 자유형개선

(1) 자유형의 단일화

징역은 수형자의 사회복귀를 어렵게 하는 형벌+징역이 금고와 비교하여 강력한 억압력을 가진 것도 아님->단일자유형 추진

(2) 단기자유형의 제한

단기자유형은 사회복귀적 효과기대 불가+혼거구금에 의해 수형자를 범죄감염위험

■ 비교 ■

벌금	1일이상 3년 이하
과료	1일이상 30일 미만

■ 금고는 정역을 부과하지 않는다./구류는 1일이상 30일

■ 노역장유치 ■

유기징역	1월이상 15년이하
자격정지	1년이상 15년이하

■ 자유형의 개선=자유형의 단일화+단기자유형(6월이하)폐지
■ 재산형제도의 개선=일수벌금제도(경제사정고려)+벌금분납제도+벌금형의 집행유예제도(현행: 선고유예만가능)

IV. 재산형

1. 재산형의 의의

(1) 의의

범죄인으로부터 일정재산의 박탈형벌

(2) 재산형의 지위

형벌체계에서 확고 기능

2. 벌금과 과료

(1) 벌금형의 의의

1) 의의

일정금액의 지불의무를 강제적으로 부담케 하는 형벌

2) 벌금형과 몰수의 구별

벌금은 재산권을 일방적으로 국가에 귀속시키지 않음 But 몰수는 귀속케 함

(2) 벌금형의 내용

1) 상한에는 제한이 없음+총액벌금형제도

2) 벌금의 납입

판결확정일로부터 30일 이내에 납입+납입하지 않으면 1일 이상 3년 이하의 기간 노역장에 유치하여 작업에 복무

(3) 벌금형의 개선

1) 일수벌금형제도의 도입

벌금형을 일수와 일수정액으로 분리+일수는 양형규정에 의하여 행위자의 불법과 책임표시+일수정액은 피고인의 경제사정을 고려결정

2) 벌금의 분납제도 도입

3) 벌금형의 집행유예제도도입

4) 벌금형 적용범위의 확대 추진

(4) 과료

1) 의의

일정금액의 지불의무를 강제적으로 부담케 하는 형벌

2) 과료의 벌금의 구별

과료는 경미한 범죄에 부과+금액경함

3) 과료와 과태료의 구별

과료는 재산형의 일종+과태료는 행정상의 제재
 4) 과료의 적용
경범죄처벌법+단행법률 규정
 5) 불납입자
1일 이상 30일 미만의 기간 노역장유치

3. 몰수
(1) 의의
범죄반복의 방지+범죄에 의한 이득의 금지목적->범죄행위와 관련된 재산박탈의 재산형
(2) 주형을 선고유예하는 경우
몰수나 추징의 선고유예는 가능+But 주형의 선고를 유예 않으면서 추징에 대하여만 선고유예 불가
(3) <u>주형의 선고를 유예하는 경우+몰수의 요건</u>
몰수만 선고가능
(4) 몰수의 여부
원칙적으로 법관의 재량
(5) 필요적 몰수
뇌물에 관한 죄상 범인 또는 정을 아는 제3자가 받은 뇌물 또는 뇌물에 공할 금품 등
(6) 몰수의 법적 성질
대물적 보안처분
(7) 몰수의 대상
1) 범죄행위에 제공하였거나 제공하려고 한 물건
 (a) 범죄행위의 도구 또는 수단
 (b) But 관세법 제188조의 허위신고의 대상이 된 물건은 몰수 불가
2) 범죄행위로 인하여 생하였거나 이로 인하여 취득한 물건
 (a) 범행의 산출물+문서위조행위에 의한 위조문서, 도박에 의하여 취득한 금품, 불법벌채 목재 등
 (b) 외국환관리법 제18조상 등록하지 않은 미화->취득한 물건 No->몰수 불가
3) 전 2호의 대가로 취득한 물건
 (a) 범죄사실과 아무런 관련이 없는 물건은 몰수 불가
 (b) 몰수의 대상은 압수되어 있는 물건에 제한되는 것 아님+피고인에게 환부한 물건도 몰수가능
(8) 몰수의 요건
1) 범인 이외의 자의 소유에 속하지 아니할 것
 (a) ★**범인 이외의 자의 소유에 속하는 물건은 몰수불가+부실기재된 등기부, 허위신고에 의해 작성된**

가호적부, 허위기재부분이 있는 공문서, 국고에 환부해야 할 국고수표, 매각위탁을 받은 엽총 등 몰수불가

ⓑ 범인 이외의 자의소유에 속하지 않는 물건

범인의 소유에 속하는 물건 이외의 무주물+소유자불명의 물건+금제품 포함

ⓒ 범인 이외의 자의 소유에 속하는 물건에 대한 몰수의 선고가 있는 경우

피고인에 대한 관계상 소지의 몰수에 그침+제3자의 소유권에는 영향 안 미침

2) 범죄후 범인 이외의 자가 정을 알면서 취득한 물건

ⓐ 범인 이외의 자의 소유에 속하는 물건은 몰수할 수 없음+But 범죄 후 그가 정을 알면서 취득한 물건을 몰수가능

ⓑ 정을 알면서 취득한 물건

취득 당시의 물건이 형법 제48조 제1항 각호에 해당하고 있는 사실을 알면서 취득한 것

4. 추징

(1) 의의

몰수의 대상물 전부 또는 일부를 몰수하기 불능한 경우+몰수에 갈음하여 그 가액의 납부를 명령하는 처분

(2) 몰수하기 불능한 경우

소비, 혼동, 분실, 양도+판결 당시에 사실상 또는 법률상 몰수 불가능한 경우

(3) 수인이 공모하여 뇌물을 수수한 경우+몰수가 불능해 가액을 추징 경우

개별적 추징+개별적으로도 알 수 없을 때에는 평등, 분할 액수추징

5. 도해(몰수와 추징)

(1) 몰수의 의의	1) 범죄반복의 방지나 범죄에 의한 이득의 금지를 목적으로 범죄행위와 관련하여 재산을 박탈하는 재산형 2) 원칙: 임의적 몰수+예외: 필요적 몰수(배임죄, 뇌물죄) 3) 형벌적 성격+대물적 보안처분
(2) 몰수 요건	1) 대물적 요건 　①범죄행위에 제공하였거나 제공하려고 한 물건 　　　※허위신고의 대상이 된 물건X 　②범죄행위로 인하여 생하였거나 이로 인하여 취득한 물건 　　　※등록하지 않은 미화X 　③전2호의 대가로 취득한 물건 　　　※아무런 관련이 없는 물건X 2) 대인적 요건

	①법인 이외의 자의 소유에 속하지 아니할 것 ※★<u>부실기재등기부+허위신고 가호적부+허위기재부분있는 공문서 장물+국고에 환부하여야 할 국고수표+매각 위탁받은 엽총</u> 등은 몰수X ②범죄 후 범인 이외의 자가 정을 알면서 취득한 물건 3) 소송법적 요건: 유죄의 재판을 받지 아니한 때에도 몰수만을 선고 할 수 있다. 가환부, 환부된 경우도 몰 수 할 수 있다(압수절차 반드시 필요한 것이 아님).
(3) 추징	1) 몰수불가능시 몰수에 갈음 2) 요건 ①처음부터 몰수가 허용되지 않는 물건은 추징 할 수 없다. 　　※★<u>외국소재 물건에 대해 외국법원이 이미 몰수 재판을 한 경우 몰수X</u> ②사실상·법률상 장애로 인하여 몰수 할 수 없을 때 ③추징금액의 산정: 판결선고시설이 타당 ※수인관련: 개별적으로 추징, 그럴 수 없을 때는 평등하게 분할 추징

■ 몰수의 대상에서 물건이라 함은 유체물에 한하지 않고 권리 또는 이익도 포함한다. 반드시 압수되어 있는 물건에 제한되지 않는다.
■ 몰수는 형식적으로는 형벌의 일종이지만 실질적으로는 대물적 보안처분에 속한다.

■ 몰수의 종류 ■

임의적 몰수	법관의 재량에 의한 몰수(제48조)
필요적 몰수	뇌물죄의 뇌물(제134조)/아편, 몰핀, 아편흡식기(제206)/배임수증죄의 재물(제357조 3항)

■ 장물의 매각대금은 몰수할 수 있으나 장물은 몰 수 할 수 없다.
■ <공범소유물건, 무주물, 소유자불명의 물건, 금제품>은 몰수 할 수 있다.

V. 명예형

1. 명예형의 의의

(1) 명예형(자격형)

범인의 명예 또는 자격박탈의 형벌

(2) 유형
자격상실+자격정지

2. 자격상실
(1) 자격상실
일정한 형의 선고->형의 효력으로 일정한 자격상실
(2) 자격상실이 되는 경우
사형, 무기징역, 무기금고의 판결
(3) 상실되는 자격
공무원이 되는 자격, 공법상의 선거권과 피선거권, 법률로 요건을 정한 공법상의 업무에 관한 자격, 법인의 이사, 감사, 지배인 기타 법인의 업무에 관한 검사역이나 재산관리인이 되는 자격

3. 자격정지
(1) 의의
일정한 기간 동안 일정한 자격의 전부 또는 일부정지
(2) 자격정지가 되는 경우
당연정지와 선고에 의해 자격이 정지되는 경우

1) 자격의 당연정지

유기징역 또는 유기금고의 판결을 받은 자는 그 형의 집행이 종료하거나 면제될 때까지 공무원이 되는 자격, 법률로 요건을 정한 공법상의 업무에 관한 자격정지

2) 판결선고에 의한 자격정지

(a) **자격정지기한**

1년 이상 15년 이하임

(b) **판결에 의한 자격정지**

자격정지의 형이 다른 형과 선택형인 경우 단독으로 과할 수 있음+다른 형에 병과할 수 있는 경우 병과형으로 부과가능

(d) **자격정지기간**

  a) **자격정지가 선택형인 때**

판결이 확정된 날로부터 기산

  b) **유기징역 또는 유기금고에 병과한 때**

징역 또는 금고의 집행을 종료하거나 면제된 날로부터 기산

4. 형의 경중(비교)

형의 경중(선고형 및 처단형)	★집행면제>집행유예
	★벌금형>징역형의 선고유예
	집행유예된 징역형의 형기가 더길면 집행유예없는 더 짧은 징역형보다 중하다.

■ 자격상실(제43조) ■

<사형, 무기징역, 무기금고>의 판결을 받은 자가 <당연히 상실>되는 사항	(1)공무원이 되는 자격 (2)공법상의 <u>선거권과 피선거권</u> (3)법률로 요건을 정한 <u>공법상의 업무</u>에 관한 자격 (4)★법인의 <u>이사, 감사, 지배인</u>, 기타 법인의 업무에 관한 검사역이나 재산관리인이 되는 자격

■ 유기징역 또는 유기 금고의 선고를 받은 자의 일정한 자격이 정지되는 경우 상기 <u>(1)-(3)호</u>

■ 자격정지의 기산점 ■

병과시	징역 또는 금고의 집행을 종료하거나 면제된 날부터 기산
선택형 일 때	판결이 확정된 날부터 기산

제2절 형의 양정

I. 개관

1. 형의 양정

(1) 형의 양정(형의 적용)

법관이 구체적인 행위자에 대해 선고할 형을 정하는 소송행위

(2) 협의와 광의의 형의 양정

1) 협의의 형의 양정

구체적인 사건에 적용될 형의 종류와 양을 정함

2) 광의의 형의 양정

협의+형의 선고와 집행여부를 결정까지 포함

3) 형의 양정의 정당성보장하기 위한 기준

형법적 평가의 중핵

II. 형의 양정단계

1. 법정형

(1) 법정형

개개의 구성요건에 규정되어 있는 형벌

(2) 기준

구체적인 형의 선택상 일차적 기준이 되는 양형이론의 시발점

(3) 형의 양정을 정하는 방법

1) 절대적 전단형

형벌을 법률로 정하지 않고 법관의 자유재량에 맡김

2) 절대적 법정형

일정한 범죄에 대한 형벌의 종류와 양을 법률에 엄격하게 규정

3) 상대적 법정형

법률에 형벌의 종류와 범위만을 규정+그 범위 내에서 법관이 구체적 형을 정함

2. 처단형

(1) 법정형이 처단의 범위로 구체화된 형

(2) 선고형의 최종적 기준

3. 선고형

(1) 선고형의 의의

법원이 처단형의 범위 내+구체적으로 형을 양정하여 선고하는 형

(2) 형의 가중, 감경이 없는 경우

법정형을 기준으로 선고형을 정함

(3) 자유형의 선고형의 분류

1) 정기형

형법은 정기형에 의함이 원칙

2) 부정기형

(a) **절대적 부정기형**
전혀 형기를 정하지 않고 선고+죄형법정주의에 위반
(b) **상대적 부정기형**
소년범에 대하여 인정

■ 개관 ■

- ■ 형의 양정(양형)이란 형법에 규정된 형벌의 종류와 범위 내에서 법관이 구체적으로 행위자에게 선고할 <u><형벌의 종류와 양을 정></u>하는 것이다.
- ■ 법률상 가중은 필요적 가중만 인정되고 임의적 가중은 인정되지 않는다.
- ■ 필요적 가중 사유: 특수교사·방조(제34조 2항)/누범(제35조)/경합범(제38조)
- ■ 필요적 감경사유: 심신미약(제10조 2항)/농아자(제11조)/중지미수(제26조)/종범(제32조 2항)
- ■ 재판상 감경(작량감경: 제53조)은 거듭 감경할 수 없다.⇔법률상 감경은 거듭 가능

■ 비교 ■

형면제 판결	판결확정전의 사유를 원인으로 함
형집행의 면제	판결확정후의 사유를 원인으로 함

■ 비교 ■

자수(제52조 1항)	수사기관에 소추를 구하는 행위
자복(제52조 2항)	피해자에게 고백
자백(형소법 제309조 등)	피고인 또는 피의자가 범죄사실을 전부 또는 일부를 인정하는 진술

- ■ 자수·자백은 형의 임의적 감면사유에 해당한다.
- ■ [형의 가중, 감경 순서(제56조)]:<1. 각칙 본조에 의한 가중>⇒<2. 제34조 제2항의 가중(특수 교사·방조)>⇒<3. 누범가중>⇒<4. 법률상 감경>⇒<5. 경합범 가중>⇒<6. 작량감경>

III. 형의 가중 및 감경

1. 형의 가중과 감경

(1) 형의 가중의 의미

법률상의 가중만을 인정+★재판상의 가중은 인정 불가

(2) 유형

1) 일반적 가중사유

모든 범죄에 대하여 일반적으로 형을 가중하는 사유+경합범 가중, 누범가중, 특수교사, 특수방조

2) 특수적 가중사유

형법각칙의 특별구성요건에 의한 가중사유+상습범가중, 특수범죄의 가중

(3) 형의 감경

1) 법률상의 감경

법률의 특별규정에 의해 형이 감경

2) 법률상의 감경사유

(a) **필요적 감경사유**

농아자, 중지범, 종범

(b) **임의적 감경사유**

외국에서 받은 형의 집행으로 인한 감경, 과잉방위, 과잉피난, 과잉자구행위, 미수범, 불능미수, 자수 또는 자복, 해방감경

3) 재판상의 감경(작량감경)

(a) **작량감경의 의의**

<u>법률상의 특별한 감경사유가 없는 경우일지라도 정상에 특히 참작할 만한 사유가 있는 때에는 그 형을 감경가능</u>

(b) **범위**

법률성 형을 가중, 감경한 경우에도 작량감경 가능+형법 제55조의 범위 내에서 가능

(4) 자수

1) 자수의 의의

범인이 스스로 수사기관에 대하여 자기의 범죄사실을 신고하여 소추를 구함

2) 자수에 해당하지 않는 경우

(a) 수사기관이 아니 자에게 자수의 의사를 전달

(b) 범죄사실을 신고하지 않으면서 수사권이 있는 공무원을 만나거나+주소알림

3) 자수에 해당하는 경우

(a) 범죄사실이 발각된 이후에 신고

(b) 지명수배를 받은 후이지만 체포 직전에 자발적으로 신고

(c) 범인이 스스로 수사기관에 출두할 것을 요하지 않음+제3자를 통해 자수가능

(5) 자복

1) 의의

(a) <u>피해자의 명시한 의사에 반하여 처벌할 수 없는 범죄</u>

(b) <u>해제조건부범죄상 피해자에게 범죄를 고백</u>

2) 판단

(a) 해제조건부가 아닌 범죄에 대하여 피해자에게 사죄한 것->자복에 해당하지 않음
   (b) 자복은 상대방
   수사기관이 아님+피해자임
   (c) 법적 효과
   자수와 동일+준자수

2. **형의 가감례**

 (1) 형의 가감례
   형의 가중, 감경의 방법과 정도, 순서에 관한 준칙
 (2) 형의 가중, 감경의 순서
  1) 한 개의 죄에 정한 형이 수종인 경우
   먼저 적용할 형을 정하고 그 형을 감경
  2) 형을 가중, 감경할 사유가 경합된 경우순서
   각칙 본조에 의한 가중->제34조 2항(특수한 교사, 방조)의 가중->누범가중->법률상 감경->경합범 가중->작량감경
 (3) 형의 가중, 감경의 정도 및 방법
  1) 형의 가중정도
   (a) 징역이나 유기금고를 가중하는 경우에는 25년까지가능
   (b) 누범, 경합범, 특수교사, 방조의 가중사유->별도로 규정
  2) 형의 감경정도와 방법
   (a) ★법률상의 감경의 정도와 방법
    a) 사형을 감경할 때에는 무기 또는 20년 이상 50년 이하의 징역 또는 금고로 한다.
    b) 무기징역 또는 무기금고를 감경할 때에는 10년 이상 50년 이하의 징역 또는 금고로 한다.
    c) 유기징역 또는 유기금고를 감경할 때에는 그 형기의 2분의 1로 한다.
    d) 자격상실을 감경할 때에는 7년 이상의 자격정지로 한다.
    e) 자격정지를 감경할 때에는 그 형기의 2분의 1로 한다.
    f) 벌금을 감경할 때에는 그 다액의 2분의 1로 한다.
    g) 구류를 감경할 때에는 그 장기의 2분의 1로 한다.
    h) 과료를 감경할 때에는 그 다액의 2분의 1로 한다.
   (b) 법률상 감경사유가 수개 있을 때
    거듭 감경가능
   (c) 작량감경의 정도와 방법
    a) 작량감경도 법률상의 감경례에 준함+But 작량감경사유가 수개 있어도 거듭 감경불가

b) 징역형과 벌금형을 병과하는 경우
특별한 규정이 없는 한 어느 한 쪽에만 감경불가

IV. 양형

1. 양형의 의의

(1) 형의 양정 또는 양형의 의의
법정형상 법률상의 가중, 감경 또는 작량감경을 한 처단형의 범위 내에서 구체적으로 선고할 형을 정함

(2) 양형에 관한 법관의 재량
형사정책적 양형기준에 의하여 합리적으로 판단+법적으로 구속된 재량을 의미

2. 양형기준

(1) 고려사항
 1) 예방의 목적
행위자의 책임과 일치하는 범위에서만 고려
 2) 특별예방과 일반예방을 위하여 책임범위를 벗어난 형의 양정
불허

(2) 양형책임의 개념
 1) 사회윤리적 불법판단의 경중을 결정의 모든 요소의 총체+책임 있는 불법
 2) 양형책임과 형벌근거책임
서로 관련된 책임+But 실질과 대상이 다름

(3) 양형에 있어서 책임과 예방
 1) 범위이론과 유일형이론
  ⓐ 범위이론
실제로 책임과 일치하는 정확한 형벌결정불가능+형벌은 그 하한과 상한에 있어서 책임의 적합한 범위가 있음+그러한 범위 내에서 특별예방과 일반예방 고려하여 양정
  ⓑ 유일형이론(점형이론)
책임은 항상 고정된 일정한 크기를 가짐+정당한 형벌은 유일(하나)일 수밖에 없음
 2) 단계이론
  ⓐ 단계이론(위가이론)
양형의 단계에 따라 개별적인 형벌목적의 의의+가치결정
  ⓑ 양형은 불법과 책임에 의하여 결정+형벌의 종류와 집행여부 범죄예방고려결정

3. 양형의 조건

(1) 양형판단의 자료

1) 범인의 연령, 성행, 지능과 환경+사회복귀필요성판단의 중요한 특별예방 요소
2) 범인의 성행 특히 전과->책임을 가중하는 요소로 작용가능성
3) 피해자에 대한 관계
 범인과 피해자의 친족, 가족, 고용 기타 유사한 관계
4) 형의 가중요소
 피해자와의 신뢰관계를 이용하여 죄를 범한 경우+피해자에 대한 보호관계의 침해
5) 범인과 피해자의 신뢰관계의 기능
 일반적으로 형을 감경하는 요소에 해당
6) 범행의 동기, 수단과 결과
 (a) **범행의 동기**
 행위자의 위험성+행위책임을 판단하는 중요요소
 (b) **범행의 수단과 결과**
 행위불법+결과불법에 해당하는 순수한 객관적 불법요소
7) 범행후의 정황
 (a) 회오와 피해변상, 회복을 위한 노력+범행 후의 범인 태도->책임, 예방에 중요 관점
 (b) 피고인의 부인+진술거부권의 행사->양형에 있어서 불이익하게 평가가능성 있음

4. 이중평가의 금지

(1) 이중평가의 금지의 의의
법적 구성요건요소의 상황->양형에 있어서 이중평가 안 됨

(2) 구성요건의 불법과 책임을 근거지우거나+가중, 감경사유가 된 상황=)재차 양형의 자료사용 불가

5. 소결(도해): 양형책임

범위 이론 (판단여지이론+책임범위이론)	형벌의 상한과 하한을 정함
유일형이론	특정범죄엔 특정형을 가함
사회적 형성행위이론	법관의 양형을 사회적 형성으로 파악 (출발은 유일형이론으로 그러나 형의 종류와 양은 일반예방과 특별예방적 차원에서 다소 변동가능)
단계이론 (위가이론)	[형량⇒책임]+[형종 및 집행⇒특별예방과 일반예방 고려]

■ 양형: 법정형에 수정을 가하여 얻어진 처단형의 범위 내에서 제반사항 참작하여 선고형을 정하는 것으로서 기속재량에 속한다(양형부당은 항소이유).
 (법정형⇒처단형⇒선고형)
■ 양형의 자료(제51조): 범인의 연령, 성행, 지능과 환경/피해자와의 관계/범행의 동기, 수단과 결과/범행후의 정황

V. 형의 면제, 판결선고형 구금과 판결의 공시

1. 형의 면제

(1) 형의 면제

범죄가 성립+But 형벌을 과하지 않는 경우

(2) 형의 면제와 형집행면제 구별

1) 형의 면제

확정판결 전의 사유로 인해 형이 면제되는 경우

2) 형의 집행면제

확정판결 후의 사유로 인하여 형의 집행이 면제되는 경우

(3) 형의 면제의 분류

필요적 면제+임의적 면제 But 모두 법률상의 면제에 한함, 재판상의 면제 불인정

(4) 일반적 면제사유

외국에서 받은 형의 집행으로 인한 면제, 중지미수, 불능미수, 과잉방위, 과잉피난, 과잉자구행위, 자수, 자복

2. 판결선고전 구금일수의 통산

(1) 판결선전 구금

범죄의 혐의를 받는 자->재판이 확정될 때까지 구금

(2) 판결선고전 구금일수

1) 전부 또는 일부를 유기징역, 유기금고, 벌금, 과료에 관한 유치 또는 구류에 산입

2) 구금일수는 1일은 징역, 금고, 벌금, 과료에 관한 유치 또는 구류기일의 1일로 계산

3) 판결선고전 구금일수의 제한

판결선고전 구금일수를 전혀 산입하지 않거나+미결구금일수 보다 더 많은 일수를 본형에 산입하는 것은 위법->불허

4) 항소심에서 무기징역을 선고한 1심판결을 파기하고 유기징역을 선고한 경우
산입함

3. 판결의 공시
(1) 판결의 공시
피해자의 이익+피고인의 명예회복 목적->판결의 선고와 함께 관보 또는 일간신문 등을 이용하여 판결의 전부 또는 일부를 공적으로 주지
(2) 형법상 판결의 공시를 인정
1) 피해자의 이익을 위해 필요하다고 인정할 때
에는 피해자의 청구가 있는 경우에 한해 피고인의 부담으로 판결공시의 취지를 선고가능
2) 피고사건에 대해 무죄 또는 면소의 판결을 선고할 때
판결 공시의 취지를 선고가능

■ 판결공시: 피해자의 이익+필요+피해자의 청구+피해자의 부담⇒판결공시(임의적)/무죄 또는 면소 판결시⇒판결공시 취지를 선고(임의적)

제3절 누범

I. 개관

1. 누범의 의의
(1) 누범의 의의 및 성질
1) 누범의 의의
ⓐ 범죄를 누적적으로 범함+확정판결을 받은 범죄가 있고 그 후 다시 범죄를 저지름
ⓑ ★**금고 이상의 형을 받아 그 집행을 종료하거나 면제를 받은 후 3년 내에 금고 이상에 해당하는 죄를 범함**
2) 누범의 성질
ⓐ 누범은 형을 가중하는 사유+보안처분선고의 근거
ⓑ 누적적 관계에 있는 경우에 형을 가중하는 사유
견해나뉨
ⓒ 누범은 범죄성립요소, 가중유형 또는 새 법원칙을 규정한 것이 아님+양형규정에 해당

(2) 누범과 상습범

1) 상습범

범죄의 상습성으로 사회적 위험성이 큰 것

2) 누범과 상습범의 구별

ⓐ **누범**

반복된 처벌+전과를 요건+행위책임면에서 초범자보다 책임이 가중의 중

ⓑ **상습범**

반복된 범죄에 징표된 범죄적 경향+반드시 전과를 요건으로 하지는 않음+동일죄명 또는 동일죄질의 범죄 반복을 요건으로 함+행위자의 상습성이라는 행위자책임의 사상

ⓒ 상습범에 대한 누범가중+상습범을 가중처벌하는 특정범죄가중처벌 등에 관한 법률위반에 대한 누범가중규정 적용가능

2. 누범에 대한 형의 가중과 책임주의

(1) 누범가중과 헌법과의 관계

1) 누범가중과 일사부재리의 원칙

ⓐ **누범가중**

전범을 다시 처벌하는 것은 아님+형의 집행을 종료, 집행을 면제받은 경우 다시 죄를 범한 사실을 이유로->후범의 범죄에 대한 책임을 가중

ⓑ **처벌대상**

후범+일사부재리의 원칙에 반하지 않는다.

ⓒ **누범가중과 평등원칙**

피고인의 책임+특별예방+일반예방이라는 형벌의 목적, 적합한 형의 양정->불합리한 차별에 해당 안 함

ⓓ **누범가중과 책임주의**

형을 받은 자가 개전하지 않고+재범으로 책임이 가중+행위자의 반사회적 위험성커짐

2) 누범가중의 근거

행위책임가중

3) 누범가중과 책임주의와의 조화

3. 누범에 대한 형사정책적 방안 및 대책

(1) 누범에 대한 무조건적인 가중규정 삭제의 비판

(2) 누범가중과 책임주의 조화

II. 누범가중의 요건

1. 금고 이상의 형의 선고

(1) 금고 이상의 형

유기징역+유기금고

(2) <u>사형, 무기징역을 선고받은 자</u>

누범이 될 여지는 없음+But 감형으로 유기징역이라 유기금고로 된 경우, 특별사면 또는 형의 시효로 집행이 면제된 경우 누범요건충족가능

(3) 국방경비법에 의하여 처벌받은 전과, 군법회의의 판결, 소년법에 의한 부정기형의 소년형에 의해 징역형을 선고받은 경우

누범가중사유가능

(4) 누범이 되지 않는 경우

1) 일반사면에 의하여 형선고의 효력이 상실된 경우

2) 집행유예선고를 받은 자가 그 선고의 실효 또는 취소됨이 없이 유예기간을 경과한 때 다시 죄를 범한 경우

3) 벌금형을 선고받고 이것에 의하여 노역장유치가 집행되었을 경우

(5) 복권문제

형의 언도의 효력을 상실시키는 것이 아님+형언도 효력으로 인하여 상실, 정지된 자격을 회복시키는 사법작용에 지나지 않음->전과사실은 누범가중사유에 해당

2. 형의 집행종료 또는 면제

(1) 선고된 금고 이상의 형

집행이 종료되었거나 집행을 면제받았을 것 요

(2) 형의 집행을 면제받는 경우

형의 시효가 완성된 때+특별사면에 의해 형의 집행이 면제된 때+외국에서 형의 집행을 받았을 때

(3) **금고 이상의 형에 대한 집행유예판결을 선고받아 그 유예기간 중에 있는 자**

형집행전이거나 미결구금일수의 산입에 의하여 형의 일부를 집행 받은 것->따라서 <u>유예기간 중에 죄를 저질렀다고 하여 누범불가</u>

(4) **전범의 형의 집행 중 또는 집행정지에 범한 죄**

누범이 아님

(5) **가석방된 자가 가석방기간 중에 다시 죄를 범한 경우**

형집행종료 후의 범죄가 아님->누범이 아님

3. 금고 이상에 해당하는 죄

(1) 금고 이상에 해당하는 죄

선고형을 의미

(2) 누범의 요건

전범과 같은 죄명, 죄질을 같이하는 동종의 범죄일 것 불요

4. 전범의 형집행종료 또는 면제후 3년 이내에 범한 죄

(1) 누범시효

전범의 형의 집행을 종료하거나 면제를 받은 후 3년 이내에 후범이 행해 질 것.

(2) 전과 이전에 죄를 범한 경우+형집행종료 후 3년이 경과된 후에 다시 죄를 범한 경우

누범 아님

(3) 기간의 기산점

 1) 전범의 형의 집행을 종료한 날 또는 형집행 면제를 받은 날

 2) 금고 이상에 해당하는 죄를 범한 시기

실행의 착수시 기준

 3) 예비, 음모를 처벌하는 범죄

기간 내에 예비, 음모가 있게 되면 누범요건 충족

 4) 상습법의 기간

일부행위가 누범기간 안에 이루어기면 기타 소위가 누범기간 경과 후에 행해졌어도 그 행위 전부가 누범관계인정

 5) 후범이 수죄인 때

누범기간 내에 행하여진 범죄에 대해서만 누범가중가능

III. 누범효과

1. 누범처벌

(1) 누범의 형

그 죄에 정한 형의 장기의 2배까지 가중+장기가 25년을 초과 못함

(2) 기준

누범가중의 경우 반드시 법정형을 초과하여야 하는 것 아님+단기범위에서 선고형 정함

(3) 누범이 수죄인 경우

각죄에 재해 먼저 누범가중을 한 후에 경합범으로 처벌

(4) 상상적 경합의 경우
실질적인 수죄인 점, 먼저 각죄에 누범가중 한 후 중죄로 처벌

2. 소송법적 효과
(1) 누범가중의 이유가 되는 전과은 범죄사실이라고 할 수 없음+But 판결이유에 판시된 사항, 범죄사실에 준해 유죄판결을 명시
(2) 누범가중 사유가 되는 전과사실은 범죄사실이 아님+불고불리의 원칙이 적용되지 않음+전과사실이 공소장에 기재되어 있을 것을 요하지 않음

IV. 판결선고후의 누범발각

1. 제한취지
(1) <u>판결선고 후 누범인 것이 발각된 때</u>
　<u>선고한 형을 통산하여 다시 형을 정할 수 있음</u>
(2) 이유
전과사실의 확정에 재판집중, 부당한 지연 폐해근절
(3) <u>선고한 형의 집행을 종료했거나 그 집행이 면제된 후에 누범인 것이 발각된 때</u>
　<u>다시 형을 정할 수 없음</u>

2. 일사부재리의 원칙과의 관계
(1) 일사부재리의 원칙의 위배
동일한 범죄에 대하여 신(新) 사정만을 이유로 가중형을 추가->일사부재리원칙에 반함
(2) 검사에게 거증책임+형사피고인의 진술거부권을 보장에 반함

V. 비교

	누범	상습범
의의	불특정범죄 행위에 대한 반복된 처벌	반복된 범죄에 드러난 범죄의 경향 또는 범죄습벽
전과	요	불요

가중근거	행위책임	행위자책임
가중단계	총칙	각칙
범죄의 동일성	불요	요

■ 상습범과 누범의 가중하는 사유가 경합하는 경우에는 양자를 병과하여 적용할 수 있다.
■ 경합범은 수개의 범죄가 병립적인 관계에 있으나 <누범>은 수개의 범죄가 <누적적>관계에 있다.
■ 누범가중은 일사부재리의 원칙과 평등의 원칙에 반하지 않는다(일사부재리의 원칙에 반한다는 설).

■ 누범(제35조)의 성질 ■

죄수설	누범을 수개의 범죄로 보아 경합범과 같은 성격
양형설	누범을 법률상 가중사유로 보아 전범은 그 자체가 심판대상은 아니나 양형사유가 됨

■ 누범(제35조) ■

의의	<금고>이상의 형을 받아 그 <집행을 종료하거나 면제 받은 후 3년 내>에 <금고> 이상에 해당하는 범죄를 다시 범한 경우(협의)
전범에 관한 요건	1.금고이상의 형을 받아야 한다. (1)선고형 (2)금고보다 무거운 형 (3)사형·무기징역·무기금고는 감형으로 유기징역이 되거나, 특별사면·형의 시효에 의하여 그<집행이 면제된>경우에 한하여 누범전과가 된다. (4)전범은 고의범·과실범 불문/적용되는 법률 특별법도 가능 ※복권⇒누범전과O/////일반사면·집행유예기간 경과⇒누범전과X 2.형의 집행을 종료하거나 면제받아야 한다. (1)형집행종료: 형기만료 (2)형집행면제: 특별사면시 형집행면제/형의 시효완성/외국에서 형집행받은 경우
후범에관한 요건	1.금고 이상에 해당하는 죄를 범해야 한다(선고형). 2.전범의 형집행종료 또는 면제후 3년내에 범해야 한다. ※전형의 집행전·집행중의 범죄, 집행유예중, 가석방기간중, 집행정지중에 범한죄⇒모두 해당 안 됨 ※판단기준은 실행의 착수를 기준으로 한다(예비·음모는 3년내에 예비음모가 있으면 됨). ※<상습범중 일부행위>가 3년 내에 행해졌다면 <전체행위>가 누범관계에 있다./////경합범은 3년 내에 행해진 범죄에 대해서만 누범가중가능
효과	그 죄에 정한 형의 <장기의 2배>까지 가중(25년초과X: 제42조)

■ 판결선고후 누범인 것이 발각된 때에는 그 선고한 형을 통산하여 다시 형을 정할 수 있다. 단 선고한 형의 집행을 종료하거나 그 집행이 면제된 후에는 예외로 한다(제36조).

제4절 집행유예, 선고유예, 가석방

I. 집행유예개관

1. 집행유예의 의의

(1) 의의

형 선고시 일정한 기간 동안 형의 집행을 유예하고 그 유예기간을 경과한 때에는 형의 선고효력 상실

(2) 취지

사회복귀사상이 강조+특별예방제도+사회정책적 개선결과

(3) 법적 성질

1) 형집행의 변형
2) 사회복귀사상의 중요한 역할의 양형

2. 집행유예의 연혁(입법례)

(1) 연혁과 입법례(주의)

1) 조건부판결제도와 조건부면제제도
2) 조건부판결제도

벨기에+프랑스->형의 집행을 유예한 후에 유예기간 경과후 형선고의 효력상실

3) 조건부면제제도

독일->유예기간을 무사히 경과한 때 형집행면제

3. 집행유예의 요건

(1) 3년이하의 징역·금고, 500만원 이하의 벌금형을 선고한 경우

1) 집행유예요건의 확대
2) 500만원 이하의 벌금형 선고

(2) 정상에 참작할 만한 사유

1) 정상에 참작할 만한 사유

집행않은 경우 유예기간+장래에 재범을 저지르지 않을 것으로 인정되는 경우

 2) 판단의 기준

범인의 연령, 성행, 지능, 환경, 피해자에 대한 관계, 범행의 동기, 수단과 결과, 범행 후의 정황 등+판단의 기준 재판시

(3) 금고 이상의 형의 선고를 받아 집행을 종료하거나 면제된 후 5년의 경과

 1) 금고 이상의 형을 선고받은 때

실형의 선고+형의 집행유예를 선고받은 때.

 2) 집행유예의 선고를 받았던 범죄가 있기 전에 범한 범죄

 다시 집행유예를 선고 불가

4. 집행유예와 보호관찰, 사회봉사명령 및 수강명령

(1) 보호관찰

범죄인의 재범방지, 사회복귀를 촉진 목적+교정시설에 수용하지 않은 상태에 있는 범죄인 지도, 감독

(2) 보호관찰의 의의

집행유예의 핵심+형사정책상 가장 중요요소

(3) 사회봉사명령

범죄자를 일정한 기간 내+지정된 시간 동안 무보수로 근로에 종사

(4) 수강명령

일정시간 동안 지정된 장소에 출석+강의, 훈련, 상담

(5) 사회봉사명령과 수강명령

원상회복+함께 자유형에 대한 대체수단+자유박탈없는 제재

(6) 보호관찰과 사회봉사명령, 수강명령=)동시 명령 가능

5. 집행유예효과

(1) 효력상실

집행유예의 선고를 받은 후 그 선고의 실효 또는 취소됨이 없이 유예기간을 경과한 때

<u>형의 선고 효력상실</u>

(2) 영향

형의 선고에 의해 이미 발생한 법률효과에는 영향 없음

6. 집행유예의 실효와 취소

(1) 집행유예의 실효

1) 집행유예의 선고를 받은 자가 유예기간 중 금고 이상의 형을 선고받아 판결이 확정된 때에는 집행유예효력상실+형이 선고된 이상 집행을 유예한 경우도 포함
2) 유예기간 중 금고 이상의 형을 선고받아 그 판결이 확정되면 충분

(2) 집행유예의 취소
1) 금고 이상의 형을 받아 집행을 종료한 후 또는 집행이 면제된 후부터 5년을 경과하지 않은 자라는 것이 발각되면 집행유예선고취소
2) 집행유예의 선고를 받은 후
집행유예를 선고한 판결이 확정된 후를 뜻함
3) 보호관찰, 사회봉사명령, 수강명령을 명한 집행유예를 받은 자가 준수사항이나 명령을 위반+그 정도가 무거운 때->집행유예의 선고를 취소가능

II. 선고유예

1. 선고유예의 의의
(1) 의의
범정이 경미한 범인+일정한 기간 동안 형의 선고를 유예+그 유예기간을 경과한 때->면소간주
(2) 의미
1) 특별예방 기능
2) 필요할 때 보호관찰가능
(3) 법적 성질
1) 순수한 보안처분에는 해당하지 않음
2) 형법이 규정하고 있는 가장 고유한 종류의 제재

2. 선고유예요건
(1) 1년 이하의 징역이나 금고, 자격정지 또는 벌금의 형을 선고할 경우
1) 선고유예를 할 수 있는 형
주형과 부가형을 포함한 처단형 전체를 의미
2) 주형을 유예하는 경우
부가형인 몰수나 추징도 선고유예가능
3) 징역형과 벌금형을 병과하는 경우
징역형은 집행유예, 벌금은 선고유예만 가능

(2) 개전의 정상이 현저할 것
 1) 개전의 정상 현저
형을 선고하지 않더라도 재범위험이 없음을 인정
 2) 판단의 기준시는 판결시
(3) 자격정지 이상의 형을 받은 전과가 없을 것
위험성이 없는 자+초범 대하여만 인정

3. 선고유예와 보호관찰
재범방지를 위하여 지도와 원호가 필요 한 때->보호관찰을 인정+보호관찰의 기간은 1년

4. 선고유예효과
(1) 선고유예의 판결
범죄사실과 선고할 형 결정
(2) 효과
형의 선고유예를 받은 날로부터 2년을 경과한 때에는 면소된 것으로 간주
(3) 면소와 무죄의 구별
 1) 면소
소송추행의 이익이 없음을 이유로 소송을 종결시키는 형식재판
 2) 무죄
공소사실이 범죄로 되지 않거나+범죄사실의 증명이 없을 때 실체재판

5. 선고유예의 실효
(1) 선고유예가 실효되는 경우
 1) 형의 선고유예를 받은 자가 유예기간중 자격정지 이상의 형에 처한 판결의 확정시
 2) 자격정지 이상의 형에 처한 전과가 발견된 때->유예된 형을 선고
(2) 보호관찰을 명한 선고유예를 받은 자가 보호관찰의 기간중에 준수사항을 위반+그 정도가 무거운 때->유예한 형의 선고가능

III. 가석방

1. 가석방의 의의

(1) 의의

자유형을 집행받고 있는 자+개전의 정이 현저하다고 인정되는 때+형기만료 전에 조건부로 수형자를 석방+일정한 기간을 경과한 때+<u>형집행종료간주</u>

(2) 가석방의 의미

수형자의 사회복귀를 용이+<u>특별예방사상</u>

(3) 가석방의 특색

행정처분에 의한 수형자 석방

(4) 연혁

1800년 호주, 독일이 형법에서 규정+가석방된 자에게 가석방기간 중 보호관찰

2. 가석방의 요건

(1) 징역 또는 금고의 집행 중에 있는 자가 그 행상이 양호하여 개전의 정이 현저한 때에는 <u>무기에 있어서는 20년, 유기에 있어서는 형기의 3분의 1을 경과한 후 행정처분으로 가석방을 할 수 있음</u>

1) 자유형 이외의 형벌

가석방을 인정여지 없음

2) 벌금의 경우

노역장유치는 대체자유형+가석방 긍정타당

3) 사면 등에 의해 감형된 때

감형된 형이 기준+형기에 산입된 판결선고전 구금일수는 집행을 경과한 기간에 산입

(2) 행상이 양호하여 개전의 정이 현저할 것

중대한 범죄라는 이유로 가석방불허 불가

3. 가석방의 기간과 보호관찰

(1) 가석방기간

<u>무기형은 10년, 유기형은 남은 형기로 하되 10년을 초과No</u>

(2) 가석방기간중

보호관찰을 받음+행정관청이 필요가 없다고 인정하면 필요X

4. 가석방의 효과

(1) 가석방기간 중에 다시 죄를 범한 경우

누범 해당 안 함

(2) 가석방의 처분을 받은 후 그 처분이 실효 또는 취소되지 않고 가석방기간을 경과한 때

형집행종료 간주

5. 가석방의 실효와 취소

(1) 가석방실효

가석방중 금고 이상의 형의 선고를 받아 판결이 확정되면 가석방처분의 효력상실+과실로 인한 죄로 형의 선고를 받았을 때에 예외있음

(2) 가석방취소

1) 가석방의 취소

(a) 가석방의 처분을 받은 자가 그 감시에 관한 규칙을 위배

(b) 보호관찰의 준수사항위반+그 정도가 무거운 때

(c) 가석방의 취소는 임의적+취소여부는 법무부장관의 재량

(3) 가석방의 실효와 취소의 효과

1) 가석방이 실효되거나 취소되었을 때

가석방 중의 일수는 형기에 산입X

2) 가석방중의 일수

가석방된 다음날로부터 가석방이 실효 또는 취소되어 구금된 전날

6. 비교(도해)

	선고유예	집행유예	가석방
요건	(1)1년이하의 징역+금고+자격정지+벌금 선고시 (2)개전의 정 현저 (3)자격정지 이상의 전과 없을 것	(1)3년이하의 징역·금고, 500만원 이하의 벌금형을 선고 (2)정상참작사유	(1)징역+금고의 집행중인 자 무기-20년 유기-3분의 1 경과시 (2)개전의 정 현저 (3)벌금/과료 병과시 완납
기간	2년	1년이상 5년이하	무기-10년+유기-잔형기(10년초과X)
결정	법원의 선고	법원의 선고	행정처분
효과	<u>면소간주</u>	<u>형선고의 효력상실</u>	<u>형집행종료간주</u>

실효	(1)유예기간중 자격정지 이상의 형 확정+자격정지 이상의 형발견(필요적 실효) (2)보호관찰 등의 조건을 위반(임의적 실효)	유예기간중 금고 이상의 선고를 받아 판결이 확정된 때	가석방기간중 금고이상의 선고를 받아 유죄판결 확정된 때 ※과실범제외
취소	X	(1)5년을 경과한 자가 아니라는 것 발각⇒필요적 취소 (2)보호관찰 등의 조건을 위반⇒임의적 취소	감시규칙위반+보호관찰준수사항위반시 ⇒임의적 취소
보호관찰	보호관찰1년: 재량	보호관찰·사회봉사명령·수강명령: 재량	보호관찰: 필수

제5절 형의 시효와 소멸

I. 형의 시효

1. 형의 시효의 의의

(1) 형의 시효

형의 선고를 받은 자+재판이 확정된 후 형의 집행을 받지 않고 일정한 기간이 경과+집행이 면제

(2) 형의 시효와 공소시효

1) 형의 시효

일정한 기간이 경과한 때 확정된 형벌의 집행권을 소멸

2) 공소시효

미확정의 형벌권인 소송권을 소멸

(3) 형의 시효제도의 인정근거

1) 시간의 경과로 형의 선고와 집행에 대한 사회의식감소

2) 일정한 기간 동안 계속된 평온한 상태를 유지, 존중필요

2. 시효의 기간

(1) 형의 시효
  형을 선고하는 재판이 확정된 후 집행을 받지 않고 일정한 기간 경과시 완성

(2) 시효의 기간
 1) 사형은 30년(개정으로 삭제)
 2) <u>무기의 징역 또는 금고는 20년</u>
 3) 10년 이상의 징역 또는 금고는 15년
 4) 3년 이상의 징역이나 금고 또는 10년 이상의 자격정지는 10년
 5) 3년 미만의 징역이나 금고 또는 5년 이상의 자격정지는 7년
 6) 5년 미만의 자격정지, 벌금, 몰수 또는 추징은 3년
 7) 구류 또는 과료는 1년

(3) 시효의 초일은 판결이 확정된 날로부터+그 말일 오후12시에 종료

3. 시효의 효과
  형의 선고를 받은 자는 시효의 완성으로 인하여 집행면제+But 형의 선고자체가 면제X

4. 시효의 정지와 중단

(1) 시효의 정지
 1) 형의 집행의 유예, 정지 또는 가석방 기타 집행할 수 없는 기간
  진행 안 됨
 2) 기타 집행할 수 없는 기간
  천재지변으로 인하여 형을 집행할 수 없는 기간
 3) 형의 선고를 받은 자가 도주하거나 소재불명인 기간
  포함 안 됨
 4) 시효의 특색
  정지사유가 소멸시 잔여시효기간이 진행

(2) 시효의 중단
 1) 사형, 징역, 금고, 구류
  수형자를 체포함으로써 중단
 2) 벌금, 과료, 몰수와 추징
  강제처분을 개시함으로써 중단
 3) 시효가 중단된 때
  다시 시효의 전기간이 경과되어야 시효완성

5. 기 간

(1) 기간의 기산
연, 월로써 정한 기간은 음력에 의해 계산+중간의 일, 시, 분, 초를 정산 않고 음력에 의해 연, 월을 단위로 계산

(2) 형기의 기산
1) 형기는 판결이 확정된 날로부터 기산
2) 징역, 금고, 구류, 유치에 있어서 구속되지 않은 일수->산입 안 함
3) 형의 집행과 시효기간의 초일은 시간을 계산함이 없이 하루(1일)로 산정+석방은 형기종료일에 함

II. 형의 소멸

1. 형의 소멸의 의의

(1) 형의 소멸
유죄판결의 확정에 의하여 발생한 형의 집행권소멸

(2) 형의 집행권의 소멸
형의 집행 종료+가석방기간의 만료+형의 집행 면제+시효의 완성이+범인이 사망

(3) 형의 실효와 복권
전과사실을 말소시키고 자격회복

■ 형의 소멸이란 유죄판결의 확정에 의하여 발생한 형의 집행권을 소멸시키는 제도(형집행종료/가석방기간의 경과/형집행의 면제/형의 시효의 완성/범인의 사망/집행유예기간의 경과

2. 형의 실효

(1) 재판상의 실효
징역 또는 금고의 집행을 종료하거나 집행이 면제된 자가 피해자의 손해를 보상하고 자격정지 이상의 형을 받음이 없이 7년을 경과한 때에는 재판상 실효선고 가능

(2) 실효의 대상
징역과 금고에 한함+피해를 보상하고 자격정지 이상의 형을 받음이 없이 7년을 경과할 것 요

(3) 실효의 재판이 확정->형의 선고에 기한 법적 효과는 장래에 향하여 소멸

(4) 상실된 자격이 소급해 회복되는 것은 아님+실효된 형은 사회보호법의 실형전과X

(5) 형의 실효 등에 관한 법률

1) 자격정지 이상의 형을 받음이 없이 형의 집행을 종료하거나 그 집행이 면제된 날로부터 3년을 초과하는 징역, 금고는 10년, 3년 이하의 징역, 금고는 5년, 벌금은 2년 기간이 경과한 때 실효
2) 구류, 과료

형의 집행이 종료하거나 그 집행이 면제된 때 실효

3) 하나의 판결로 수개의 형이 선고된 경우에 각 형의 집행을 종료하거나 집행이 면제된 날로부터 가장 중한 형에 대한 위의 기간이 경과한 때

형의 선고효력상실

3. 복권

자격정지의 선고를 받은 자+피해자의 손해를 보상+자격정지 이상의 형을 받음이 없이+정지기간의 1/2을 결과한 때→본인 또는 검사의 신청에 의하여 자격을 회복시키는 제도

■ 형의 실효 ■

재판상실효(형법 제81조)	<징역 또는 금고의 집행을 종료하거나 집행이 면제>된 자가 <피해자의 손해를 보상>하고 <자격정지 이상>의 형을 받음이 없이 <7년을 경과>한 때는 <본인> 또는 <검사의 신청>에 의하여 그 재판의 실효를 선고할 수 있다.
당연실효(형의 실효에 관한 법률 제7조 1항)	수형자가 <자격정지 이상>의 형을 받음이 없이 형의 집행을 종료하거나 그 집행이 면제된 날로부터 ①<3년초과 징역/금고>⇒10년 ②<3년이하의 징역/금고>⇒5년 ③<벌금>⇒2년 ④<구류/과료>⇒형집행종료 또는 면제시에 형이 실효된다.

■ 형이 실효되면 사회보호법상 전과사실에 해당하지 않으며 형선고의 법적효과는 장래에 향하여 소멸한다.

■ 복권과 사면 ■

복권	(1)<자격정지>의 선고를 받은 자가 <피해자의 손해를 보상하고><자격정지 이상>의 형을 받음이 없이 <정지기간의 2분의 1을 경과한 때> <본인 또는 검사의 신청>에 의하여 자격의 회복을 선고할 수 있다. (2)복권이 되어도 <형선고의 효력은 소멸되지 않으므로> 그<전과 사실은 누범가중사유>에 해당한다.

사면	(1)일반사면:<대통령령>에 의한 사면으로서 형선고를 받은 자는 <형선고의 효력이 상실>되고, 형선고를 받지 않은 자에 대해서는 <공소권 상실> (2)특별사면:<형선고를 받은> 특정인에 대하여 <대통령이> 행하는 사면으로서 형집행면제(예외적으로 형선고의 효력상실)

■ 형기의 계산:<형의 집행>과 <시효기간>은 <초일산입>
■ 형기의 기산: 판결이 확정된 날부터 기산

■ 형의 시효 ■

시효기간(제78조)	(1)사형⇒30년(개정으로 삭제) (2)무기징역/무기금고⇒20년 (3)10년 이상의 징역/금고⇒15년 (4)3년 이상의 징역/금고 또는 10년 이상의 자격정지⇒10년 (5)<u>3년 미만의 징역/금고 또는 5년 이상의 자격정지⇒7년</u> (6)<u>5년 미만의 자격정지, 벌금, 몰수 또는 <추징>⇒5년</u> (7)<구류 또는 과료>⇒1년
효과	집행면제
시효의 정지 및 중단	(1)시효의 정지: 시효는 <집행의 유예나 정지> 또는 <가석방 기타 집행할 수 없는 기간>은 진행되지 않는다. ※천재지변 기타사변O, 도주·소재불명기간X ※잔형기 진행 (2)시효의 중단 　①사형/징역/금고/구류⇒수형자를 체포함으로써 중단 　②벌금/과료/몰수/<추징>⇒강제처분을 개시함으로써 중단 ※압수물건의 가액이 집행비용에 미달되어 집행이 불가능한 경우에도 시효중단 ※다시 전형기 진행

제6절 보안처분

I. 개관

1. 보안처분의 의의
(1) 의의
형벌에 의해서는 행위자의 사회복귀와 범죄의 예방이 불가능+행위자의 특수한 위험성 때문에 형벌의 목적을 달성이 불가능한 경우+형벌을 대체, 보완하기 위한 예방적 조치

(2) 형벌과 보안처분의 구별
 1) 형벌
책임을 전제로 하고 책임주의의 범위 내에서 부과+행위의 사회윤리적 비난을 표현하는 과거를 대상으로 하는 제재
 2) 보안처분
행위자의 사회적 위험성을 전제+특별예방관점에서 선고+장래에 대한 순수한 예방적 성격을 가진 제재

2. 보안처분연혁
(1) 1893년 스위스 형법예비초안
(2) 칼 스투즈의 보안처분
범죄에 대해 투쟁키 위한 형사정책적 필요

II. 보안처분의 종류와 성질

1. 보안처분의 위헌문제(정당성)
(1) 보안처분과 헌법
 1) 보안처분의 문제점
인간의 존엄과 가치를 부정+기본적 인권 침해
 2) 보안처분의 헌법적 근거
누구든지 법률과 적법한 절차에 의하지 않고 보안처분No
 3) 보안처분의 정당성
사회에 반하는 방법으로 행사시->사회의 보호를 받을 수 없음->기본권의 내재적 한계

(2) 보안처분과 비례성의 원칙
행위자에 의해 행해진 범죄와 장래에 기대될 범죄, 위험성의 정도와 균형이 유지필요

2. 보안처분종류

(1) 대인적 보안처분과 대물적 보안처분(형식적 기준)

1) 대물적 보안처분

범죄와 법익침해의 방지를 목적+물건에 대한 국가적 예방수단+몰수, 영업소폐쇄, 선행보증

2) 대인적 보안처분

사람에 의한 장래의 범죄행위를 방지 목적 특정인에게 선고

(2) 자유박탈보안처분과 자유제한보안처분(자유의 침해정도)

1) 자유박탈보안처분

보호감호, 치료감호, 치료소감호, 노역장감호

2) 자유제한보안처분

보호관찰, 운전면허박탈, 직업금지, 거세

3. 형벌과 보안처분관계

(1) 이원주의

형벌과 보안처분이 동시에 선고되고 중복적으로 집행+형벌을 보안처분보다 먼저 집행함+보안처분은 형벌을 보충하는 것임.

(2) 일원주의

형벌 또는 보안처분의 어느 하나만을 적용

(3) 대체주의

형벌은 책임의 정도에 따라 선고+다만 집행단계에서 보안처분의 집행에 의하여 대체되, 보안처분의 집행이 끝난 이후 집행

III. 보호감호

1. 보호감호의 의의

(1) 의의

수개의 형을 받거나 수개의 죄를 범함으로써 상습성이 인정되는 자에 대하여 적용

(2) 보호감호의 제한

1) 수개의 형을 받은 자에 대하여 그 형과 신(새로 범한) 범죄가 모두 동종 또는 유사한 죄임을 요

2) 수개의 죄를 범한 자에 대하여 상습성이 인정될 때에만 보호감호처분

2. 보호감호의 요건

동종 또는 유사한 죄로 2회 이상 금고 이상의 실형을 받고 형기 합계 3년 이상인 자가 최종형의 전부 또는 일부의 집행을 받거나 면제를 받은 후 다시 동종 또는 유사한 대상범죄를 범하고 재범의 위험성이 있다고 인정되는 때

3. 보호감호의 내용

7년 초과불가

4. 보호감호의 종료와 집행정지

기간경과, 가출소된 피보호감호자의 보호관찰기간 만료, 집행면제결정

IV. 치료감호

1. 치료감호의 의의

심신장애자와 중독자를 치료감호시설에 수용함으로써 치료위한 조치

2. 치료감호요건

심신상실자, 심신미약자가 금고 이상의 형에 해당하는 죄를 범하고+재범의 위험성이 있다고 인정되는 때 치료감호처함

3. 치료감호내용

피치료감호자가 감호가 필요 없을 정도로 치유되고 종료결정을 받을 때까지 처함+보호감호와 치료감호의 요건이 경합하는 때에는 치료감호만 선고

V. 보호관찰

1. 보호관찰의 의의

(1) 의의

가출소한 피보호감호자+치료위탁된 피치료감호자를 감호시설외 지도, 감독의 보안처분

(2) 범죄인에 대한 외래적 치료, 외래적 보호감호+대체 내지 보충수단

2. 보호관찰의 적용범위

피보호감호자가 가출소하거나 병과된 형의 집행중 가석방된 후 가석방이 취소되거나 실효됨이 없이 전형기를 경과한 때+피치료감호자가 치료감호시설 외에서 치료를 위해 친족에게 위탁한 때

3. 보호관찰의 내용

(1) 지도와 감독

(2) 보호관찰의 기간

보호관찰의 기간은 3년이나 치료감호가 종료되거나 피치료감호자가 친족에게 위탁된 때에는 1차에 한해 3년간 연장가능

■ 사회보호법상 보안처분(폐지) ■

보호감호	7년초과X/형벌과 보호감호병과시 <형을 먼저 집행>/직업훈련 및 노동(동의요)
치료감호	보호감호와 치료감호의 요건의 경합시⇒치료감호만 선고/////형벌과 치료감호 동시 선고시⇒치료감호 먼저 집행
보호관찰	가출소한자, 피치료감호자/3년(보호감호의 집행면제, 치료감호의 종료결정, 재수용, 금고이상의 형의 집행에 의하여 이전 종료 가능)

■ 보안처분 ■

의의	(1)행위자의 **장래의 위험성 때문**에 개선과 보안을 위하여 과해지는 형벌이외의 형사제재 (2)<u>Carl Stoos</u>: 보안처분을 형법전에 도입 주장(2원주의, 1893 스위스 형법예비초안)
지도원리	(1)보안처분의 정당성 (2)비례성의 원칙(적합성/필요성/균형성):행위자에 의하여 행해진 범죄와 장래에 기대될 범죄 및 위험성의 정도와 균형을 유지
형벌과 보안 처분과의 관계	(1)2원주의: 형벌과 보안처분은 상이⇒형벌집행 후 보안처분집행(보충적) (2)<u>일원주의: 형벌과 보안처분은 동일성격</u> (3)대체주의: 선고단계⇒2원주의/////집행단계⇒일원주의(보안처분을 먼저집행)
종류	(1)자유박탈 보안처분: 치료감호처분/보호감호처분/사회치료처분 (2)자유제한 보안처분: 보호관찰처분/선행보증/거주제한/국외추방 (3)대물적 보안처분: 몰수/영업소폐쇄처분/법인해산처분

◇참조 정리(교사범): 정범의 행위를 기준

(1) 교사자의 교사내용 보다 적게 실행	(1) 원칙 1) 피교사자의 실행범위내에서만 책임 2) 특수강도교사->강도죄 　**강도죄의 교사범** 3) 강간교사->강체주행 　**강제추행죄의 교사범** (2) 예외 1) 교사한 범죄의 예비·음모 처벌경우 2) 강도교사->절도 　절도교사와 강도예비·음모 상상적 경합->**강도예비음모처벌** 3) 살인교사->상해 　살인 예비음모와 상해교사의 상상적 경합->**살인예비음모처벌**
(2) 교사내용초과	(1) **질적 초과** 1) 실행된 범죄가->교사된 범죄와 전혀 다른 범죄 　**교사한 범죄의 예비음모로 처벌** 2) 상해를 교사->절도 　상해죄의 예비음모->**불벌** 3) 강도를 교사->강간 　**강도죄의 예비음모** 4) 질적 차이->본질적이 아닌 경우->양적초과와 동일취급 　(a) 사기교사->기망을 근거로 공갈 　　**사기죄의 교사범** 　(b) 공갈을 교사->공갈을 근거로 강도 　　**공갈죄의 교사범**
	(2) **양적 초과** 1) 실행된 범죄 교사된 범죄와 구성요건을 달리함+공통적 요소존재, 정도초과 　**교사한 범죄의 교사범으로 처벌** 2) 절도교사->강도 　**절도죄의 교사범** 3) 상해를 교사->살인 　**상해죄의 교사범** 4) 교사내용을 초과+결과적가중범을 발생 　교사자에게 **중한 결과에 대한 과실이 있는 때**->**결과적 가중범교사범**

MEMO

형사법
형법의 도

암기사항

★암기사항

[형법상 상습시 2분의 1이 가중되는 규정]

1. 사기(컴사기, 편의시설 부정이용죄, 부당이득죄 포함)
2. 공갈
3. 절도
4. 강간
5. 추행
6. 협박
7. 상해
8. 폭행
9. 체포·감금
10. 아편죄

[형법상 미수범처벌 규정이 없는 경우 1]

1. 비밀침해
2. 범인은닉
3. 범죄단체조직죄
4. 유기 직무유기
5. 경계침범죄
6. 강제집행면탈
7. 점유이탈물횡령
8. 낙태
9. 학대
10. 도박
11. 다중불해산
12. 소요
13. 폭행
14. 신용훼손
15. 명예훼손
16. 뇌물
17. 공무집행방해

18. 공무원자격사칭죄
19. 직권남용
20. 부당이득
20. 소인말소
21. 위조통화취득후지정행사죄. 취득죄
22. 업무방해
23. 장물죄
24. 무고죄
25. 위증죄
26. 사문서부정행사죄
27. 권리행사방해
28. 증거인멸
29. 증인도피은닉
30. 위조. 변조
31. 중상해
32. 존속중상해
33. 미성년자 등에 대한 간음
34. 업무상 위력에 의한 간음
35. 신용·업무·경매에 관한 죄
36. 자기소유일반건조물방화
37. 일반물건방화
38. 진화방해
39. 업무상살화
40. 중실화
41. 위조통화취득후 지정행사
42. 성풍속에 관한 죄
43. 도박·복표에 관한 죄
44. 전시군수계약불이행죄
45. 국기에 관한 죄
46. 국교에 관한 죄
47. 공안을 해하는 죄

[형법상 미수범처벌 규정이 있는 경우 2]

<<개인적 법익>>
① 상존-상해죄, 존속상해죄
② 협박죄
③ 주거침입죄
④ 감금죄
⑤ 횡배-횡령과 배임죄
⑥ 강추-강간, (준)강간, 강제추행, (준)강제추행죄
⑦ 손괴죄
⑧ 자동차불법사용죄

<<사회적 법익>>
① 현조건조물방화죄 등
② 통화에 관한 죄
✿ 위조통화취득후 지정행사죄X
③ 유가증권·우표와 인지에 관한 죄
✿ 소인말소죄X
④ 문서에 관한 죄
✿ 사문서부정행사죄X

<<국가적 법익>>
① 내란, 외환, 사전죄
② 불법체포감금죄
③ 공무상 비밀 표시 무효죄
④ 도주죄
⑤ 집합명령위반죄

[형법상 미수범처벌유무 3]

[미수범 처벌규정 O]

1. 개인적 법익에 대한 죄
① 상존-상해죄, 존속상해죄
② 협박죄
③ 주거침입죄
④ 감금죄
⑤ 횡배-횡령과 배임죄
⑥ 강추-강간, (준)강간, 강제추행, (준)강제추행죄
⑦ 손괴죄
⑧ 자동차불법사용죄

[미수 규정X]
① 중상해, 존속중상해죄,
② 폭낙-폭행죄, 낙태죄
③ 유학-유기와 학대의 죄
④ 미성년자 등에 대한 간음
⑤ 업무상 위력 등에 의한 간음
⑥ 명예에 관한 죄
⑦ 신용·업무·경매에 관한 죄
⑧ 비밀침해죄
⑨ 권강-권리행사방해죄, 강제집행면탈죄
⑩ 부당이득죄, 점유이탈물횡령죄
⑪ 장물에 관한 죄, 중손괴죄, 경계침범죄

2. 사회적 법익에 대한 죄
① 현조건조물방화죄 등
② 통화에 관한 죄
✿ 위조통화취득후 지정행사죄X
③ 유가증권·우표와 인지에 관한 죄
✿ 소인말소죄X

④ 문서에 관한 죄
✿ 사문서부정행사죄X

[미수 규정X]
① 자기소유일반건조물등 방화, 일반물건에의 방화·연소, 진화방해, 실화, 업무상 실화, 중실화죄
② 위조통화취득후 지정행사죄, 소인말소죄, 사문서부정행사죄
③ 성풍속에 관한 죄
④ 도박과 복표에 관한 죄

3. 국가적 법익에 대한 죄
① 내란, 외환, 사전죄
② 불법체포감금죄
③ 공무상 비밀 표시 무효죄
④ 도주죄
⑤ 집합명령위반죄

[미수 규정X]
① 전시 군수 계약 불이행죄
② 국기에 관한 죄
③ 국교에 관한 죄
④ 공안을 해하는 죄
⑤ 직남-직무유기, 직권남용
⑥ 뇌공-뇌물, 공무집행방해
⑦ 범인은닉, 위증, 증거인멸, 무고죄

[형법상 과실범 규정]

1. 실화죄	
2. 업무상실화죄	14. 과실교통방해죄
3. <u>중실화죄</u>	15. 업무상과실교통방해죄
4. 과실일수죄	16. 중과실교통방해죄
5. 과실폭발성물건파열죄	17. <u>과실치상죄</u>
6. 업무상과실폭발성물건파열죄	18. 업무상과실치상죄
7. 중과실폭발성물건파열죄	19. 중과실치상죄
8. 과실가스·전기방류죄	20. <u>과실치사죄</u>
9. 업무상과실가스·전기방류죄	21. 업무상과실치사죄
10. 중과실가스·전기방류죄	22. 중과실치사죄
11. 과실가스·전기공급방해죄	24. <u>업무상과실장물죄</u>
12. 업무상과실가스·전기공급방해죄	25. <u>중과실장물죄</u>
13. 중과실가스·전기공급방해죄	

[형법상 감경 암시사항]

1. 필요적 감면사유
(1) 중지미수
(2) 자수의 특례규정
(3) 장물범과 본범이 직계 배우자 동거친족

2. 필요적 감경사유
(1) 심신미약자--><임의적으로 바뀜>
(2) 농아자
(3) 방조범

3. 임의적 감면사유
(1) 불능미수
(2) 과잉방위
(3) 과잉피난
(4) 과잉자구행위
(5) 자수와 자복
(6) 사후적 경합범이 나중 발각

✿ 외국에서 형집행 --> 제7조(외국에서 집행된 형의 산입)

죄를 지어 외국에서 형의 전부 또는 일부가 집행된 사람에 대해서는 그 집행된 형의 전부 또는 일부를 선고하는 형에 산입한다.
[전문개정 2016.12.20]

4. 임의적 감경사유
(1) 장애미수
(2) 작량감경
(3) 해방 감경
(4) 범죄단체조직죄

5. 실행에 이르기 전에 자수시 필요적 감면
(1) 가스 전기등 공급방해죄·방류죄
(2) 통화위조변조
(3) 내란죄
(4) 외환죄
(5) 외국에 대한 사전죄
(6) 방화죄
(7) 폭발물 사용죄

6. 재판·징계처분이 확정되기 전에 자백·자수한 경우 필요적 감면
(1) 위증죄
(2) 허위감정·통역·번역죄
(3) 무고죄

[결과적 가중범]

A. 진정결과적 가중범
고의에 의한 기본범죄에 기하여 과실로 중한 결과를 발생케 한 경우+상해치사죄(형법 제259 제1항) 등 형법이 규정하고 있는 대부분의 결과적 가중범은 여기에 해당

B. 부진정결과적 가중범
(1) **고의에 의한 기본범죄에 기하여 중한 결과를 과실로 야기한 경우뿐만 아니라 고의로 발생케 한 경우에도 성립하는 결과적 가중범**
(2) 결과적 가중범은 중한 결과에 대한 예견가능성이 있으면 성립할 수 있으므로 중한 결과에 대하여 고의가 있는 경우에도 성립을 인정할 수 있고, 이를 인정하지 않을 경우 중한 결과에 고의가 있는 경우보다 과실이 있는 경우가 더 무겁게 처벌되는 형의 불균형이 발생하므로 부진정결과적 가중범을 인정해야 함
(3) 판례-->기본범죄를 통하여 고의로 중한 결과를 발생하게 한 경우에 가중 처벌하는 부진정결과적가중범에서, 고의로 중한 결과를 발생하게 한 행위가 별도의 구성요건에 해당하고 그 고의범에 대하여 결과적가중범에 정한 형보다 더 무겁게 처벌하는 규정이 있는 경우에는 그 고의범과 결과적가중범이 상상적 경합관계에 있지만, 위와 같이 고의범에 대하여 더 무겁게 처벌하는 규정이 없는 경우에는 결과적가중범이 고의범에 대하여 특별관계에 있으므로 결과적가중범만 성립하고 이와 법조경합의 관계에 있는 고의범에 대하여는 별도로 죄를 구성하지 않는다'라고 판시하여 부진정결과적 가중범을 긍정(대판 2008도7311).
(4) 부진정결과적 가중범-->**현주건조물방화치사상죄, 현주건조물일수치사상죄, 교통방해치상죄, 중상해, 중유기, 중손괴, 중권리행사방해죄, 음용수혼독치사죄, 특수공무집행방해치상죄** ★★★★
(5) 강간상해죄(형법 제301)와 강간살인죄(형법 제301의2)를 신설하였기 때문에 **<강간치사상죄(형법 제301·301의2)>는 부진정결과적 가중범이라 할 수 없음** ★★★★
(6) 진정결과적 가중범-->**상해치사죄**, 폭행치사상죄, 낙태·유기·인질 치사상죄, 체포·감금치사상죄, 강도·상해강도치사상죄, 손괴치사상죄, 연소죄, 폭발성물건파열치사상죄, 가스·전기등 방류치사상죄, 가스·전기등 공급방해치사상죄, 교통방해치사죄, 음용수혼독치사죄, 특수공무집행방해치사죄
　　★★★★

[형법상 존속 가중 및 해방감경]

1. 형법상 '존속'에 대한 가중 규정
(1) 유기죄
(2) 학대죄
(3) 체포 감금
(4) 폭행 협박
(5) 살해
(6) 상해

2. 안전한 장소로 풀어 준 때에는 그 형을 감경할 수 있다.
① 약취·유인에 관한 죄의 장에 규정된 죄를 범한 자
  미성년자,영리,간음,추행,국외이송,수수,은닉,인신매매
② 해당-->인질상해죄, 인질치상죄, 인질강요죄
③ 불해당-->인질살해, 인질치사, 체포감금, 인질강도

[형법상 특수범죄]

1. 특수공무방해죄, 특수주거침입죄, 특수손괴죄, 특수·체포·감금죄, 특수폭행죄, 특수협박죄
(1) 단체 또는 다중의 위력
(2) 위험한 물건 휴대

2. 특수절도죄
(1) 야간 건조물 일부 손괴 침입
(2) 흉기 휴대
(3) 2인 이상 합동

3. 특수강도죄
(1) 야간 주거침입
(2) 흉기 휴대
(3) 2인 이상 합동

4. 특수도주죄
(1) 수용설비·기구 손괴
(2) 사람 폭행·협박
(3) 2인 이상 합동

형법의 도(道)-총론(總論): 판례

제1편 서론

제1장 형법의 기본개념

제1절 형법의 의의

Ⅰ. 형법의 개념

Ⅱ. 형법의 범위
형식적 의미의 형법(협의)
2. 실질적 의미의 형법(광의)

Ⅲ. 형사법

제2절 형법의 기능

Ⅰ. 규제적 기능

Ⅱ. 보호적 기능

Ⅲ. 보장적 기능

Ⅳ. 사회보호적 기능

제3절 형법이론

Ⅰ. 범죄이론

객관주의
주관주의

Ⅱ. 형벌이론
응보형주의
목적형주의

제4절 죄형법정주의

Ⅰ. 죄형법정주의
의의
기능
연혁 및 사상적 배경
(1) 연혁
(2) 사상적 배경
4. 죄형법정주의의 현대적 의미

Ⅱ. 죄형법정주의의 내용
법률주의
(1) 의의
(2) 내용
1) 명령·규칙에의 위임금지
가. 위임입법의 개념
나. 한계
다. 허용요건

<<관련판례>>
1. 【결정요지】
   1. 죄형법정주의는 이미 제정된 정의로운 법률에 의하지 아니하고는 처벌되지 아니한다는 원칙으로서 이는 무엇이 처벌될 행위인가를 국민이 예측가능한 형식으로 정하도록하여 개인의 법적안정성을 보호하고 성문의 형벌법규에 의한 실정법질서를 확립하여 국가형벌권의 자의적 행사로부터 개인의 자유와 권리를 보장하려는 법치국가 형법의 기본원리이다.
   2. 위임입법에 관한 헌법 제75조는 처벌법규에도 적용되는 것이지만 처벌법규의 위임은 특히 긴급한 필요가 있거나 미리 법률로써 자세히 정할 수 없는 부득이한 사정이 있는 경우에 한정되어야 하고 이 경우에도 법률에서 범죄의 구성요건은 처벌대상인 행위가 어떠한 것일 것이라고 이를 ★★★예측할 수 있을 정도로 구체적으로 정하고 형벌의 종류 및 그 상한과 폭을 명백히 규정하여야 한다.
   3. ★★★복표발행, 현상기타사행행위단속법 제9조는 벌칙규정이면서도 ★형벌만을 규정하고

★범죄의 구성요건의 설정은 완전히 각령에 ★★★백지위임하고 있는 것이나 다름없어 위임입법의 한계를 규정한 헌법 제75조와 죄형법정주의를 규정한 헌법 제12조 제1항, 제13조 제1항에 위반된다.
　4. 제청법원이 벌칙규정과 함께 범죄의 구성요건규정까지 위헌여부의 제청을 하였더라도 범죄의 구성요건규정에 형사처벌규정 이외의 사항이 포함되어 있을 뿐만 아니라 위헌제청된 당해 사건을 재판하는 데에 벌칙규정에 대한 위헌선고만으로써 충분한 경우에는 범죄의 구성요건규정에 대한 위헌선고까지 할 필요는 없다(1991. 7. 8. 91헌가4).

2. 【판시사항】
공공기관의 운영에 관한 법률 제53조가 공기업의 임직원으로서 ★공무원이 아닌 사람은 형법 제129조의 적용에서는 이를 공무원으로 본다고 규정하고 있을 뿐 ★구체적인 공기업의 지정에 관하여는 하위규범인 기획재정부장관의 고시에 의하도록 규정한 것이 죄형법정주의에 위배되거나 위임입법의 한계를 일탈한 것인지 여부(소극)

【판결요지】

공공기관의 운영에 관한 법률(이하 '법'이라고 한다) 제4조, 제5조 제1항, 제2항, 제3항 제1호 (가)목, 제53조, 공공기관의 운영에 관한 법률 시행령(이하 '시행령'이라고 한다) 제7조의 취지와 내용에 더하여 법의 입법 목적과 경제상황이나 정책상 목적에 따라 공공기관의 사업 내용이나 범위 등이 계속적으로 변동할 수밖에 없는 현실, 국회가 공공기관의 재정상태와 직원 수의 변동, 수입액 등을 예측하기 어렵고 그러한 변화에 대응하여 그때마다 법률을 개정하는 것도 용이하지 아니한 점 등을 감안할 때 공무원 의제규정의 적용을 받는 공기업 등의 정의규정을 법률이 아닌 시행령이나 고시 등 그 하위규범에서 정하는 것에 부득이한 측면이 있고, 법 및 시행령상 '시장형 공기업'의 경우 자산규모가 2조 원 이상으로 직원 정원이 50인 이상인 공공기관으로서 총수입액 중 자체수입액이 85% 이상인 기업을 의미하는 것으로 명시적으로 규정되어 있어서 법령에서 비교적 구체적으로 요건과 범위를 정하여 공공기관 유형의 지정 권한을 기획재정부장관에게 위임하고 있는 것으로 볼 수 있으며, 특히 종래 '기타공공기관'으로 지정되어 있다가 기획재정부장관 고시에 의하여 '시장형 공기업'으로 지정된 기관의 임직원은 고시를 통하여 그 기관이 '시장형 공기업'으로 지정되었는지 여부를 확인할 수 있고, 시장형 공기업의 임직원이라는 의미가 불명확하다고 볼 수도 없는 점 등에 비추어 보면, 법 제53조가 ★★★공기업의 임직원으로서 공무원이 아닌 사람은 형법 제129조의 적용에 있어서는 이를 공무원으로 본다고 규정하고 있을 뿐 구체적인 공기업의 지정에 관하여는 그 하위규범인 기획재정부장관의 고시에 의하도록 규정하였다 하더라도 죄형법정주의에 위배되거나 위임입법의 한계를 일탈한 것으로 볼 수 없다(대법원 2013. 6. 13. 선고 판결).

3. 【판시사항】

[1] 법률의 시행령이 형사처벌에 관한 사항을 규정하면서 법률의 명시적인 위임 범위를 벗어나 처벌 대상을 확장하는 경우, 위임입법의 한계를 벗어나 무효인지 여부(적극)

[2] 의료법 시행령 제18조 제1항이 위임입법의 한계를 벗어나 무효인지 여부(적극)

【판결요지】

[1] [다수의견] 법률의 시행령은 모법인 법률의 위임 없이 법률이 규정한 개인의 권리·의무에 관한 내용을 변경·보충하거나 법률에서 규정하지 아니한 새로운 내용을 규정할 수 없고, 특히 법률의 시행령이 형사처벌에 관한 사항을 규정하면서 법률의 명시적인 위임 범위를 벗어나 처벌의 대상을 확장하는 것은 죄형법정주의의 원칙에도 어긋나는 것이므로, 그러한 시행령은 위임입법의 한계를 벗어난 것으로서 무효이다.

[대법관 이상훈, 대법관 김용덕의 별개의견] 법률의 시행령은 모법에 의한 위임이 없으면 개인의 권리·의무에 관한 내용을 변경·보충하거나 모법이 규정하지 아니한 새로운 내용을 정할 수 없음이 원칙이다. 특히 해당 규정이 형사처벌에 관한 법률의 내용을 보충하는 것으로서 법률과 결합하여 형사처벌의 근거가 되기 위해서는 죄형법정주의의 원칙상 법률로부터 구체적으로 범위를 정하여 위임받을 것이 요구된다.

그렇지만 법률의 시행령이 모법으로부터 직접 위임을 받지 아니한 규정을 두었다 하더라도 그 규정을 둔 취지와 구체적인 기능을 살펴 그 내용을 해석하고 그에 따라 그 규정의 모법 위배 내지 적용 가능성을 가려야 한다. 예를 들어 모법에서 어떠한 행위를 하도록 포괄적으로 규정하는 한편 그 법률 규정 위반에 대하여 처벌하도록 정하였는데 시행령에서 모법의 위임 없이 그 행위와 관련된 내용을 규정한 경우에, 모법의 처벌규정을 해석·적용할 때에는 해당 시행령 규정이 모법으로부터 직접 위임을 받지 아니한 것이어서 모법에 의한 처벌은 그 법률 규정 자체의 위반에 그치고 해당 시행령 규정을 모법의 행위규범과 결합한 처벌 근거로 삼아 이를 적용할 수 없다고 하더라도, 모법의 행위규범과 관련하여서는 그 해석 가능한 범위 내에서 그 내용을 보완하는 규정이 될 수 있고 또한 적어도 그 시행 또는 집행을 위하여 필요한 지침이나 준칙으로서 기능할 수도 있으므로 그 범위 내에서는 유효하여 이를 적용할 수 있다고 보아야 하며, 무조건적으로 법에 위배된다거나 무효라고 단정하여서는 아니 된다.

[2] [다수의견] 의료법(2016. 12. 20. 법률 제14438호로 개정되기 전의 것, 이하 같다) 제41조는 "각종 병원에는 응급환자와 입원환자의 진료 등에 필요한 당직의료인을 두어야 한다."라고 규정하는 한편, 제90조에서 제41조를 위반한 사람에 대한 처벌규정을 두었다. 이와 같이 의료법 제41조는 각종 병원에 응급환자와 입원환자의 진료 등에 필요한 당직의료인을 두어야 한다고만 규정하고 있을 뿐, 각종 병원에 두어야 하는 당직의료인의 수와 자격에 아무런 제한을 두고 있지 않고 이를 하위 법령에 위임하고 있지도 않다.

그런데도 ★의료법 시행령 제18조 제1항(이하 '시행령 조항'이라 한다)은 "법 제41조에 따라 각종 병원에 두어야 하는 당직의료인의 수는 입원환자 200명까지는 의사·치과의사 또는 한의사의 경우에는 1명, 간호사의 경우에는 2명을 두되, 입원환자 200명을 초과하는 200명마다 의사·치과의사 또는 한의사의 경우에는 1명, 간호사의 경우에는 2명을 추가한 인원 수로 한다."라고 규정하고 있다. 의료법 제41조가 "환자의 진료 등에 필요한 당직의료인을 두어야 한다."라고 규정하고 있을 뿐인데도 시행령 조항은 당직의료인의 수와 자격 등 배치기준을 규정하고 이를 위반하면 의료법 제90조에 의한 처벌의 대상이 되도록 함으로써 형사처벌의 대상을 신설 또는 확장하였다. 그러므로 시행령 조항은 위임입법의 한계를 벗어난 것으로서 무효이다(대법원 2017. 2. 16. 선고 2015도16014 전원합의체판결).

2) 관습형법금지원칙
가. 의의
나. 적용범위
A. 불리한 관습법 금지
B. 보충적 관습법

<<관련판례>>
【판시사항】

유지의 몽리민들이 계속하여 20년이상 평온 공연하게 유지의 물을 사용하여 소유 농지를 경작한 경우의 동 몽리 농민들의 유지의 저수사용권.

【판결요지】

가. 몽리민들이 계속하여 20년 이상 평온 공연하게 본건 유지의 물을 사용하여 소유농지를 경작하여 왔다면 그 유지의 물을 사용할 권리가 있다고 할 것이므로 그 권리를 침해하는 행위는 수리방해죄를 구성한다할 것이다.

나. 몽리민들이 1944년경부터 계속하여 20년 이상 평온, 공연하게 본건 유지의 물을 사용하여 소유 농지를 경작하여 왔다면 본법 부칙 제2조, 본조, 본법 제245조 제1항, 제291조, 제292조 등에 의하여 지역권취득기간의 경과로 유지소유자에 대하여 그 저주 관계에 이용할 수 있는 권리를 취득하였다 하여 용수지역권에 관한 등기를 청구할 수 있다(대법원 1968. 2. 20. 선고 67도1677 판결).-->죄형법정주의에 반하지 않음

2. 소급효금지원칙
(1) 의의

우리 헌법이 규정한 형벌불소급의 원칙은 형사소추가 ★언제부터 어떠한 조건하에서 가능한가의 문제에 관한 것이고, ★얼마동안 가능한가의 문제에 관한 것은 아니다. 다시 말하면 헌법의 규정은 행위의 가벌성에 관한 것이기 때문에 소추가능성에만 연관될 뿐, 가벌성에는 영향을 미치지 않는 공소시효에 관한 규정은 원칙적으로 그 효력범위에 포함되지 않는다. 행위의 가벌성은 행위에 대한 소추가능성의 전제조건이지만 소추가능성은 가벌성의 조건이 아니므로 공소시효의 정지규정을

과거에 이미 행한 범죄에 대하여 적용하도록 하는 법률이라 하더라도 그 사유만으로 헌법 제12조 제1항 및 제13조 제1항에 규정한 죄형법정주의의 파생원칙인 형벌불소급의 원칙에 언제나 위배되는 것으로 단정할 수는 없다.

공소시효제도가 헌법 제12조 제1항 및 제13조 제1항에 정한 죄형법정주의의 보호범위에 바로 속하지 않는다면, 소급입법의 헌법적 한계는 법적 안정성과 신뢰보호원칙을 포함하는 법치주의의 원칙에 따른 기준으로 판단하여야 한다. 법적 안정성은 객관적 요소로서 법질서의 신뢰성·항구성·법적 투명성과 법적 평화를 의미하고, 이와 내적인 상호연관관계에 있는 법적 안정성의 주관적 측면은 한번 제정된 법규범은 원칙적으로 존속력을 갖고 자신의 행위기준으로 작용하리라는 개인의 신뢰보호원칙이다. 법적 안정성과 신뢰보호원칙에 있어서 특히 중요한 것은 시간적인 요소이다. 특정한 법률에 의하여 발생한 법률관계는 그 법에 따라 파악되고 판단되어야 하고, 개인은 과거의 사실관계가 그 뒤에 생긴 새로운 법률의 기준에 따라 판단되지 않는다는 것을 믿을 수 있어야 한다. 그러므로 법치국가적 요청으로서의 법적안정성과 신뢰보호원칙은 무엇보다도 바로 소급효력을 갖는 법률에 대하여 민감하게 대립할 수밖에 없고, 구체적으로는 어떤 법률이 이미 종료된 사실관계에 예상치 못했던 불리한 결과를 가져오게 하는 경우인가 아니면 현재 진행중이나 아직 종료되지 않은 사실관계에 작용하는 경우인가에 따라 헌법적 의미를 달리하게 된다.

그렇다면 이 법률조항에 대한 위헌 여부를 판단하기 위하여는 먼저 이 법률조항이 이미 종료된 사실관계(이른바 진정소급효)에 관련된 것인지, 아니면 현재 진행중인 사실관계(이른바 부진정소급효)에 관련된 것인지를 밝혀야 할 것이고, 이는 결국 특별법 시행당시 특별법 소정 피의자들에 대한 공소시효가 이미 완성되었는지의 여부에 따라 판가름될 성질의 것이다.

공소시효는 범죄행위가 종료한 때(범죄의 기수시기와 다를 수 있다)로부터 진행하고, 그 정지사유 없이 공소시효기간이 경과함으로써 완성된다(형사소송법 제252조 제1항, 형사소송법 제249조 제1항). 따라서 공소시효의 완성시점을 확정하려면 범죄행위가 언제 종료한 것인지, 종료 후에 공소시효의 정지사유가 있었는지, 있었다면 정지기간은 어느 정도인지를 확정하는 것이 그 선결문제이므로 구체적 범죄행위에 관한 공소시효의 완성 여부 및 그 완성시점 등은 당해 사건을 재판하는 법원이 이를 판단할 성질의 것이지 헌법재판소가 판단할 수 있는 사항이 아니다. 따라서 법원의 판단에 따라 특별법 시행당시 공소시효가 이미 완성되었다면, 특별법은 이미 과거에 완성된 사실 또는 법률관계를 규율대상으로 하여 사후에 그 전과 다른 법적 효과를 생기게 하는(진정소급효) 법률이라 할 것이고, 한편 공소시효가 아직 완성되지 않았다면, 특별법은 과거에 이미 개시되었지만 아직 완결되지 않고 진행과정에 있는 사실 또는 법률관계와 그 법적 효과에 장래적으로 개입하여 법적 지위를 사후에 침해하는(부진정소급효) 법률이라 할 것이다.

그러므로 헌법재판소로서는 당해 사건을 재판하는 법원에 의하여 특별법 시행당시 공소시효가 완성된 것인지의 여부가 아직 확정되지 아니한 터이므로 위 두 가지 경우를 가정하여 판단할 수밖에 없다.

만일 법원이 특별법이 처벌하려는 대상범죄의 공소시효가 아직 완성되지 않았다고 판단한다면, 특별법은 단지 진행중인 공소시효를 연장하는 법률로서 이른바 부진정소급효를 갖게된다.

헌법 제13조 제1항에서의 가벌성을 결정하는 범죄구성요건과 형벌의 영역(이에 관한 한 절대적 소급효의 금지)을 제외한다면 소급효력을 갖는 법률이 헌법상 절대적으로 허용되지 않는 것은 아니다. 다만 소급입법은 법치주의원칙의 중요한 요소인 법적안정성의 요청에 따른 제한을 받을 뿐이다. 헌법재판소의 판례도 형벌규정에 관한 법률 이외의 법률은 부진정소급효를 갖는 경우에는 원칙적으로 허용되고, 단지 소급효를 요구하는 공익상의 사유와 신뢰보호의 요청 사이의 교량과정에서 신뢰보호의 관점이 입법자의 형성권에 제한을 가할 뿐이라는 것이다.

즉 공소시효제도에 근거한 개인의 신뢰와 공소시효의 연장을 통하여 달성하려는 공익을 비교 형량하여 개인의 신뢰보호이익이 공익에 우선하는 경우에는 소급효를 갖는 법률은 헌법상 정당화될 수 없다. 그러나 특별법의 경우에는 왜곡된 한국 반세기 헌정사의 흐름을 바로 잡아야 하는 시대적 당위성과 아울러 집권과정에서의 헌정질서파괴범죄를 범한 자들을 응징하여 정의를 회복하여야 한다는 중대한 공익이 있다. 또한 특별법은 모든 범죄의 공소시효를 일정시간 동안 포괄적으로 정지시키는 일반적인 법률이 아니고, 그 대상범위를 헌정질서파괴범죄에만 한정함으로써 예외적인 성격을 강조하고 있다. 이에 비하면 공소시효는 일정 기간이 경과되면 어떠한 경우이거나 시효가 완성되는 것은 아니며, 행위자의 의사와 관계없이 정지될 수도 있는 것이므로 아직 공소시효가 완성되지 않은 이상 예상된 시기에 이르러 반드시 시효가 완성되리라는 것에 대한 보장이 없는 불확실한 기대일 뿐이므로 공소시효에 의하여 보호될 수 있는 신뢰보호이익은 상대적으로 미약하다 할 것이다. 따라서 공소시효가 완성되지 아니하고 아직 진행중이라고 보는 경우에는 헌법적으로 허용될 수 있다 할 것이므로 위에서 본 여러 사정에 미루어 이 법률조항은 헌법에 위반되지 아니한다 (헌재 1996. 2. 16. 96헌가2등).

※ 공소시효가 아직 완성되지 않은 경우 위 법률조항은 단지 진행중인 공소시효를 연장하는 법률로서 이른바 부진정소급효를 갖게 되나, 공소시효제도에 근거한 개인의 신뢰와 공시시효의 연장을 통하여 달성하려는 공익을 비교형량하여 공익이 개인의 신뢰보호이익에 우선하는 경우에는 소급효를 갖는 법률도 헌법상 정당화될 수 있다.

위 법률조항의 경우에는 왜곡된 한국 반세기 헌정사의 흐름을 바로 잡아야 하는 시대적 당위성과 아울러 집권과정에서의 헌정질서파괴범죄를 범한 자들을 응징하여 정의를 회복하여야 한다는 중대한 공익이 있는 반면, 공소시효는 행위자의 의사와 관계없이 정지될 수도 있는 것이어서 아직 공소시효가 완성되지 않은 이상 예상된 시기에 이르러 반드시 시효가 완성되리라는 것에 대한 보장이 없는 불확실한 기대일 뿐이므로 공소시효에 대하여 보호될 수 있는 신뢰보호이익은 상대적으로 미약하여 위 법률조항은 헌법에 위반되지 아니한다.

(2) 불리한 소급효금지
(3) 소송법규정의 변경
(4) 보안처분

<<관련판례>>
【판시사항】

[1] 가정폭력범죄의 처벌 등에 관한 특례법상 사회봉사명령의 법적 성질 및 형벌불소급원칙의 적용 여부(적극)

[2] 가정폭력범죄의 처벌 등에 관한 특례법상 사회봉사명령을 부과하면서 행위시법이 아닌 신법을 적용한 것이 위법하다고 한 사례

【결정요지】

[1] 가정폭력범죄의 처벌 등에 관한 특례법이 정한 보호처분 중의 하나인 사회봉사명령은 가정폭력범죄를 범한 자에 대하여 환경의 조정과 성행의 교정을 목적으로 하는 것으로서 형벌 그 자체가 아니라 보안처분의 성격을 가지는 것이 사실이다. 그러나 한편으로 이는 가정폭력범죄행위에 대하여 형사처벌 대신 부과되는 것으로서, 가정폭력범죄를 범한 자에게 의무적 노동을 부과하고 여가시간을 박탈하여 실질적으로는 신체적 자유를 제한하게 되므로, 이에 대하여는 원칙적으로 형벌불소급의 원칙에 따라 행위시법을 적용함이 상당하다.

[2] 가정폭력범죄의 처벌 등에 관한 특례법상 사회봉사명령을 부과하면서, 행위시법상 사회봉사명령 부과시간의 상한인 100시간을 초과하여 상한을 200시간으로 올린 신법을 적용한 것은 위법하다고 한 사례(대법원 2008. 7. 24.자 2008어4 결정)

(5) 판례의 변경
(6) 전과

3. 유추해석금지원칙
(1) 의의
(2) 적용범위
A. 피고인에게 불리한 유추해석금지

<<관련판례>>
1. 【판시사항】
[1] 일반인의 관점에서 통용할 것이라고 오인할 가능성이 있는 외국의 지폐가 형법 제207조 제3항에서 규정한 '외국에서 통용하는 외국의 지폐'에 해당하는지 여부(소극)
[2] 미합중국 100만 달러 지폐와 10만 달러 지폐가 막연히 일반인의 관점에서 미합중국에서 강제통용력을 가졌다고 오인할 수 있다는 이유로 형법 제207조 제3항의 외국에서 통용하는 지폐에 포함된다고 판단한 원심판결을 파기한 사례

【판결요지】
[1] 형법 제207조 제3항은 "행사할 목적으로 외국에서 통용하는 외국의 화폐, 지폐 또는 은행권을 위조 또는 변조한 자는 10년 이하의 징역에 처한다."고 규정하고 있는바, 여기에서 외국에서 통용한다고 함은 그 외국에서 강제통용력을 가지는 것을 의미하는 것이므로 외국에서 통용하지 아니하는 즉, 강제통용력을 가지지 아니하는 지폐는 그것이 비록 일반인의 관점에서 통용할 것이라고 오인할 가능성이 있다고 하더라도 위 형법 제207조 제3항에서 정한 외국에서 통용하는 외국의 지폐에 해당한다고 할 수 없고, 만일 그와 달리 위 형법 제207조 제3항의 외국

에서 통용하는 지폐에 일반인의 관점에서 통용할 것이라고 오인할 가능성이 있는 지폐까지 포함시키면 이는 위 처벌조항을 문언상의 가능한 의미의 범위를 넘어서까지 유추해석 내지 확장해석하여 적용하는 것이 되어 죄형법정주의의 원칙에 어긋나는 것으로 허용되지 않는다.

[2] 미국에서 발행된 적이 없이 단지 여러 종류의 관광용 기념상품으로 제조, 판매되고 있는 미합중국 100만 달러 지폐와 과거에 발행되어 은행 사이에서 유통되다가 현재는 발행되지 않고 있으나 화폐수집가나 재벌들이 이를 보유하여 오고 있는 미합중국 10만 달러 지폐가 막연히 일반인의 관점에서 미합중국에서 강제통용력을 가졌다고 오인할 수 있다는 이유로 형법 제207조 제3항의 외국에서 통용하는 지폐에 포함된다고 판단한 원심판결을 파기한 사례(대법원 2004. 5. 14. 선고 2003도3487 판결)

2. 【판시사항】

[1] 구 아동복지법 제18조 제5호 소정의 '아동에게 음행을 시키는' 행위에 행위자 자신이 직접 아동의 음행의 상대방이 되는 것이 포함되는지 여부(소극)

[2] 형법 제273조 제1항에서 말하는 '학대'의 의미

【판결요지】

[1] 구 아동복지법(2000. 1. 12. 법률 제6151호로 전문 개정되기 전의 것) 제18조 제5호는 '아동에게 음행을 시키는' 행위를 금지행위의 하나로 규정하고 있는바, 여기에서 '아동에게 음행을 시킨다'는 것은 행위자가 아동으로 하여금 제3자를 상대방으로 하여 음행을 하게 하는 행위를 가리키는 것일 뿐 행위자 ★★자신이 직접 그 아동의 음행의 상대방이 되는 것까지를 포함하는 의미로 볼 것은 아니다.

[2] 형법 제273조 제1항에서 말하는 '학대'라 함은 육체적으로 고통을 주거나 정신적으로 차별대우를 하는 행위를 가리키고, 이러한 학대행위는 형법의 규정체제상 학대와 유기의 죄가 같은 장에 위치하고 있는 점 등에 비추어 단순히 상대방의 인격에 대한 반인륜적 침해만으로는 부족하고 적어도 유기에 준할 정도에 이르러야 한다(대법원 2000. 4. 25. 선고 2000도223 판결).

3. 【판시사항】

[1] 항공보안법 제42조에서 정한 '항로'의 의미 / 승객이 탑승한 후 항공기의 모든 문이 닫힌 때부터 내리기 위하여 문을 열 때까지 항공기가 지상에서 이동하는 경로가 위 '항로'에 포함되는지 여부(소극)

[2] 갑 항공사 부사장인 피고인이 외국 공항에서 국내로 출발 예정인 자사 여객기에 탑승하였다가, 담당 승무원의 객실서비스 방식에 화가 나 폭언하면서 승무원을 비행기에서 내리도록 하기 위해, 기장으로 하여금 계류장의 탑승교에서 분리되어 푸시백 중이던 비행기를 다시 탑승

구 쪽으로 돌아가게 함으로써 위력으로 운항 중인 항공기의 항로를 변경하게 하였다고 하여 항공보안법 위반으로 기소된 사안에서, 피고인이 푸시백 중이던 비행기를 탑승구로 돌아가게 한 행위가 항공기의 항로를 변경하게 한 것에 해당하지 않는다고 한 사례

【판결요지】

[1] [다수의견] (가) 항공보안법 제42조는 "위계 또는 위력으로써 운항 중인 항공기의 항로를 변경하게 하여 정상 운항을 방해한 사람은 1년 이상 10년 이하의 징역에 처한다."라고 규정하고 있다. 같은 법 제2조 제1호는 '운항 중'을 '승객이 탑승한 후 항공기의 모든 문이 닫힌 때로부터 내리기 위하여 문을 열 때까지'로 정의하였다. 그러나 항공보안법에 '항로'가 무엇인지에 관하여 정의한 규정은 없다.

(나) 죄형법정주의는 국가형벌권의 자의적인 행사로부터 개인의 자유와 권리를 보호하기 위하여 범죄와 형벌을 법률로 정할 것을 요구한다. 그러한 취지에 비추어 보면 형벌법규의 해석은 엄격하여야 하고, 문언의 가능한 의미를 벗어나 피고인에게 불리한 방향으로 해석하는 것은 죄형법정주의의 내용인 확장해석금지에 따라 허용되지 아니한다. 법률을 해석할 때 입법 취지와 목적, 제·개정 연혁, 법질서 전체와의 조화, 다른 법령과의 관계 등을 고려하는 체계적·논리적 해석 방법을 사용할 수 있으나, 문언 자체가 비교적 명확한 개념으로 구성되어 있다면 원칙적으로 이러한 해석 방법은 활용할 필요가 없거나 제한될 수밖에 없다. 죄형법정주의 원칙이 적용되는 형벌법규의 해석에서는 더욱 그러하다.

(다) 법령에서 쓰인 용어에 관해 정의규정이 없는 경우에는 원칙적으로 사전적인 정의 등 일반적으로 받아들여진 의미에 따라야 한다. 국립국어원의 표준국어대사전은 항로를 '항공기가 통행하는 공로(공로)'로 정의하고 있다. 국어학적 의미에서 항로는 공중의 개념을 내포하고 있음이 분명하다. 항공기 운항과 관련하여 '항로'가 지상에서의 이동 경로를 가리키는 용어로 쓰인 예를 찾을 수 없다.

(라) 다른 법률에서 항로는 '항공로'의 뜻으로 사용되기도 하였다. 구 항공법(2016. 3. 29. 법률 제14116호로 폐지) 제115조의2 제2항은, 국토교통부장관이 항공운송사업자에게 운항증명을 하는 경우 '운항하려는 항로' 등 운항조건을 정하도록 규정하였다. 이 조문의 내용을 물려받은 항공안전법(2016. 3. 29. 법률 제14116호) 제90조 제2항은 '운항하려는 항로'를 '운항하려는 항공로'로 바꾸었으므로, 여기에서 '항로'는 항공로와 같은 뜻으로 쓰였음이 분명하다. 항공로의 법률적 정의는 '국토교통부장관이 항공기 등의 항행에 적합하다고 지정한 지구의 표면상에 표시한 공간의 길'로 규정되어 있으므로(항공안전법 제2조 제13호, 구 항공법에서의 정의도 같다), 항공기가 비행하면서 다녀야 항공로가 될 수 있다. 이처럼 항로가 법률용어로서 항공로와 혼용되기도 한 것을 볼 때, 입법자도 항로를 공중의 개념을 내포한 단어로 인식하였다고 볼 수 있다.

(마) 반면에 입법자가 유달리 본죄 처벌규정에서만 '항로'를 통상의 의미와 달리 지상에서의 이동 경로까지 포함하는 뜻으로 사용하였다고 볼 만한 입법자료는 찾을 수 없다.

본죄는 항공보안법의 전신인 구 항공기운항안전법(1974. 12. 26. 법률 제2742호) 제11조에서 처음으로 범죄로 규정되었다. 구 항공기운항안전법의 제정과정에서 법률안 심사를 위해 열린 1974. 11. 26. 국회 법제사법위원회 회의록은, 본죄의 처벌규정에 관하여는 아무런 논의가 없어서 '항로'의 의미를 알 수 있는 직접적인 단서가 되기 어렵다. 다만 제안이유에 관한 설명을 보면, 민간 항공기에 대한 범죄 억제를 위한 국제협약에 우리나라가 가입한 데 따른 협력의무의 이행으로 범죄행위자에 대한 가중처벌규정 등을 마련하기 위해 구 항공기운항안전법이 제정된 것임을 알 수 있다.

(바) 본죄의 객체는 '운항 중'의 항공기이다. 그러나 위계 또는 위력으로 변경할 대상인 '항로'는 별개의 구성요건요소로서 그 자체로 죄형법정주의 원칙에 부합하게 해석해야 할 대상이 된다. 항로가 공중의 개념을 내포한 말이고, 입법자가 그 말뜻을 사전적 정의보다 넓은 의미로 사용하였다고 볼 자료가 없다. <u>지상의 항공기가 이동할 때 '운항 중'이 된다는 이유만으로 그때 다니는 지상의 길까지 '항로'로 해석하는 것은 문언의 가능한 의미를 벗어난다.</u>

(사) 지상에서 이동하는 항공기의 경로를 함부로 변경하는 것은 다른 항공기나 시설물과 충돌할 수 있어 위험성이 큰 행위임이 분명하다. 그러나 처벌의 필요성만으로 죄형법정주의 원칙을 후퇴시켜서는 안 된다. 그런 행위는 기장에 대한 업무방해죄로 처벌할 수 있을 뿐만 아니라, 많은 경우 폭행·협박 또는 위계를 수반할 것이므로 10년 이하의 징역으로 처벌 가능한 직무집행방해죄(항공보안법 제43조) 등에 해당할 수 있어 처벌의 공백이 생기는 것도 아니다(대법원 2017. 12. 21. 선고 2015도8335 전원합의체 판결).

4. 【판시사항】

[1] 형법 제156조에서 정한 '징계처분'의 의미 / 학교법인 등의 사립학교 교원에 대한 인사권의 행사로서 징계 등 불리한 처분의 성격(=사법적 법률행위) 및 사립학교 교원에 대한 학교법인 등의 징계처분이 형법 제156조의 '징계처분'에 포함되는지 여부(소극)

[2] 피고인이 사립대학교 교수인 피해자들로 하여금 징계처분을 받게 할 목적으로 법정부 국민포털인 국민신문고에 민원을 제기한 사안에서, 피해자들은 사립학교 교원이므로 피고인의 행위가 무고죄에 해당하지 않음에도, 이와 달리 보아 유죄를 인정한 원심판결에 법리오해의 잘못이 있다고 한 사례

【판결요지】

[1] 형법 제156조는 타인으로 하여금 형사처분 또는 징계처분을 받게 할 목적으로 공무소 또는 공무원에 대하여 허위의 사실을 신고한 자를 처벌하도록 정하고 있다. 여기서 '징계처분'이란 공법상의 감독관계에서 질서유지를 위하여 과하는 신분적 제재를 말한다.

그런데 사립학교 교원은 학교법인 또는 사립학교경영자가 임면하고(사립학교법 제53조, 제53

조의2), 그 임면은 사법상 고용계약에 의하며, 사립학교 교원은 학생을 교육하는 대가로 학교법인 등으로부터 임금을 지급받으므로 학교법인 등과 사립학교 교원의 관계는 원칙적으로 사법상 법률관계에 해당한다. 비록 임면자가 사립학교 교원의 임면에 대하여 관할청에 보고하여야 하고, 관할청은 일정한 경우 임면권자에게 해직 또는 징계를 요구할 수 있는 등(사립학교법 제54조) 학교법인 등에 대하여 국가 등의 지도·감독과 지원 및 규제가 행해지고, 사립학교 교원의 자격, 복무 및 신분을 공무원인 국·공립학교 교원에 준하여 보장하고 있지만, 이 역시 이들 사이의 법률관계가 사법상 법률관계임을 전제로 신분 등을 교육공무원의 그것과 동일하게 보장한다는 취지에 다름 아니다. 따라서 학교법인 등의 사립학교 교원에 대한 인사권의 행사로서 징계 등 불리한 처분은 사법적 법률행위의 성격을 가진다.

한편 형벌법규의 해석은 엄격하여야 하고, 명문의 형벌법규의 의미를 피고인에게 불리한 방향으로 지나치게 확장해석하거나 유추해석하는 것은 죄형법정주의의 원칙에 어긋나는 것으로서 허용되지 않는다.

위와 같은 법리를 종합하여 보면, 사립학교 교원에 대한 학교법인 등의 징계처분은 형법 제156조의 '징계처분'에 포함되지 않는다고 해석함이 옳다.

[2] 피고인이 사립대학교 교수인 피해자들로 하여금 징계처분을 받게 할 목적으로 국민권익위원회에서 운영하는 범정부 국민포털인 국민신문고에 민원을 제기한 사안에서, 피해자들은 사립학교 교원이므로 피고인의 행위가 무고죄에 해당하지 않음에도, 이와 달리 보아 유죄를 인정한 원심판결에 무고죄의 '징계처분'에 관한 법리를 오해한 잘못이 있다고 한 사례(대법원 2014. 7. 24. 선고 2014도6377 판결)

5. 【판시사항】

형법 제62조에 의하여 집행유예를 선고하는 경우에 같은 법 제62조의2 제1항에 규정된 보호관찰과 사회봉사를 동시에 명할 수 있는지 여부(적극)

【판결요지】
형법 제62조의2 제1항은 "형의 집행을 유예하는 경우에는 보호관찰을 받을 것을 명하거나 사회봉사 또는 수강을 명할 수 있다."고 규정하고 있는바, 그 문리에 따르면, 보호관찰과 사회봉사는 각각 독립하여 명할 수 있다는 것이지, 반드시 그 양자를 동시에 명할 수 없다는 취지로 해석되는 아니할 뿐더러, 소년법 제32조 제3항, 성폭력범죄의처벌및피해자보호등에관한법률 제16조 제2항, 가정폭력범죄의처벌등에관한특례법 제40조 제1항 등에는 보호관찰과 사회봉사를 동시에 명할 수 있다고 명시적으로 규정하고 있는바, 일반 형법에 의하여 보호관찰과 사회봉사를 명하는 경우와 비교하여 특별히 달리 취급할 만한 이유가 없으며, 제도의 취지에 비추어 보더라도, 범죄자에 대한 사회복귀를 촉진하고 효율적인 범죄예방을 위하여 양자를 병과할 필요성이 있는 점 등을 종합하여 볼 때, 형법 제62조에 의하여 집행유예를 선고할 경우에는 같은 법 제62조의2 제1항에 규정된 보호관찰과 사회봉사 또는 수강을 동시에 명할 수 있다고 해석함이 상당하다(대법원 1998. 4. 24. 선고 98도98 판결).

6. 【판시사항】

가. 형법 제170조 제2항 소정의 '자기의 소유에 속하는 제166조 또는 제167조에 기재한 물건'의 해석과 죄형법정주의 원칙

나. 제1심의 공소기각결정과 그에 대한 원심의 항고기각결정을 모두 취소하고 사건을 제1심법원에 환송한 사례

【결정요지】

가. [다수의견] 형법 제170조 제2항에서 말하는 '자기의 소유에 속하는 제166조 또는 제167조에 기재한 물건'이라 함은 '자기의 소유에 속하는 제166조에 기재한 물건 또는 자기의 소유에 속하든, 타인의 소유에 속하든 불문하고 제167조에 기재한 물건'을 의미하는 것이라고 해석하여야 하며, 제170조 제1항과 제2항의 관계로 보아서도 제166조에 기재한 물건(일반건조물 등) 중 타인의 소유에 속하는 것에 관하여는 제1항에서 규정하고 있기 때문에 제2항에서는 그중 자기의 소유에 속하는 것에 관하여 규정하고, 제167조에 기재한 물건에 관하여는 소유의 귀속을 불문하고 그 대상으로 삼아 규정하고 있는 것이라고 봄이 관련조문을 전체적, 종합적으로 해석하는 방법일 것이고, 이렇게 해석한다고 하더라도 그것이 법규정의 가능한 의미를 벗어나 법형성이나 법창조행위에 이른 것이라고는 할 수 없어 죄형법정주의의 원칙상 금지되는 유추해석이나 확장해석에 해당한다고 볼 수는 없을 것이다.

나. 제1심의 공소기각결정과 그에 대한 원심의 항고기각결정을 모두 취소하고 사건을 제1심법원에 환송한 사례(대법원 1994. 12. 20.자 94모32 전원합의체 결정)

나. 피고인에게 유리한 유추해석 적용
다. 피고인에게 유리한 사유의 제한적 유추해석금지
라. 목적론적 축소해석금지

<<관련판례>>
【판시사항】

[1] 자수의 요건과 효과를 정하는 것은 논리필연적으로 정해지는 것이 아니라 입법정책의 문제이고 입법재량에 속하는지 여부(적극)

[2] 공직선거및선거부정방지법 제262조의 입법 취지

[3] 범행발각이나 지명수배 여부와 관계없이 체포 전에만 자수하면 공직선거및선거부정방지법 제262조의 자수에 해당하는지 여부(적극)

【판결요지】

[1] 형법이나 국가보안법 등이 자수에 대하여 형을 감면하는 정도를 그 입법 취지에 따라 달리 정하고 자수의 요건인 자수시기에 관하여도 각각 달리 정하고 있는 점으로 미루어 보면, 어느 죄에 관한 자수의 요건과 효과가 어떠한가 하는 문제는 논리필연적으로 도출되는 문제가 아니라, 그 입법 취지가 자수의 두 가지 측면 즉 범죄를 스스로 뉘우치고 개전의 정을 표시하는 것으로 보아 비난가능성이 약하다는 점과 자수를 하면 수사를 하는 데 용이할 뿐 아니라 형벌권을 정확하게 행사할 수 있어 죄 없는 자에 대한 처벌을 방지할 수 있다는 점 중 어느 한쪽을 얼마만큼 중시하는지 또는 양자를 모두 동등하게 고려하는지에 따라 입법정책적으로 결정되는 것이다.

[2] 공직선거및선거부정방지법 제262조가 제230조(매수 및 이해유도죄) 제1항 등 금품이나 이익 등의 수수에 의한 선거부정관련 범죄에 대하여 자수한 경우에 필요적 형면제를 규정한 주된 입법 취지는, 이러한 범죄유형은 당사자 사이에 은밀히 이루어져 그 범행발견이 어렵다는 점을 고려하여 금품 등을 제공받은 사람으로 하여금 사실상 신고를 하도록 유도함으로써 금품 등의 제공자를 효과적으로 처벌하려는 데 있다.

[3] [다수의견] 형벌법규의 해석에 있어서 법규정 문언의 가능한 의미를 벗어나는 경우에는 유추해석으로서 죄형법정주의에 위반하게 된다. 그리고 유추해석금지의 원칙은 모든 형벌법규의 구성요건과 가벌성에 관한 규정에 준용되는데, 위법성 및 책임의 조각사유나 소추조건, 또는 처벌조각사유인 형면제 사유에 관하여 그 범위를 제한적으로 유추적용하게 되면 행위자의 가벌성의 범위는 확대되어 행위자에게 불리하게 되는바, 이는 가능한 문언의 의미를 넘어 범죄구성요건을 유추적용하는 것과 같은 결과가 초래되므로 죄형법정주의의 파생원칙인 유추해석금지의 원칙에 위반하여 허용될 수 없다. 한편 형법 제52조나 국가보안법 제16조 제1호에서도 공직선거법 제262조에서와 같이 모두 '범행발각 전'이라는 제한 문언 없이 "자수"라는 단어를 사용하고 있는데 형법 제52조나 국가보안법 제16조 제1호의 "자수"에는 범행이 발각되고 지명수배된 후의 자진출두도 포함되는 것으로 판례가 해석하고 있으므로 이것이 "자수"라는 단어의 관용적 용례라고 할 것인바, <u>공직선거법 제262조의 "자수"를 '범행발각 전에 자수한 경우'로 한정하는 풀이는 "자수"라는 단어가 통상 관용적으로 사용되는 용례에서 갖는 개념 외에 '범행발각 전'이라는 또다른 개념을 추가하는 것으로서 결국은 '언어의 가능한 의미'를 넘어 공직선거법 제262조의 "자수"의 범위를 그 문언보다 제한함으로써 공직선거법 제230조 제1항 등의 처벌범위를 실정법 이상으로 확대한 것이 되고, 따라서 이는 단순한 목적론적 축소해석에 그치는 것이 아니라, 형면제 사유에 대한 제한적 유추를 통하여 처벌범위를 실정법 이상으로 확대한 것으로서 죄형법정주의의 파생원칙인 유추해석금지의 원칙에 위반된다</u>(대법원 1997. 3. 20. 선고 96도1167 전원합의체 판결).

마. 소송법규정

4. 명확성원칙
(1) 의의

(2) 내용
A. 구성요건 명확성
B. 유추해석과 확장해석의 구별
C. 형벌의 명확성

<<관련판례>>
【판시사항】
1. 사람의 궁박한 상태를 이용하여 현저하게 부당한 이익을 취득한 자는 3년 이하의 징역 또는 1천만 원 이하의 벌금에 처하도록 한 형법 제349조 제1항(이하 '이 사건 법률조항'이라 한다) 중 '궁박', '현저하게 부당한 이익' 등의 용어들이 불명확한 개념으로서 죄형법정주의의 명확성의 원칙에 위배되는지 여부(소극)
2. 이 사건 법률조항이 사인 간의 계약체결로 인하여 일방 당사자가 현저히 부당한 이익을 얻은 경우 이를 형사처벌함으로써 사실상 일방 당사자로 하여금 그러한 내용의 계약을 하지 못하도록 함으로써 사인 간의 계약의 자유를 과잉제한하고 있는 것은 아닌지 여부(소극)

【결정요지】
1. '궁박'이나 '현저하게 부당한 이익'이라는 개념도 형법상의 '지려천박(知慮淺薄)', '기망', '임무에 위배' 등과 같이 범죄구성요건을 형성하는 개념 중 구체적 사안에 있어서 일정한 해석을 통하여 적용할 수 있는 일반적, 규범적 개념의 하나로서, '궁박한 상태를 이용하여 현저하게 부당한 이익을 취득'하였는지 여부는 사회통념 또는 건전한 상식에 따라 거래당사자의 신분과 상호 간의 관계, 피해자가 처한 상황의 절박성의 정도, 계약의 체결을 둘러싼 협상과정 및 피해자의 이익, 피해자가 그 거래를 통해 추구하고자 한 목적을 달성하기 위한 다른 적절한 대안의 존재 여부 등 제반 상황을 종합한다면 합리적으로 판단할 수 있다고 할 것이므로 이 사건 법률조항이 지니는 약간의 불명확성은 법관의 통상적인 해석 작용에 의하여 충분히 보완될 수 있고 건전한 상식과 통상적인 법감정을 가진 일반인이라면 금지되는 행위가 무엇인지를 예측할 수 있으므로 이 사건 법률조항은 죄형법정주의에서 요구되는 명확성의 원칙에 위배되지 아니한다.

2. 폭리행위는 단지 현저히 부당한 이익을 취득하였다는 결과의 측면뿐만 아니라 행위의 측면에 있어서 그러한 이익취득이 정당한 노력의 결과가 아니라 상대방의 궁박상태를 이용한 결과라는 점에서 사회적 비난가능성이 높아 단지 폭리행위로 인하여 초래된 불균형한 재산상태를 시정하는 것에 그치지 않고 나아가 이러한 행위를 형사처벌의 대상인 반사회적인 행위로 할 필요가 있으며, 부당이득죄의 법정형은 징역 3년 이하 또는 1천만 원 이하의 벌금에 처하도록 하고 있으므로 법관은 개개 사안의 불법정도에 따라 징역형부터 벌금형까지 적절한 형을 선택하여 선고할 수 있기 때문에 행위의 개별성에 맞추어 구체적 사안에 따른 개인의 책임에 상응하는 형벌을 과할 수 있어 형벌의 정도가 행위자가 초래한 불법정도에 비하여 지나치게 가혹하다고 하기도 어려워 이 사건 법률조항이 사인 간의 계약의 자유를 합리적 근거 없이 필요이상으로 지나치게 제한한다거나 사적자치의 원칙에 위반된다고도 할 수 없다(헌재 2006. 7. 27. 2005헌바19).

5. 적정성원칙

6. 관련 주요판례

1. 【판시사항】

[1] 구 전기통신기본법 제48조의2 소정의 '공연히 전시'의 의미

[2] 음란한 부호 등이 전시된 웹페이지에 대한 링크(link)행위가 그 음란한 부호 등의 전시에 해당하는지 여부(한정 적극)

【판결요지】

[1] 구 전기통신기본법 제48조의2(2001. 1. 16. 법률 제6360호 부칙 제5조 제1항에 의하여 삭제, 현행 정보통신망이용촉진및정보보호등에관한법률 제65조 제1항 제2호 참조) 소정의 '공연히 전시'한다고 함은, 불특정·다수인이 실제로 음란한 부호·문언·음향 또는 영상을 인식할 수 있는 상태에 두는 것을 의미한다.

[2] <u>음란한 부호 등으로 ★★★링크를 해 놓는 행위자의 의사의 내용, 그 행위자가 운영하는 웹사이트의 성격 및 사용된 링크기술의 구체적인 방식, 음란한 부호 등이 담겨져 있는 다른 웹사이트의 성격 및 다른 웹사이트 등이 음란한 부호 등을 실제로 전시한 방법 등 모든 사정을 종합하여 볼 때, 링크를 포함한 일련의 행위 및 범의가 다른 웹사이트 등을 단순히 소개·연결할 뿐이거나 또는 다른 웹사이트 운영자의 실행행위를 방조하는 정도를 넘어, 이미 음란한 부호 등이 불특정·다수인에 의하여 인식될 수 있는 상태에 놓여 있는 다른 웹사이트를 링크의 수법으로 사실상 지배·이용함으로써 그 실질에 있어서 음란한 부호 등을 직접 ★★★전시하는 것과 다를 바 없다고 평가되고,</u> 이에 따라 불특정·다수인이 이러한 링크를 이용하여 별다른 제한 없이 음란한 부호 등에 바로 접할 수 있는 상태가 실제로 조성되었다면, 그러한 행위는 전체로 보아 음란한 부호 등을 공연히 전시한다는 구성요건을 충족한다고 봄이 상당하며, 이러한 해석은 죄형법정주의에 반하는 것이 아니라, 오히려 링크기술의 활용과 효과를 극대화하는 초고속정보통신망 제도를 전제로 하여 신설된 구 전기통신기본법 제48조의2(2001. 1. 16. 법률 제6360호 부칙 제5조 제1항에 의하여 삭제, 현행 정보통신망이용촉진및정보보호등에관한법률 제65조 제1항 제2호 참조) 규정의 입법 취지에 부합하는 것이라고 보아야 한다(대법원 2003. 7. 8. 선고 2001도1335 판결).

2. 【판시사항】

구 총포·도검·화약류 등 단속법 제17조 제2항의 취지 / 위 규정에서 정한 총포 등의 '사용'의 의미 및 탄알·가스 등의 격발에 의한 발사에까지 이르지 아니하였으나 그와 밀접한 관련이 있는 행위로서 그로 인하여 인명이나 신체에 위해가 발생할 위험이 초래되는 경우가 '사용'에 해당하는지 여부(적극)

【판결요지】

구 총포·도검·화약류 등 단속법(2015. 1. 6. 법률 제12960호 총포·도검·화약류 등의 안전관리에 관한 법률로 개정되기 전의 것, 이하 '구 총검단속법'이라고 한다) 제17조 제2항이 총포·도검·분사기·전자충격기·석궁(이하 '총포 등'이라고 한다)의 소지허가를 받은 사람에 대하여 허가받은 용도나 그 밖의 정당한 사유가 있는 경우 외의 사용을 금지하는 취지는, 인명살상의 무기로 사용될 수 있는 고도의 위험성을 지닌 총포 등의 사용을 엄격히 규제함으로써 위험과 재해를 미리 방지하고 공공의 안전을 유지하고자 하는 데에 있다(제1조).

위와 같은 구 총검단속법 제17조 제2항의 입법 취지와 내용 등에 비추어 보면, 위 규정에서 정한 총포 등의 '사용'이란 총포 등의 본래의 목적이나 기능에 따른 사용으로서 공공의 안전에 위험과 재해를 일으킬 수 있는 행위를 말하므로, ★★총포 등의 사용이 본래의 목적이나 기능과는 전혀 상관이 없거나 그 행위로 인하여 인명이나 신체에 위해가 발생할 위험이 없다면 이를 위 규정에서 정한 '사용'이라고 할 수는 없으나, 반드시 ★★탄알·가스 등의 격발에 의한 발사에까지 이르지 아니하였더라도 그와 밀접한 관련이 있는 행위로서 그로 인하여 인명이나 신체에 대하여 위해가 발생할 위험이 초래된다면 이는 총포 등의 본래의 목적이나 기능에 따른 사용으로서 위 규정에서 정한 '사용'에 해당한다(대법원 2016. 5. 24. 선고 2015도10254 판결).

3. 【판시사항】

인터넷 홈페이지에 ★★★이용자제작콘텐츠(UCC)를 게시한 행위가 공직선거법 제255조 제2항 제5호, 제93조 제1항에서 금지하는 탈법방법에 의한 문서·도화의 배부·게시 등 행위유형에 포함될 수 있는지 여부(★★★적극)

【주 문】

상고를 기각한다.

【이 유】

상고이유를 판단한다.

공직선거법 제93조 제1항은 탈법행위의 수단을 '광고, 인사장, 벽보, 사진, 문서·도화, 인쇄물이나 녹음·녹화테이프 기타 이와 유사한 것'이라고 표현함으로써 적용대상에 관하여 기본적으로 의사전달의 성질이나 기능을 가진 매체나 수단을 포괄적으로 규정하고 있는 점, 무선정보통신으로 전달되는 것이 유형물이 아니라 전자정보에 해당하더라도 문자와 기호를 사용하여 관념이나 의사를 다른 사람에게 전달하는 문서가 가지는 고유의 기능을 그대로 보유하고 있는 점, 컴퓨터가 보편적으로 보급되어 일상생활화된 이른바 ★★★정보통신시대에 있어 이용자제작콘텐츠(UCC, User

Created Contents)는 유체물인 종이문서 등을 대신하는 기능과 역할을 담당하고 있어 인터넷 홈페이지에 게시될 경우 선거에 미치는 영향이 문서 못지않으므로 이를 규제할 필요성이 클 뿐만 아니라 선거의 공정성을 보장하려는 공직선거법 규정의 입법 취지에도 부합한다고 보이는 점 등 여러 사정을 종합적으로 고려하면, 인터넷 홈페이지에 후보자(후보자가 되고자 하는 자를 포함한다)를 지지·추천하거나 반대하는 내용이 포함되어 있거나 정당의 명칭 또는 후보자의 성명을 나타내는 내용이 포함된 제작물을 게시한 행위는 공직선거법 제255조 제2항 제5호, 제93조 제1항의 구성요건에 해당한다고 보아야 한다 (대법원 2004. 11. 25. 선고 2004도4045 판결, 대법원 2006. 6. 27. 선고 2004도6167 판결, 대법원 2007. 2. 22. 선고 2006도7847 판결 등 참조).

원심이 같은 취지에서 ★★★피고인이 컴퓨터를 이용하여 제작한 '대통령 이명박 괜찮은가?'라는 제목의 이 사건 제작물을 문국현 대통령선거 후보예정자의 공식 홈페이지에 게재한 행위는 공직선거법 제255조 제2항 제5호, 제93조 제1항 소정의 탈법방법에 의한 문서·도화의 배부·게시 등 금지규정 위반죄의 구성요건에 해당한다고 인정한 조치는 정당하고, 거기에 상고이유의 주장과 같은 법리오해의 위법이 없다(대법원 2008. 9. 25. 선고 2008도6555 판결).

4. 【판시사항】

[1] 공중위생관리법 제2조 제1항 제2호 규정에 의한 '숙박업'이 풍속영업의 규제에 관한 법률상 '풍속영업'에 해당하는지 여부(적극)

[2] 풍속영업의 규제에 관한 법률 제3조 제2호가 규정하는 '비디오물'의 의미

[3] 모텔에 동영상 파일 재생장치인 디빅 플레이어(DivX Player)를 설치하고 투숙객에게 그 비밀번호를 가르쳐 주어 저장된 음란 동영상을 관람하게 한 사안에서, 이는 풍속영업의 규제에 관한 법률 제3조 제2호가 금지하고 있는 음란한 비디오물을 풍속영업소에서 관람하게 한 행위에 해당한다고 한 사례

【판결요지】

[1] 풍속영업의 규제에 관한 법률 제2조 제2호는 " 공중위생관리법 제2조 제1항 제2호 내지 제4호의 규정에 의한 숙박업, 이용업, 목욕장업 중 대통령령으로 정하는 것"을 풍속영업에 포함시키고 있는데, 풍속영업의 규제에 관한 법률 시행령 제2조 제2호는 숙박업, 이용업에 대하여 전혀 규정하지 않고 목욕장업에 대해서만 규정을 하고 있으며, 위 조항의 입법 연혁을 고려할 때에도 '숙박업'은 '대통령령으로 정하는 것'이라는 문구에 걸리지 않는 것으로 해석하는 것이 자연스러운 점에 비추어, 숙박업에 관하여는 풍속영업의 규제에 관한 법률에서 직접 규정하고 그 시행령에 별도로 구체적인 범위를 위임하고 있는 것으로 보이지 않는다. 따라서, 공중위생관리법 제2조 제1항 제2호 규정에 의한 '숙박업'은 풍속영업의 규제에 관한 법률 제2조 제2호의 '풍속영업'에 해당한다.

[2] 풍속영업소에서 음란한 비디오물을 관람하게 하는 것을 금지하고 있는 풍속영업의 규제에 관한 법률 제3조 제2호가 규정하는 비디오물이란 영화 및 비디오물의 진흥에 관한 법률 제2조 제12호가 규정하는 비디오물, 즉 연속적인 영상이 테이프 또는 디스크 등의 디지털 매체나 장치에 담긴 저작물로서 기계·전기·전자 또는 통신장치에 의하여 재생하여 볼 수 있거나 보고 들을 수 있도록 제작된 것을 말한다. 따라서, 게임산업진흥에 관한 법률 제2조 제1호의 규정에 의한 게임물과 컴퓨터프로그램에 의한 것(영화가 수록되어 있지 아니한 것에 한한다)은 제외하는 것으로 해석하는 것이 상당하다.

[3] 모텔에 동영상 파일 재생장치인 ★디빅 플레이어(DivX Player)를 설치하고 투숙객에게 그 비밀번호를 가르쳐 주어 저장된 음란 동영상을 관람하게 한 사안에서, 이는 풍속영업의 규제에 관한 법률 제3조 제2호가 금지하고 있는 음란한 비디오물을 풍속영업소에서 관람하게 한 행위에 해당한다고 한 사례(대법원 2008. 8. 21. 선고 2008도3975 판결)

5. 【판시사항】

불법적으로 대량 생산한 게임머니 등이 구 게임산업진흥에 관한 법률 시행령 제18조의3 제3호에서 규정한 '게임물의 비정상적인 이용을 통하여 생산·획득한 게임머니 또는 게임아이템 등의 데이터' 및 게임산업진흥에 관한 법률 시행령 제18조의3 제3호 (다)목에서 규정한 '다른 사람의 개인정보로 게임물을 이용하여 생산·획득한 게임머니 또는 게임아이템 등의 데이터'에 포함되는지 여부(★★적극)

【판결요지】

게임산업진흥에 관한 법률(이하 '게임산업진흥법'이라 한다) 제32조 제1항 제7호, 구 게임산업진흥에 관한 법률 시행령(2012. 6. 19. 대통령령 제23863호로 개정되기 전의 것, 이하 '구 시행령'이라 한다) 제18조의3 제1호, 제2호, 제3호, 2012. 6. 19. 대통령령 제23863호로 개정된 게임산업진흥에 관한 법률 시행령 제18조의3 제3호 (가)목, (나)목, (다)목, (라)목과 게임산업진흥법 시행령의 입법 경위, 개정 경위를 종합하여 보면, 게임산업진흥법의 입법 취지와 목적은 권한 없이 타인의 아이디와 유심칩이 삽입된 휴대폰 등을 이용하여 게임물에 접속한 후 소액결제의 방법으로 게임머니 등을 반복적으로 구매함으로써 불법적으로 대량 생산한 게임머니 등도 게임물의 비정상적인 이용을 통하여 생산·획득한 것으로 보아, 이를 환전 또는 환전 알선하거나 재매입을 업으로 하는 경우 처벌대상으로 삼으려던 것임을 알 수 있으므로, 그와 같은 권한 없는 자가 구매한 게임머니 등이 구 시행령 제18조의3 제3호에서 규정한 "게임물의 비정상적인 이용을 통하여 생산·획득한 게임머니 또는 게임아이템 등의 데이터" 및 개정된 게임산업진흥법 시행령 제18조의3 제3호 (다)목에서 규정한 "다른 사람의 개인정보로 게임물을 이용하여 생산·획득한 게임머니 또는 게임아이템 등의 데이터"에 포함된다고 해석하는 것이 그 문언의 통상적인 의미를 벗어나는 것이라고 할 수 없다(대법원 2014. 11. 13. 선고 2014도8838 판결).

6. 【판시사항】

제작한 영상물이 객관적으로 아동·청소년이 등장하여 성적 행위를 하는 내용을 표현한 영상물에 해당하는 경우, 대상이 된 아동·청소년의 동의하에 촬영하거나 사적인 소지·보관을 1차적 목적으로 제작하더라도 구 아동·청소년의 성보호에 관한 법률 제8조 제1항의 '아동·청소년이용음란물'을 '제작'한 것에 해당하는지 여부(적극) / 위와 같은 영상물 제작행위에 위법성이 없다고 볼 수 있는 예외적인 경우 및 판단 기준

【판결요지】

구 아동·청소년의 성보호에 관한 법률(2012. 12. 18. 법률 제11572호로 전부 개정되기 전의 것, 이하 '구 아청법'이라 한다)은 제2조 제5호, 제4호에 '아동·청소년이용음란물'의 의미에 관한 별도의 규정을 두면서도, 제8조 제1항에서 아동·청소년이용음란물을 제작하는 등의 행위를 처벌하도록 규정하고 있을 뿐 범죄성립의 요건으로 제작 등의 의도나 음란물이 아동·청소년의 의사에 반하여 촬영되었는지 여부 등을 부가하고 있지 아니하다.

여기에다가 아동·청소년을 대상으로 성적 행위를 한 자를 엄중하게 처벌함으로써 성적 학대나 착취로부터 아동·청소년을 보호하는 한편 아동·청소년이 책임 있고 건강한 사회구성원으로 성장할 수 있도록 하려는 구 아청법의 입법 목적과 취지, 정신적으로 미성숙하고 충동적이며 경제적으로도 독립적이지 못한 아동·청소년의 특성, 아동·청소년이용음란물은 직접 피해자인 아동·청소년에게는 치유하기 어려운 정신적 상처를 안겨줄 뿐 아니라, 이를 시청하는 사람들에게까지 성에 대한 왜곡된 인식과 비정상적 가치관을 조장하므로 이를 제작 단계에서부터 원천적으로 차단함으로써 아동·청소년을 성적 대상으로 보는 데서 비롯되는 잠재적 성범죄로부터 아동·청소년을 보호할 필요가 있는 점, 인터넷 등 정보통신매체의 발달로 인하여 음란물이 일단 제작되면 제작 후 사정의 변경에 따라, 또는 제작자의 의도와 관계없이 언제라도 무분별하고 무차별적으로 유통에 제공될 가능성을 배제할 수 없는 점 등을 더하여 보면, ★★★제작한 영상물이 객관적으로 아동·청소년이 등장하여 성적 행위를 하는 내용을 표현한 영상물에 해당하는 한 대상이 된 아동·청소년의 동의하에 촬영한 것이라거나 사적인 소지·보관을 1차적 목적으로 제작한 것이라고 하여 구 아청법 제8조 제1항의 '아동·청소년이용음란물'에 해당하지 아니한다거나 이를 '제작'한 것이 아니라고 할 수 없다.

다만 아동·청소년인 행위자 본인이 사적인 소지를 위하여 자신을 대상으로 '아동·청소년이용음란물'에 해당하는 영상 등을 제작하거나 그 밖에 이에 준하는 경우로서, 영상의 제작행위가 헌법상 보장되는 인격권, 행복추구권 또는 사생활의 자유 등을 이루는 사적인 생활 영역에서 사리분별력 있는 사람의 자기결정권의 정당한 행사에 해당한다고 볼 수 있는 예외적인 경우에는 위법성이 없다고 볼 수 있다. 아동·청소년은 성적 가치관과 판단능력이 충분히 형성되지 아니하여 성적 자기결정권을 행사하고 자신을 보호할 능력이 부족한 경우가 대부분이므로 영상의 제작행위가 이에 해당하는지 여부는 아동·청소년의 나이와 지적·사회적 능력, 제작의 목적과 동기 및 경위, 촬영 과정에서 강제력이나 위계 혹은 대가가 결부되었는지 여부, 아동·청소년의 동의나 관여가 자발적이고 진지하게 이루어졌는지 여부, 아동·청소년과 영상 등에 등장하는 다른 인물과의 관계, 영상 등에 표현된 성적 행위의 내용과 태양 등을 종합적으로 고려하여 신중하게 판단하여야 한다(대법원 2015.

2. 12. 선고 2014도11501,2014전도197 판결).

7. 【판시사항】

[1] 정보통신망 이용촉진 및 정보보호 등에 관한 법률 제49조 위반행위의 객체인 '정보통신망에 의해 처리·보관 또는 전송되는 타인의 비밀'의 범위 및 정보통신망으로 처리·전송이 완료된 다음 사용자의 개인용 컴퓨터(PC)에 저장·보관되어 있으나 정보통신체제 내에서 저장·보관 중인 것으로 볼 수 있는 비밀이 이에 포함되는지 여부(★★★적극) / 위 규정에서 말하는 '타인의 비밀'의 의미

[2] 정보통신망 이용촉진 및 정보보호 등에 관한 법률 제49조에서 말하는 타인의 비밀 '침해' 및 '누설'의 의미 / 위 규정의 '타인의 비밀 침해 또는 누설'에서 요구되는 '정보통신망에 침입하는 등 부정한 수단 또는 방법'에 사용자가 식별부호를 입력하여 정보통신망에 접속된 상태에 있는 것을 기화로 정당한 접근권한 없는 사람이 사용자 몰래 정보통신망의 장치나 기능을 이용하는 등의 방법으로 타인의 비밀을 취득·누설하는 행위를 포함시키는 해석이 죄형법정주의에 위배되는지 여부(소극)

[3] 위법성조각사유로서 정당행위나 정당방위에 해당하는지 판단하는 방법 / 정당행위로 인정되기 위한 요건 / 정당방위가 성립하려면 방위행위가 사회적으로 상당한 것이어야 하는지 여부(적극)

【판결요지】

[1] 정보통신망 이용촉진 및 정보보호 등에 관한 법률(이하 '정보통신망법'이라 한다) 제49조는 "누구든지 정보통신망에 의하여 처리·보관 또는 전송되는 타인의 정보를 훼손하거나 타인의 비밀을 침해·도용 또는 누설하여서는 아니 된다."라고 정하고, 제71조 제1항 제11호는 '제49조를 위반하여 타인의 정보를 훼손하거나 타인의 비밀을 침해·도용 또는 누설한 자는 5년 이하의 징역 또는 5천만 원 이하의 벌금에 처한다.'고 정하고 있다.

정보통신망법은 정보통신망의 이용을 촉진하고 정보통신서비스를 이용하는 자의 개인정보를 보호함과 아울러 정보통신망을 건전하고 안전하게 이용할 수 있는 환경을 조성하여 국민생활의 향상과 공공복리의 증진에 이바지하기 위한 목적으로 제정되었다(제1조). 정보통신망은 전기통신사업법 제2조 제2호에 따른 전기통신설비를 이용하거나 전기통신설비와 컴퓨터 및 컴퓨터의 이용기술을 활용하여 정보를 수집·가공·저장·검색·송신 또는 수신하는 정보통신체제를 말한다(제2조 제1항 제1호). 전기통신설비는 전기통신을 하기 위한 기계·기구·선로 또는 그 밖에 전기통신에 필요한 설비를 말한다(전기통신사업법 제2조 제2호). 정보통신망법 제49조의 규율 내용이 포괄적이기 때문에, 위와 같은 정보통신망법의 입법목적이나 정보통신망의 개념 등을 고려하여 그 조항을 해석해야 한다.

정보통신망법 제49조 위반행위의 객체인 '정보통신망에 의해 처리·보관 또는 전송되는 타인의 비밀'에는 정보통신망으로 실시간 처리·전송 중인 비밀, 나아가 정보통신망으로 처리·전송이

완료되어 원격지 서버에 저장·보관된 것으로 통신기능을 이용한 처리·전송을 거쳐야만 열람·검색이 가능한 비밀이 포함됨은 당연하다. 그러나 이에 한정되는 것은 아니다. ★★★<u>정보통신망으로 처리·전송이 완료된 다음 사용자의 개인용 컴퓨터(PC)에 저장·보관되어 있더라도, 그 처리·전송과 저장·보관이 서로 밀접하게 연계됨으로써 정보통신망과 관련된 컴퓨터 프로그램을 활용해서만 열람·검색이 가능한 경우 등 정보통신체제 내에서 저장·보관 중인 것으로 볼 수 있는 비밀도 여기서 말하는 '타인의 비밀'에 포함된다고 보아야 한다.</u> 이러한 결론은 정보통신망법 제49조의 문언, 정보통신망법상 정보통신망의 개념, 구성요소와 기능, 정보통신망법의 입법목적 등에 비추어 도출할 수 있다.

또한 정보통신망법 제49조에서 말하는 '타인의 비밀'이란 일반적으로 알려져 있지 않은 사실로서 이를 다른 사람에게 알리지 않는 것이 본인에게 이익이 되는 것을 뜻한다.

[2] 정보통신망 이용촉진 및 정보보호 등에 관한 법률(이하 '정보통신망법'이라 한다) 제49조에서 말하는 타인의 비밀 '침해'란 정보통신망에 의하여 처리·보관 또는 전송되는 타인의 비밀을 정보통신망에 침입하는 등 부정한 수단 또는 방법으로 취득하는 행위를 말한다. 타인의 비밀 '누설'이란 타인의 비밀에 관한 일체의 누설행위를 의미하는 것이 아니라, 정보통신망에 의하여 처리·보관 또는 전송되는 타인의 비밀을 정보통신망에 침입하는 등의 부정한 수단 또는 방법으로 취득한 사람이나 그 비밀이 위와 같은 방법으로 취득된 것임을 알고 있는 사람이 그 비밀을 아직 알지 못하는 타인에게 이를 알려주는 행위만을 의미한다.

정보통신망법 제48조 제1항은 정보통신망에 대한 보호조치를 침해하거나 훼손할 것을 구성요건으로 하지 않고 '정당한 접근권한 없이 또는 허용된 접근권한을 넘어' 정보통신망에 침입하는 행위를 금지하고 있다. 정보통신망법 제49조는 제48조와 달리 정보통신망 자체를 보호하는 것이 아니라 정보통신망에 의하여 처리·보관 또는 전송되는 타인의 정보나 비밀을 보호대상으로 한다. 따라서 <u>정보통신망법 제49조의 '타인의 비밀 침해 또는 누설'에서 요구되는 '정보통신망에 침입하는 등 부정한 수단 또는 방법'에는 부정하게 취득한 타인의 식별부호(아이디와 비밀번호)를 직접 입력하거나 보호조치에 따른 제한을 면할 수 있게 하는 부정한 명령을 입력하는 등의 행위에 한정되지 않는다.</u> ★★★<u>이러한 행위가 없더라도 사용자가 식별부호를 입력하여 정보통신망에 접속된 상태에 있는 것을 기화로 정당한 접근권한 없는 사람이 사용자 몰래 정보통신망의 장치나 기능을 이용하는 등의 방법으로 타인의 비밀을 취득·누설하는 행위도 포함된다.</u> 그와 같은 해석이 죄형법정주의에 위배된다고 볼 수는 없다.

[3] 어떠한 행위가 위법성조각사유로서 정당행위나 정당방위가 되는지 여부는 구체적인 경우에 따라 합목적적·합리적으로 가려야 하고, 또 행위의 적법 여부는 국가질서를 벗어나서 이를 가릴 수 없는 것이다. 정당행위로 인정되려면 첫째 행위의 동기나 목적의 정당성, 둘째 행위의 수단이나 방법의 상당성, 셋째 보호법익과 침해법익의 법익균형성, 넷째 긴급성, 다섯째 그 행위 이외의 다른 수단이나 방법이 없다는 보충성의 요건을 모두 갖추어야 한다. 그리고 정당방위가 성립하려면 침해행위에 의하여 침해되는 법익의 종류, 정도, 침해의 방법, 침해행위의 완급과 방위행위에 의하여 침해될 법익의 종류, 정도 등 일체의 구체적 사정들을 참작하여 방위행위가 사회적으로 상당한 것이어야 한다(대법원 2018. 12. 27. 선고 2017도15226 판결).

8. 【판시사항】
1. 사람의 궁박한 상태를 이용하여 현저하게 부당한 이익을 취득한 자는 3년 이하의 징역 또는 1천만 원 이하의 벌금에 처하도록 한 형법 제349조 제1항(이하 '이 사건 법률조항'이라 한다) 중 '궁박', '현저하게 부당한 이익' 등의 용어들이 불명확한 개념으로서 죄형법정주의의 명확성의 원칙에 위배되는지 여부(★★소극)
2. 이 사건 법률조항이 사인 간의 계약체결로 인하여 일방 당사자가 현저히 부당한 이익을 얻은 경우 이를 형사처벌함으로써 사실상 일방 당사자로 하여금 그러한 내용의 계약을 하지 못하도록 함으로써 사인 간의 계약의 자유를 과잉제한하고 있는 것은 아닌지 여부(소극)

【결정요지】
1. '궁박'이나 '현저하게 부당한 이익'이라는 개념도 형법상의 '지려천박(知慮淺薄)', '기망', '임무에 위배' 등과 같이 범죄구성요건을 형성하는 개념 중 구체적 사안에 있어서 일정한 해석을 통하여 적용할 수 있는 일반적, 규범적 개념의 하나로서, '궁박한 상태를 이용하여 현저하게 부당한 이익을 취득'하였는지 여부는 사회통념 또는 건전한 상식에 따라 거래당사자의 신분과 상호 간의 관계, 피해자가 처한 상황의 절박성의 정도, 계약의 체결을 둘러싼 협상과정 및 피해자의 이익, 피해자가 그 거래를 통해 추구하고자 한 목적을 달성하기 위한 다른 적절한 대안의 존재 여부 등 제반 상황을 종합한다면 합리적으로 판단할 수 있다고 할 것이므로 이 사건 법률조항이 지니는 약간의 불명확성은 법관의 통상적인 해석 작용에 의하여 충분히 보완될 수 있고 건전한 상식과 통상적인 법감정을 가진 일반인이라면 금지되는 행위가 무엇인지를 예측할 수 있으므로 이 사건 법률조항은 죄형법정주의에서 요구되는 명확성의 원칙에 위배되지 아니한다.

2. 폭리행위는 단지 현저히 부당한 이익을 취득하였다는 결과의 측면뿐만 아니라 행위의 측면에 있어서 그러한 이익취득이 정당한 노력의 결과가 아니라 상대방의 궁박상태를 이용한 결과라는 점에서 사회적 비난가능성이 높아 단지 폭리행위로 인하여 초래된 불균형한 재산상태를 시정하는 것에 그치지 않고 나아가 이러한 행위를 형사처벌의 대상인 반사회적인 행위로 할 필요가 있으며, 부당이득죄의 법정형은 징역 3년 이하 또는 1천만 원 이하의 벌금에 처하도록 하고 있으므로 법관은 개개 사안의 불법정도에 따라 징역형부터 벌금형까지 적절한 형을 선택하여 선고할 수 있기 때문에 행위의 개별성에 맞추어 구체적 사안에 따른 개인의 책임에 상응하는 형벌을 과할 수 있어 형벌의 정도가 행위자가 초래한 불법정도에 비하여 지나치게 가혹하다고 하기도 어려워 이 사건 법률조항이 사인 간의 계약의 자유를 합리적 근거 없이 필요이상으로 지나치게 제한한다거나 사적자치의 원칙에 위반된다고도 할 수 없다(헌재 2006. 7. 27. 2005헌바19).

9. 【판시사항】

'특정 범죄자에 대한 위치추적 전자장치 부착 등에 관한 법률'이 개정되어 ★★★부착명령 기간을 연장하도록 규정한 것이 소급입법금지의 원칙에 반하는지 여부(소극)

【주 문】

상고를 기각한다.

【이 유】

특정 범죄자에 대한 위치추적 전자장치 부착 등에 관한 법률에 의한 전자감시제도는, 성폭력범죄자의 재범방지와 성행교정을 통한 재사회화를 위하여 그의 행적을 추적하여 위치를 확인할 수 있는 전자장치를 신체에 부착하게 하는 부가적인 조치를 취함으로써 성폭력범죄로부터 국민을 보호함을 목적으로 하는 일종의 보안처분이다. 이러한 전자감시제도의 목적과 성격, 그 운영에 관한 위 법률의 규정 내용 및 취지 등을 종합해 보면, <u>전자감시제도는 범죄행위를 한 자에 대한 응보를 주된 목적으로 그 책임을 추궁하는 사후적 처분인 형벌과 구별되어 그 본질을 달리하는 것으로서 형벌에 관한 소급입법금지의 원칙이 그대로 적용되지 않으므로, 위 법률이 개정되어 부착명령 기간을 연장하도록 규정하고 있더라도 그것이 소급입법금지의 원칙에 반한다고 볼 수 없다</u>(대법원 2010. 12. 23. 선고 2010도11996).

9. 【판시사항】

[1] <u>아동·청소년 대상 성폭력범죄의 경우, 아동·청소년의 성보호에 관한 법률 제38조의2 규정이 시행된 2011. 1. 1. 이후에 범죄를 저지른 자에 대하여만 ★★★고지명령을 선고할 수 있는지 여부(적극)</u>

[2] 피고인이 아동·청소년 대상 성폭력범죄를 범하여 구 성폭력범죄의 처벌 및 피해자보호 등에 관한 법률 위반으로 기소된 사안에서, 17세 청소년들을 상대로 저지른 2008. 11. 4.자 및 2009. 8. 29.자 특수강간 범행에 관하여 피고인이 공개명령의 대상이 되는지는 구 아동·청소년의 성보호에 관한 법률 부칙 제3조 제4항에서 정하는 바에 따라 공개명령의 요건이 충족되었는지를 심리하여 판단하여야 하고, 또한 위 범행은 고지명령을 규정한 아동·청소년의 성보호에 관한 법률 제38조의2 규정이 시행되기 이전의 범죄에 해당하여 같은 법 부칙 제1조, 제4조에 따라 고지명령의 대상이 되지 않는데도, 이와 달리 본 원심판결에 법리오해 등 위법이 있다고 한 사례

【판결요지】

[1] <u>2010. 4. 15. 신설된 아동·청소년의 성보호에 관한 법률(이하 '법률 제10260호 아동성보호법'이라 한다) 제38조의2는 제1항 제1호에서 같은 법 제38조의 공개명령 대상자 중 '아동·청소년 대상 성폭력범죄를 저지른 자'에 대하여 고지명령도 함께 선고하도록 규정하고 있는데, '법률 제10260호 아동성보호법' 부칙(2010. 4. 15.) 제1조는 "이 법은 공포한 날부터 시행한다. 다만 제31조의2, 제38조의2 및 제38조의3의 개정규정은 2011년 1월 1일부터 시행한다."고 규정하고 있고, 위 부칙 제4조는 " 제38조의2 및 제38조의3의 개정규정은 같은 개정규정 시행 후 최초로 아동·청소년 대상 성범죄를 범하여 고지명령을 선고받은 고지대상자부터 적용한</u>

다."고 규정하고 있다. 따라서 아동·청소년 대상 성폭력범죄의 경우, '법률 제10260호 아동성보호법' 제38조의2 규정이 시행된 2011. 1. 1. 이후에 범죄를 저지른 자에 대하여만 고지명령을 선고할 수 있다.

[2] 피고인이 아동·청소년 대상 성폭력범죄를 범하여 구 성폭력범죄의 처벌 및 피해자보호 등에 관한 법률(2010. 4. 15. 법률 제10258호 성폭력범죄의 피해자보호 등에 관한 법률로 개정되기 전의 것) 위반으로 기소된 사안에서, 17세의 청소년들을 상대로 저지른 2008. 11. 4.자 및 2009. 8. 29.자 특수강간 범행은 성폭력범죄의 처벌 등에 관한 특례법(이하 '성폭력특례법'이라 한다) 제32조 제1항에서 정한 등록대상 성폭력범죄에 해당하지만, 범행 당시 시행되던 구 청소년의 성보호에 관한 법률(2009. 6. 9. 법률 제9765호 아동·청소년의 성보호에 관한 법률로 전부 개정되기 전의 것) 제2조 제3호, 제2호 (나)목에 규정된 청소년 대상 성폭력범죄에도 해당하므로, 이에 관하여 피고인이 공개명령의 대상이 되는지는 구 아동·청소년의 성보호에 관한 법률(2010. 7. 23. 법률 제10391호로 개정되기 전의 것) 부칙(2009. 6. 9.) 제3조 제4항(2010. 7. 23. 법률 제10391호로 개정된 것)에서 정하는 바에 따라 공개명령의 요건이 충족되었는지를 심리하여 판단하여야 하고, 또한 위 각 범행은 고지명령을 규정한 아동·청소년의 성보호에 관한 법률(이하 '법률 제10260호 아동성보호법'이라 한다) 제38조의2 규정이 시행되기 이전의 범죄에 해당하여 '법률 제10260호 아동성보호법' 부칙(2010. 4. 15.) 제1조, 제4조에 따라 고지명령의 대상이 되지 않는데도, 이와 달리 피고인이 성폭력특례법 제37조, 제41조의 공개명령 및 고지명령의 대상이 된다고 본 원심판결에 성폭력특례법 제37조, 제41조의 적용범위에 관한 법리를 오해하여 필요한 심리를 다하지 아니한 위법이 있다고 한 사례(대법원 2012. 11. 15. 선고 2012도10410,2012전도189 판결).

<<참고 판례>>
10. 【판시사항】

[1] 아동·청소년을 상대로 한 구 성폭력범죄의 처벌 및 피해자보호 등에 관한 법률 위반죄나 형법의 강간죄 등으로 공소제기되어 유죄판결을 선고할 경우에도, 피고인이 아동·청소년의 성보호에 관한 법률 부칙 제3조 제4항에 의한 '신상정보 공개명령'의 대상이 되는지 여부(적극)

[2] 피고인이 13세 미만 미성년자에 대한 강간죄 및 강제추행죄를 범하여 구 청소년의 성보호에 관한 법률 위반죄가 아닌 구 성폭력범죄의 처벌 및 피해자보호 등에 관한 법률 위반죄로 공소제기된 사안에서, 위 각 범행은 구 청소년의 성보호에 관한 법률 제10조에 규정된 범죄에 해당하므로 아동·청소년의 성보호에 관한 법률 부칙 제3조 제4항에 따라 피고인은 신상정보 공개명령의 대상이 된다고 한 사례

【판결요지】

[1] 아동·청소년의 성보호에 관한 법률(이하 '법'이라고 한다) 부칙(2009. 6. 9.) 제3조 제4항(2010. 7. 23. 법률 제10391호로 개정된 것)의 문언, 그리고 위 부칙 조항이 구 청소년의 성보호에 관한 법률(2009. 6. 9. 법률 제9765호 아동·청소년의 성보호에 관한 법률로 전부 개정

되기 전의 것)에 따라 신상정보의 열람대상이었던 성범죄자에 대하여 신상정보 공개명령 제도를 소급적용하도록 한 것은, 위 열람 제도만으로는 아동·청소년 대상 성범죄자에 대한 정보를 알기 어려우므로 위 열람대상자에 대한 신상정보를 공개함으로써 아동·청소년 대상 성범죄를 미연에 예방하고자 하는 데 그 입법 취지가 있는 점 등에 비추어, 위 부칙 제3조 제4항은 법 시행 당시 '법률 제7801호 청소년의 성보호에 관한 법률 일부 개정법률 또는 법률 제8634호 청소년의 성보호에 관한 법률 전부 개정법률에 규정된 범죄(위반행위)를 범하여 열람결정 또는 열람명령의 대상이 되는 자 중에서 그때까지 아직 확정판결을 받지 아니한 자' 일반에 대하여 법 제38조에 따라 공개명령을 할 수 있게 규정하였다고 해석하는 것이 타당하다. 따라서 구 청소년의 성보호에 관한 법률 자체의 위반죄가 아닌 같은 법률이 규율하는 아동·청소년을 상대로 한 구 성폭력범죄의 처벌 및 피해자보호 등에 관한 법률(2010. 4. 15. 법률 제10258호 성폭력범죄의 피해자보호 등에 관한 법률로 개정되기 전의 것) 위반죄나 형법상 강간죄 등으로 공소제기되어 유죄판결을 선고할 경우에도 위 부칙 제3조 제4항이 적용된다.

[2] 피고인이 13세 미만 미성년자에 대한 강간죄 및 강제추행죄를 범하여 구 청소년의 성보호에 관한 법률(2007. 8. 3. 법률 제8634호로 전부 개정되기 전의 것) 위반죄가 아닌 구 성폭력범죄의 처벌 및 피해자보호 등에 관한 법률(2006. 10. 27. 법률 제8059호로 개정되기 전의 것) 위반죄와 구 성폭력범죄의 처벌 및 피해자보호 등에 관한 법률(2008. 6. 13. 법률 제9110호로 개정되기 전의 것) 위반죄로 공소제기된 사안에서, 위 각 범행은 위 구 청소년의 성보호에 관한 법률 제10조에 규정된 범죄에 해당하므로 아동·청소년의 성보호에 관한 법률 부칙(2009. 6. 9.) 제3조 제4항(2010. 7. 23. 법률 제10391호로 개정된 것)에 따라 신상정보 공개명령의 대상이 된다고 한 사례(대법원 2011. 3. 24. 선고 2010도16448,2010전도153 판결)

11. 【판시사항】

2009. 6. 9. 법률 제9765호로 전부 개정된 구 아동·청소년의 성보호에 관한 법률 부칙 제3조 제4항에 따른 '공개명령' 대상자의 범위 및 같은 법리가 2012. 12. 18. 법률 제11572호로 전부 개정된 아동·청소년의 성보호에 관한 법률 부칙 제5조 제1항을 해석하는 데에도 적용되는지 여부(적극)

【이 유】

★직권 판단

가. 2009. 6. 9. 법률 제9765호로 전부 개정된 구 아동·청소년의 성보호에 관한 법률에 의하여 도입된 신상정보의 공개명령 제도는 그 부칙 제1조, 제3조 제1항에 의하여 그 시행일인 2010. 1. 1. 이후 최초로 아동·청소년 대상 성범죄를 범하고 유죄판결이 확정된 자부터 적용하게 되어 있었다. 그런데 2010. 7. 23. 법률 제10391호로 위 법률 부칙 제3조가 개정되면서 위 제3조 제1항에 대한 예외로서 같은 조 제2항에서 "제1항에도 불구하고 여성가족부장관은 법률 제7801호 청소년의 성보호에 관한 법률 일부 개정법률 제22조부터 제24조까지의 규정에 따라 국가청소년위원회가 열람대상자로 결정한 자(예비등록대상자로 통보한 자를 포함한다) 및 법

> 률 제8634호 청소년의 성보호에 관한 법률 전부 개정법률 제37조에 따라 열람명령을 받은 자에 대하여도 검사가 유죄의 확정판결을 한 법원(대법원인 경우에는 제2심판결을 한 법원을 말한다)에 청구하여 그 법원의 공개명령을 받아 제39조에 따라 공개명령을 집행한다"고 규정하고, 제4항에서 "제1항에도 불구하고 이 법 시행 당시 법률 제7801호 청소년의 성보호에 관한 법률 일부 개정법률 또는 법률 제8634호 청소년의 성보호에 관한 법률 전부 개정법률을 위반하고 확정판결을 받지 아니한 자에 대한 공개명령에 관하여는 제38조에 따른다"고 규정하였다.
>
> 위 부칙 제3조 제4항의 문언, 그리고 위 부칙 조항이 구 청소년의 성보호에 관한 법률에 따라 신상정보의 열람대상이었던 성범죄자에 대하여 신상정보 ★★★공개명령 제도를 소급적용하도록 한 것은, 위 열람 제도만으로는 아동·청소년 대상 성범죄자에 대한 정보를 알기 어려우므로 위 열람대상자에 대한 신상정보를 공개함으로써 아동·청소년 대상 성범죄를 미연에 예방하고자 함에 그 입법 취지가 있는 점 등에 비추어보면, 위 부칙 제3조 제4항은 위 법 시행 당시 법률 제7801호 청소년의 성보호에 관한 법률 일부 개정법률(이하 '법률 제7801호 청소년성보호법'이라 한다) 또는 법률 제8634호 청소년의 성보호에 관한 법률 전부 개정법률에 규정된 범죄(위반행위)를 범하여 열람결정 또는 열람명령의 대상이 되는 자 중에서 그때까지 아직 확정판결을 받지 아니한 자 일반에 대하여 위 법 제38조에 따라 공개명령을 할 수 있게 규정한 것으로 해석함이 상당하다[대법원 2011. 3. 24. 선고 2010도16448, 2010전도153(병합) 판결 등 참조].(대법원 2014. 1. 23. 선고 2013도14687 판결)

제2장 형법의 적용범위

제1절 시간적 적용범위

Ⅰ. 개설

Ⅱ. 행위시법 주의
1. 의의
2. 판단기준

Ⅲ. 재판시법주의
1. 의의
2. 법률의 적용(제1조 제2항)
3. 제1조 3항의 적용

Ⅳ. 한시법
1. 의의

2. 동기설 폐지의 의미

<<관련판례>>
【판시사항】

[1] 범죄의 성립과 처벌에 관하여 규정한 형벌법규 자체 또는 그로부터 수권 내지 위임을 받은 법령의 변경에 따라 범죄를 구성하지 아니하게 되거나 형이 가벼워진 경우, 종전 법령이 범죄로 정하여 처벌한 것이 부당하였다거나 과형이 과중하였다는 ★★★★반성적 고려에 따라 변경된 것인지를 따지지 않고 원칙적으로 형법 제1조 제2항과 형사소송법 제326조 제4호가 적용되는지 여부(적극) / 이러한 법리는, 형벌법규가 고시 등 행정규칙·행정명령, 조례 등에 구성요건의 일부를 수권 내지 위임한 경우에도 그 고시 등 규정이 위임입법의 한계를 벗어나지 않는 한 마찬가지인지 여부(적극) / 해당 형벌법규 자체 또는 그로부터 수권 내지 위임을 받은 법령이 아닌 다른 법령이 변경된 경우, 형법 제1조 제2항과 형사소송법 제326조 제4호를 적용하기 위한 요건 / 스스로 유효기간을 구체적인 일자나 기간으로 특정하여 효력의 상실을 예정하고 있던 법령이 그 유효기간을 경과함으로써 더 이상 효력을 갖지 않게 된 경우가 형법 제1조 제2항과 형사소송법 제326조 제4호에서 말하는 '법령의 변경'에 해당하는지 여부(소극)

[2] 피고인이 도로교통법 위반(음주운전)죄로 처벌받은 전력이 있음에도 술에 취한 상태로 전동킥보드를 운전하였다고 하여 구 도로교통법 위반(음주운전)으로 기소되었는데, 구 도로교통법이 개정되어 원심판결 선고 후에 개정 도로교통법이 시행되면서 제2조 제19호의2 및 제21호의2에서 전동킥보드와 같은 '개인형 이동장치'와 이를 포함하는 '자전거 등'에 관한 정의규정을 신설함에 따라 개인형 이동장치 음주운전 행위는 자동차 등 음주운전 행위를 처벌하는 제148조의2의 적용 대상에서 제외되는 한편 자전거 등 음주운전 행위를 처벌하는 제156조 제11호가 적용되어 법정형이 종전보다 가볍도록 법률이 변경되고 별도의 경과규정은 두지 않은 사안에서, 이러한 법률 개정은 구성요건을 규정한 형벌법규 자체의 개정에 따라 형이 가벼워진 경우에 해당함이 명백하므로, 종전 법령이 반성적 고려에 따라 변경된 것인지를 따지지 않고 형법 제1조 제2항에 따라 신법인 도로교통법 제156조 제11호, 제44조 제1항으로 처벌할 수 있을 뿐이라는 이유로, 행위시법인 구 도로교통법 제148조의2 제1항, 도로교통법 제44조 제1항을 적용하여 공소사실을 유죄로 인정한 원심판결은 더 이상 유지될 수 없다고 한 사례

2. 【판결요지】

[1] [다수의견] 범죄 후 법률이 변경되어 그 행위가 범죄를 구성하지 아니하게 되거나 형이 구법보다 가벼워진 경우에는 신법에 따라야 하고(형법 제1조 제2항), 범죄 후의 법령 개폐로 형이 폐지되었을 때는 판결로써 면소의 선고를 하여야 한다(형사소송법 제326조 제4호). 이러한 형법 제1조 제2항과 형사소송법 제326조 제4호의 규정은 입법자가 법령의 변경 이후에도 종전 법령 위반행위에 대한 형사처벌을 유지한다는 내용의 경과규정을 따로 두지 않는 한 그대로 적용되어야 한다.

따라서 <<범죄의 성립과 처벌에 관하여 규정한 형벌법규 자체 또는 그로부터 수권 내지 위임을 받은 법령의 변경에 따라>> 범죄를 구성하지 아니하게 되거나 형이 가벼워진 경우에는, 종전 법령이 범죄로 정하여 처벌한 것이 부당하였다거나 과형이 과중하였다는 반성적 고려에 따라 변경된 것인지 여부를 따지지 않고 원칙적으로 형법 제1조 제2항과 형사소송법 제326조 제

4호가 적용된다. 형벌법규가 대통령령, 총리령, 부령과 같은 법규명령이 아닌 고시 등 행정규칙·행정명령, 조례 등(이하 '고시 등 규정'이라고 한다)에 구성요건의 일부를 수권 내지 위임한 경우에도 이러한 고시 등 규정이 위임입법의 한계를 벗어나지 않는 한 형벌법규와 결합하여 법령을 보충하는 기능을 하는 것이므로, 그 변경에 따라 범죄를 구성하지 아니하게 되거나 형이 가벼워졌다면 마찬가지로 형법 제1조 제2항과 형사소송법 제326조 제4호가 적용된다.
그러나 해당 형벌법규 자체 또는 그로부터 수권 내지 위임을 받은 법령이 아닌 <<다른 법령이 변경된 경우 형법 제1조 제2항과 형사소송법 제326조 제4호를 적용하려면>>, 해당 형벌법규에 따른 범죄의 성립 및 처벌과 직접적으로 관련된 형사법적 관점의 변화를 주된 근거로 하는 법령의 변경에 해당하여야 하므로, 이와 관련이 없는 법령의 변경으로 인하여 해당 형벌법규의 가벌성에 영향을 미치게 되는 경우에는 형법 제1조 제2항과 형사소송법 제326조 제4호가 적용되지 않는다.
한편 법령이 개정 내지 폐지된 경우가 아니라, 스스로 유효기간을 구체적인 일자나 기간으로 특정하여 효력의 상실을 예정하고 있던 법령이 그 유효기간을 경과함으로써 더 이상 효력을 갖지 않게 된 경우도 형법 제1조 제2항과 형사소송법 제326조 제4호에서 말하는 법령의 변경에 해당한다고 볼 수 없다(대법원 2022. 12. 22. 선고 2020도16420 전원합의체 판결).

3. 참고판례: 2022도6434 횡령등 (카) 상고기각

(1) 해당 형벌법규 자체 또는 그로부터 수권 내지 위임을 받은 법령이 아닌 다른 법령의 변경으로 인한 형법 제1조 제2항과 형사소송법 제326조 제4호의 적용 여부

(2) 변호사법 제109조 제1호 위반행위 이후 2020. 2. 4. 법률 제16911호 개정으로 개인의 파산사건 및 개인회생사건 신청의 대리를 법무사의 업무로 규정한 법무사법 제2조 제6호가 추가된 경우 형법 제1조 제2항과 형사소송법 제326조 제4호의 적용 여부(소극)

(3) ★★★★법무사인 피고인이 개인회생·파산사건 관련 법률사무를 위임받아 취급하여 변호사법 위반으로 기소된 후 개인회생·파산사건 신청대리업무를 법무사의 업무로 추가하는 법무사법 개정이 이루어진 사안

(4) 이 사건 ★★★★법률 개정으로 제6호의 내용이 추가된 법무사법 제2조는 이 부분 공소사실의 해당 형벌법규인 변호사법 제109조 제1호 또는 그로부터 수권 내지 위임을 받은 법령이 아닌 별개의 다른 법령에 불과하고, 법무사의 업무범위에 관한 규정으로서 기본적으로 형사법과 무관한 행정적 규율에 관한 내용이므로, 이는 타법에서의 비형사적 규율의 변경이 문제된 형벌법규의 가벌성에 간접적인 영향을 미치는 경우에 해당할 뿐이어서, 원칙적으로 형법 제1조 제2항과 형사소송법 제326조 제4호의 적용 대상인 형사법적 관점의 변화에 근거한 법령의 변경에 해당한다고 볼 수 없다는 이유로, 원심이 반성적 고려를 기준으로 판단한 것은 잘못이나 결론적으로 형법 제1조 제2항과 형사소송법 제326조 제4호를 적용하지 아니하고 유죄로 인정한 것은 타당하다고 보아 상고를 기각

Ⅵ. 헌법재판소의 위헌결정에 따른 소급효

<<관련판례>>
【판시사항】

'위계간음죄'를 규정한 구 형법 제304조의 삭제가 범죄 후의 법령개폐로 범죄를 구성하지 않게 되어 형이 폐지되었을 때에 해당하는지 여부(적극)

【이 유】

상고이유를 판단한다.

1. 준강간죄에서의 심신상실 또는 항거불능 상태에 관한 법리오해 주장에 대하여

원심은 판시와 같은 이유를 들어 이 사건 당시 피해자가 심신상실 또는 항거불능의 상태에 있지는 아니하였다고 판단하였다.

원심판결의 이유를 관련 법리와 적법하게 채택된 증거들에 비추어 살펴보면, 위와 같은 원심의 판단에 상고이유의 주장과 같이 준강간죄에서의 심신상실 또는 항거불능 상태에 관한 법리를 오해하여 판결에 영향을 미친 위법이 없다.

2. 형법 제304조의 위계간음죄에 대한 직권심판의무 위반 주장에 대하여

구 형법 제304조(2012. 12. 18. 법률 제11574호로 개정되기 전의 것, 이하 같다)는 '혼인을 빙자하거나 기타 위계로써 음행의 상습 없는 부녀를 기망하여 간음한 자는 2년 이하의 징역 또는 500만 원 이하의 벌금에 처한다'라고 규정하고 있었으나, 2012. 12. 18. 법률 제11574호로 형법이 개정되면서 삭제되었다.

위 개정에 앞서 구 형법 제304조 중 혼인빙자간음죄 부분은 헌법재판소 2009. 11. 26. 선고 2008헌바58 등 결정에 의하여 위헌으로 판단되었고, 또한 위 개정 형법 부칙 등에서 그 시행 전의 행위에 대한 벌칙의 적용에 관하여 아무런 경과규정을 두지 아니하였다. 이러한 사정 등에 비추어 보면, 구 형법 제304조의 삭제는 법률이념의 변천에 따라 과거에 범죄로 본 음행의 상습없는 부녀에 대한 위계간음 행위에 관하여 현재의 평가가 달라짐에 따라 이를 처벌대상으로 삼는 것이 부당하다는 반성적 고려에서 비롯된 것으로 봄이 타당하므로, 이는 범죄 후의 법령개폐로 범죄를 구성하지 않게 되어 형이 폐지되었을 때에 해당한다.

그렇다면 <u>구 형법 제304조에 해당하는 위계간음 행위는 형사소송법 제326조 제4호에 의하여 ★면소판결의 대상이 될 뿐이므로</u>, 이 사건 공소사실에 대하여 직권으로 구 형법 제304조의 위계간음죄를 인정하여 처벌하여야 한다는 상고이유의 주장은 더 나아가 판단할 필요 없이 받아들일 수 없다(대법원 2014. 4. 24. 선고 2012도14253 판결).

제2절 장소적 적용범위

Ⅰ. 속지주의
Ⅱ. 속인주의 및 보호주의

<<관련판례>>
【판시사항】

[1] 형법 제6조 본문에서 정한 '대한민국 또는 대한민국 국민에 대하여 죄를 범한 때'의 의미
[2] 캐나다 시민권자인 피고인이 캐나다에서 위조사문서를 행사하였다는 내용으로 기소된 사안에서, 외국인 국외범으로서 우리나라에 재판권이 있다고 보아 유죄를 인정한 원심판결에 재판권 인정에 관한 법리오해의 위법이 있다고 한 사례
[3] 형법 제6조 단서에서 정한 '외국법규의 존재'에 대한 증명의 정도(=엄격한 증명)와 증명책임의 소재(=검사)
[4] 캐나다 시민권자인 피고인이 피해자들을 기망하여 투자금 명목의 돈을 편취하였다는 내용으로 기소된 사안에서, 공소사실 중 '피고인이 대한민국 국민을 기망하여 캐나다에서 투자금을 수령한 부분'이 행위지인 캐나다 법률에 의하여 범죄를 구성하는지 등에 관하여 아무런 증명이 없는 상황에서 공소사실 전부를 유죄로 인정한 원심판결에 법리오해 및 심리미진의 위법이 있다고 한 사례

2. 【판결요지】

[1] 형법 제5조, 제6조의 각 규정에 의하면, 외국인이 외국에서 죄를 범한 경우에는 형법 제5조 제1호 내지 제7호에 열거된 죄를 범한 때와 형법 제5조 제1호 내지 제7호에 열거된 죄 이외에 대한민국 또는 대한민국 국민에 대하여 죄를 범한 때에만 대한민국 형법이 적용되어 우리나라에 재판권이 있게 되고, 여기서 '대한민국 또는 대한민국 국민에 대하여 죄를 범한 때'란 대한민국 또는 대한민국 국민의 법익이 직접적으로 침해되는 결과를 야기하는 죄를 범한 경우를 의미한다.
[2] 캐나다 시민권자인 피고인이 캐나다에서 위조사문서를 행사하였다는 내용으로 기소된 사안에서, 형법 제234조의 위조사문서행사죄는 형법 제5조 제1호 내지 제7호에 열거된 죄에 해당하지 않고, 위조사문서행사를 형법 제6조의 대한민국 또는 대한민국 국민의 법익을 직접적으로 침해하는 행위라고 볼 수도 없으므로 피고인의 행위에 대하여는 우리나라에 재판권이 없는데도, 위 행위가 외국인의 국외범으로서 우리나라에 재판권이 있다고 보아 유죄를 인정한 원심판결에 재판권 인정에 관한 법리오해의 위법이 있다고 한 사례.
[3] 형법 제6조 본문에 의하여 외국인이 대한민국 영역 외에서 대한민국 국민에 대하여 범죄를 저지른 경우 우리 형법이 적용되지만, 같은 조 단서에 의하여 행위지 법률에 의하여 범죄를 구성하지 아니하거나 소추 또는 형의 집행을 면제할 경우에는 우리 형법을 적용하여 처벌할 수 없고, 이 경우 행위지 법률에 의하여 범죄를 구성하는지는 엄격한 증명에 의하여 검사가 이를 증명하여야 한다.
[4] 캐나다 시민권자인 피고인이 투자금을 교부받더라도 선물시장에 투자하여 운용할 의사나 능

> 력이 없음에도, 피해자들을 기망하여 투자금 명목의 돈을 편취하였다는 내용으로 기소된 사안에서, 공소사실 중 '피고인이 캐나다에 거주하는 대한민국 국민을 기망하여 캐나다에서 직접 또는 현지 은행계좌로 투자금을 수령한 부분'은 <u>외국인이 대한민국 영역 외에서 대한민국 국민에 대하여 범죄를 저지른 경우에 해당</u>하므로, 이 부분이 행위지인 캐나다 법률에 의하여 범죄를 구성하는지 및 소추 또는 형의 집행이 면제되는지를 심리하여 해당 부분이 행위지 법률에 의하여 범죄를 구성하고 그에 대한 소추나 형의 집행이 면제되지 않는 경우에 한하여 우리 형법을 적용하였어야 하는데도, 이에 관하여 아무런 증명이 없는 상황에서 공소사실 전부를 유죄로 인정한 원심판결에 재판권 인정에 관한 법리오해 및 심리미진의 위법이 있다고 한 사례(대법원 2011. 8. 25. 선고 2011도6507 판결)

III. 외국에서 받은 형의 집행

<<관련판례>>
1. 【판시사항】

[1] '외국에서 집행된 형의 산입' 규정인 형법 제7조의 취지 / 형법 제7조에서 정한 '외국에서 형의 전부 또는 일부가 집행된 사람'의 의미 및 형사사건으로 외국 법원에 기소되었다가 무죄판결을 받기까지 상당 기간 미결구금된 사람이 이에 해당하는지 여부(소극)와 그 미결구금 기간이 형법 제7조에 의한 산입의 대상이 되는지 여부(소극) / 외국에서 미결구금되었다가 무죄판결을 받은 사람의 미결구금일수를 형법 제7조의 유추적용에 의하여 그가 국내에서 같은 행위로 인하여 선고받는 형에 산입할 수 있는지 여부(소극)

[2] 피고인이 외국에서 살인죄를 범하였다가 무죄 취지의 재판을 받고 석방된 후 국내에서 다시 기소되어 제1심에서 징역 10년을 선고받게 되자 자신이 외국에서 미결 상태로 구금된 5년여의 기간에 대하여도 '외국에서 집행된 형의 산입' 규정인 형법 제7조가 적용되어야 한다고 주장하며 항소한 사안에서, 피고인의 주장을 배척한 원심판단에 형법 제7조의 적용 대상 등에 관한 법리오해의 위법이 없다고 한 사례

【판결요지】

[1] [다수의견] (가) 형법 제7조는 "죄를 지어 외국에서 형의 전부 또는 일부가 집행된 사람에 대해서는 그 집행된 형의 전부 또는 일부를 선고하는 형에 산입한다."라고 규정하고 있다. 이 규정의 취지는, 형사판결은 국가주권의 일부분인 형벌권 행사에 기초한 것이어서 피고인이 외국에서 형사처벌을 과하는 확정판결을 받았더라도 그 외국 판결은 우리나라 법원을 기속할 수 없고 우리나라에서는 기판력도 없어 일사부재리의 원칙이 적용되지 않으므로, 피고인이 동일한 행위에 관하여 우리나라 형벌법규에 따라 다시 처벌받는 경우에 생길 수 있는 실질적인 불이익을 완화하려는 것이다. 그런데 여기서 '외국에서 형의 전부 또는 일부가 집행된 사람'이란 문언과 취지에 비추어 '외국 법원의 유죄판결에 의하여 자유형이나 벌금형 등 형의 전부 또는 일부가 실제로 집행된 사람'을 말한다고 해석하여야 한다.

따라서 ★★형사사건으로 외국 법원에 기소되었다가 무죄판결을 받은 사람은, 설령 그가 무죄판결을 받기까지 상당 기간 미결구금되었더라도 이를 유죄판결에 의하여 형이 실제로 집행된 것으로 볼 수는 없으므로, '외국에서 형의 전부 또는 일부가 집행된 사람'에 해당한다고 볼 수 없고, 그 미결구금 기간은 형법 제7조에 의한 산입의 대상이 될 수 없다.

(나) 미결구금은 공소의 목적을 달성하기 위하여 어쩔 수 없이 피고인 또는 피의자를 구금하는 강제처분이어서 형의 집행은 아니지만 신체의 자유를 박탈하는 점이 자유형과 유사하기 때문에, 형법 제57조 제1항은 인권 보호의 관점에서 미결구금일수의 전부를 본형에 산입한다고 규정하고 있다.

그러나 외국에서 무죄판결을 받고 석방되기까지의 미결구금은, 국내에서의 형벌권 행사가 외국에서의 형사절차와는 별개의 것인 만큼 우리나라 형벌법규에 따른 공소의 목적을 달성하기 위하여 필수불가결하게 이루어진 강제처분으로 볼 수 없고, 유죄판결을 전제로 한 것이 아니어서 해당 국가의 형사보상제도에 따라 구금 기간에 상응하는 금전적 보상을 받음으로써 구제받을 성질의 것에 불과하다. 또한 형사절차에서 미결구금이 이루어지는 목적, 미결구금의 집행방법 및 피구금자에 대한 처우, 미결구금에 대한 법률적 취급 등이 국가별로 다양하여 외국에서의 미결구금으로 인해 피고인이 받는 신체적 자유 박탈에 따른 불이익의 양상과 정도를 국내에서의 미결구금이나 형의 집행과 효과 면에서 서로 같거나 유사하다고 단정할 수도 없다. 따라서 위와 같이 외국에서 이루어진 미결구금을 형법 제57조 제1항에서 규정한 '본형에 당연히 산입되는 미결구금'과 같다고 볼 수 없다.

결국 미결구금이 자유 박탈이라는 효과 면에서 형의 집행과 일부 유사하다는 점만을 근거로, 외국에서 형이 집행된 것이 아니라 단지 미결구금되었다가 무죄판결을 받은 사람의 미결구금 일수를 형법 제7조의 유추적용에 의하여 그가 국내에서 같은 행위로 인하여 선고받는 형에 산입하여야 한다는 것은 허용되기 어렵다.

(다) 한편 양형의 조건에 관하여 규정한 형법 제51조의 사항은 널리 형의 양정에 관한 법원의 재량사항에 속하고, 이는 열거적인 것이 아니라 예시적인 것이다. 피고인이 외국에서 기소되어 미결구금되었다가 무죄판결을 받은 이후 다시 그 행위로 국내에서 처벌받는 경우, 공판 과정에서 외국에서의 미결구금 사실이 밝혀진다면, 양형에 관한 여러 사정들과 함께 그 미결구금의 원인이 된 사실과 공소사실의 동일성의 정도, 미결구금 기간, 해당 국가에서 이루어진 미결구금의 특수성 등을 고려하여 필요한 경우 형법 제53조의 작량감경 등을 적용하고, 나아가 이를 양형의 조건에 관한 사항으로 참작하여 최종의 선고형을 정함으로써 적정한 양형을 통해 피고인의 미결구금에 따른 불이익을 충분히 해소할 수 있다. 형법 제7조를 유추적용하여 외국에서의 미결구금을 확정된 형의 집행 단계에서 전부 또는 일부 산입한다면 이는 위 미결구금을 고려하지 아니하고 형을 정함을 전제로 하므로, 오히려 위와 같이 미결구금을 양형 단계에서 반영하여 그에 상응한 적절한 형으로 선고하는 것에 비하여 피고인에게 더 유리하다고 단정할 수 없다(대법원 2017. 8. 24. 선고 2017도5977 전원합의체 판결).

제3절 인적작용범위

제2편 범죄론

제1장 범죄론 기초

제1절 범죄의 의의 및 종류

제1항 범죄의 개념

제2항 범죄의 성립요건 및 처벌조건과 소추조건

Ⅰ. 범죄의 성립요건

Ⅱ. 범죄의 처벌조건

Ⅲ. 범죄의 소추조건

제3항 범죄의 종류

Ⅰ. 결과범 및 거동범

Ⅱ. 즉시범 및 상태범과 계속범

> <<관련판례>>
> 1. 【판시사항】
> [1] 직무유기죄에 있어서 '직무를 유기한 때'의 의미
> [2] 직무유기죄가 즉시범인지 여부(소극)
>
> 【판결요지】
> [1] 형법 제122조 후단 소정의 공무원이 정당한 이유 없이 직무를 유기한 때라 함은 직무에 관한 의식적인 방임 내지 포기 등 정당한 사유 없이 직무를 수행하지 아니한 경우를 의미하는 것이므로 공무원이 태만, 분망, 착각 등으로 인하여 직무를 성실히 수행하지 아니한 경우나 형식적으로 또는 소홀히 직무를 수행하였기 때문에 성실한 직무수행을 못한 것에 불과한 경우에는 직무유기죄는 성립하지 아니한다.
> [2] 직무유기죄는 그 직무를 수행하여야 하는 작위의무의 존재와 그에 대한 위반을 전제로 하고

있는바, 그 작위의무를 수행하지 아니함으로써 구성요건에 해당하는 사실이 있었고 그 후에도 계속하여 그 작위의무를 수행하지 아니하는 위법한 부작위상태가 계속되는 한 가별적 위법상태는 계속 존재하고 있다고 할 것이며 형법 제122조 후단은 이를 전체적으로 보아 1죄로 처벌하는 취지로 해석되므로 이를 즉시범이라고 할 수 없다(대법원 1997. 8. 29. 선고 97도675 판결).

2. 내란죄는 국토를 참절하거나 국헌을 문란할 목적으로 폭동한 행위로서, 다수인이 결합하여 위와 같은 목적으로 한 지방의 평온을 해할 정도의 폭행·협박행위를 하면 기수가 되고, 그 목적의 달성 여부는 이와 무관한 것으로 해석되므로, 다수인이 한 지방의 평온을 해할 정도의 폭동을 하였을 때 이미 내란의 구성요건은 완전히 충족된다고 할 것이어서 상태범으로 봄이 상당하다(대법원 1997. 4. 17. 선고 96도3376 전원합의체 판결)

3. ★★구 농지법(2005. 1. 14. 법률 제7335호로 개정되기 전의 것) 제2조 제9호에서 말하는 '농지의 전용'이 이루어지는 태양은, 첫째로 농지에 대하여 절토, 성토 또는 정지를 하거나 농지로서의 사용에 장해가 되는 유형물을 설치하는 등으로 농지의 형질을 외형상으로뿐만 아니라 사실상 변경시켜 원상회복이 어려운 상태로 만드는 경우가 있고, 둘째로 농지에 대하여 외부적 형상의 변경을 수반하지 않거나 외부적 형상의 변경을 수반하더라도 사회통념상 원상회복이 어려운 정도에 이르지 않은 상태에서 그 농지를 다른 목적에 사용하는 경우 등이 있을 수 있다. 전자의 경우와 같이 농지전용행위 자체에 의하여 당해 토지가 농지로서의 기능을 상실하여 그 이후 그 토지를 농업생산 등 외의 목적으로 사용하는 행위가 더 이상 '농지의 전용'에 해당하지 않는다고 할 때에는, 허가 없이 그와 같이 농지를 전용한 죄는 그와 같은 행위가 종료됨으로써 즉시 성립하고 그와 동시에 완성되는 즉시범이라고 보아야 한다. 그러나 후자의 경우와 같이 당해 토지를 농업생산 등 외의 다른 목적으로 사용하는 행위를 여전히 농지전용으로 볼 수 있는 때에는 허가 없이 그와 같이 농지를 전용하는 죄는 계속범으로서 그 토지를 다른 용도로 사용하는 한 가별적인 위법행위가 계속 반복되고 있는 계속범이라고 보아야 한다(대법원 2009. 4. 16. 선고 2007도6703 전원합의체 판결).

Ⅲ. 침해범 및 위험범

Ⅳ. 신분범 및 자수범

Ⅴ. 목적범 및 경합범과 표현범

제2절 행위론

제3절 범죄체계론

제2장 구성요건이론

제1절 구성요건에 대한 이론

제1항 개설

Ⅰ. 구성요건개념

Ⅱ. 소극적 구성요건표지이론

제2항 구성요건요소

Ⅰ. 객관적 구성요건요소 및 주관적 구성요건요소

Ⅱ. 기술적 구성요건요소 및 규범적 구성요건요소

제2절 행위반가치 및 결과반가치

제3절 범죄 주체 및 객체

제1항 범죄 주체

Ⅰ. 의의

Ⅱ. 법인의 범죄능력 및 처벌

> <<관련판례>>
> 【판시사항】
> 타인의 사무를 처리할 의무의 주체가 법인인 경우 그 법인의 대표기관이 배임죄의 주체가 될 수 있는지 여부(적극)
>
> 【판결요지】
> 다수의견 : 형법 제355조 제2항의 배임죄에 있어서 타인의 사무를 처리할 의무의 주체가 법인이

되는 경우라도 법인은 다만 사법상의 의무주체가 될 뿐 범죄능력이 없는 것이며 그 타인의 사무는 법인을 대표하는 자연인인 대표기관의 의사결정에 따른 대표행위에 의하여 실현될 수 밖에 없어 그 대표기관은 마땅히 법인이 타인에 대하여 부담하고 있는 의무내용 대로 사무를 처리할 임무가 있다 할 것이므로 법인이 처리할 의무를 지는 타인의 사무에 관하여는 법인이 배임죄의 주체가 될 수 없고 그 법인을 대표하여 사무를 처리하는 자연인인 <u>대표기관이 바로 타인의 사무를 처리하는 자 즉 배임죄의 주체</u>가 된다(대법원 1984. 10. 10. 선고 82도2595 전원합의체 판결).

Ⅲ. 법인의 처벌근거 및 양벌규정

<<관련판례>>
1. 【판시사항】
'사행행위 등 규제 및 처벌특례법'(2006. 3. 24. 법률 제7901호로 개정된 것) 제31조 중 "법인의 대리인·사용인 기타 종업원이 그 법인의 업무에 관하여 제30조 제2항 제1호의 위반행위(무허가 사행행위영업)를 한 때에는 그 법인에 대하여도 동조의 벌금형을 과한다"는 부분(이하 '이 사건 법률조항'이라 한다)이 책임주의에 반하여 헌법에 위반되는지 여부(적극)

【결정 요지】
이 사건 법률조항은 법인이 고용한 종업원 등이 업무에 관하여 같은 법 제30조 제2항 제1호를 위반한 범죄행위를 저지른 사실이 인정되면, 법인이 그와 같은 종업원 등의 범죄에 대해 어떠한 잘못이 있는지를 전혀 묻지 않고 곧바로 그 종업원 등을 고용한 법인에게도 종업원 등에 대한 처벌조항에 규정된 벌금형을 과하도록 규정하고 있는바, 오늘날 법인의 반사회적 법익침해활동에 대하여 법인 자체에 직접적인 제재를 가할 필요성이 강하다 하더라도, 입법자가 일단 "형벌"을 선택한 이상, 형벌에 관한 헌법상 원칙, 즉 법치주의와 죄형법정주의로부터 도출되는 책임주의원칙이 준수되어야 한다. 그런데 이 사건 <u>법률조항에 의할 경우 법인이 종업원 등의 위반행위와 관련하여 선임·감독상의 주의의무를 다하여 아무런 잘못이 없는 경우까지도 법인에게 형벌을 부과될 수밖에 없게 되어 법치국가의 원리 및 죄형법정주의로부터 도출되는 책임주의원칙에 반하므로 헌법에 위반된</u>다(2008헌가14).

2. 【판시사항】
1. ★구 농산물품질관리법(2002. 12. 26. 법률 제6816호로 개정되고, 2009. 6. 9. 법률 제9759호로 개정되기 전의 것) 제37조 중 "법인의 대리인·사용인 기타의 종업원이 그 법인의 업무에 관하여 제34조의2의 위반행위를 한 때에는 그 법인에 대하여도 해당 조의 벌금형을 과한다."는 부분(이하 '종업원관련 부분'이라 한다)이 책임주의에 반하여 헌법에 위반되는지 여부(적극)
2. 구 농산물품질관리법(2002. 12. 26. 법률 제6816호로 개정되고, 2009. 6. 9. 법률 제9759호로 개정되기 전의 것) 제37조 중 "법인의 대표자가 그 법인의 업무에 관하여 제34조의2의 위반행위를 한 때에는 그 법인에 대하여도 해당 조의 벌금형을 과한다."는 부분(이하 '대표자 관련부분'이라 한다)이 책임주의에 반하여 헌법에 위반되는지 여부(소극)

【결정요지】

1. '종업원' 관련 부분은 법인이 고용한 종업원 등의 범죄행위에 관하여 비난할 근거가 되는 법인의 의사결정 및 행위구조, 즉 종업원 등이 저지른 행위의 결과에 대한 법인의 독자적인 책임에 관하여 전혀 규정하지 않은 채, 단순히 법인이 고용한 종업원 등이 업무에 관하여 범죄행위를 하였다는 이유만으로 법인에 대하여 형사처벌을 과하고 있는바, 이는 다른 사람의 범죄에 대하여 그 책임 유무를 묻지 않고 형벌을 부과함으로써 법치국가의 원리 및 죄형법정주의로부터 도출되는 책임주의원칙에 ★반한다.
2. 법인은 기관을 통하여 행위하므로 법인이 대표자를 선임한 이상 그의 행위로 인한 법률효과는 법인에게 귀속되어야 하고, 법인 대표자의 범죄행위에 대하여는 법인 자신이 자신의 행위에 대한 책임을 부담하여야 하는바, 법인 대표자의 법규위반행위에 대한 법인의 책임은 법인 자신의 법규위반행위로 평가될 수 있는 행위에 대한 법인의 직접책임으로서, 대표자의 고의에 의한 위반행위에 대하여는 법인 자신의 고의에 의한 책임을, 대표자의 과실에 의한 위반행위에 대하여는 법인 자신의 과실에 의한 책임을 부담하는 것이다. 따라서, 법인의 '대표자' 관련 부분은 대표자의 책임을 요건으로 하여 법인을 처벌하므로 책임주의원칙에 반하지 아니한다(2009헌가25등).

제2항 범죄객체 및 보호객체

제4절 부작위범

제1항 개설

Ⅰ. 행위의 의미

<<관련판례>>
1. 어떠한 범죄가 적극적 작위에 의하여 이루어질 수 있음은 물론 결과의 발생을 방지하지 아니하는 소극적 부작위에 의하여도 실현될 수 있는 경우에, 행위자가 자신의 신체적 활동이나 물리적·화학적 작용을 통하여 적극적으로 타인의 법익 상황을 악화시킴으로써 결국 그 타인의 법익을 침해하기에 이르렀다면, 이는 작위에 의한 범죄로 봄이 원칙이고, 작위에 의하여 악화된 법익 상황을 다시 되돌이키지 아니한 점에 주목하여 이를 부작위범으로 볼 것은 아니며, 나아가 악화되기 이전의 법익 상황이, 그 행위자가 과거에 행한 또 다른 작위의 결과에 의하여 유지되고 있었다 하여 이와 달리 볼 이유가 없다(대법원 2004. 6. 24. 선고 2002도995 판결).

2. 【판시사항】

[1] 검사로부터 범인을 검거하라는 지시를 받은 경찰관이 범인을 도피케 한 경우에 범인도피죄 외에 직무유기죄가 따로 성립하는지 여부(소극)

[2] 상상적 경합 관계에 있는 수죄 중 일부에 대한 판단오류가 판결 결과에 영향을 미치는지 여부(적극)

【판결요지】

[1] 피고인이 검사로부터 범인을 검거하라는 지시를 받고서도 그 직무상의 의무에 따른 적절한 조치를 취하지 아니하고 오히려 범인에게 전화로 도피하라고 권유하여 그를 도피케 하였다는 범죄사실만으로는 직무위배의 위법상태가 범인도피행위 속에 포함되어 있는 것으로 보아야 할 것이므로, 이와 같은 경우에는 ★작위범인 범인도피죄만이 성립하고 부작위범인 직무유기죄는 따로 성립하지 아니한다.

[2] 상상적 경합 관계에 있는 수죄 중 그 일부만이 유죄로 인정된 경우와 그 전부가 유죄로 인정된 경우와는 양형의 조건을 참작함에 있어서 차이가 생겨 선고형을 정함에 있어 차이가 있을 수 있으므로, 위 [1]항의 범죄사실만으로 범죄도피죄와 동시에 직무유기죄가 성립하고 양 죄는 상상적 경합범 관계에 있다고 본 원심판결의 위법은 판결 결과에 영향을 미친 것이다(대법원 1996. 5. 10. 선고 96도51 판결).

3. 보호자가 의학적 권고에도 불구하고 치료를 요하는 환자의 퇴원을 간청하여 담당 전문의와 주치의가 치료중단 및 퇴원을 허용하는 조치를 취함으로써 환자를 사망에 이르게 한 행위에 대하여 보호자, 담당 전문의 및 주치의가 부작위에 의한 살인죄의 공동정범으로 기소된 사안에서, 담당 전문의와 주치의에게 환자의 사망이라는 결과 발생에 대한 정범의 고의는 인정되나 환자의 사망이라는 결과나 그에 이르는 사태의 핵심적 경과를 계획적으로 조종하거나 저지·촉진하는 등으로 지배하고 있었다고 보기는 어려워 공동정범의 객관적 요건인 이른바 기능적 행위지배가 흠결되어 있다는 이유로 ★작위에 의한 살인방조죄만 성립한다고 한 사례(대법원 2004. 6. 24. 선고 2002도995 판결)-->★★★의사는 작위에 의한 살인방조죄, 처는 부작위에 의한 살인죄

4. 【판시사항】

가. 농지사무를 담당하고 있는 군직원이 농지불법전용 사실에 대하여 아무런 조치를 취하지 아니한 것이 직무유기죄에 해당하는지 여부

나. 군직원이 농지전용허가를 하여 주어서는 안 됨을 알면서도 허가하여 줌이 타당하다는 취지의 현장출장복명서 및 심사의견서를 작성하여 결재권자에게 제출한 것이 허위공문서작성, 동행사죄에 해당한다고 본 사례

다. 직무유기죄와 허위공문서작성, 동행사죄와의 죄수관계

【판결요지】

가. 농지사무를 담당하고 있는 군직원으로서는 그 관내에서 발생한 농지불법전용 사실을 알게 되었으면 군수에게 그 사실을 보고하여 군수로 하여금 원상회복을 명하거나 나아가 고발을 하는

등 적절한 조치를 취할 수 있도록 하여야 할 직무상 의무가 있는 것이므로 농지불법전용 사실을 외면하고 아무런 조치를 취하지 아니한 것은 자신의 직무를 저버린 행위로서 농지의 보전·관리에 관한 국가의 기능을 저해하며 국민에게 피해를 야기시킬 가능성이 있어 직무유기죄에 해당한다.

나. 군직원이 농지전용허가를 하여 주어서는 안 됨을 알면서도 허가하여 줌이 타당하다는 취지의 현장출장복명서 및 심사의견서를 작성하여 결재권자에게 제출한 것이 허위공문서작성, 동행사죄에 해당한다고 본 사례.

다. <<공무원이 어떠한 위법사실을 발견하고도 직무상 의무에 따른 적절한 조치를 취하지 아니하고 위법사실을 적극적으로 은폐할 목적으로 허위공문서를 작성·행사한 경우>>에는 직무위배의 위법상태는 허위공문서작성 당시부터 그 속에 포함되는 것으로 ★★★<<작위범인 허위공문서작성, 동행사죄만이 성립>>하고 부작위범인 직무유기죄는 따로 성립하지 아니하나, 위 복명서 및 심사의견서를 허위작성한 것이 <<농지일시전용허가를 신청하자 이를 허가하여 주기 위하여 한 것>>이라면 직접적으로 농지불법전용 사실을 은폐하기 위하여 한 것은 아니므로 위 ★★★<<허위공문서작성, 동행사죄와 직무유기죄는 실체적 경합범>>의 관계에 있다(대법원 1993. 12. 24. 선고 92도3334 판결).

Ⅱ. 부작위범 유형 및 구별

1. 【판시사항】

[1] 신고의무 위반으로 인한 공중위생관리법 위반죄가 진정부작위범인지 여부(적극)

[2] 부작위범 사이의 공동정범의 성립요건

[3] 공중위생영업의 신고의무자인 '영업을 하는 자'의 의미

【판결요지】

[1] 공중위생관리법(2008. 2. 29. 법률 제8852호로 개정되어 2008. 6. 15. 시행되기 전의 것) 제3조 제1항 전단은 "공중위생영업을 하고자 하는 자는 공중위생영업의 종류별로 보건복지부령이 정하는 시설 및 설비를 갖추고 시장·군수·구청장에게 신고하여야 한다"고 규정하고, 같은 법 제20조 제1항 제1호는 '제3조 제1항 전단의 규정에 의한 신고를 하지 아니한 자'를 처벌한다고 규정하고 있는바, 그 규정 형식 및 취지에 비추어 신고의무 위반으로 인한 ★<<공중위생관리법 위반죄>>는 구성요건이 부작위에 의하여서만 실현될 수 있는 <<진정부작위범>>에 해당한다.

[2] ★부작위범 사이의 공동정범은 다수의 부작위범에게 공통된 의무가 부여되어 있고 그 의무를 공통으로 이행할 수 있을 때에만 성립한다.

[3] 공중위생영업의 신고의무는 '공중위생영업을 하고자 하는 자'에게 부여되어 있고, 여기서 '영업을 하는 자'란 영업으로 인한 권리의무의 귀속주체가 되는 자를 의미하므로, 영업자의 직원이나 보조자의 경우에는 영업을 하는 자에 포함되지 않는다(대법원 2008. 3. 27. 선고 2008도89 판결).

2. 【판시사항】

[1] 게임산업진흥에 관한 법률 제45조 제2호 위반죄가 진정부작위범에 해당하는지 여부(소극)

[2] 게임산업진흥에 관한 법률 제26조 제2항에서 '청소년게임제공업 등을 영위하고자 하는 자'의 의미(=영업상 권리의무의 귀속주체) 및 영업활동에 지배적으로 관여하지 아니한 자를 같은 법 제45조 제2호 위반죄의 공동정범으로 처벌할 수 있는지 여부(소극)

[3] 피고인이 갑, 을의 부탁으로 게임기들을 설치할 장소와 이용할 전력을 제공하고 대가를 받음으로써 이들과 공모하여 무등록 청소년게임제공업을 영위하였다는 내용으로 기소된 사안에서, 위와 같은 행위만으로 피고인을 게임산업진흥에 관한 법률 제45조 위반죄의 공모공동정범으로 보기 어렵다고 판단하여 무죄를 인정한 원심의 결론을 정당하다고 한 사례

【판결요지】

[1] 게임산업진흥에 관한 법률 제26조 제2항, 제45조 제2호의 규정형식 및 취지에 비추어 볼 때, 같은 법 제45조 제2호 위반죄는 청소년게임제공업 등을 영위하고자 하는 자가 등록의무를 이행하지 아니하였다는 것만으로 구성요건이 실현되는 것은 아니고, 나아가 영업을 하였다는 요건까지 충족되어야 비로소 구성요건이 실현되는 것이므로 이를 ★<<진정부작위범으로 볼 것은 아니다.>>

[2] 게임산업진흥에 관한 법률 제26조 제2항에서 '청소년게임제공업 등을 영위하고자 하는 자'란 청소년게임제공업 등을 영위함으로 인한 권리의무의 귀속주체가 되는 자(이하 '영업자'라고 한다)를 의미하므로, 영업활동에 지배적으로 관여하지 아니한 채 단순히 영업자의 직원으로 일하거나 영업을 위하여 보조한 경우, 또는 영업자에게 영업장소 등을 임대하고 사용대가를 받은 경우 등에는 같은 법 제45조 위반에 대한 본질적인 기여를 통한 기능적 행위지배를 인정하기 어려워, 이들을 방조범으로 처벌할 수 있는지는 별론으로 하고 공동정범으로 처벌할 수는 없다.

[3] 피고인이 갑, 을의 부탁으로 자신이 운영하는 가게 옆에 크레인 게임기들을 설치할 장소와 이용할 전력을 제공하고 대가를 받음으로써 이들과 공모하여 무등록 청소년게임제공업을 영위하였다는 내용으로 기소된 사안에서, 원심이 게임산업진흥에 관한 법률 제45조 제2호 위반죄를 진정부작위범으로 본 데에는 법리오해의 잘못이 있지만, 게임기들을 설치할 장소와 전력을 제공하고 대가를 받은 피고인은 영업상 권리의무의 귀속주체가 될 수 없고, 위와 같은 행위만으로 피고인을 같은 법 제45조 위반죄의 공모공동정범으로 보기 어렵다고 판단하여 무죄를 인정

한 결론은 정당하다(대법원 2011. 11. 10. 선고 2010도11631 판결).

제2항 부작위범의 성립요건

Ⅰ. 부작위범 성립요건

Ⅱ. 부진정부작위범 성립요건

<<관련판례>>
1.
선장의 권한이나 의무, 해원의 상명하복체계 등에 관한 해사안전법 제45조, 구 선원법(2015. 1. 6. 법률 제13000호로 개정되기 전의 것) 제6조, 제10조, 제11조, 제22조, 제23조 제2항, 제3항은 모두 선박의 안전과 선원 관리에 관한 포괄적이고 절대적인 권한을 가진 선장을 수장으로 하는 효율적인 지휘명령체계를 갖추어 항해 중인 선박의 위험을 신속하고 안전하게 극복할 수 있도록 하기 위한 것이므로, 선장은 승객 등 선박공동체의 안전에 대한 총책임자로서 선박공동체가 위험에 직면할 경우 그 사실을 당국에 신고하거나 구조세력의 도움을 요청하는 등의 기본적인 조치뿐만 아니라 위기상황의 태양, 구조세력의 지원 가능성과 규모, 시기 등을 종합적으로 고려하여 실현가능한 구체적인 구조계획을 신속히 수립하고 선장의 포괄적이고 절대적인 권한을 적절히 행사하여 선박공동체 전원의 안전이 종국적으로 확보될 때까지 적극적·지속적으로 구조조치를 취할 법률상 의무가 있다.
또한 선장이나 승무원은 수난구호법 제18조 제1항 단서에 의하여 조난된 사람에 대한 구조조치의무를 부담하고, 선박의 해상여객운송사업자와 승객 사이의 여객운송계약에 따라 승객의 안전에 대하여 계약상 보호의무를 부담하므로, 모든 승무원은 선박 위험 시 서로 협력하여 조난된 승객이나 다른 승무원을 적극적으로 구조할 ★의무가 있다.
따라서 선박침몰 등과 같은 조난사고로 승객이나 다른 승무원들이 스스로 생명에 대한 위협에 대처할 수 없는 급박한 상황이 발생한 경우에는 선박의 운항을 지배하고 있는 선장이나 갑판 또는 선내에서 구체적인 구조행위를 지배하고 있는 선원들은 적극적인 구호활동을 통해 보호능력이 없는 승객이나 다른 승무원의 사망 결과를 방지하여야 할 작위의무가 있으므로, 법익침해의 태양과 정도 등에 따라 요구되는 개별적·구체적인 구호의무를 이행함으로써 사망의 결과를 쉽게 방지할 수 있음에도 그에 이르는 사태의 핵심적 경과를 그대로 방관하여 사망의 결과를 초래하였다면, 부작위는 작위에 의한 살인행위와 동등한 형법적 가치를 가지고, 작위의무를 이행하였다면 결과가 발생하지 않았을 것이라는 관계가 인정될 경우에는 작위를 하지 않은 부작위와 사망의 결과 사이에 인과관계가 있다.
항해 중이던 선박의 선장 피고인 갑, 1등 항해사 피고인 을, 2등 항해사 피고인 병이 배가 좌현으로 기울어져 멈춘 후 침몰하고 있는 상황에서 피해자인 승객 등이 안내방송 등을 믿고 대피하지 않은 채 선내에 대기하고 있음에도 아무런 구조조치를 취하지 않고 퇴선함으로써, 배에 남아있던 피해자들을 익사하게 하고, 나머지 피해자들의 사망을 용인하였으나 해경 등에 의해 구조되었다고 하여 살인 및 살인미수로 기소된 사안에서, 피고인 을, 병은 간부 선원이기는 하나 나머지 선원들과 마찬가지로 선박침몰과 같은 비상상황 발생 시 각자 비상임무를 수행할 현장에 투입되어 선장의 퇴선명령이나 퇴선을 위한 유보갑판으로의 대피명령 등에 대비하다가 선장의 실행지휘에 따라 승객들의 이동과 탈출을 도와주는 임무를 수행하는 사람들로서, 임무의 내용이나 중요도가 선장의 지휘 내용이나 구체적인 현장상황에 따라 수시로 변동될 수 있을 뿐 아니라 퇴선유도 등과 같이 경우에 따라서는 승객이나 다른 승무원에 의해서도 비교적 쉽게 대체 가능하고, 따라서 승객 등의 퇴선을 위한 선장의 아무런 지휘·명령이 없는 상태에서 피고인 을, 병이 단순히 비상임무 현장에 미리 가서 추가 지시에 대비하지 아니한 채 선장과 함께 조타실에 있었다거나 혹은 기관부 선원들과 함께 3층 선실 복도에서 대기하였다는 사정만으로, 선장과 마찬가지로 선내 대기 중인 승객 등의 사망 결과나 그에 이르는 사태의 핵심적 경과를 계획적으로 조종하거나 저지·촉진하는 등 사태를 지배하는 지위에 있었다고 보기 어려운 점 등 제반 사정을 고려하면, 피고인 을, 병이 간부 선원들로서 선장을 보좌하여 승객 등을 구조하여야 할 지위에 있음에도 별다른 구조조치를 취하지 아니한 채 사태를 방관하여 결과적으로 선내 대기 중이던 승객 등이 탈출에 실패하여 사망에 이르게 한 잘못은 있으나, 그러한 부작위를 작위에 의한 살인의 실행행위와 동일하게 평가하기 어렵고, 또한 살인의 미필적 고의로 피고인 갑의 부작위에 의한 살인행위에 공모 가담하였다고 단정하기도 어려우므로, 피고인 을, 병에 대해 부작위에 의한 살인의 고의를 인정하기 ★어렵다고 한 원심의 조치는 정당하다고 한 사례(대법원 2015. 11. 12. 선고 2015도6809 전원합의체 판결)

2. 【판시사항】

가. 피감금자에 대한 위험발생을 방지함이 없이 방치한 경우 살인죄의 성부

나. 살인의 미필적 고의가 있다고 한 사례

다. 미성년자의 약취, 유인에는 가담한 바 없으나 그 후 그 정을 알면서 이를 미끼로 한 뇌물요구행위에 가담한 경우 특정범죄가중처벌등에 관한 법률 제5조의2 제2항 제1호 위반죄의 종범에 해당하는지 여부

【판결요지】

가. 피고인이 미성년자를 유인하여 포박 감금한 후 단지 그 상태를 유지하였을 뿐인데도 피감금자가 사망에 이르게 된 것이라면 피고인의 죄책은 감금치 사죄에 해당한다 하겠으나, 나아가서 그 감금상태가 계속된 어느 시점에서 피고인에게 살해의 범의가 생겨 피감금자에 대한 위험발생을 방지함이없이 포박감금상태에 있던 피감금자를 그대로 방치함으로써 사망케 하였다면 피고인의 부작위는 살인죄의 구성요건적 행위를 충족하는 것이라고 평가하기에 충분하므로 부작위에 의한 살인죄를 구성한다.

나. 피해자를 아파트에 유인하여 양 손목과 발목을 노끈으로 묶고 입에 반창고를 두 겹으로 붙인 다음 양손목을 묶은 노끈은 창틀에 박힌 시멘트 못에, 양발목을 묶은 노끈은 방문손잡이에 각각 잡아매고 얼굴에 모포를 씌워 감금한 후 수차 아파트를 출입하다가 마지막 들어갔을 때 피해자가 이미 탈진 상태에 이르러 박카스를 마시지 못하고 그냥 흘려버릴 정도였고 피고인이 피해자의 얼굴에 모포를 덮어씌워 놓고 그냥 나오면서 피해자를 그대로 두면 죽을 것같다는

생각이 들었다면, 피고인이 위와 같은 결과발생의 가능성을 인정하고 있으면서도 피해자를 병원에 옮기지 않고 사경에 이른 피해자를 그대로 방치한 소위는 피해자가 사망하는 결과에 이르더라도 용인할 수 밖에 없다는 내심의 의사 즉 살인의 미필적 고의가 있다고 할 것이다.

다. 특정범죄가중처벌등에 관한 법률 제5조의2 제2항 제1호 소정의 죄는 형법 제287조의 미성년자 약취, 유인행위와 약취 또는 유인한 미성년자의 부모 기타 그 미성년자의 안전을 염려하는 자의 우려를 이용하여 재물이나 재산상의 이익을 취득하거나 이를 요구하는 행위가 결합된 단순일죄의 범죄라고 봄이 상당하므로 비록 타인이 미성년자를 약취. 유인한 행위에는 가담한 바 없다 하더라도 사후에 그 사실을 알면서 약취.유인한 미성년자를 부모 기타 그 미성년자의 안전을 염려하는 자의 우려를 이용하여 재물이나 재산상의 이익을 취득하거나 요구하는 타인의 행위에 가담하여 이를 방조한 때에는 단순히 재물등 요구행위의 종범이 되는데 그치는 것이 아니라 종합범인 위 특정범죄가중처벌등에 관한 법률 제5조의2 제2항 제1호 위반죄의 종범에 해당한다(대법원 1982. 11. 23. 선고 82도2024 판결).

3. 【판시사항】

가. 부작위에 의한 작위범의 요건

나. 살해의 의사로 위험한 저수지로 유인한 조카(10세)가 물에 빠지자 구호하지 아니한 채 방치한 행위를 ★부작위에 의한 살인행위로 본 사례

【판결요지】

가. 형법이 금지하고 있는 법익침해의 결과발생을 방지할 법적인 작위의무를 지고 있는 자가 그 의무를 이행함으로써 결과발생을 쉽게 방지할 수 있었음에도 불구하고 그 결과의 발생을 용인하고 이를 방관한 채 그 의무를 이행하지 아니한 경우에, 그 불작위가 작위에 의한 법익침해와 동등한 형법적 가치가 있는 것이어서 그 범죄의 실행행위로 평가될 만한 것이라면, 작위에 의한 실행행위와 동일하게 부작위범으로 처벌할 수 있다고 할 것이다.

나. 피고인이 조카인 피해자(10세)를 살해할 것을 마음먹고 저수지로 데리고 가서 미끄러지기 쉬운 제방 쪽으로 유인하여 함께 걷다가 피해자가 물에 빠지자 그를 구호하지 아니하여 피해자를 익사하게 한 것이라면 피해자가 스스로 미끄러져서 물에 빠진 것이고, 그 당시는 피고인이 살인죄의 예비 단계에 있었을 뿐 아직 실행의 착수에는 이르지 아니하였다고 하더라도, 피해자의 숙부로서 익사의 위험에 대처할 보호능력이 없는 나이 어린 피해자를 익사의 위험이 있는 저수지로 데리고 갔던 피고인으로서는 피해자가 물에 빠져 익사할 위험을 방지하고 피해자가 물에 빠지는 경우 그를 구호하여 주어야 할 법적인 작위의무가 있다고 보아야 할 것이고, 피해자가 물에 빠진 후에 피고인이 살해의 범의를 가지고 그를 구호하지 아니한 채 그가 익사하는 것을 용인하고 방관한 행위(부작위)는 피고인이 그를 직접 물에 빠뜨려 익사시키는 행위와 다름없다고 형법상 평가될 만한 ★살인의 실행행위라고 보는 것이 상당하다(대법원 1992. 2. 11. 선고 91도2951 판결).

4. 【판시사항】

[1] 사기죄의 요건으로서의 부작위에 의한 기망의 의미 및 매도인이 매수인으로부터 매매잔금을 지급 받음에 있어 매수인이 착오에 빠져 지급해야 할 금액을 초과하여 교부한 돈을 수령한 행위가 부작위에 의한 사기죄를 구성하는 경우

[2] 매도인이 매매잔금을 교부받을 당시 매수인이 자기앞수표 1장을 착오로 보태어 함께 교부한다는 사정을 알면서도 이를 수령하였다고 인정할 만한 증거가 없다는 이유로 원심판결을 파기한 사례

【판결요지】

[1] 사기죄의 요건으로서의 기망은 널리 재산상의 거래관계에 있어 서로 지켜야 할 신의와 성실의 의무를 저버리는 모든 적극적 또는 소극적 행위를 말하는 것이고, 그 중 소극적 행위로서의 부작위에 의한 기망은 법률상 고지의무 있는 자가 일정한 사실에 관하여 상대방이 착오에 빠져 있음을 알면서도 그 사실을 고지하지 아니함을 말하는 것으로서, 일반거래의 경험칙상 상대방이 그 사실을 알았더라면 당해 법률행위를 하지 않았을 것이 명백한 경우에는 신의칙에 비추어 그 사실을 고지할 법률상 의무가 인정된다 할 것인바, 매수인이 매도인에게 매매잔금을 지급함에 있어 착오에 빠져 지급해야 할 금액을 초과하는 돈을 교부하는 경우, 매도인이 사실대로 고지하였다면 매수인이 그와 같이 초과하여 교부하지 아니하였을 것임은 경험칙상 명백하므로, 매도인이 매매잔금을 교부받기 전 또는 교부받던 중에 그 사실을 알게 되었을 경우에는 특별한 사정이 없는 한 매도인으로서는 매수인에게 사실대로 고지하여 매수인의 그 착오를 제거하여야 할 신의칙상 의무를 지므로 그 의무를 이행하지 아니하고 매수인이 건네주는 돈을 그대로 수령한 경우에는 사기죄에 해당될 것이지만, 그 사실을 미리 알지 못하고 매매잔금을 건네주고 받는 행위를 끝마친 후에야 비로소 알게 되었을 경우에는 주고 받는 행위는 이미 종료되어 버린 후이므로 매수인의 착오 상태를 제거하기 위하여 그 사실을 고지하여야 할 법률상 의무의 불이행은 더 이상 그 초과된 금액 편취의 수단으로서의 의미는 없으므로, 교부하는 돈을 그대로 받은 그 행위는 점유이탈물횡령죄가 될 수 있음은 별론으로 하고 사기죄를 구성할 수는 없다.

[2] <<매도인이 매매잔금을 교부받을 당시 매수인이 자기앞수표 1장을 착오로 보태어 함께 교부한다는 사정을 알면서도 이를 수령하였다고 인정할 만한 증거가 없다>>는 이유로 원심판결을 파기한 사례(대법원 2004. 5. 27. 선고 2003도4531 판결)

5. 인터넷 포털 사이트 내 오락채널 총괄팀장과 위 오락채널 내 만화사업의 운영 직원인 피고인들에게, ★콘텐츠제공업체들이 게재하는 음란만화의 삭제를 요구할 조리상의 의무가 있다고 하여, 구 전기통신기본법(2001. 1. 16. 법률 제6360호로 개정되기 전의 것) 제48조의2 위반 방조죄의 성립을 긍정(대법원 2006. 4. 28. 선고 2003도4128 판결)

제3항 부작위범의 처벌

제4항 관련문제

Ⅰ. 부작위범의 미수

Ⅱ. 과실범의 부작위범

Ⅲ. 부작위범과 공범

> 【판시사항】
>
> [1] 신고의무 위반으로 인한 공중위생관리법 위반죄가 진정부작위범인지 여부(적극)
>
> [2] 부작위범 사이의 공동정범의 성립요건
>
> [3] 공중위생영업의 신고의무자인 '영업을 하는 자'의 의미
>
> 【판결요지】
>
> [1] 공중위생관리법(2008. 2. 29. 법률 제8852호로 개정되어 2008. 6. 15. 시행되기 전의 것) 제3조 제1항 전단은 "공중위생영업을 하고자 하는 자는 공중위생영업의 종류별로 보건복지부령이 정하는 시설 및 설비를 갖추고 시장·군수·구청장에게 신고하여야 한다"고 규정하고, 같은 법 제20조 제1항 제1호는 '제3조 제1항 전단의 규정에 의한 신고를 하지 아니한 자'를 처벌한다고 규정하고 있는바, 그 규정 형식 및 취지에 비추어 신고의무 위반으로 인한 공중위생관리법 위반죄는 구성요건이 부작위에 의하여서만 실현될 수 있는 진정부작위범에 해당한다.
>
> [2] 부작위범 사이의 공동정범은 다수의 부작위범에게 공통된 의무가 부여되어 있고 그 의무를 공통으로 이행할 수 있을 때에만 성립한다.
>
> [3] 공중위생영업의 신고의무는 '공중위생영업을 하고자 하는 자'에게 부여되어 있고, 여기서 '영업을 하는 자'란 영업으로 인한 권리의무의 귀속주체가 되는 자를 의미하므로, <u>영업자의 직원이나 보조자의 경우에는 영업을 하는 자에 포함되지 않는다</u>(대법원 2008. 3. 27. 선고 2008도89 판결)--><u>케어코리아 각 지점의 ★실장직</u>에 있었던 피고인들은 위 회사의 근로소득자에 불과하고 영업상의 권리의무의 귀속주체가 아니라는 이유로 위 규정에 의한 신고의무를 부담하는 자에 해당하지 않는다고 판단하고, 나아가 피고인들에게 공통된 신고의무가 부여되어 있지 않은 이상 부작위범인 신고의무 위반으로 인한 공중위생관리법 위반죄의 공동정범도 성립할 수 없다고 판단.

제5절 인과관계와 객관적 귀속

제1항 인과관계

Ⅰ. 의의와 적용범위

Ⅱ. 학설의 대립

Ⅲ. 판례의 동향

1. 피고인이 피해자를 2회에 걸쳐 두손으로 힘껏 밀어 땅바닥에 넘어뜨리는 폭행을 가함으로써 ★그 당시 심관상동맥경화 및 심근섬유화 증세등의 심장질환을 앓고 있었고 음주만취한 상태에 있던 피해자가 그 충격으로 인하여 쇼크성 심장마비로 사망하였다면 비록 피해자에게 그 당시 위와 같은 지병이 있었고 음주로 만취한 상태였으며 그것이 피고인의 폭행으로 피해자가 사망함에 있어 영향을 주었다고 해서 피고인의 폭행과 피해자의 사망간에 상당인과관계가 없다고 할 수 없고 또 위 증거들에 의하면 피고인은 피해자가 평소 병약한 사람인데다 그 당시 음주만취된 상태였다는 것을 알고 있었던 사실이 인정되므로 그 구체적인 병명은 몰랐다고 하더라도 앞서본 바와 같이 피고인이 피해자를 2회에 걸쳐 두손으로 힘껏 밀어 넘어뜨린 때에 이미 그 폭행과 그 결과에 대한 ★예견가능성이 있었다 할 것이고 그로 인하여 치사의 결과가 발생하였다면 이른바 결과적 가중범의 죄책을 면할 수 없다(대법원 1986. 9. 9. 선고 85도2433 판결).

2. 피해자는 외상으로 인하여 급성신부전증이 발생하였고 또 소변량도 심하게 감소된 상태였으므로 음식과 수분의 섭취를 더욱 철저히 억제하여야 하는데, 이와 같은 사실을 모르고 ★콜라와 김밥 등을 함부로 먹은 탓으로 체내에 수분저류가 발생하여 위와 같은 합병증이 유발됨으로써 사망하게 된 사실 등을 인정할 수 있는바, 사실관계가 이와 같다면, 위 피고인들의 이 사건 범행이 위 피해자를 사망하게 한 직접적인 원인이 된 것은 아니지만, 그 범행으로 인하여 위 피해자에게 급성신부전증이 발생하였고 또 그 합병증으로 위 피해자의 직접사인이 된 패혈증 등이 유발된 이상, 비록 그 직접사인의 유발에 위 피해자 자신의 과실이 개재되었다고 하더라도 이와 같은 사실은 통상 예견할 수 있는 것으로 인정되므로, 위 피고인들의 이 사건 범행과 위 피해자의 사망과의 사이에는 인과관계가 있다고 보지 않을 수 없다(대법원 1994. 3. 22. 선고 93도3612 판결).

3. 피고인이 이 사건 범행일시경 계속 교제하기를 원하는 자신의 제의를 피해자가 거절한다는 이유로 얼굴을 주먹으로 수회 때리자 피해자는 이에 대항하여 피고인의 손가락을 깨물고 목을 할퀴게 되었고, 이에 격분한 피고인이 다시 피해자의 얼굴을 수회 때리고 발로 배를 수회 차는 등 폭행을 하므로 피해자는 이를 모면하기 위하여 도로 건너편의 추어탕 집으로 도망가 도움을 요청하였으나, 피고인은 이를 뒤따라 도로를 건너간 다음 피해자의 머리카락을 잡아 흔들고 얼굴 등을 주먹으로 때리는 등 폭행을 가하였고, 이에 견디지 못한 피해자가 다시 도로를 건너 도망하자 피고인은 계속하여 쫓아가 주먹으로 피해자의 얼굴 등을 구타하는 등 폭행을 가하여 전치

10일간의 흉부피하출혈상 등을 가하였고, 피해자가 위와 같이 계속되는 피고인의 폭행을 피하려고 다시 도로를 건너 도주하다가 차량에 치여 사망한 사실을 인정한 다음, 위와 같은 사정에 비추어 보면 피고인의 위 상해행위와 피해자의 사망 사이에 상당인과관계가 있다고 하여 피고인을 상해치사죄로 처단한 제1심의 판단을 유지하고 있는바, 기록에 의하여 살펴보면, 원심의 사실인정과 피고인의 위 상해행위와 피해자의 사망 사이에 상당인과관계가 있다(대법원 1996. 5. 10. 선고 96도529 판결).

4. 아파트 안방에 감금된 피해자가 가혹행위를 피하려고 창문을 통하여 아파트 아래 잔디밭에 뛰어 내리다가 사망한 경우, 중감금행위와 피해자의 사망 사이에 인과관계가 있어 중감금치사죄가 성립된다(대법원 1991. 10. 25. 선고 91도2085 판결).

5. 【판시사항】

가. 강간하려는 행위와 이를 피하려다 사상에 이르게 된 사실 사이에 상당인과관계를 인정할 수 있는지 여부

나. 피고인의 강간미수행위와 피해자의 추락사 사이에 상당인과관계가 있다고 보아 피고인을 강간치사죄로 처단한 사례

【판결요지】

가. 폭행이나 협박을 가하여 간음을 하려는 행위와 이에 극도의 흥분을 느끼고 공포심에 사로잡혀 이를 피하려다 사상에 이르게 된 사실과는 이른바 상당인과관계가 있어 강간치사상죄로 다스릴 수 있다.

나. 피고인이 자신이 경영하는 속셈학원의 강사로 피해자를 채용하고 학습교재를 설명하겠다는 구실로 유인하여 호텔 객실에 감금한 후 강간하려 하자, 피해자가 완강히 반항하던 중 피고인이 대실시간 연장을 위해 전화하는 사이에 객실 창문을 통해 탈출하려다가 지상에 추락하여 사망한 사안에서, 피고인의 강간미수행위와 피해자의 사망과의 사이에 상당인과관계가 있다고 보아 피고인을 강간치사죄로 처단한 원심의 판단을 수긍한 사례(대법원 1995. 5. 12. 선고 95도425 판결)

6.
[1] 형법 제188조에 규정된 교통방해에 의한 치사상죄는 결과적 가중범이므로, 위 죄가 성립하려면 교통방해 행위와 사상(사상)의 결과 사이에 상당인과관계가 있어야 하고 행위 시에 결과의 발생을 예견할 수 있어야 한다. 그리고 교통방해 행위가 피해자의 사상이라는 결과를 발생하게 한 유일하거나 직접적인 원인이 된 경우만이 아니라, 그 행위와 결과 사이에 피해자나 제3자의 과실 등 ★다른 사실이 개재된 때에도 그와 같은 사실이 통상 예견될 수 있는 것이라면 상당인과관계를 인정할 수 있다.

[2] ★피고인이 고속도로 2차로를 따라 자동차를 운전하다가 1차로를 진행하던 갑의 차량 앞에 급하게 끼어든 후 곧바로 정차하여, 갑의 차량 및 이를 뒤따르던 차량 두 대는 연이어 급제동하여 정차하였으나, 그 뒤를 따라오던 을의 차량이 앞의 차량들을 연쇄적으로 추돌케 하여 을을 사망에 이르게 하고 나머지 차량 운전자 등 피해자들에게 상해를 입힌 사안에서, 편도 2차로의 고속도로 1차로 한가운데에 정차한 피고인은 현장의 교통상황이나 일반인의 운전 습관·행태 등에 비추어 고속도로를 주행하는 다른 차량 운전자들이 제한속도 준수나 안전거리 확보 등의 주의의무를 완전하게 다하지 않을 수도 있다는 점을 알았거나 충분히 알 수 있었으므로, 피고인의 정차 행위와 사상의 결과 발생 사이에 상당인과관계가 있고, 사상의 결과 발생에 대한 예견가능성도 인정된다는 이유로, 피고인에게 일반교통방해치사상죄를 인정(대법원 2014. 7. 24. 선고 2014도6206 판결)

7. 임차인이 자신의 비용으로 설치·사용하던 가스설비의 ★휴즈콕크를 아무런 조치 없이 제거하고 이사를 간 후 가스공급을 개별적으로 차단할 수 있는 주밸브가 열려져 가스가 유입되어 폭발사고가 발생한 경우, 구 액화석유가스의안전및사업관리법상의 관련 규정 취지와 그 주밸브가 누군가에 의하여 개폐될 가능성을 배제할 수 없다는 점 등에 비추어 그 휴즈콕크를 제거하면서 그 제거부분에 아무런 조치를 하지 않고 방치하면 주밸브가 열리는 경우 유입되는 가스를 막을 아무런 안전장치가 없어 가스 유출로 인한 대형사고의 가능성이 있다는 것은 평균인의 관점에서 객관적으로 볼 때 충분히 예견할 수 있다는 이유로 임차인의 과실과 가스폭발사고 사이의 상당인과관계를 인정(대법원 2001. 6. 1. 선고 99도5086 판결)

8. 택시 운전자인 피고인이 교통신호를 위반하여 4거리 교차로를 진행한 과실로 교차로 내에서 갑이 운전하는 승용차와 충돌하여 갑 등으로 하여금 상해를 입게 하였다고 하여 교통사고처리 특례법 위반으로 기소된 사안에서, 피고인의 택시가 차량 신호등이 적색 등화임에도 횡단보도 앞 정지선 직전에 정지하지 않고 상당한 속도로 정지선을 넘어 횡단보도에 진입하였고, 횡단보도에 들어선 이후 차량 신호등이 녹색 등화로 바뀌자 교차로 계속 직진하여 교차로에 진입하자마자 교차로를 거의 통과하였던 갑의 승용차 오른쪽 뒤 문짝 부분을 피고인 택시 앞 범퍼 부분으로 충돌한 점 등을 종합할 때, 피고인이 적색 등화에 따라 정지선 직전에 정지하였더라면 교통사고는 발생하지 않았을 것임이 분명하여 피고인의 신호위반행위가 교통사고 발생의 직접적인 원인이 되었다(대법원 2012. 3. 15. 선고 2011도17117 판결).

9. 사정들을 종합하여, ① 피고인 1이 이미 1997년경부터 (제품명 1 생략)의 원료 변경 추진 업무에 관하여 꾸준히 보고받아 그 내용을 잘 알고 있었음에도, 안전성에 관한 충분한 검증 없이 2000. 10.경 (제품명 1 생략)의 주된 원료물질을 폴리헥사메틸렌구아니딘의 인산염(Polyhexamethyleneguanidine-phosphate, 이하 'PHMG'라 한다)으로 변경하기로 결정하는 한편, ② 위 피고인이 아무런 실증자료 없이 2000. 10.경 원료물질 변경에 따라 새롭게 제작된 라벨에 "인체에 안전한 성분을 사용하여 안심하고 사용할 수 있습니다."라는 문구를 사용하도록 하고, 2003년 말경 "살균 99.9% - 아이에게도 안심."이라는 거짓의 표시문구까지 사용하도록 하였음을 인정할 수 있다고 판단하였다. 가습기의 작동원리와 가습기살균제의 용법에 비추어 (제품명 1 생략)의 주된 원료물질로 사용되는 살균제 성분이 공기 중으로 분무될 가능성이 있고, 공기 중으로 분무될 경우 그 살균제 성분이 호흡을 통하여 계속적·반복적으로 인체에 흡입

될 것임을 피고인 1이 쉽게 알 수 있었을 뿐만 아니라 화학물질에 기본적으로 용량상관적인 독성이 있다는 점을 고려할 때, 이와 같이 소비자가 (제품명 1 생략)의 살균제 성분에 계속적·반복적으로 노출될 경우, 그 살균제 성분이 체내에서 독성반응을 일으켜 이를 사용한 사람이 호흡기 등에 상해를 입을 수 있고, 심각한 경우 사망에 이를 수도 있다는 점까지도 예견할 수 있었다고 판단하였다. 그럼에도, 주된 ★★원료물질의 성분 및 흡입독성시험을 실시하지 않은 사실 등을 라벨에 표시하여야 할 주의의무를 부담하는 점 등으로 인해, 업무상과실치사상죄 인정(대법원 2018. 1. 25. 선고 2017도12537 판결: 가습기 살균제사건)

10. ○○고등학교 교사인 피고인이 공소 일시·장소에서 동교3학년 학생인 피해자 공소외인이 민방공훈련에 불참하였다는 이유를 들어 ★주의를 환기시킴(징계)에 있어 왼쪽 뺨을 한번 살짝 때린 사실이 있고 (이 점에서 원심은 원심이 인정한 사실과는 그 정도에서 차이가 있는 "피고인이 주먹으로 피해자의 왼쪽 뺨을 1회 구타하는 등의 폭행을 가하였다"는 공소사실을 배척하고 있다.), 이 순간 피해자가 뒤로 넘어지면서 머리를 지면에 부딪혀 우측 측두골부위에 선상골절상을 입고 지주막하출혈 및 뇌좌상을 일으켜 사망한 것은 사실이나, 피해자가 위와 같이 뒤로 넘어진 것은 피고인으로부터 뺨을 맞은 탓이 아니라 그 피해자의 원심판시와 같은 평소의 허약상태에서 온 급격한 뇌압상승 때문이었고, 또 위 사망의 원인이 된 측두골 골절이나 뇌좌상은 보통 사람의 두개골은 3내지 5미리미터인데 비하여 피해자는 0.5미리 밖에 안되는 ★★★≪≪비정상적인 얇은 두개골≫≫이었고 또 뇌수종이 있었던데 연유한 것이라는 사실과, 피고인은 이 피해자가 다른 학생에 비하여 체질이 허약함은 알고 있었으나 위와 같은 두뇌의 특별이상이 있음은 미처 알지 못하였던 것이라고 인정하고 있다(대법원 1978. 11. 28. 선고 78도1961 판결).

11. 한의사인 피고인이 피해자에게 문진하여 과거 봉침을 맞고도 별다른 이상반응이 없었다는 답변을 듣고 부작용에 대한 충분한 사전 설명 없이 환부인 목 부위에 봉침시술을 하였는데, 피해자가 위 시술 직후 쇼크반응을 나타내는 등 상해를 입은 사안에서, 제반 사정에 비추어 피고인이 봉침시술에 앞서 설명의무를 다하였더라도 피해자가 반드시 봉침시술을 거부하였을 것이라고 볼 수 없어, 피고인의 설명의무 위반과 피해자의 상해 사이에 상당인과관계를 인정하기 어렵다(대법원 2011. 4. 14. 선고 2010도10104 판결)

제2항 객관적 귀속

Ⅰ. 개설

★합법적 대체행위

≪≪관련판례≫≫
1. 입원 당시 피해자는 체온이 섭씨 39.2도의 고열과 오한이 있었고, 부종으로 입이 약 15㎜밖에 열리지 않았으며 음식물을 씹기 곤란하였고 화농으로 구취가 심한 상태였는데, 전문의(수련의의 오기로 보인다) 3년차 공소외 3, 전문의(수련의의 오기로 보인다) 1년차 공소외 4가 외래담

당의사인 공소외 5 교수와 상의하여 피해자의 치료를 담당하게 되어 피해자에게 포도당과 항생제를 투여하였다. 같은 해 7. 2. 위 의료진은 피해자의 병명을 봉와직염의 일종인 루드비히 안기나(Ludwig's Angina)로 진단하고 환부의 긴장을 풀어주고 배농을 용이하게 하기 위하여 공소외 3의 집도로 피해자의 턱밑을 절개하고 배농을 시도하였으나 농이 나오지 아니하였고, 같은 해 7. 3. 두 번째 구강 외 절개수술을 시행한 결과 피 섞인 약간의 고름을 배출하였으나 피해자는 음식물 섭취를 하지 못하고 전신적 상태가 더욱 악화되었다.

같은 해 7. 4. 피해자의 구강의 절개 부분에서 농이 나오지 아니하여 피고인의 집도로 구강 내 절개수술을 시행함으로써 다량의 농을 배출하였으나 그 때에도 농배양은 하지 아니한 채 항생제를 세파졸린에서 클레오신으로 바꾸었다. 같은 해 7. 5. 피해자는 오한과 고열이 지속되고 구강 내 절개 부분에서 농이 계속 배출되었으나 전신적 상태가 계속 악화되고 같은 해 7. 6. 같은 상태가 지속되면서 혈소판이 위험수위로 떨어짐에 따라 내과의사 공소외 6에게 구두로 증상을 설명하여 진료의뢰한 결과 항생제를 바꾸도록 조언받았다. 같은 해 7. 7. 피해자는 기침을 하고 호흡에 곤란을 느끼며 체온이 섭씨 39.6도에 이르고 구강 내 절개 부위에서는 계속 농이 배출되었으며 전신적 상태가 좋지 않아 의료진은 항생제를 클레오신에서 세파만돌로 바꾸고 큐란과 아미카신을 투약하였으며, 비로소 농배양을 하기 시작하였다. 같은 해 7. 8. 피해자의 혈소판 수치는 정상으로 회복되었으나 피해자는 가슴이 답답하고 코가 막히지 않았음에도 호흡에 곤란을 느끼고 호흡수가 분당 40회 정도였으며 감기증상을 호소하였고 피고인은 피해자의 구강 내 좌측 잇몸과 볼 사이를 절개한 후 피 섞인 농을 배출하였으나 피해자가 체온 섭씨 40도의 고열과 호흡곤란 증상을 보이자 피고인은 피해자의 항균력 및 항생제 효능에 의심을 가지고 피해자에게 과거 병력에 관하여 물었고 이에 대하여 피해자는 국민학교 때 맹장수술 받은 외에는 특별히 병을 앓은 사실이 없다고 답하였다. 같은 해 7. 9. 피해자에게 가슴이 답답하고 호흡이 곤란한 증상이 지속되었으며 체온은 섭씨 38.5도 정도였고 보호자들은 피해자의 감기증상을 계속 호소하였으며 흉부외과에 의뢰하여 흉부 X선 촬영을 한 결과 폐삼출의 가능성이 있음이 진단되었고 내과에 진료를 상담한 결과에 따라 진료하면서 혈액배양검사를 실시하는 한편 피해자에게 과거 병력을 다시 물었으나 위와 같은 답변만 들었다. 같은 해 7. 10. 피해자는 기침이 여전하고 가래 배출이 안 되었으며 호흡곤란이 지속되었고 전신적 상태가 여전히 쇠약하며 수면곤란 증상을 보여 의료진은 피해자에게 안정제(바리움 10mg)를 투여하였다. 같은 해 7. 11. 여전히 호흡곤란이 지속되고 체온이 섭씨 39도 정도로 지속되었으며 농배양검사 결과가 알파용혈성연쇄상구균인 것으로 나타났다. 같은 해 7. 12. 오전 피해자는 호흡장애 증상을 보이면서 호흡수가 분당 70회 정도로 빨라지고 체온이 섭씨 41도까지 올라갔으며 내과에 진료를 의뢰한 결과 내과수련의 1년차 공소외 6이 와서 피해자 흉부의 X선 촬영을 하였고 이 때 피해자는 폐부종과 성인성 호흡장애증후군을 나타내고 있었으므로 피고인은 공소외 6의 권유에 따라 피해자를 내과병동으로 전과조치하였다. 그 후 피해자는 호흡곤란의 증상이 더욱 심해지다가 맥박이 약해지고 저산소혈증으로 인한 청색증 등이 나타나며 혼수상태에 이르고 심장마사지와 산소호흡기를 통한 응급조치를 시행하였음에도 같은 해 7. 14. 01:20경 화농성폐렴, 신장 및 기관의 염증세포침윤, 경부조직의 농양 및 염증 등으로 인한 성인성호흡장애증후군과 패혈증 등으로 사망하였다.

--->[3] 일반적으로 대학병원의 진료체계상 과장은 병원행정상의 직급으로서 다른 교수나 전문의가 진료하고 있는 환자의 진료까지 책임지는 것은 아니고, 소속 교수 등이 진료시간을 요일별 또는 오전, 오후 등 시간별로 구분하여 각자 외래 및 입원 환자를 관리하고 진료에 대한 책임을 맡게 된다. 그러한 사정을 감안하면, 피고인에게 피해자를 담당한 의사가 아니어서 그 치

료에 관한 것이 아님에도 불구하고 구강악안면외과 과장이라는 이유만으로 외래담당의사 및 담당 수련의들의 처치와 치료결과를 주시하고 적절한 수술방법을 지시하거나 담당의사 대신 직접 수술을 하고, 농배양을 지시·감독할 주의의무가 있다고 단정할 수 없다.

[4] ★★★★피고인이 농배양을 하지 않은 과실이 피해자의 사망에 기여한 인과관계 있는 과실이 된다고 하려면, 농배양을 하였더라면 피고인이 투약해 온 항생제와 다른 어떤 항생제를 사용하게 되었을 것이라거나 어떤 다른 조치를 취할 수 있었을 것이고, 따라서 피해자가 사망하지 않았을 것이라는 점을 심리·판단하여야 한다.

[5] 피고인이 패혈증에 관한 최신 정의를 알지 못하여 이미 진행 중인 패혈증을 아직 진행하지 않고 있는 것으로 잘못 판단하고 적절한 치료방침을 정하지 못한 것이라 하더라도, 그 판단이 현재 우리 나라의 일반적 기준으로서의 의학수준과 함께 피고인의 경력·전문분야 등 개인적인 조건이나 진료지·진료환경 등을 고려할 때, 통상의 의사의 정상적인 지식에 기한 것이 아니고 따라서 그것이 과실이라고 단정하기는 어렵고, 단순한 대진의뢰 등 소극적 협진마저도 그 시기가 적절치 않았는지 여부와 이에 그치지 않고 내과로 전과하는 등 적극적 협진을 하였다면 그 치료방법이 어떻게 달라져서 피해자의 생명을 구할 수 있었는지 여부가 심리되어야 한다.

[6] 피해자의 과거 병력에 대한 문진에서 나아가 피해자의 임신 여부 등에 대하여도 검진하지 않은 것이 피고인의 과실이라고 하려면, 봉와직염에 감염된 여자환자라면 19세로서 미혼이라고 하여도 그 임신 여부 검사를 하는 것이 보편적임에도 불구하고 피고인이 그 검사를 하지 않았다거나 그와 같은 여자환자가 증세가 호전되지 않는 경우 임신에 의한 면역기능 저하를 당연히 의심하여 대처하여야 함에도 불구하고 피고인이 그러한 통상적인 예견과 판단도 하지 못한 것이라는 점이 밝혀져야 한다(대법원 1996. 11. 8. 선고 95도2710 판결).

2. 【판시사항】

가. 수술주관의사 또는 마취담당의사가 할로테인을 사용한 전신마취에 의하여 난소종양절제수술을 함에 앞서 혈청의 생화학적 반응에 의한 간기능검사로 환자의 간 상태를 정확히 파악하지 아니한 채 개복수술을 시행하여 환자가 급성전격성간염으로 인하여 사망한 경우 위 의사들의 업무상과실 유무(적극)

나. 위 "가"항의 경우에 혈청의 생화학적 반응에 의한 간기능검사를 하지 않거나 이를 확인하지 아니한 의사들의 과실과 수술 후 환자의 사망 사이의 인과관계를 증거없이 인정하였다고 하여 ★ 원심판결을 파기한 사례

【판결요지】

가. 전신마취에 의한 개복수술은 간부전을 일으키고 간성혼수에 빠지게 하기도 하는데 특히 급만성간염이나 간경변 등 간기능에 이상이 있는 경우에는 90% 이상이 간기능이 중악화하고 심한 경우에는 사망에 이르게 하는 것으로 알려져 있어 개복수술 전에 간의 이상 유무를 검사하는

것은 필수적이고, 피해자의 수술시에 사용된 마취제 할로테인은 드물게는 간에 해독을 끼치고 특히 이미 간장애가 있는 경우에는 간장애를 격화시킬 위험이 있으므로 이러한 환자에 대하여는 그 사용을 주의 또는 회피하여야 한다고 의료계에 주지되어 있으며 이 사건 사고당시 의료계에서는 개복수술 환자의 경우 긴급한 상황이 아닌 때에는 혈청의 생화학적 반응에 의한 간기능검사를 하는 것이 보편적이었다면, 응급환자가 아닌 난소종양환자의 경우에 있어서 수술주관의사 또는 마취담당의사인 피고인들로서는 난소종양절제수술에 앞서 혈청의 생화학적 반응에 의한 검사 등으로 종합적인 간기능검사를 철저히 하여 피해자가 간손상 상태에 있는지의 여부를 확인한 후에 마취 및 수술을 시행하였어야 할 터인데 피고인들은 시진, 문진 등의 검사결과와 정확성이 떨어지는 소변에 의한 간검사 결과만을 믿고 피해자의 간상태를 정확히 파악하지 아니한 채 할로테인으로 전신마취를 실시한 다음 이 사건 개복수술을 감행한 결과 수술 후 22일만에 환자가 급성전격성간염으로 인하여 사망한 경우에는 피고인들에게 업무상과실이 있다 할 것이다.

나. 위 "가"항의 경우에는 혈청에 의한 간기능검사를 시행하지 않거나 이를 확인하지 않은 피고인들의 과실과 피해자의 사망 간에 인과관계가 있다고 하려면 피고인들이 수술 전에 피해자에 대한 간기능검사를 하였더라면 피해자가 사망하지 않았을 것임이 입증되어야 할 것인데도(수술 전에 피해자에 대하여 혈청에 의한 간기능검사를 하였더라면 피해자의 간기능에 이상이 있었다는 검사결과가 나왔으리라는 점이 증명되어야 할 것이다) 원심은 피해자가 수술당시에 이미 간손상이 있었다는 사실을 증거 없이 인정함으로써 채증법칙위반 및 인과관계에 관한 법리오해의 위법을 저지른 것이다(대법원 1990. 12. 11. 선고 90도694 판결).

3. 피고인이 트럭을 도로의 중앙선 위에 왼쪽 바깥 바퀴가 걸친 상태로 운행하던 중 피해자가 승용차를 운전하여 피고인이 진행하던 차선으로 달려오다가 급히 자기 차선으로 들어가면서 피고인이 운전하던 트럭과 교행할 무렵 다시 피고인의 차선으로 들어와 그 차량의 왼쪽 앞 부분으로 트럭의 왼쪽 뒷바퀴 부분을 스치듯이 충돌하고 이어서 트럭을 바짝 뒤따라 가던 차량을 들이받았다면, 설사 피고인이 중앙선 위를 달리지 아니하고 정상 차선으로 달렸다 하더라도 사고는 피할 수 없다 할 것이므로 ★피고인 트럭의 왼쪽 바퀴를 중앙선 위에 올려놓은 상태에서 운전한 것만으로는 위 사고의 직접적인 원인이 되었다고 할 수 없다(대법원 1991. 2. 26. 선고 90도2856 판결).

제6절 구성요건적 고의

제1항 개설

제2항 고의의 본질 및 내용

Ⅰ. 고의의 본질

Ⅱ. 고의의 내용

제3항 고의의 유형(종류)

Ⅰ. 확정적 고의

Ⅱ. 불확정고의

<<관련판례>>
1. 범죄구성요건의 주관적 요소로서 미필적 고의라 함은 범죄사실의 발생 가능성을 불확실한 것으로 표상하면서 이를 용인하고 있는 경우를 말하고, 미필적 고의가 있었다고 하려면 범죄사실의 발생 가능성에 대한 인식이 있음은 물론 나아가 범죄사실이 발생할 위험을 용인하는 내심의 의사가 있어야 하며, 그 행위자가 범죄사실이 발생할 가능성을 용인하고 있었는지의 여부는 행위자의 진술에 의존하지 아니하고 외부에 나타난 행위의 형태와 행위의 상황 등 구체적인 사정을 기초로 하여 일반인이라면 당해 범죄사실이 발생할 가능성을 어떻게 평가할 것인가를 고려하면서 행위자의 입장에서 그 심리상태를 추인하여야 하고, 이와 같은 경우에도 공소가 제기된 범죄사실의 주관적 요소인 미필적 고의의 존재에 대한 입증책임은 검사에게 있는 것이며, 한편, 유죄의 인정은 법관으로 하여금 합리적인 의심을 할 여지가 없을 정도로 공소사실이 진실한 것이라는 확신을 가지게 하는 증명력을 가진 증거에 의하여야 하므로, 그와 같은 증거가 없다면 설령 피고인에게 유죄의 의심이 간다고 하더라도 피고인의 이익으로 판단할 수밖에 없다(대법원 2004. 5. 14. 선고 2004도74 판결 참조).

2. 이 사건 범행은 보복을 위하여 사전에 면밀한 계획하에 이루어진 것이고, 그 내용도 야간에 <<회칼·낫·쇠파이프·각목>> 등 흉기를 소지한 채 여관에 난입하여 피해자들을 무차별난자 구타한 것으로 잔인하기 그지없으며, 그 결과도 사망과 중상으로 매우 무거운 점, 피해자들은 원래 위 피고인들이 목표하였던 타워파 조직폭력배와는 전혀 상관없는 사람들로서, 결국 이 사건 범행은 무리를 지어 흉기를 소지한 채 어처구니없게도 여관에서 잠자고 있던 무고한 사람을 무차별 난자하여 살해한 사건인 점, 이 사건 범행 후 일부 공범들이 범행을 은폐 조작하려고 시도하였던 점, 그 밖에 위 피고인들의 성행·지능·범죄전력·가족관계와 가정환경, 범죄 후의 정황 등 변론에 나타난 양형의 기준이 되는 여러 사정들을 종합하면, 위 피고인들이 모두 아직 나이가 많지 아니한 점, 피해자들과 합의된 점 등을 참작하더라도, 제1심이 피고인 1· 피고인 5· 피고인 6에 대하여 선고한 각 무기징역형과 피고인 3에 대하여 선고한 15년의 징역형은 적정하고 그것이 결코 너무 무겁다고는 인정되지 아니한다(대법원 1994. 3. 22. 선고 93도3612 판결)-->살인미수죄성립(고의인정)

3. 가. 피고인들이 피조개양식장에 피해를 주지 아니하도록 할 의도에서 선박의 닻줄을 7샤클(175미터)에서 5샤클(125미터)로 감아놓았고 그 경우에 피조개양식장까지의 거리는 약 30미터까지 근접한다는 것이므로 닻줄을 50미터 더 늘여서 7샤클로 묘박하였다면 선박이 태풍에 밀려 피조개양식장을 침범하여 물적 손해를 입히리라는 것은 당연히 예상되는 것이고, 그럼에도 불구하고

태풍에 대비한 선박의 안전을 위하여 선박의 닻줄을 7샤클로 늘여 놓았다면 이는 ★★피조개양식장의 물적피해를 인용한 것이라 할 것이어서 재물손괴의 점에 대한 미필적 고의를 인정할 수 있다.

나. 선박의 이동에도 새로운 공유수면점용허가가 있어야 하고 휴지선을 이동하는데는 예인선이 따로 필요한 관계로 비용이 많이 들어 다른 해상으로 이동을 하지 못하고 있는 사이에 태풍을 만나게 되고 그와 같은 위급한 상황에서 선박과 선원들의 안전을 위하여 사회통념상 가장 적절하고 필요불가결하다고 인정되는 조치를 취하였다면 형법상 긴급피난으로서 위법성이 없어서 범죄가 성립되지 아니한다고 보아야 하고 미리 선박을 이동시켜 놓아야 할 책임을 다하지 아니함으로써 위와 같은 긴급한 위난을 당하였다는 점만으로는 ★★긴급피난을 인정하는데 아무런 방해가 되지 아니한다(대법원 1987. 1. 20. 선고 85도221 판결).

4. 가. 피고인이 미성년자를 유인하여 포박 감금한 후 단지 그 상태를 유지하였을 뿐인데도 피감금자가 사망에 이르게 된 것이라면 피고인의 죄책은 감금치사죄에 해당한다 하겠으나, 나아가서 그 감금상태가 계속된 어느 시점에서 피고인에게 살해의 범의가 생겨 피감금자에 대한 위험발생을 방지함이없이 포박감금상태에 있던 피감금자를 그대로 방치함으로써 사망케 하였다면 피고인의 부작위는 살인죄의 구성요건적 행위를 충족하는 것이라고 평가하기에 충분하므로 ★부작위에 의한 살인죄를 구성한다.

나. 피해자를 아파트에 유인하여 양 손목과 발목을 노끈으로 묶고 입에 반창고를 두 겹으로 붙인 다음 양손목을 묶은 노끈은 창틀에 박힌 시멘트 못에, 양발목을 묶은 노끈은 방문손잡이에 각각 잡아매고 얼굴에 모포를 씌워 감금한 후 수차 아파트를 출입하다가 마지막 들어갔을 때 피해자가 이미 탈진 상태에 이르러 ★★<<박카스를 마시지 못하고 그냥 흘려버릴 정도였고 피고인이 피해자의 얼굴에 모포를 덮어씌워 놓고 그냥 나오면서 피해자를 그대로 두면 죽을 것같다는 생각>>이 들었다면, 피고인이 위와 같은 결과발생의 가능성을 인정하고 있으면서도 피해자를 병원에 옮기지 않고 사경에 이른 피해자를 그대로 방치한 소위는 피해자가 사망하는 결과에 이르더라도 용인할 수 밖에 없다는 내심의 의사 즉 살인의 미필적 고의가 있다고 할 것이다.

다. 특정범죄가중처벌등에 관한 법률 제5조의2 제2항 제1호 소정의 죄는 형법 제287조의 미성년자 약취, 유인행위와 약취 또는 유인한 미성년자의 부모 기타 그 미성년자의 안전을 염려하는 자의 우려를 이용하여 재물이나 재산상의 이익을 취득하거나 이를 요구하는 행위가 결합된 단순일죄의 범죄라고 봄이 상당하므로 비록 타인이 미성년자를 약취. 유인한 행위에는 가담한 바 없다 하더라도 사후에 그 사실을 알면서 약취.유인한 미성년자를 부모 기타 그 미성년자의 안전을 염려하는 자의 우려를 이용하여 재물이나 재산상의 이익을 취득하거나 요구하는 타인의 행위에 가담하여 이를 방조한 때에는 단순히 재물등 요구행위의 종범이 되는데 그치는 것이 아니라 종합범인 위 특정범죄가중처벌등에 관한 법률 제5조의2 제2항 제1호 위반죄의 종범에 해당한다(대법원 1982. 11. 23. 선고 82도2024 판결).

5. 대구지하철화재 사고 현장을 수습하기 위한 청소 작업이 한참 진행되고 있는 시간 중에 실종자 유족들로부터 이의제기가 있었음에도 대구지하철공사 A이 즉각 청소 작업을 중단하도록 지시

> 하지 아니하였고 수사기관과 협의하거나 확인하지 아니하였다고 하여 위 A에게 그러한 청소 작업으로 인하여 증거인멸의 결과가 발생할 가능성을 용인하는 내심의 의사까지 있었다고 단정하기는 어렵다(대법원 2004. 5. 14. 선고 2004도74 판결)-->★★<u>증거인멸죄불성립</u>

제4항 고의존재시기

제7절 구성요건적 착오

제1항 서설

Ⅰ. 착오의 의미

Ⅱ. 사실의 착오

제2항 종류

Ⅰ. 객체의 착오 및 방법의 착오

Ⅱ. 구체적 사실의 착오 및 추상적 사실의 착오

제3항 고의 전용 여부

Ⅰ. 적용범위

Ⅱ. 학설의 대립

Ⅲ. 적용 및 병발사례

제4항 관련문제

Ⅰ. 반전된 사실의 착오(불능미수: 반전된 구성요건적 착오)

Ⅱ. 반전된 금지착오(환각범: 반전된 법률의 착오(반전된 위법성착오))

Ⅲ. 인과관계착오

제8절 과실범

제1항 개설

Ⅰ. 의의

Ⅱ. 종류

<<관련판례>>
1. 경찰관인 피고인들은 동료 경찰관인 갑 및 피해자 을과 함께 술을 많이 마셔 취하여 있던 중 갑 자기 위 갑이 총을 꺼내 을과 같이 총을 번갈아 자기의 머리에 대고 쏘는 소위 "러시안 룰렛" 게임을 하다가 을이 자신이 쏜 총에 맞아 사망한 경우 피고인들은 위 갑과 을이 "러시안 룰렛"게임을 함에 있어 갑과 어떠한 의사의 연락이 있었다거나 어떠한 원인행위를 공동으로 한 바가 없고, 다만 위 게임을 제지하지 못하였을 뿐인데 보통사람의 상식으로서는 함께 수차에 걸쳐서 흥겹게 술을 마시고 놀았던 일행이 갑자기 자살행위와 다름없는 위 게임을 하리라고는 쉽게 예상할 수 없는 것이고 (신뢰의 원칙), 게다가 이 사건 사고는 피고인들이 "장난치지 말라"며 말로 위 갑을 만류하던 중에 순식간에 일어난 사고여서 음주만취하여 주의능력이 상당히 저하된 상태에 있던 피고인들로서는 미처 물리력으로 이를 제지할 여유도 없었던 것이므로, 경찰관이라는 신분상의 조건을 고려하더라도 위와 같은 상황에서 피고인들이 이 사건 "러시안 룰렛"게임을 즉시 물리력으로 제지하지 못하였다 한들 그것만으로는 위 갑의 과실과 더불어 중과실치사죄의 형사상 책임을 지울 만한 위법한 주의의무위반이 있었다고 평가할 수 없다(대법원 1992. 3. 10. 선고 91도3172 판결).-->★갑에 대하여는 중과실치사죄, 그 외의 자에 대하여는 본죄 불성립

2. 연탄아궁이로부터 ★80센티미터 떨어진 곳에 쌓아둔 스폰지요, 솜 등이 연탄아궁이 쪽으로 넘어지면서 화재현장에 의한 화재가 발생한 경우라고 하더라도 그 스폰지요, 솜 등을 쌓아두는 방법이나 상태 등에 관하여 아주 작은 주의만 기울였더라면 스폰지요나 솜 등이 넘어지고 또 그로 인하여 화재가 발생할 것을 예견하여 회피할 수 있었음에도 불구하고 부주의로 이를 예견하지 못하고 스폰지와 솜 등을 쉽게 넘어질 수 있는 상태로 쌓아둔 채 방치하였기 때문에 화재가 발생한 것으로 판단되어야만, "중대한 과실"로 인하여 화재가 발생한 것으로 볼 수 있다(대법원 1989. 1. 17. 선고 88도643 판결).

제2항 과실범의 성립요건

<<관련판례>>
1. 운동경기에 참가하는 자가 경기규칙을 준수하는 중에 또는 그 경기의 성격상 당연히 예상되는 정도의 경미한 규칙위반 속에 제3자에게 상해의 결과를 발생시킨 것으로서, 사회적 상당성의 범위를 벗어나지 아니하는 행위라면 과실치상죄가 성립하지 않는다. 그러나 골프경기를 하던 중 골프공을 쳐서 아무도 예상하지 못한 자신의 등 뒤편으로 보내어 등 뒤에 있던 경기보조원(캐디)에게 상해를 입힌 경우에는 주의의무를 현저히 위반하여 사회적 상당성의 범위를 벗어난 행위로서 과실치상죄가 성립한다(대법원 2008. 10. 23. 선고 2008도6940 판결)

2. 소아외과 의사가 5세의 급성 림프구성 ★백혈병 환자의 항암치료를 위하여 쇄골하 정맥에 중심 정맥도관을 삽입하는 수술을 하는 과정에서 환자의 우측 쇄골하 부위를 주사바늘로 ★10여 차례 찔러 환자가 우측 쇄골하 혈관 및 흉막 관통상에 기인한 외상성 혈흉으로 인한 순환혈액량 감소성 쇼크로 사망한 사안에서, 담당 소아외과 의사에게 형법 제268조의 업무상 과실이 없다(대법원 2008. 8. 11. 선고 2008도3090 판결).

제3항 객관적 주의의무 제한원리

Ⅰ. 허용된 위험

Ⅱ. 신뢰의 원칙

<<관련판례>>
1. ★녹색등화에 따라 왕복 8차선의 간선도로를 직진하는 차량의 운전자는 특별한 사정이 없는 한 왕복 2차선의 접속도로에서 진행하여 오는 다른 차량들도 교통법규를 준수하여 함부로 금지된 좌회전을 시도하지는 아니할 것으로 믿고 운전하면 족하고, 접속도로에서 진행하여 오던 차량이 아예 허용되지 아니하는 좌회전을 감행하여 직진하는 자기 차량의 앞을 가로질러 진행하여 올 경우까지 예상하여 그에 따른 사고발생을 미리 방지하기 위하여 특별한 조치까지 강구할 주의의무는 없다 할 것이고, 또한 운전자가 제한속도를 지키며 진행하였더라면 피해자가 좌회전하여 진입하는 것을 발견한 후에 충돌을 피할 수 있었다는 등의 사정이 없는 한 운전자가 제한속도를 초과하여 과속으로 진행한 잘못이 있다 하더라도 그러한 잘못과 교통사고의 발생 사이에 상당인과관계가 있다고 볼 수는 없다(대법원 1998. 9. 22. 선고 98도1854 판결).

2. 【판시사항】

[1] 의사가 간호사의 진료보조행위에 일일이 입회하여 지도·감독하여야 하는지 여부(소극) 및 입회가 필요한 경우의 판단 기준

[2] 간호사가 의사의 처방에 의한 정맥주사(Side Injection 방식)를 의사의 입회 없이 간호실습생

(간호학과 대학생)에게 실시하도록 하여 발생한 의료사고에 대한 의사의 과실을 부정한 사례

【판결요지】

[1] 간호사가 '진료의 보조'를 함에 있어서는 모든 행위 하나하나마다 항상 의사가 현장에 입회하여 일일이 지도·감독하여야 한다고 할 수는 없고, 경우에 따라서는 의사가 진료의 보조행위 현장에 입회할 필요 없이 일반적인 지도·감독을 하는 것으로 족한 경우도 있을 수 있다 할 것인데, 여기에 해당하는 보조행위인지 여부는 보조행위의 유형에 따라 일률적으로 결정할 수는 없고 구체적인 경우에 있어서 그 행위의 객관적인 특성상 위험이 따르거나 부작용 혹은 후유증이 있을 수 있는지, 당시의 환자 상태가 어떠한지, 간호사의 자질과 숙련도는 어느 정도인지 등의 여러 사정을 참작하여 개별적으로 결정하여야 한다.

[2] 간호사가 의사의 처방에 의한 정맥주사(Side Injection 방식)를 의사의 입회 없이 ★간호실습생(간호학과 대학생)에게 실시하도록 하여 발생한 의료사고에 대한 의사의 과실을 부정한 사례(대법원 2003. 8. 19. 선고 2001도3667 판결)

3. [1] 의사가 진찰·치료 등의 의료행위를 함에 있어서는 사람의 생명·신체·건강을 관리하는 업무의 성질에 비추어 환자의 구체적인 증상이나 상황에 따라 위험을 방지하기 위하여 요구되는 최선의 조치를 취하여야 할 주의의무가 있는바, 의료사고가 발생한 경우에 의사의 과실을 인정하기 위해서는 의사가 결과 발생을 예견할 수 있었음에도 불구하고 그 결과 발생을 예견하지 못하였고, 그 결과 발생을 회피할 수 있었음에도 불구하고 그 결과 발생을 회피하지 못한 과실이 검토되어야 한다. 의사의 이와 같은 주의의무의 내용과 정도 및 과실의 유무는 의료행위를 할 당시 의료기관 등 임상의학 분야에서 실천되고 있는 의료행위의 수준을 기준으로 삼되 그 의료수준은 같은 업무와 직무에 종사하는 통상의 의사에게 의료행위 당시 일반적으로 알려져 있고 또 시인되고 있는 의학의 수준, 진료환경과 조건, 의료행위의 특수성 등을 고려하여 규범적인 수준으로 파악되어야 한다.

[2] 어떠한 의료행위가 의사들 사이의 분업적인 진료행위를 통하여 이루어지는 경우에도 그 의료행위 관련 임상의학 분야의 현실과 수준을 포함하여 구체적인 진료환경 및 조건, 해당 의료행위의 특수성 등을 고려한 규범적인 기준에 따라 해당 의료행위에 필요한 주의의무의 준수 내지 위반이 있었는지 여부가 판단되어야 함은 마찬가지이다.

따라서 의사가 환자에 대하여 주된 의사의 지위에서 진료하는 경우라도, 자신은 환자의 수술이나 시술에 전념하고 마취과 의사로 하여금 마취와 환자 감시 등을 담당토록 하거나, 특정 의료영역에 관한 진료 도중 환자에게 나타난 문제점이 자신이 맡은 의료영역 내지 전공과목에 관한 것이 아니라 그에 선행하거나 병행하여 이루어진 다른 의사의 의료영역 내지 전공과목에 속하는 등의 사유로 다른 의사에게 그 관련된 협의진료를 의뢰한 경우처럼 서로 대등한 지위에서 각자의 의료영역을 나누어 환자 진료의 일부를 분담하였다면, 진료를 분담받은 다른 의사의 전적인 과실로 환자에게 발생한 결과에 대하여는 책임을 인정할 수 없다.

[3] 수련병원의 전문의와 전공의 등의 관계처럼 의료기관 내의 직책상 주된 의사의 지위에서 지휘·감독 관계에 있는 다른 의사에게 특정 의료행위를 위임하는 수직적 분업의 경우에는, 그 다른 의사에게 전적으로 위임된 것이 아닌 이상 주된 의사는 자신이 주로 담당하는 환자에 대하여 다른 의사가 하는 의료행위의 내용이 적절한 것인지 여부를 확인하고 감독하여야 할 업무상 주의의무가 있고, 만약 의사가 이와 같은 업무상 주의의무를 소홀히 하여 환자에게 위해가 발생하였다면 주된 의사는 그에 대한 과실 책임을 면할 수 없다. 이때 그 의료행위가 지휘·감독 관계에 있는 다른 의사에게 전적으로 위임된 것으로 볼 수 있는지 여부는 위임받은 의사의 자격 내지 자질과 평소 수행한 업무, 위임의 경위 및 당시 상황, 그 의료행위가 전문적인 의료영역 및 해당 의료기관의 의료 시스템 내에서 위임하에 이루어질 수 있는 성격의 것이고 실제로도 그와 같이 이루어져 왔는지 여부 등 여러 사정에 비추어 해당 의료행위가 위임을 통해 분담 가능한 내용의 것이고 실제로도 그에 관한 위임이 있었다면, 그 위임 당시 구체적인 상황하에서 위임의 합리성을 인정하기 어려운 사정이 존재하고 이를 인식하였거나 인식할 수 있었다고 볼 만한 다른 사정에 대한 증명이 없는 한, 위임한 의사는 위임받은 의사의 과실로 환자에게 발생한 결과에 대한 책임이 있다고 할 수 없다.

나아가, 의료행위에 앞서 환자에게 그로 인하여 발생할 수 있는 위험성 등을 구체적으로 설명하여야 하는 주체는 원칙적으로 주된 지위에서 진료하는 의사라 할 것이나 특별한 사정이 없는 한 다른 의사를 통한 설명으로도 충분하다. 따라서 이러한 경우 다른 의사에게 의료행위와 함께 그로 인하여 발생할 수 있는 위험성에 대한 설명까지 위임한 주된 지위의 의사의 주의의무 위반에 따른 책임을 인정하려면, 그 위임사실에도 불구하고 위임하는 의사와 위임받는 의사의 관계 및 지위, 위임하는 의료행위의 성격과 그 당시의 환자 상태 및 그에 대한 각자의 인식 내용, 위임받은 의사가 그 의료행위 수행에 필요한 경험과 능력을 보유하였는지 여부 등에 비추어 위임의 합리성을 인정하기 어려운 경우에 해당하여야 한다(대법원 2022. 12. 1. 선고 2022도1499 판결)-->1) 피고인 1로서는 대장암이 의심되는 피해자에게 부분 장폐색을 일으킨 원인을 감별하기 위해 대장 내시경이 필요한데, 추후 피해자의 상태에 따라 진행할 것이라는 취지를 피해자와 가족들에게 설명한 바 있었고, 그와 같은 사정에 대한 인식을 공유하면서 피해자의 상태에 대한 관찰 및 구체적인 장정결제 투여 업무를 위임받은 담당 전공의인 피고인 2로부터 피해자의 가족들에게 대장 내시경 시행과 관련한 설명을 이행한 것으로 보고받아 이를 전제로 장정결 시행을 승인하였다. 따라서 피고인 1이 직접 관여한 부분은 피해자의 상태에 대한 진단 및 대장 내시경 검사의 필요성 여부 판단과 그 시행 여부 결정 부분에 한정되고, 그 판단 및 결정에 따른 구체적인 준비절차로서 장정결제 투여 조치와 그에 관한 설명은 대장 내시경 시행을 맡은 피고인 2에게 위임하였을 뿐 이에 직접 관여한 적은 없고, 나아가 원심의 사실인정과 같이 피고인 2의 피해자 측에 대한 설명 중 기망적인 요소가 일부 포함되었다는 부분에도 피고인 1이 관여한 부분이 없음은 마찬가지이다.

2) 전공의는 수련을 받는 지위에 있기도 하지만, 그와 동시에 의사면허를 받은 전문 의료인으로서 처방권한을 보유하고 있고, 수련병원에서 시시각각으로 변화하는 환자의 상태를 파악하고 이에 상응하는 구체적인 처방도 해당 의료영역에서 통상 허용되는 범위 내에서는 상당 부분 전공의에 의해서 이루어지고 있다. 피고인 2는 내과 2년차 전공의로 이미 1년 반가량 내과 입원 환자의 진찰과 처방을 담당해온 경력이 있고, 이 사건 당시 신경과로부터 전원 받은 피해자를

직접 진찰하여 구체적인 상태를 파악한 상황이며, 사건 당일 대장 내시경을 위한 준비절차로서 장정결제 투여를 진행하게 된 것도 그에 앞서 피고인 1이 피해자를 진찰한 결과 대장 내시경 검사의 필요성을 인정하고 이를 시행하기로 결정한 다음 피고인 2에게 장정결제 투여 등 그에 관한 세부적인 절차를 위임한 데 이어 피고인 2로부터 그 절차에 착수하겠다는 보고를 받고 이를 승인한 데 따른 것이다.

3) 대장 내시경 검사를 앞둔 환자에게 장정결을 시행하는 것 자체가 이례적이거나 내과 전공의가 통상적으로 담당·경험하기 어려운 경우 또는 장정결의 세부 시행방법이 전문의의 구체적·개별적·직접적인 지시를 필요로 할 정도로 고도의 의학적 지식·경험이 필요한 의료행위에 해당한다고 할 수 없다.

4) 앞서 본 피고인들의 직책 및 관계, 대장 내시경 검사에 앞서 필요한 장정결 실시의 의료적 의미에 더하여, 피해자에 대해 부분 장폐색 증상이 있기는 하지만 이 사건 의료행위의 목적이었던 장폐색의 원인 감별을 위해 대장 내시경 검사가 필요하다는 의료적 진단이 이미 내려진 상태여서, 그 진단 및 조치에는 잘못이 없었던 점, 완전 장폐색의 경우와 달리 부분 장폐색 증상이 있는 경우에는 장정결 실시에 보다 주의를 요하는 것일 뿐 금기시되는 것은 아니고, 오히려 그 시기를 지나 완전 장폐색으로 전환될 경우에는 장폐색의 원인 감별에 필요한 대장 내시경 검사의 기회마저 잃게 될 수도 있었던 점, 피고인들 모두 환자의 상태를 잘 파악하고 서로 상의하면서 구체적인 실행 시기만 남겨둔 상황에서 피고인 1로부터 업무를 위임받은 피고인 2가 환자의 배변 진행 상태 확인 등 경과에 비추어 대장 내시경 검사 및 이를 위한 사전절차로서 장정결을 시행할 시기가 도래하였고 피해자 측의 동의도 받았다는 보고까지 한 점, 이 사건 장정결 시행 과정에서 발생한 사고는 피고인 2의 의료적 지식 내지 경험 부족 때문이라기보다는 단순 착오에 의한 것으로 볼 여지가 많은 점 등의 사정을 더해 보면, 피고인 1이 이러한 상황에서 피해자에 대한 장정결 시행 등의 의료적 처치를 피고인 2에게 위임·분담하는 것이 특별히 불합리하다고 볼 만한 사정이 보이지 않는다.

5) 그렇다면 피고인 2가 분담한 의료행위에 관하여 피고인 1에게도 주의의무 위반에 따른 책임을 인정하려면, 원심으로서는 부분 장폐색 환자에 대한 장정결 시행의 빈도와 처방 내용의 의학적 난이도, 피고인 2가 내과 2년차 전공의임에도 소화기내과 위장관 부분 업무를 담당한 경험이 미흡하였거나 기존 경력에 비추어 보아 적절한 업무수행을 기대하기 어렵다는 등의 특별한 사정이 있었는지 여부 등을 구체적으로 심리하여 피고인 2에게 장정결 처방 및 그에 관한 설명을 위임한 것이 합리적이지 않았다는 사실에 대한 증명이 있었는지를 판단하였어야 한다.

라. 그럼에도 원심은 <u>피고인 1이 피고인 2를 지휘·감독하는 지위에 있다는 사정만으로 직접 수행하지 않은 장정결제 처방과 장정결로 발생할 수 있는 위험성에 관한 설명에 대하여 책임이 있다고 단정하고 말았으니</u>, 거기에는 의사의 의료행위 분담에 관한 법리를 오해하고 필요한 심리를 제대로 하지 아니함으로써 판결에 영향을 미친 잘못이 있다.

4. 신뢰의 원칙은 상대방 교통관여자가 도로교통의 제반법규를 지켜 도로교통에 임하리라고 신뢰할 수 없는 특별한 사정이 있는 경우에는 그 적용이 배제된다고 할 것인바 <u>본사건의 사고지점</u>

> 이 노폭 약 10미터의 편도 1차선 직선도로이며 진행방향 좌측으로 부락으로 들어가는 소로가 정(J)자형으로 이어져 있는 곳이고 당시 피해자는 ★★★★<<자전거 짐받이에 생선상자>>를 적재하고 앞서서 진행하고 있었다면 피해자를 추월하고자 하는 자동차운전사는 자전거와 간격을 넓힌 것만으로는 부족하고 경적을 울려서 자전거를 탄 피해자의 주의를 환기시키거나 속도를 줄이고 그의 동태를 주시하면서 추월하였어야 할 주의의무가 있다고 할 것이고 그같은 경우 피해자가 도로를 좌회전하거나 횡단하고자 할 때에는 도로교통법의 규정에 따른 조치를 취하리라고 신뢰하여도 좋다고 하여 위 사고발생에 대하여 운전사에게 아무런 잘못이 없다고 함은 신뢰의 원칙을 오해한 위법이 있다(대법원 1984. 4. 10. 선고 84도79 판결).

제9절 결과적 가중범

제1항 서설

Ⅰ. 의의

Ⅱ. 책임주의와의 관련성

Ⅲ. 종류

> <<관련판례>>
> 1. 【판시사항】
> [1] 부진정결과적가중범에서 고의로 중한 결과를 발생하게 한 행위를 더 무겁게 처벌하는 규정이 없는 경우, 결과적가중범과 고의범의 죄수관계
> [2] 직무를 집행하는 공무원에 대하여 위험한 물건을 휴대하여 고의로 상해를 가한 경우, 특수공무집행방해치상죄 외에 폭력행위 등 처벌에 관한 법률 위반(집단·흉기 등 상해)죄를 구성하는지 여부(소극)
>
> 【판결요지】
> [1] 기본범죄를 통하여 고의로 중한 결과를 발생하게 한 경우에 가중 처벌하는 부진정결과적가중범에서, 고의로 중한 결과를 발생하게 한 행위가 별도의 구성요건에 해당하고 그 고의범에 대하여 결과적가중범에 정한 형보다 더 무겁게 처벌하는 규정이 있는 경우에는 그 고의범과 결과적가중범이 상상적 경합관계에 있지만, 위와 같이 고의범에 대하여 더 무겁게 처벌하는 규정이 없는 경우에는 결과적가중범이 고의범에 대하여 특별관계에 있으므로 결과적가중범만 성립하고 이와 법조경합의 관계에 있는 고의범에 대하여는 별도로 죄를 구성하지 않는다.
> [2] 직무를 집행하는 공무원에 대하여 위험한 물건을 휴대하여 고의로 상해를 가한 경우에는 특수공무집행방해치상죄만 성립할 뿐, 이와는 별도로 폭력행위 등 처벌에 관한 법률 위반(집단·흉기 등 상해)죄를 구성하지 않는다(대법원 2008. 11. 27. 선고 2008도7311 판결).

2. 형법 제164조 후단이 규정하는 현주건조물방화치사상죄는 그 전단이 규정하는 죄에 대한 일종의 가중처벌 규정으로서 과실이 있는 경우뿐만 아니라, 고의가 있는 경우에도 포함된다고 볼 것이므로 사람을 살해할 목적으로 현주건조물에 방화하여 사망에 이르게 한 경우에는 현주건조물방화치사죄로 의율하여야 하고 이와 더불어 살인죄와의 상상적경합범으로 의율할 것은 아니며, 다만 존속살인죄와 현주건조물방화치사죄는 상상적경합범 관계에 있으므로, 법정형이 중한 존속살인죄로 의율함이 타당하다(대법원 1996. 4. 26. 선고 96도485 판결).

3. 기본범죄를 통하여 고의로 중한 결과를 발생하게 한 경우에 가중 처벌하는 부진정결과적가중범에 있어서, 고의로 중한 결과를 발생하게 한 행위가 별도의 구성요건에 해당하고 그 고의범에 대하여 결과적가중범에 정한 형보다 더 무겁게 처벌하는 규정이 있는 경우에는 그 고의범과 결과적가중범이 상상적 경합관계에 있다고 보아야 할 것이지만(대법원 1995. 1. 20. 선고 94도2842 판결, 대법원 1996. 4. 26. 선고 96도485 판결 등 참조), 위와 같이 고의범에 대하여 더 무겁게 처벌하는 규정이 없는 경우에는 결과적가중범이 고의범에 대하여 특별관계에 있다고 해석되므로 결과적가중범만 성립하고 이와 법조경합의 관계에 있는 고의범에 대하여는 별도로 죄를 구성한다고 볼 수 없다. 따라서 ★직무를 집행하는 공무원에 대하여 위험한 물건을 휴대하여 고의로 상해를 가한 경우에는 특수공무집행방해치상죄만 성립할 뿐, 이와는 별도로 폭력행위 등 처벌에 관한 법률 위반(집단·흉기 등 상해)죄를 구성한다고 볼 수 없다(대법원 2008. 11. 27. 선고 2008도7311 판결).

제2항 성립요건

Ⅰ. 기본범죄(고의범이어야 함)

Ⅱ. 중한 결과발생

<<관련판례>>
[1] 강제추행치상죄에서 상해의 결과는 강제추행의 수단으로 사용한 폭행이나 추행행위 그 자체 또는 강제추행에 수반하는 행위로부터 발생한 것이어야 한다. 따라서 상해를 가한 부분을 고의범인 상해죄로 처벌하면서 이를 다시 결과적 가중범인 강제추행치상죄의 상해로 인정하여 이중으로 처벌할 수는 없다.

[2] 피고인이 피해자를 폭행하여 비골 골절 등의 상해를 가한 다음 강제추행한 사안에서, 피고인의 위 폭행을 강제추행의 수단으로서의 폭행으로 볼 수 없어 위 상해와 강제추행 사이에 인과관계가 없다는 이유로, 폭력행위 등 처벌에 관한 법률 위반죄로 처벌한 상해를 다시 결과적 가중범인 강제추행치상죄의 상해로 인정한 원심판결을 파기한 사례.

[3] 강제추행 과정에서 입힌 가슴부 찰과상 등이 별도의 치료를 받지 않더라도 일상생활을 하는 데 아무런 지장이 없고 시일이 경과함에 따라 자연적으로 치유되었다면 강제추행치상죄의 상해에 해당하지 않을 여지가 있다는 이유로, 이를 강제추행치상죄의 상해에 해당한다고 본 원심

판결을 파기한 사례(대법원 2009. 7. 23. 선고 2009도1934 판결)-->피고인이 피해자의 상의 위쪽으로 손을 넣어 피해자의 가슴을 만지고 스타킹 위로 피해자의 허벅지를 만져 피해자를 ★★★<<강제로 추행한 사실을 인정한 것은 정당>>하고, 거기에 상고이유의 주장과 같이 강제추행의 법리를 오해하거나 채증법칙을 위반한 위법이 있다고 할 수 없다.

그러나 피해자가 입은 상처를 강제추행치상죄에 있어서의 상해로 보아 강제추행치상죄를 유죄로 인정한 조치는 다음과 같은 이유로 이를 수긍할 수 없다.

2. 비골 골절 등 상해와 강제추행의 인과관계에 관하여
강제추행치상죄에 있어 상해의 결과는 강제추행의 수단으로 사용한 폭행이나 추행행위 그 자체 또는 강제추행에 수반하는 행위로부터 발생한 것이어야 한다.

그런데 피해자가 입은 상처들 중 '비골 골절, 좌측 수부 타박상 및 찰과상, 안면부와 우측 족부의 좌상'(이하 '이 사건 비골 골절 등'이라 한다)에 관하여 보건대, 원심판결 및 원심이 적법한 증거조사를 거쳐 채택한 증거 등에 의하면, 이 사건 비골 골절 등은 피해자와 피고인 사이에 술값 문제로 시비가 되어 상호 욕설을 하다가 피고인이 양손으로 피해자의 가슴 부분을 여러 차례 밀어 넘어뜨리고, 제1심 공동피고인 2도 이에 합세하여 피해자의 어깨를 1회 미는 등의 폭행을 하여 발생한 것임을 알 수 있고, 이와 같은 폭행 경위나 당시 제1심 공동피고인 2도 위 폭행에 합세하고 있었던 정황 등에 비추어 보면, 피고인에게 위 폭행 당시부터 피해자에 대한 강제추행의 범의가 있었다고 보기는 어렵다. 그러므로 ★★피고인의 위 폭행은 강제추행의 수단으로서의 폭행으로 볼 수 없어, 이 사건 비골 골절 등과 그 이후 일어난 강제추행 사이에 인과관계가 있다고 할 수 없다.

뿐만아니라, 원심은 피고인과 제1심 공동피고인 2가 공동하여 피해자에게 이 사건 비골 골절 등 상해를 가한 부분을 상해로 인한 폭력행위 등 처벌에 관한 법률 위반죄로 처벌하고 있는데, 이처럼 고의범인 상해죄로 처벌한 상해를 다시 결과적 가중범인 강제추행치상죄의 상해로 인정하여 이중으로 처벌할 수는 없다 할 것이다.

따라서, 이 사건 비골 골절 등을 강제추행치상죄의 상해에 포함시킨 원심판결에는 결과적 가중범인 강제추행치상죄에 관한 법리를 오해하여 판결에 영향을 미친 위법이 있다 할 것이다.

3. 가슴부 찰과상 등이 강제추행치상죄의 상해에 해당하는지 여부에 관하여

상해는 피해자의 신체의 건강상태가 불량하게 변경되고 생활기능에 장애가 초래되는 것을 말하는 것으로서, 피해자가 입은 상처가 극히 경미하여 굳이 치료할 필요가 없고 치료를 받지 않더라도 일상생활을 하는 데 아무런 지장이 없으며 시일이 경과함에 따라 자연적으로 치유될 수 있을 정도라면, 그로 인하여 피해자의 신체의 건강상태가 불량하게 변경되었다거나 생활기능에 장애가 초래된 것으로 보기 어려워 강제추행치상죄에 있어서의 상해에 해당한다고 할 수 없다(대법원 2004. 3. 11. 선고 2004도483 판결 등 참조).

이와 같은 법리에 비추어 피해자가 입은 나머지 상처들인 '우측 서혜부 타박상 및 찰과상, 가슴부 좌상 및 찰과상과 열상'(이하 '이 사건 가슴부 찰과상 등'이라 한다)에 관하여 보건대, 원심판결 및 원심이 적법한 증거조사를 거쳐 채택한 증거 등에 의하면, 이 사건 가슴부 찰과상 등은 피고인이 피해자의 가슴과 허벅지를 만지는 과정에서 발생한 것으로서, 피해자는 이 사건 비골 골절 등과 이 사건 가슴부 찰과상 등에 대하여 21일간의 치료를 요한다는 상해진단을 받았으나 이와 같은 진단은 이 사건 비골 골절 등이 포함되었기 때문이고, 피해자는 이 사건 가슴부 찰과상 등에 대하여는 별도로 치료받은 바 없이 일상생활에도 지장이 없어 시일이 경과함에 따라 자연적으로 치유된 사실을 알 수 있는바, 이러한 상처 발생 경위, 정도 및 그 치유 경과와 가슴 부위의 피부가 외부에 드러난 다른 부분보다 약하여 상처가 쉽게 생기거나 두드러져 보일 가능성도 배제할 수 없는 점 등에 비추어 보면, 이 사건 가슴부 찰과상 등은 ★★★강제추행치상죄에 있어서의 상해에 해당하지 않을 여지가 있다 할 것이다.

따라서, 원심판결 중 이 사건 가슴부 찰과상 등을 강제추행치상죄의 상해에 해당하는 것으로 판단한 부분 역시 심리를 다하지 아니하고 강제추행치상죄의 상해에 관한 법리를 오해하여 판결에 영향을 미친 위법이 있다 할 것이다.-->★★★★갑은 상해죄 및 강제추행죄만 성립

2. 피고인이 피해자에게 우측 흉골골절 및 늑골골절상과 이로 인한 우측 심장벽좌상과 심낭내출혈 등의 상해를 가함으로써, 피해자가 바닥에 쓰러진 채 정신을 잃고 빈사상태에 빠지자, 피해자가 사망한 것으로 오인하고, 피고인의 행위를 은폐하고 피해자가 자살한 것처럼 가장하기 위하여 피해자를 베란다로 옮긴 후 베란다 밑 약 13m 아래의 바닥으로 떨어뜨려 피해자로 하여금 현장에서 좌측 측두부 분쇄함몰골절에 의한 뇌손상 및 뇌출혈 등으로 사망에 이르게 하였다면, 피고인의 행위는 포괄하여 단일의 상해치사죄에 해당한다고 한 사례(대법원 1994. 11. 4. 선고 94도2361 판결)

Ⅳ. 중한 결과에 대한 예견가능성

<<관련판례>>
1. 피고인이 아파트 안방에서 안방문에 못질을 하여 동거하던 피해자가 술집에 나갈 수 없게 감금하고, 피해자를 때리고 옷을 벗기는 등 가혹한 행위를 하여 피해자가 이를 피하기 위하여 창문을 통해 밖으로 뛰어 내리려 하자 피고인이 이를 제지한 후, 피고인이 거실로 나오는 사이에 갑자기 안방 창문을 통하여 알몸으로 아파트 아래 잔디밭에 뛰어 내리다가 다발성 실질장기파열상 등을 입고 사망한 경우, 피고인의 중감금행위와 피해자의 사망 사이에는 인과관계가 있어 피고인은 중감금치사죄의 죄책을 진다고 본 사례(대법원 1991. 10. 25. 선고 91도2085 판결)

2. 피고인이 자신이 경영하는 속셈학원의 강사로 피해자를 채용하고 학습교재를 설명하겠다는 구실로 유인하여 호텔 객실에 감금한 후 강간하려 하자, 피해자가 완강히 반항하던 중 피고인이 대실시간 연장을 위해 전화하는 사이에 객실 창문을 통해 탈출하려다가 지상에 추락하여 사망한 사안에서, 피고인의 강간미수행위와 피해자의 사망과의 사이에 상당인과관계가 있다고 보아 피고인을 강간치사죄로 처단한 원심의 판단을 수긍한 사례(대법원 1995. 5. 12. 선고 95도425 판결)

3. 폭행치사죄는 결과적 가중범으로서 폭행과 사망의 결과 사이에 인과관계가 있는 외에 사망의 결과에 대한 예견가능성 즉 과실이 있어야 하고 이러한 예견가능성의 유무는 폭행의 정도와 피해자의 대응상태 등 구체적 상황을 살펴서 엄격하게 가려야 하는 것인바, 피고인이 피해자에게 상당한 힘을 가하여 넘어뜨린 것이 아니라 단지 공장에서 동료 사이에 말다툼을 하던 중 피고인이 삿대질하는 것을 피하고자 피해자 자신이 두어걸음 뒷걸음치다가 회전 중이던 십자형 스빙기계 철받침대에 걸려 넘어진 정도라면, 당시 바닥에 위와 같은 장애물이 있어서 뒷걸음치면 장애물에 걸려 넘어질 수 있다는 것까지는 예견할 수 있었다고 하더라도 그 정도로 넘어지면서 머리를 바닥에 부딪쳐 두개골절로 사망한다는 것은 이례적인 일이어서 통상적으로 일반인이 예견하기 어려운 결과라고 하지 않을 수 없으므로 피고인에게 폭행치사죄의 책임을 물을 수 없다 (대법원 1990. 9. 25. 선고 90도1596 판결).

4. 피해자가 피고인과 ★만나 함께 놀다가 큰 저항 없이 여관방에 함께 들어갔으며, 피고인이 강간을 시도하면서 한 폭행 또는 협박의 정도가 강간의 수단으로는 비교적 경미하였고, 피해자가 여관방 창문을 통하여 아래로 뛰어내릴 당시에는 피고인이 소변을 보기 위하여 화장실에 가 있는 때이어서 피해자가 일단 급박한 위해상태에서 벗어나 있었을 뿐 아니라, 무엇보다도 4층에 위치한 위 방에서 밖으로 뛰어내리는 경우에는 크게 다치거나 심지어는 생명을 잃는 수도 있는 것인 점을 아울러 본다면, 이러한 상황 아래에서 피해자가 강간을 모면하기 위하여 4층에서 창문을 넘어 뛰어내리거나 또는 이로 인하여 상해를 입기까지 되리라고는 ★예견할 수 없다(대법원 1993. 4. 27. 선고 92도3229 판결)

제3항 관련문제

I. 결과적 가중범 미수

<<관련판례>>
[1] 성폭력범죄의 처벌 및 피해자보호 등에 관한 법률 제9조 제1항에 의하면 같은 법 제6조 제1항에서 규정하는 특수강간의 죄를 범한 자뿐만 아니라, 특수강간이 미수에 그쳤다고 하더라도 그로 인하여 피해자가 상해를 입었으면 특수강간치상죄가 성립하는 것이고, 같은 법 제12조에서 규정한 위 제9조 제1항에 대한 미수범 처벌규정은 제9조 제1항에서 특수강간치상죄와 함께 규정된 특수강간상해죄의 미수에 그친 경우, 즉 특수강간의 죄를 범하거나 미수에 그친 자가 피해자에 대하여 상해의 고의를 가지고 피해자에게 상해를 입히려다가 미수에 그친 경우 등에 적용된다.

[2] 위험한 물건인 전자충격기를 사용하여 강간을 시도하다가 미수에 그치고, 피해자에게 약 2주간의 치료를 요하는 안면부 좌상 등의 상해를 입힌 사안에서, 성폭력범죄의 처벌 및 피해자보호등에 관한 법률에 의한 특수강간치상죄가 성립한다고 본 사례(대법원 2008. 4. 24. 선고 2007도10058 판결)-->★★★판례는 진정결과적 가중범의 미수 부정

Ⅱ. 결과적 가중범의 공동정범

Ⅲ. 결과적 가중범의 교사 및 방조

><<관련판례>>
>피고인이 피해자를 <<정신차릴 정도로 때려주라>>고 교사하였다면 이는 상해에 대한 교사로 봄이 상당하다고 할 것이므로 거기에 소론 주장과 같은 상해교사에 관한 법리오해의 위법이 있다고 할 수도 없다.
>
>그리고 원심이 유지한 위 증거에 의하면 피교사자인 공소외인은 피고인의 교사에 의하여 비로소 범죄실행의 결의를 하였음을 알 수 있으니 원심 판시에 교사범에 관한 법리오해의 위법이 있다고 할 수 없다. 논지는 모두 이유 없다.
>
>★검찰관의 상고이유에 관하여
>
>교사자가 피교사자에 대하여 상해를 교사하였는데 피교사자가 이를 넘어 살인을 실행한 경우에, 일반적으로 교사자는 상해죄에 대한 교사범이 되는 것이고, 다만 이 경우 교사자에게 피해자의 사망이라는 결과에 대하여 과실 내지 예견가능성이 있는 때에는 상해치사죄의 교사범으로서의 죄책을 지울 수 있다고 하겠다(당원 1993. 10. 8. 선고 93도1873 판결 참조).(대법원 1997. 6. 24. 선고 97도1075 판결)

제3장 위버성론

제1절 일반론

제1항 서설

제2항 위법성조각사유

Ⅰ. 구성요소

Ⅱ. 종류

제2절 정당방위

제1항 서설

제2항 성립요건

Ⅰ. 자기 또는 타인의 법익

Ⅱ. 현재의 부당한 침해

<<관련판례>>
1. 【판시사항】
가. 정당방위의 성립요건
나. 의붓아버지의 강간행위에 의하여 정조를 유린당한 후 계속적으로 성관계를 강요받아 온 피고인이 상피고인과 사전에 공모하여 범행을 준비하고 의붓아버지가 제대로 반항할 수 없는 상태에서 식칼로 심장을 찔러 살해한 행위는 사회통념상 상당성을 결여하여 정당방위가 성립하지 아니한다고 본 사례
다. 심신장애의 유무 및 정도에 관한 판단방법

【판결요지】
가. 정당방위가 성립하려면 침해행위에 의하여 침해되는 법익의 종류, 정도, 침해의 방법, 침해행위의 완급과 방위행위에 의하여 침해될 법익의 종류, 정도 등 일체의 구체적 사정들을 참작하여 방위행위가 사회적으로 상당한 것이어야 하고, 정당방위의 성립요건으로서의 방어행위에는 순수한 수비적 방어뿐 아니라 적극적 반격을 포함하는 반격방어의 형태도 포함되나, 그 방어행위는 자기 또는 타인의 법익침해를 방위하기 위한 행위로서 상당한 이유가 있어야 한다.
나. 의붓아버지의 강간행위에 의하여 정조를 유린당한 후 계속적으로 성관계를 강요받아 온 피고인이 상피고인과 사전에 공모하여 범행을 준비하고 의붓아버지가 제대로 반항할 수 없는 상태에서 식칼로 심장을 찔러 살해한 행위는 사회통념상 ★<<상당성을 결여>>하여 정당방위가 성립하지 아니한다고 본 사례.
다. 형법 제10조 소정의 심신장애의 유무 및 정도를 판단함에 있어서 반드시 전문인의 의견에 기속되어야 하는 것은 아니고 범행의 경위, 수단, 범행 전후의 피고인의 행동 등 기록에 나타난 제반자료와 공판정에서의 피고인의 태도 등을 종합하여 법원이 독자적으로 판단할 수 있다(대법원 1992. 12. 22. 선고 92도2540 판결)
-->피고인들이 공모하여 피해자 C(이하 피해자라고 한다)를 살해하였다는 원심의 사실인정은 수긍이 가고 거기에 채증법칙을 어긴 위법이 있다고 할 수 없다.

원심이 인용한 제1심판결이 든 증거에 의하면, 피고인 A는 피고인 D로부터 피해자와의 관계를 고백받고 같이 번민하다가 피해자를 살해하고 강도로 위장하기로 공모한 후, 피고인 A가 이 사건 범행 전날 서울 창동시장에서 범행에 사용할 식칼(증 제4호), 공업용 테이프(증 제7, 제10호), 장갑 등을 구입하여 가지고 범행장소인 충주에 내려가서 피고인 D와 전화통화로 범행시간을 정하고, 약속된 시간인 1992.1.17. 01:30경 피고인 D가 열어준 문을 통하여 피해자의 집안으로 들어간 다음, 이어서 피해자가 술에 취하여 잠들어 있는 방에 몰래 들어가 피해자의 머리 맡에서 식칼을 한손에 들어 피해자를 겨누고 양 무릎으로 피해자의 양팔을 눌러 꼼짝 못하게 한 후 피해자를 깨워 피해자가 제대로 반항할 수 없는 상태에서 피고인 D를 더이상 괴롭히지 말고 놓아 주라는 취지의 몇마디 이야기를 하다가 들고 있던 식칼로 피해자의 심장을 1회 찔러 그 자리에서 살해하고, 강도살인

을 당한 것처럼 위장하기 위하여 죽은 피해자의 양 발목을 공업용 테이프로 묶은 다음 현금을 찾아 태워 없애고 장농, 서랍 등을 뒤져 범행현장에 흩어 놓고 나서, 피고인 A는 강도에게 당한 것처럼 피고인 D의 브레지어 끈을 칼로 끊고 양 손목과 발목을 공업용 테이프로 묶은 다음 달아나고, 피고인 D는 양 손목과 발목이 공업용 테이프로 묶인 채 옆집에 가서 강도를 당하였다고 허위로 신고한 것이라는 원심의 사실인정을 수긍하기에 부족함이 없다 할 것이고, 사실관계가 위와 같은 이상 피고인들의 이 사건 범행이 우발적으로 이루어진 것이라고 볼 수도 없다. 피고인 D가 약 12살 때부터 의붓아버지인 피해자의 강간행위에 의하여 정조를 유린당한 후 계속적으로 이 사건 범행무렵까지 피해자와의 성관계를 강요받아 왔고, 그 밖에 피해자로부터 행동의 자유를 간섭받아 왔으며, 또한 그러한 침해행위가 그 후에도 반복하여 계속될 염려가 있었다면, 피고인들의 이 사건 범행 당시 피고인 D의 신체나 자유등에 대한 ★<<현재의 부당한 침해상태가 있었다고 볼 여지가 없는 것은 아니나>>, ★★★그렇다고 하여도 판시와 같은 경위로 이루어진 피고인들의 이 사건 살인행위가 형법 제21조 소정의 정당방위나 과잉방위에 해당한다고 하기는 어렵다.

2. 피고인이 1996. 8. 19. 10:00경 서울 강서구 (주소 생략) 소재 피고인의 처남인 피해자의 집에서 피해자의 왼쪽 허벅지를 길이 21cm 가량의 과도로 1회 찔러 피해자에게 약 14일간의 치료를 요하는 좌측대퇴외측부 심부자상 등을 가하였지만, 피해자가 술에 만취하여 누나인 공소외인과 말다툼을 하다가 공소외인의 머리채를 잡고 때렸으며, 당시 공소외인의 남편이었던 피고인이 이를 목격하고 화가 나서 피해자와 싸우게 되었는데, 그 과정에서 몸무게가 85kg 이상이나 되는 피해자가 62kg의 피고인을 침대 위에 넘어뜨리고 피고인의 가슴 위에 올라타 목부분을 누르자 호흡이 곤란하게 된 피고인이 안간힘을 쓰면서 허둥대다가 그 곳 침대 위에 놓여있던 과도로 피해자에게 상해를 가한 사실-->피고인의 행위는 피해자의 부당한 공격을 방위하기 위한 것이라기 보다는 서로 공격할 의사로 싸우다가 먼저 공격을 받고 이에 대항하여 가해하게 된 것이라고 봄이 상당하고, 이와 같은 싸움의 경우 가해행위는 ★방어행위인 동시에 공격행위의 성격을 가지므로 정당방위 또는 과잉방위행위라고 볼 수 없다(대법원 2000. 3. 28. 선고 2000도228 판결)-->정당방위부정

3. 피고인이 피해자를 살해하려고 먼저 가격한 이상 피해자의 반격이 있었더라도 피해자를 살해한 소위가 정당방위에 해당한다고 볼 수 없다(대법원 1983. 9. 13. 선고 83도1467 판결).

Ⅲ. 방위행위

Ⅳ. 상당한 이유

<<관련판례>>
1. 갑과 을이 공동으로 인적이 드문 심야에 혼자 귀가중인 병녀에게 뒤에서 느닷없이 달려들어 양팔을 붙잡고 어두운 골목길로 끌고들어가 담벽에 쓰러뜨린 후 갑이 음부를 만지며 반항하는 병녀의 옆구리를 무릎으로 차고 억지로 키스를 함으로 병녀가 정조와 신체를 지키려는 일념에서 엉겁결에 갑의 혀를 깨물어 설절단상을 입혔다면 병녀의 범행은 자기의 신체에 대한 현재의 부당한 침해에서 벗어나려고 한 행위로서 그 행위에 이르게 된 경위와 그 목적 및 수단, 행위자의 의사등 제반사정에 비추어 위법성이 결여된 행위이다(대법원 1989. 8. 8. 선고 89도358 판결).

2. 피고인이 나보고 그러느냐 하면서 자동차에서 내리자, 부락민들이 계속하여 피고인에게 투석을 하고, 피해자 공소외 1은 수족으로 피고인의 안면, 복부등을 구타하므로 피고인은 상처를 입고 순간적으로 분개한 나머지 마침 소지하고 있든 칼을 흔들어 공소외 1의 우측 유방 하부에 자상을 입힌 사실-->정당방위부정(대법원 1966. 3. 5. 선고 66도63 판결)

3. 피고인이 피해자와 말다툼을 하다가 건초더미에 있던 낫을 들고 반항하는 피해자로부터 낫을 빼앗아 그 낫으로 피해자의 가슴, 배, 등, 뒤통수, 목, 왼쪽 허벅지 부위 등을 10여 차례 찔러 피해자로 하여금 다발성 자상에 의한 기흉 등으로 사망하게 하였다는 사실-->정당방위부정(대법원 2007. 4. 26. 선고 2007도1794 판결)

V. 정당방위제한

<<관련판례>>
★★이혼소송중인 남편이 찾아와 가위로 폭행하고 변태적 성행위를 강요하는 데에 격분하여 처가 칼로 남편의 복부를 찔러 사망에 이르게 한 경우, 그 행위는 방위행위로서의 한도를 넘어선 것으로 사회통념상 용인될 수 없다는 이유로 정당방위나 과잉방위에 해당하지 않는다(대법원 2001. 5. 15. 선고 2001도1089 판결).

VI. 기타 관련판례

【판시사항】

서면화된 인사발령 없이 국군보안사령부 서빙고분실로 배치되어 이른바 "혁노맹"사건 수사에 협력하게 된 사정만으로 군무이탈행위에 군무기피목적이 없었다고 할 수 없고, ★★국군보안사령부의 민간인에 대한 정치사찰을 폭로한다는 명목으로 군무를 이탈한 행위가 정당방위나 정당행위에 해당하지 아니한다고 한 사례

【판결요지】

서면화된 인사발령 없이 국군보안사령부 서빙고분실로 배치되어 이른바 "혁노맹"사건 수사에 협력하게 된 사정만으로 군무이탈행위에 군무기피목적이 없었다고 할 수 없고, 국군보안사령부의 민간인에 대한 정치사찰을 폭로한다는 명목으로 군무를 이탈한 행위가 정당방위나 정당행위에 해당하지 아니한다고 한 사례(대법원 1993. 6. 8. 선고 93도766 판결)

제3항 과잉방위와 오상방위

I. 과잉방위

Ⅱ. 오상방위

Ⅲ. 오상과잉방위

제3절 긴급피난

제1항 개설

Ⅰ. 의의

Ⅱ. 본질

제2항 성립요건

Ⅰ. 자기 또는 타인의 법익에 대한 현재의 위난이 존재

> <<관련판례>>
> 1. 강간 등에 의한 치사상죄에 있어서 사상의 결과는 간음행위 그 자체로부터 발생한 경우나 강간의 수단으로 사용한 폭행으로부터 발생한 경우는 물론 강간에 수반하는 행위에서 발생한 경우도 포함한다 할 것인바, 원심이 확정한 바와 같이 피고인이 판시 일시경 피해자의 집에 침입하여 잠을 자고 있는 피해자를 강제로 간음할 목적으로 동인을 향해 손을 뻗는 순간 놀라 소리치는 동인의 입을 왼손으로 막고 오른손으로 음부 부위를 더듬던 중 동인이 피고인의 손가락을 깨물며 반항하자 물린 손가락을 비틀며 잡아 뽑아 동인으로 하여금 우측하악측절치치아결손의 상해를 입게 하였다면, 피해자가 입은 위 상해는 결국 피고인이 저지르려던 강간에 수반하여 일어난 행위에서 비롯된 것이라 할 것이고, 기록상 나타난 피해자의 반항을 뿌리친 형태 등에 비추어 보면 그 결과 또한 능히 예견할 수 있었던 것임을 부인할 수는 없다 하겠으니, 위와 같은 소위에 대하여 피고인을 강간치상죄로 처단한 제1심판결을 유지한 원심의 조처는 옳게 수긍이 되고, 거기에 소론과 같이 강간치상죄의 법리를 오해한 위법이 없다(대법원 1995. 1. 12. 선고 94도2781 판결).-->★★긴급피난 부정(자초위난)
>
> 2. 가. 피고인들이 피조개양식장에 피해를 주지 아니하도록 할 의도에서 선박의 닻줄을 7샤클(175미터)에서 5샤클(125미터)로 감아놓았고 그 경우에 피조개양식장까지의 거리는 약 30미터까지 근접한다는 것이므로 닻줄을 50미터 더 늘여서 7샤클로 묘박하였다면 선박이 태풍에 밀려 피조개양식장을 침범하여 물적 손해를 입히리라는 것은 당연히 예상되는 것이고, 그럼에도 불구하고 태풍에 대비한 선박의 안전을 위하여 선박의 닻줄을 7샤클로 늘여 놓았다면 이는 피조개양식장의 물적피해를 인용한 것이라 할 것이어서 재물손괴의 점에 대한 미필적 고의를 인정할 수 있다.
>
> 나. 선박의 이동에도 새로운 공유수면점용허가가 있어야 하고 휴지선을 이동하는데는 예인선이

> 따로 필요한 관계로 비용이 많이 들어 다른 해상으로 이동을 하지 못하고 있는 사이에 태풍을 만나게 되고 그와 같은 위급한 상황에서 선박과 선원들의 안전을 위하여 사회통념상 가장 적절하고 필요불가결하다고 인정되는 조치를 취하였다면 형법상 긴급피난으로서 위법성이 없어서 범죄가 성립되지 아니한다고 보아야 하고 미리 선박을 이동시켜 놓아야 할 책임을 다하지 아니함으로써 위와 같은 ★긴급한 위난을 당하였다는 점만으로는 긴급피난을 인정하는데 아무런 방해가 되지 아니한다(대법원 1987. 1. 20. 선고 85도221 판결).

Ⅱ. 피난행위

Ⅲ. 상당한 이유존재

> <<관련판례>>
> 피고인이 경기동부방송의 시험방송 송출로 인하여 위성방송의 수신이 불가능하게 되었다는 민원을 접수한 후 경기동부방송에 시험방송 송출을 ★★중단해달라는 요청도 해보지 아니한 채 시험방송이 송출된 지 약 1시간 30여 분 만에 곧바로 경기동부방송의 방송안테나를 절단하도록 지시한 점, 그 당시 (아파트 이름 생략)아파트 전체 815세대 중 140여 세대는 경기동부방송과 유선방송 이용계약을 체결하고 있었던 점 등 그 행위의 내용이나 방법, 법익침해의 정도 등에 비추어 볼 때, 당시 피고인이 다수 입주민들의 민원에 따라 입주자대표회의 회장의 자격으로 위성방송 수신을 방해하는 경기동부방송의 시험방송 송출을 중단시키기 위하여 경기동부방송의 방송안테나를 절단하도록 지시하였다고 할지라도 피고인의 위와 같은 행위를 긴급피난 내지는 정당행위에 해당한다고 볼 수 없다(대법원 2006. 4. 13. 선고 2005도9396 판결).

제3항 긴급피난의 효과 및 특칙

Ⅰ. 긴급피난의 효과

Ⅱ. 긴급피난의 특칙

제2항 과잉피난 및 오상피난

제3항 의무의 충돌

제4절 자구행위

제1항 개설
Ⅰ. 의의

Ⅱ. 법정절차에 의하여 청구권을 보전하는 것이 불가능할 것

> 피고인들이 자신들의 피해자에 대한 물품대금 채권을 다른 채권자들보다 우선적으로 확보할 목적으로 피해자가 부도를 낸 다음날 새벽에 피해자의 승낙을 받지 아니한 채 피해자의 가구점의 시정장치를 쇠톱으로 절단하고 그곳에 침입하여 시가 16,000,000원 상당의 피해자의 가구들을 화물차에 싣고 가 다른 장소에 옮겨 놓은 행위에 대하여 피고인들에게는 불법영득의사가 있었다고 볼 수밖에 없어 <u>특수절도죄가 성립한다고 판단하였는바</u>, 앞서 본 법리에 비추어 기록을 살펴보면, 원심의 위와 같은 판단은 정당한 것으로 수긍이 가고, 거기에 상고이유로 주장하는 바와 같이 절도죄에 있어서의 불법영득의사에 관한 법리를 오해하는 등의 위법이 있다고 할 수 없다.
> 형법상 자구행위라 함은 법정절차에 의하여 청구권을 보전하기 불능한 경우에 그 청구권의 실행불능 또는 현저한 실행곤란을 피하기 위한 상당한 행위를 말하는 것인바(대법원 1984. 12. 26. 선고 84도2582, 84감도397 판결 참조), 이 사건에서 <u>피고인들에 대한 채무자인 피해자가 부도를 낸 후 도피하였고 다른 채권자들이 채권확보를 위하여 피해자의 물건들을 취거해 갈 수도 있다는 사정만으로는 피고인들이 법정절차에 의하여 자신들의 피해자에 대한 청구권을 보전하는 것이 불가능한 경우에 해당한다고 볼 수 없을 뿐만 아니라, 또한 피해자 소유의 가구점에 관리종업원이 있음에도 불구하고 위 가구점의 시정장치를 쇠톱으로 절단하고 들어가 가구들을 무단으로 취거한 행위가 피고인들의 피해자에 대한 청구권의 실행불능이나 현저한 실행곤란을 피하기 위한 상당한 이유가 있는 행위라고도 할 수 없다</u>(대법원 2006. 3. 24. 선고 2005도8081 판결).

Ⅲ. 자구행위

Ⅳ. 상당한 이유

제3항 자구행위의 효과

제5절 피해자승낙

제1항 개설

Ⅰ. 의의

Ⅱ. 양해와 구별

제2항 성립요건

Ⅰ. 법익을 처분할 수 있는 자의 유효한 승낙

> <<관련판례>>
> 피무고자의 승낙을 받아 허위사실을 기재한 고소장을 제출하였다면 피무고자에 대한 형사처분이라는 결과발생을 의욕한 것은 아니라 하더라도 적어도 그러한 결과발생에 대한 미필적인 인식은 있었던 것으로 보아야 한다(대법원 2005. 9. 30. 선고 2005도2712 판결).

Ⅱ. 승낙에 의한 법익침해행위

Ⅲ. 상당성

> <<관련판례>>
> 갑이 을과 공모하여 보험사기를 목적으로 을에게 상해를 가한 사안에서, 피해자의 승낙으로 위법성이 조각되지 아니한다(대법원 2008. 12. 11. 선고 2008도9606 판결).

Ⅳ. 법률에 특별한 규정이 없을 것

제3항 효과

제4항 추정적 승낙

Ⅰ. 개설

Ⅱ. 성립요건

> <<관련판례>>
> 가. 이 사건 가옥을 피해자가 점유관리하고 있었다면 그 건물이 가사 피고인의 소유였다할지라도 주거침입죄의 성립에 아무런 장애가 되지 않는다.
>
> 나. ★건물의 소유자라고 주장하는 피고인과 그것을 점유관리하고 있는 피해자 사이에 건물의 소유권에 대한 분쟁이 계속되고 있는 상황이라면 피고인이 그 건물에 침입하는 것에 대한 피해자의 추정적 승낙이 있었다거나 피고인의 이 사건 범행이 사회상규에 위배되지 않는다고 볼 수 없다고 한 원심의 조치는 수긍이 간다(대법원 1989. 9. 12. 선고 89도889 판결).

Ⅲ. 효과

제6절 정당행위

제1항 의의

제2항 법령에 의한 행위

Ⅰ. 의의

Ⅱ. 공무원의 집무집행

<<관련판례>>
(12. 12 사태에서) 상관의 적법한 직무상 명령에 따른 행위는 정당행위로서 형법 제20조에 의하여 그 위법성이 조각된다고 할 것이나, ★상관의 위법한 명령에 따라 범죄행위를 한 경우에는 상관의 명령에 따랐다고 하여 부하가 한 범죄행위의 위법성이 조각될 수는 없다(대법원 1997. 4. 17. 선고 96도3376 전원합의체 판결).

Ⅲ. 징계행위

Ⅳ. 사인의 현행범인체포

<<관련판례>>
피고인이 1997. 4. 2. 22:40경 평택시 팽성읍 (주소 생략) 소재 피해자 공소외인(영문명 생략)의 집 앞 노상에서 피해자가 그 곳에 주차하여 둔 피고인의 차를 열쇠 꾸러미로 긁어 손괴하는 것을 보고 이에 격분하여 피해자의 멱살을 수회 잡아 흔들어 피해자에게 약 14일간의 치료를 요하는 흉부찰과상을 가하였다는 점에 대하여, 검사가 제출한 증거들에 의하더라도 피고인이 피고인의 차를 손괴하고 도망하려는 피해자를 도망하지 못하게 멱살을 잡은 결과 피해자의 목부분이 빨갛게 되었다는 사실은 인정되나,(중략) 어떠한 행위가 위법성조각사유로서의 정당행위가 되는지 여부는 구체적인 경우에 따라 합목적적, 합리적으로 가려져야 할 것인바, 정당행위를 인정하려면 첫째 그 행위의 동기나 목적의 정당성, 둘째 행위의 수단이나 방법의 상당성, 셋째 보호법익과 침해법익의 권형성, 넷째 긴급성, 다섯째 그 행위 이외의 다른 수단이나 방법이 없다는 보충성의 요건을 모두 갖추어야 할 것이다(대법원 1992. 9. 25. 선고 92도1520 판결, 대법원 1994. 4. 15. 선고 93도2899 판결, 대법원 1998. 10. 13. 선고 97도3337 판결 등 참조). 그리고 현행범인은 누구든지 영장 없이 체포할 수 있으므로(형사소송법 제212조) 사인의 현행범인 체포는 법령에 의한 행위로서 위법성이 조각된다고 할 것인데, 현행범인 체포의 요건으로서는 행위의 가별성, 범죄의 현행성·시간적 접착성, 범인·범죄의 명백성 외에 체포의 필요성 즉, 도망 또는 증거인멸의 염려가 있을 것을 요한다고 보아야 함은 소론과 같다고 할 것이다.

그러나 이 사건에서 피해자가 재물손괴죄의 현행범인에 해당함은 명백하고, 피해자는 당시 열쇠로 피고인의 차를 긁고 있다가 피고인이 나타나자 부인하면서 도망하려고 하였다는 것이므로 위에서 말하는 체포의 필요성의 요건도 갖추었다고 할 것이다. 같은 취지의 원심 판단은 정당하다.

한편, 적정한 한계를 벗어나는 체포행위는 그 부분에 관한 한 법령에 의한 행위로 될 수 없다고 할 것이나, 적정한 한계를 벗어나는 행위인가 여부는 결국 앞서 본 정당행위의 일반적 요건을 갖추었는지 여부에 따라 결정되어야 할 것이지 소론이 주장하고 있는 바와 같이 그 행위가 소극적인 방어행위인가 적극적인 공격행위인가에 따라 결정되어야 하는 것은 아니다.

★피고인이 피해자를 체포함에 있어서 멱살을 잡은 행위는 그와 같은 적정한 한계를 벗어나는 행위라고 볼 수 없을 뿐만 아니라 설사 소론이 주장하는 바와 같이 피고인이 도망하려는 피해자를 체포함에 있어서 멱살을 잡고 흔들어 피해자가 결과적으로 그 주장과 같은 상처를 입게 된 사실이 인정된다고 하더라도 그것이 사회통념상 <<허용될 수 없는 행위라고 보기는 어렵다>>.고 할 것이다(대법원 1999. 1. 26. 선고 98도3029 판결).

V. 노동쟁의

<<관련판례>>
근로자는 원칙적으로 헌법상 보장된 기본권으로서 근로조건 향상을 위한 자주적인 단결권·단체교섭권 및 단체행동권을 가지므로(헌법 제33조 제1항), 쟁의행위로서 파업이 언제나 업무방해죄에 해당하는 것으로 볼 것은 아니고, 전후 사정과 경위 등에 비추어 사용자가 예측할 수 없는 시기에 전격적으로 이루어져 사용자의 사업운영에 심대한 혼란 내지 막대한 손해를 초래하는 등으로 사용자의 사업계속에 관한 자유의사가 제압·혼란될 수 있다고 평가할 수 있는 경우에 비로소 집단적 노무제공의 거부가 위력에 해당하여 업무방해죄가 성립한다고 보는 것이 타당하다(대법원 2011. 3. 17. 선고 2007도482 전원합의체 판결).

제3항 업무로 인한 행위

<<관련판례>>
【판시사항】
[1] ★의사가 한방 의료행위에 속하는 침술행위를 하는 것이 '면허된 것 이외의 의료행위'를 한 경우에 해당하는지 여부(적극)
[2] 의사인 피고인이 자신이 운영하는 정형외과의원에서 환자들에게 침을 놓아 치료를 함으로써 '면허된 것 이외의 의료행위'를 하였다고 하여 구 의료법 위반으로 기소된 사안에서, 피고인의 행위는 한방 의료행위인 침술행위에 해당할 여지가 많은데도, 이와 달리 보아 무죄를 인정한 원심판결에 법리오해 등의 위법이 있다고 한 사례

【판결요지】
[1] 한방 의료행위란 '우리 선조들로부터 전통적으로 내려오는 한의학을 기초로 한 질병의 예방이나 치료행위'로서 의료법 관련 규정에 따라 한의사만이 할 수 있고, 이에 속하는 침술행위는 '침을 이용하여 질병을 예방, 완화, 치료하는 한방 의료행위'로서, 의사가 위와 같은 침술행위를 하는 것은 면허된 것 이외의 의료행위를 한 경우에 해당한다.
[2] 의사인 피고인이 자신이 운영하는 정형외과의원에서 환자 갑, 을에게 침을 놓아 치료를 함으로써 '면허된 것 이외의 의료행위'를 하였다고 하여 구 의료법(2012. 2. 1. 법률 제11252호로

개정되기 전의 것) 위반으로 기소된 사안에서, 피고인은 당시 갑의 이마에 20여 대 등의 침을, 을의 허리 중앙 부위를 중심으로 10여 대의 침을 놓는 등 한 부위에 여러 대의 침을 놓았고, 그 침도 침술행위에서 통상적으로 사용하는 침과 다를 바 없는 점, 침을 놓은 부위가 대체로 침술행위에서 통상적으로 시술하는 부위인 경혈, 경외기혈 등에 해당하고, 깊숙이 침을 삽입할 수 없는 이마 등도 그 부위에 포함된 점 등에 비추어 피고인의 행위는 한방 의료행위인 침술행위에 해당할 여지가 많은데도, 이와 달리 보아 무죄를 인정한 원심판결에 한방 의료행위인 침술행위에 관한 법리오해 및 심리미진의 위법이 있다고 한 사례(대법원 2014. 9. 4. 선고 2013도7572 판결)

2. 【판시사항】

[1] 무면허 의료행위가 사회상규에 위배되지 아니하는 정당행위로 인정되기 위한 요건

[2] <<자격기본법에 의한 민간자격증을 취득한 자>>가 한방의료행위인 ★<<침술행위를 한 경우>>, 무면허 의료행위에 해당되지 아니하여 죄가 되지 않는다고 믿는 데에 정당한 사유가 있었다고 할 수 있는지 여부(소극)

【판결요지】

[1] 일반적으로 면허 또는 자격 없이 침술행위를 하는 것은 의료법 제25조의 무면허 의료행위(한방의료행위)에 해당되어 같은 법 제66조에 의하여 처벌되어야 하는 것이며, 그 침술행위가 광범위하고 보편화된 민간요법이고 그 시술로 인한 위험성이 적다는 사정만으로 그것이 바로 사회상규에 위배되지 아니하는 행위에 해당한다고 보기는 어렵다 할 것이고, 다만 개별적인 경우에 그 침술행위의 위험성의 정도, 일반인들의 시각, 시술자의 시술의 동기, 목적, 방법, 횟수, 시술에 대한 지식수준, 시술경력, 피시술자의 나이, 체질, 건강상태, 시술행위로 인한 부작용 내지 위험발생 가능성 등을 종합적으로 고려하여 법질서 전체의 정신이나 그 배후에 놓여 있는 사회윤리 내지 사회통념에 비추어 용인될 수 있는 행위에 해당한다고 인정되는 경우에만 사회상규에 위배되지 아니하는 행위로서 위법성이 조각된다.

[2] 자격기본법에 의한 민간자격관리자로부터 대체의학자격증을 수여받은 자가 사업자등록을 한 후 침술원을 개설하였다고 하더라도 국가의 공인을 받지 못한 민간자격을 취득하였다는 사실만으로는 자신의 행위가 무면허 의료행위에 해당되지 아니하여 죄가 되지 않는다고 믿는 데에 정당한 사유가 있었다고 할 수 없다(대법원 2003. 5. 13. 선고 2003도939 판결).

3. 외국에서 침구사자격을 취득하였으나 국내에서 침술행위를 할 수 있는 면허나 자격을 취득하지 못한 자가 <<단순한 수지침 정도의 수준을 넘어 ★★★체침을 시술>>한 경우, 사회상규에 위배되지 아니하는 무면허의료행위로 인정될 수 없다(대법원 2002. 12. 26. 선고 2002도5077 판결).

4. 피고인이 찜질방 내에 침대, 부항기 및 부항침 등을 갖추어 놓고 찾아오는 사람들에게 아픈 부

위와 증상을 물어 본 다음 양손으로 아픈 부위의 혈을 주무르 근육을 풀어주는 한편, 그 부위에 부항을 뜬 후 그 곳을 ★부항침으로 10회 정도 찌르고 다시 부항을 뜨는 방법으로 치료를 하여 주고 치료비 명목으로 15,000원 또는 25,000원을 받은 이 사건에서, 피고인의 이러한 행위는 의학적 전문지식이 있는 의료인이 행하지 아니하면 사람의 생명, 신체나 공중위생에 위해를 발생시킬 우려가 있는 것이므로 의료행위에 해당한다고 할 것이다.

★★부항 시술행위가 광범위하고 보편화된 민간요법이고, 그 시술로 인한 위험성이 적다는 사정만으로 그것이 바로 사회상규에 위배되지 아니하는 행위에 해당한다고 보기는 어렵고, 다만 ★★개별적인 경우에 그 부항 시술행위의 위험성의 정도, 일반인들의 시각, 시술자의 시술의 동기, 목적, 방법, 횟수, 시술에 대한 지식수준, 시술경력, 피시술자의 나이, 체질, 건강상태, 시술행위로 인한 부작용 내지 위험발생 가능성 등을 종합적으로 고려하여 법질서 전체의 정신이나 그 배후에 놓여 있는 사회윤리 내지 사회통념에 비추어 용인될 수 있는 행위에 해당한다고 인정되는 경우에만 사회상규에 위배되지 아니하는 행위로서 위법성이 조각된다고 할 것이다(대법원 2002. 12. 26. 선고 2002도5077 판결 등 참조).

위 법리에 비추어 기록을 살펴보면, ★★피고인이 행한 부항 시술행위가 보건위생상 위해가 발행할 우려가 전혀 없다고 볼 수 없는 데다가, 피고인이 한의사 자격이나 이에 관한 어떠한 면허도 없이 영리를 목적으로 위와 같은 치료행위를 한 것이고, 단순히 수지침 정도의 수준에 그치지 아니하고 부항침과 부항을 이용하여 체내의 혈액을 밖으로 배출되도록 한 것이므로, 이러한 피고인의 시술행위는 의료법을 포함한 법질서 전체의 정신이나 사회통념에 비추어 용인될 수 있는 행위에 해당한다고 볼 수는 없고, 따라서 사회상규에 위배되지 아니하는 행위로서 위법성이 조각되는 경우에 해당한다고 할 수 없다(대법원 2004. 10. 28. 선고 2004도3405 판결).

5. 일반적으로 면허 또는 자격 없이 침술행위를 하는 것은 의료법 제25조의 무면허 의료행위(한방의료행위)에 해당되어 같은 법 제66조에 의하여 처벌되어야 하고, 수지침 시술행위도 위와 같은 침술행위의 일종으로서 의료법에서 금지하고 있는 의료행위에 해당하며, 이러한 수지침 시술행위가 광범위하고 보편화된 민간요법이고, 그 시술로 인한 위험성이 적다는 사정만으로 그것이 바로 사회상규에 위배되지 아니하는 행위에 해당한다고 보기는 어렵다고 할 것이나, ★★★수지침은 시술부위나 시술방법 등에 있어서 예로부터 동양의학으로 전래되어 내려오는 체침의 경우와 현저한 차이가 있고, 일반인들의 인식도 이에 대한 관용의 입장에 기울어져 있으므로, 이러한 사정과 함께 시술자의 시술의 동기, 목적, 방법, 횟수, 시술에 대한 지식수준, 시술경력, 피시술자의 나이, 체질, 건강상태, 시술행위로 인한 부작용 내지 위험발생 가능성 등을 종합적으로 고려하여 구체적인 경우에 있어서 개별적으로 보아 법질서 전체의 정신이나 그 배후에 놓여 있는 사회윤리 내지 사회통념에 비추어 용인될 수 있는 행위에 해당한다고 인정되는 경우에는 형법 제20조 소정의 사회상규에 위배되지 아니하는 행위로서 위법성이 조각된다고 할 것이다(대법원 2000. 4. 25. 선고 98도2389 판결).

제4항 기타 사회상규에 위배되지 않는 행위

<<관련판례>>
1. 피해자가 피고인의 고소로 조사받는 것을 따지기 위하여 야간에 피고인의 집에 침입한 상태에서 문을 닫으려는 피고인과 열려는 피해자 사이의 실랑이가 계속되는 과정에서 ★<<문짝이 떨어져>> 그 앞에 있던 피해자가 넘어져 2주간의 치료를 요하는 요추부염좌 및 우측 제4수지 타박상의 각 상해를 입게 된 경우, 피고인의 가해행위가 이루어진 시간 및 장소, 경위와 동기, 방법과 강도 및 피고인의 의사와 목적 등에 비추어 볼 때, 사회통념상 허용될 만한 정도를 넘어서는 위법성이 있는 행위라고 보기는 어려우므로 정당행위에 해당한다(대법원 2000. 3. 10. 선고 99도4273 판결).

2. 피해자가 양손으로 피고인의 넥타이를 잡고 늘어져 후경부피하출혈상을 입을 정도로 목이 졸리게 된 피고인이 피해자를 떼어놓기 위하여 왼손으로 자신의 목 부근 넥타이를 잡은 상태에서 오른손으로 피해자의 손을 잡아 비틀면서 서로 밀고 당기고 하였다면, 피고인의 그와 같은 행위는 목이 졸린 상태에서 벗어나기 위한 소극적인 저항행위에 불과하여 형법 제20조 소정의 정당행위에 해당하여 죄가 되지 아니한다(대법원 1996. 5. 28. 선고 96도979 판결).

3. 호텔 내 주점의 임대인이 임차인의 차임 연체를 이유로 계약서상 규정에 따라 위 주점에 대하여 단전·단수조치를 취한 경우, ★약정 기간이 만료되었고 임대차보증금도 차임연체 등으로 공제되어 이미 남아있지 않은 상태에서 미리 예고한 후 단전·단수조치를 하였다면 형법 제20조의 정당행위에 해당하지만, ★★약정 기간이 만료되지 않았고 임대차보증금도 상당한 액수가 남아있는 상태에서 계약해지의 의사표시와 경고만을 한 후 단전·단수조치를 하였다면 정당행위로 볼 수 없다(대법원 2007. 9. 20. 선고 2006도9157 판결).

4. 가. 정당한 권리가 있다 하더라도 그 권리행사에 빙자하여 사회통념상 허용되는 범위를 넘어 협박을 수단으로 상대방을 외포시켜 재물의 교부 또는 재산상의 이익을 받는 경우와 같이 그 행위가 정당한 권리행사라고 인정되지 아니하는 경우에는 공갈죄가 성립된다고 할 것인바, 공사 수급인의 공사부실로 하자가 발생되어 도급인측에서 하자보수시까지 기성고 잔액의 지급을 거절하자 수급인이 일방적으로 공사를 중단하여 수급인에게 자신이 임의로 결가계산한 기성고 잔액 등 금 199,000,000원의 지급청구권이 있다고 볼 수 없을 뿐만 아니라, 비록 그렇지 않다 하더라도 ★수급인이 권리행사에 빙자하여 도급인측에 대하여 비리를 관계기관에 고발하겠다는 내용의 협박 내지 사무실의 장시간 무단점거 및 직원들에 대한 폭행 등의 위법수단을 써서 기성고 공사대금 명목으로 금 80,000,000원을 교부받은 소위는 사회통념상 허용되는 범위를 넘는 것으로서 이는 공갈죄에 해당한다.

나. 무고죄에 있어서의 형사처분을 받게 할 목적이란 허위신고를 함으로써 다른 사람이 그로 인하여 형사처분을 받게 될 것이라는 인식이 있으면 족하고 그 결과 발생을 희망하는 것까지는 필요치 않으며, 또 무고죄에 있어서의 범의는 반드시 확정적 고의임을 요하지 아니하므로 신고자가 진실하다는 확신 없는 사실을 신고함으로써 무고죄는 성립하고 그 신고사실이 허위라는 것을 확신할 것까지는 없다.

다. 국세청장은 조세범칙행위에 대하여 벌금 상당액의 통고처분을 하거나 검찰에 이를 고발할 수 있는 권한이 있으므로, 국세청장에 대하여 탈세혐의사실에 관한 허위의 진정서를 제출하였다면 무고죄가 성립한다(대법원 1991. 12. 13. 선고 91도2127 판결).

제4장 책임론

제1절 책임이론 개관

제1항 개설

제2항 책임근거

제3항 책임본질

제2절 책임능력

제1항 개설

<<관련판례>>

1. 본조에서 말하는 사물을 판별할 능력 또는 의사를 결정할 능력은 자유의사를 전제로 한 의사결정의 능력에 관한 것으로서, 그 능력의 유무와 정도는 감정사항에 속하는 사실문제라 할지라도 그 능력에 관한 확정된 사실이 심신상실 또는 심신미약에 해당하는 여부는 <u>법률문제에 속하는 것</u>인바 피고인의 범행 당시 정신상태가 심신미약인 상태에 해당되는 것으로 사료된다는 취지의 감정서의 기재 및 이에 대한 감정인의 증언은 감정결과인 인격해리상태에 대한 자신의 법률적 평가를 개진하였음에 불과하므로 그 정신상태에 관한 판단의 자료가 될 수 없다(대법원 1968. 4. 30. 선고 68도400 판결).

2. [1] 형법 제10조에 규정된 심신장애는 <u>생물학적 요소</u>로서 정신병 또는 비정상적 정신상태와 같은 정신적 장애가 있는 외에 <u>심리학적 요소</u>로서 이와 같은 정신적 장애로 말미암아 사물에 대한 변별능력과 그에 따른 행위통제능력이 결여되거나 감소되었음을 요하므로, 정신적 장애가 있는 자라고 하여도 범행 당시 정상적인 사물변별능력이나 행위통제능력이 있었다면 심신장애로 볼 수 없다.

   [2] <u>특단의 사정이 없는 한 성격적 결함을 가진 자에 대하여 자신의 충동을 억제하고 법을 준수하도록 요구하는 것이 기대할 수 없는 행위를 요구하는 것이라고는 할 수 없으므로, 사춘기 이전의 소아들을 상대로 한 성행위를 중심으로 성적 흥분을 강하게 일으키는 공상, 성적 충동, 성적 행동이 반복되어 나타나는 소아기호증은 성적인 측면에서의 성격적 결함으로 인하여 나타나</u>

는 것으로서, ★소아기호증과 같은 질환이 있다는 사정은 그 자체만으로는 형의 감면사유인 심신장애에 해당하지 ★아니한다고 봄이 상당하고, 다만 그 증상이 매우 심각하여 원래의 의미의 정신병이 있는 사람과 동등하다고 평가할 수 있거나, 다른 심신장애사유와 경합된 경우 등에는 심신장애를 인정할 여지가 있으며, 이 경우 심신장애의 인정 여부는 소아기호증의 정도, 범행의 동기 및 원인, 범행의 경위 및 수단과 태양, 범행 전후의 피고인의 행동, 증거인멸 공작의 유무, 범행 및 그 전후의 상황에 관한 기억의 유무 및 정도, 반성의 빛의 유무, 수사 및 공판정에서의 방어 및 변소의 방법과 태도, 소아기호증 발병 전의 피고인의 성격과 그 범죄와의 관련성 유무 및 정도 등을 종합하여 법원이 독자적으로 판단할 수 있다.

[3] 범행 당시 소아기호증의 정도 및 내용 등 여러 사정에 관하여 구체적으로 심리·검토하지 않은 상태에서 심신미약의 상태에 있었다고 판단한 원심판결을 파기한 사례(대법원 2007. 2. 8. 선고 2006도7900 판결))

제2항 책임무능력자

Ⅰ. 형사미성년자

Ⅱ. 심신상실자

제3항 한정책임능력자

Ⅰ. 심신미약자

<<관련판례>>
가. 형법 제10조의 심신장애로 인하여 사물을 변별할 능력이 없거나 의사를 결정할 능력이 없는 자 및 이와 같은 능력이 미약한 자라 함은 어느 것이나 심신장애의 상태에 있는 사람을 말하고, ★이 양자는 단순히 그 장애정도의 강약의 차이가 있을 뿐 정신장애로 인하여 사물의 시비 또는 선악을 변별할 능력이 없거나 그 변별한 바에 따라 행동할 능력이 없는 경우와, 정신장애가 위와 같은 능력을 결여하는 정도에는 이르지 않았으나 그 능력이 현저하게 감퇴된 상태를 말한다.

나. 피고인의 정신상태가 정신분열증세와 방화에 대한 억제하기 어려운 충동으로 말미암아 사물을 변별하거나 의사를 결정할 능력이 미약한 상태에서 불과 6일간에 여덟차례에 걸친 연속된 방화를 감행하였다면, 피고인을 심신미약자로 인정하고 형법 제10조 제2항을 적용하여 처단한 조치는 정당하다.

다. 호텔의 사장 또는 영선과장인 피고인들에게는 화재가 발생하면 불이 확대되지 않도록 계단과 복도등을 차단하는 갑종방화문은 항상 자동개폐되도록 하며, 숙박업들이 신속하게 탈출대피할 수 있도록 각층의 을종방화문(비상문)은 언제라도 내부에서 외부로의 탈출방향으로 밀기만 하면 그대로 열려지도록 설비관리하고, 화재시에는 즉시 전층 객객실에 이를 알리는 감지기, 수신기, 주경종, 지구경종을 완벽하게 정상적으로 작동하도록 시설관리하여야 할 업무상의 주의의무가 있다 할 것이다.

라. 호텔의 사장 또는 영선과장인 피고인들이 오보가 잦다는 이유로 자동화재조기탐지 및 경보시설인 수신기의 지구경종스위치를 내려 끈 채 봉하고, 영업상 미관을 해친다는 이유로 각층에 설치된 갑종방화문을 열어두게 하고 옥외피난계단으로 통하는 을종방화문은 도난방지등의 이유로 고리를 끼워 피난구로서의 역할을 다하지 못하게 하였다면, 이와 같은 피고인들의 주의의무 해태는 결과적으로 건물의 화재발생시에 있어서 숙박객 등에게 신속하게 화재를 알릴 수 없게 되고 발화지점에서의 상하층에의 연소방지를 미흡하게 하고 또 숙박객 등을 비상구를 통해 신속하게 옥외로 대피시키지 못하게 하는 것임은 경험상 명백하다 할 것이므로, 이 사건 화재로 인한 숙박객 등의 사상이라는 결과는 충분히 예견가능한 것이라고 할 것이다.

마. 소위 과실범에 있어서의 비난가능성의 지적 요소란 결과발생의 가능성에 대한 인식으로서 인식있는 과실에는 이와 같은 인식이 있고, 인식없는 과실에는 이에 대한 인식자체도 없는 경우이나, 전자에 있어서 책임이 발생함은 물론, 후자에 있어서도 그 결과발생을 인식하지 못하였다는 데에 대한 부주의 즉 규범적 실재로서의 과실책임이 있다고 할 것이다(대법원 1984. 2. 28. 선고 83도3007 판결).

제4항 원인에 있어서 자유로운 행위

Ⅰ. 개설

Ⅱ. 가벌성 근거

Ⅲ. 유형

<<관련판례>>
형법 제10조 제3항은 "위험의 발생을 예견하고 자의로 심신장애를 야기한 자의 행위에는 전2항의 규정을 적용하지 아니한다"고 규정하고 있는 바, 이 규정은 고의에 의한 원인에 있어서의 자유로운 행위만이 아니라 과실에 의한 원인에 있어서의 자유로운 행위까지도 포함하는 것으로서 <u>위험의 발생을 예견할 수 있었는데도 자의로 심신장애를 야기한 경우도 그 적용 대상이 된다</u>고할 것이어서, 피고인이 음주운전을 할 의사를 가지고 음주만취한 후 운전을 결행하여 교통사고를 일으켰다면 피고인은 음주시에 교통사고를 일으킬 위험성을 예견하였는데도 자의로 심신장애를 야기한 경우에 해당하므로 위 법조항에 의하여 심신장애로 인한 감경 등을 할 수 없다(대법원 1992. 7. 28. 선고 92도999 판결).

Ⅳ. 제10조 제3항 해석

제3절 위법성인식

Ⅰ. 의의

<<관련판례>>
피고인이 판시 ★○○면사무소 호병계장으로 재직하고 있음을 기화로 피고인과 피고인의 동거여인인 공소외 1과의 사이에 출생한 공소외 2를 피고인과 피고인의 법률상 처인 공소외 3 사이에서 출생한 것처럼 호적부에 허위의 기재를 한 후 그 정을 모르는 면장으로 하여금 이에 날인케 하여 허위내용의 호적부를 작성한 원심판시 소위는 형법 제260조 제1항의 허위공문서작성죄의 구성요건을 충족함이 뚜렷하고 나아가 범죄의 성립에 있어서 위법의 인식은 그 범죄사실이 사회정의와 조리에 어긋난다는 것을 인식하는 것으로서 족하고 구체적인 해당 법조문까지 인식할 것을 요하는 것은 아니므로 설사 피고인이 소론과 같이 위의 판시 소위가 형법상의 허위공문서작성죄에 해당되는 줄 몰랐다고 가정하더라도 그와 같은 사유만으로서는 피고인에게 위법성의 인식이 없었다고 할 수 없으므로 원심이 피고인의 판시 소위를 허위공문서작성죄로 다스린 조치는 정당하다.

<u>범죄의 성립에 있어서 위법의 인식은 그 범죄사실이 사회정의와 조리에 어긋난다는 것을 인식하는 것으로서 족하고 구체적인 해당 법조문까지 인식할 것을 요하는 것은 아니므로 설사 형법상의 허위공문서작성죄에 해당되는 줄 몰랐다고 가정하더라도 그와 같은 사유만으로는 위법성의 인식이 없었다고 할 수 없다</u>(대법원 1987. 3. 24. 선고 86도2673 판결)

Ⅱ. 체계적 지위

제4절 법률의 착오

Ⅰ. 의의

Ⅱ. 법률의 부지

<<관련판례>>
(1) 원심-->피고인은 의정부시내에서 디스코클럽을 경영하는 자로서 1983.12.23. 20:00경부터 같은날 23:00경까지 위 디스코클럽에 미성년자인 공소외 인 등 10명을 출입시키고 맥주 등 주류를 판매한 사실은 이를 인정하고도 한편으로 1983.4.15. 14:00경 의정부경찰서 강당에서 개최된 청소년선도에 따른 관련 업주회의에서 업주측의 관심사라 할 수 있는 18세 이상자나 대학생인 미성년자들의 업소출입 가부에 관한 질의가 있었으나 그 확답을 얻지 못하였는데, 같은 달 26 경기도 경찰국장 명의로 청소년 유해업소 출입단속대상자가 18세 미만자와 고등학생이라는 내용의 공문이 의정부경찰서에 하달되고 그 시경 관할지서와 파출소에 그러한 내용이 다시 하달됨으로써 업주들은 경찰서나 파출소에 직접 또는 전화상의 확인방법으로 그 내용을 알게 되었고 위와 같은 사정을 알게 된 피고인은 종업원에게 단속 대상자가 18세 미만자와 고등학생임을 알려주고 그 기준에 맞추어서 만 18세 이상자이고 고등학생이 아닌 공소외인 등 10

명을 출입시키고 주류를 판매하기에 이른 사실을 인정할 수 있으므로 그 경위관계가 위와 같다면 결국 피고인은 법령에 의하여 죄가 되지 아니한 것으로 오인하여 미성년자를 출입시키고 주류를 판매한 것이고 그 오인을 하게된데 대하여 형법 제16조 소정의 정당한 이유가 있는 때에 해당한다는 취지로 판단하고 있다.

(2) 형법 제16조에 자기의 행위가 법령에 의하여 죄가 되지 아니하는 것으로 오인한 행위는 그 오인에 정당한 이유가 있는 때에 한하여 벌하지 아니한다고 규정하고 있는바, 이는 단순한 법률의 무지의 경우를 말하는 것이 아니고, 일반적으로는 범죄가 되는 행위이지만 자기의 특수한 경우에는 법령에 의하여 허용된 행위로서 죄가 되지 아니한다고 그릇 인식하고 그와 같이 그릇 인식함에 있어서 정당한 이유가 있는 경우에는 벌하지 아니한다는 취지로 풀이할 것이다.

이 사건에 있어서 위에서 본바와 같이 피고인은 유흥접객업소내에 출입시키거나 주류를 판매하여서는 아니되는 대상을 18세 미만자 또는 고등학생에 한정되고, 20세 미만의 미성년자 전부가 이에 해당된다는 미성년자보호법의 규정을 알지 못하였다는 것이므로 이는 단순한 법률의 부지에 해당한다 할 것이고 피고인의 소위가 특히 법령에 의하여 허용된 행위로서 죄가 되지 아니한다고 적극적으로 그릇 인정한 경우는 아니므로 범죄의 성립에 아무런 지장이 될바 아니고 또 미성년자보호법 제4조 제1, 2항에 위반되는 이상 경찰당국이 당시 미성년자의 유흥접객업소 출입단속대상에서 고등학생이 아닌 18세 이상의 미성년자를 제외하였다 하여 그로 인하여 그 범죄의 성립에 어떠한 영향을 미친다고는 할 수 없을 것이므로 피고인이 이를 믿었다고 하여 법령에 저촉되지 않는 것으로 오인함에 ★★★정당한 사유가 있는 경우에 해당한다고도 할 수 없을 것이다. 그런데도 피고인의 이 사건 소위를 형법 제16조 소정의 법률의 착오에 기인한 행위로 인정하고 무죄를 선고한 제1심판결을 유지한 원심의 조치는 결국 심리미진으로 법률의 착오에 관한 판단을 그릇하였거나 이에 관한 법리를 오해한 위법이 있고 판결에 영향을 미쳤음이 명백하므로 논지는 이유있다(대법원 1985. 4. 9. 선고 85도25 판결).

III. 법률의 착오 종류

IV. 오인에 정당한 이유가 있는 때

<<관련판례>>
1. 형법 제16조에서 자기가 행한 행위가 법령에 의하여 죄가 되지 아니한 것으로 오인한 행위는 그 오인에 정당한 이유가 있는 때에 한하여 벌하지 아니한다고 규정하고 있는 것은 일반적으로 범죄가 되는 경우이지만 자기의 특수한 경우에는 법령에 의하여 허용된 행위로서 죄가 되지 아니한다고 그릇 인식하고 그와 같이 그릇 인식함에 정당한 이유가 있는 경우에는 벌하지 아니한다는 취지이다(대법원 1992. 5. 22. 선고 91도2525 판결, 대법원 2002. 1. 25. 선고 2000도1696 판결 등 참조). 그리고 이러한 정당한 이유가 있는지 여부는 행위자에게 자기 행위의 위법의 가능성에 대해 심사숙고하거나 조회할 수 있는 계기가 있어 자신의 지적 능력을 다하여 이를 회피하기 위한 진지한 노력을 다하였더라면 스스로의 행위에 대하여 위법성을 인식할 수 있는 가능성이 있었음에도 이를 다하지 못한 결과 자기 행위의 위법성을 인식하지 못한 것인지 여부에 따라 판단하여야 할 것이고, ★★★이러한 위법성의 인식에 필요한 노력의 정도는 구체적

<u>인 행위정황과 행위자 개인의 인식능력 그리고 행위자가 속한 사회집단에 따라 달리 평가되어야 한다.</u>

기록에 의하면, 피고인의 보좌관이나 계양구 선거관리위원회 직원이 참조하였다는 자료인 중앙선거관리위원회에서 발간한 선거관련 책자 중 일부에 '국회의원이 의정보고서에 시민단체가 발표한 낙천대상자에 자신이 포함된 것에 대한 자신의 해명내용을 일부 포함·작성하여 선거구민에게 배부하는 것은 무방하며, 정치적 소신, 학력·경력, 본인의 신상에 관한 해명, 신문기사 등 의정활동과 직접 관련이 없는 내용이라도 의정보고서와 일체가 되는 형태로 작성·배부하는 것은 무방(이를 별책으로 작성·배부할 수는 없음)하다.'고 기재되어 있는 사실은 인정된다.

그러나 대법원은 앞서 본 바와 같이 국회의원이 선거일 전 180일부터 선거일까지의 기간 동안에 의정보고서를 제작하여 선거구민들에게 배부함에 있어 그 내용 중 선거구 활동 기타 업적의 홍보에 필요한 사항 등 의정활동보고의 범위를 벗어나서 선거에 영향을 미치게 하기 위하여 특정 정당이나 후보자를 지지·추천하거나 반대하는 내용이 포함되어 있다면 그 부분은 공직선거법 제93조 제1항에서 금지하고 있는 탈법방법에 의한 문서배부행위에 해당되어 위법하고, 또한, 피고인의 신상에 관한 해명이라고 하더라도 국회의원으로서의 의정활동에 관한 것이라고 볼 수 없는 경우에는 이러한 내용을 인쇄하여 배부하는 것은 정당한 의정보고서의 범위를 넘는다고 판시하여 왔다(대법원 1997. 9. 5. 선고 97도1294 판결 등 참조).

한편, 기록에 의하면, 중앙선거관리위원회에서 발간한 위 선거관련 책자에도 "국회의원의 자격으로 행한 의정활동과 관련 있는 내용이 주류를 이루고 있는 신문·잡지 기타 간행물에 게재된 내용을 의정보고서에 전재하여 일반선거구민에게 배부하는 것은 무방하나, 차기 선거에서의 지지호소 등 선거운동에 이르는 내용은 게재할 수 없으며, 의정보고서에 통상적인 범위 안에서 경력을 게재하는 것은 의정보고서에 부수된 행위로서 무방하지만, 출생과 성장에서부터 정치입문 과정을 거쳐 현재에 이르기까지 걸어온 길을 자료화보와 함께 기술하고, 후보자가 되고자 하는 국회의원을 지지·추천하는 내용의 타인의 인사말이나 시 등을 게재하는 것은 설령 의정활동보고 내용이 일부가 부가되어 있다 할지라도 이는 후보자가 되고자 하는 자를 선전하기 위한 목적이 있다고 보아야 하며, 의정보고는 국회의원이나 지방의회의원이 직접 보고하는 행위이므로 타인이 의정보고서를 제작하거나 3인칭 소설처럼 기술하거나 타인의 글을 게재하여서는 아니 된다."는 취지로 기재되어 있는 사실을 알 수 있다.

피고인은 변호사 자격을 가진 국회의원으로서 법률전문가라고 할 수 있는바(더구나 피고인은 2000년 총선 당시 후보자가 되어 현역 국회의원인 경쟁후보자를 상대로 선거운동을 하면서 현역 국회의원이 의정보고서를 법정선거일 전일까지 무제한 배포하는 것을 허용하는 것은 위헌이라고 주장하여 헌법소원을 제기하고 헌법재판소의 판단을 받은 바 있으므로 의정보고서의 내용이 선거운동의 실질을 갖추고 있는 한 허용될 수 없다는 것을 잘 알고 있다고 진술하고 있기도 하다. 수사기록 98면 참조), 피고인으로서는 의정보고서에 앞서 본 바와 같은 내용을 게재하거나 전재하는 것이 허용되는지에 관하여 의문이 있을 경우, 관련 판례나 문헌을 조사하는 등의 노력을 다 하였어야 할 것이고, 그렇게 했더라면, 낙천대상자로 선정된 이유가 의정활동에 관계있는 것이 아닌 한 낙천대상자로 선정된 사유에 대한 해명을 의정보고서에 게재하여 배부할 수 없고 더 나아가 낙천대상자 선정이 부당하다는 취지의 제3자의 반론 내용을 싣거나 이를 보도한 내용을 전재하는 것은 의정보고서의 범위를 넘는 것으로서 허용되지 않는다는 것을 충분히 인식할 수 있었다고 할 것이다.

따라서 피고인이 그 보좌관을 통하여 관할 선거관리위원회 직원에게 문의하여 이 사건 의정보고서에 앞서 본 바와 같은 내용을 게재하는 것이 허용된다는 답변을 들은 것만으로는(또한, 원심도 인정하는 바와 같이 이 사건 의정보고서의 제작과 관련하여, 피고인측에서 관할 선거관리위원회의 지도계장인 공소외 1에게 구두로 문의를 하였을 뿐 관할 선거관리위원회에 정식으로 질의를 하여 공식적인 답신을 받은 것도 아니다), 자신의 지적 능력을 다하여 이를 회피하기 위한 ★★★진지한 노력을 다 하였다고 볼 수 없고, 그 결과 자신의 행위의 위법성을 인식하지 못한 것이라고 할 것이므로 그에 대해 정당한 이유가 있다고 하기 어렵다.

한편, 피고인측이 위 선거관련 책자의 내용을 그 나름대로 해석하여 위 의정보고서의 발간이 위법이 아니라고 판단하였을 가능성에 관하여 보더라도, 앞서 본 바와 같이 위 책자에는 동일한 사안에 대하여 다른 내용의 회답이 존재하고 있는데도 불구하고 자신에게 유리한 회답만을 근거로 하여 행위를 한 것일 뿐만 아니라, 위 책자에는 "국회의원이 의정보고서에 시민단체가 발표한 낙천대상자에 자신이 포함된 것에 대한 자신의 해명내용을 일부 포함·작성하여 선거구민에게 배부하는 것은 무방하다."고 기재되어 있는바, 이는 의정보고서에 낙천대상자 선정에 대한 자신의 해명내용을 일부 포함·작성하는 것이 무방하다는 취지에 불과하고, 더 나아가 낙천대상자 선정이 부당하다는 취지의 제3자의 글을 싣거나 제3자의 반론을 보도한 내용을 전재하는 것까지 허용된다는 취지는 아님이 분명하다고 할 것이다. 따라서 피고인이 낙천대상자로 선정된 사유에 대하여 자신의 해명 내용만을 게재한 것이 아니라, 다른 동료의원들이나 네티즌의 낙천대상자 선정이 부당하다는 취지의 반론을 보도한 내용을 전재한 이 사건에서 이를 근거로 하여 정당한 이유가 있다고 할 수도 없다(대법원 2006. 3. 24. 선고 2005도3717 판결).

2. 피고인이 ★1975.4.1자 서울특별시 공문, 1975.12.3자 동시의 식품제조허가지침, 동시의 1976.3.29자 제분업소허가권 일원화에 대한 지침 및 피고인이 가입되어 있는 서울시 식용유협동조합 도봉구 지부의 질의에 대한 도봉구청의 1977.9.1자 질의회시 등의 공문이 곡물을 단순히 볶아서 판매하거나 가공위탁자로부터 제공받은 고추, 참깨, 들깨, 콩등을 가공할 경우 양곡관리법 및 식품위생법상의 허가대상이 아니라는 취지이어서 사람들이 물에 씻어 오거나 볶아온 쌀 등을 빻아서 미싯가루를 제조하는 행위에는 별도의 허가를 얻을 필요가 없다고 믿고서 미싯가루 제조행위를 하게 되었다면, 피고인은 자기의 행위가 법령에 의하여 죄가 되지 않는 것으로 오인하였고 또 그렇게 오인함에 어떠한 과실이 있음을 가려낼 수 없어 ★정당한 이유가 있는 경우에 해당한다(대법원 1983. 2. 22. 선고 81도2763 판결).

V. 금지착오효과

제5절 위법성조각사유의 전제사실에 대한 착오

제6절 기대가능성

제1항 서설

Ⅰ. 개설

Ⅱ. 판단기준

> **<<관련판례>>**
> 양심적 병역거부자에게 그의 양심상의 결정에 반한 행위를 기대할 가능성이 있는지 여부를 판단하기 위해서는, <u>행위 당시의 구체적 상황하에 행위자 대신에 사회적 평균인을 두고 이 평균인의 관점에서 그 기대가능성 유무를 판단하여야 할 것인바</u>, 양심적 병역거부자의 양심상의 결정이 적법행위로 나아갈 동기의 형성을 강하게 압박할 것이라고 보이기는 하지만 그렇다고 하여 그가 적법행위로 나아가는 것이 실제로 전혀 불가능하다고 할 수는 없다고 할 것인바, 법규범은 개인으로 하여금 자기의 양심의 실현이 헌법에 합치하는 법률에 반하는 매우 드문 경우에는 뒤로 물러나야 한다는 것을 원칙적으로 요구하기 때문이다(대법원 2004. 7. 15. 선고 2004도2965 전원합의체 판결).

Ⅲ. 가타사항

> **<<관련판례>>**
> 공무원은 직무를 수행함에 있어서 소속 상관의 명백히 위법한 명령에 대해서까지 복종할 의무는 없을 뿐만 아니라, <u>중앙정보부직원은 상관의 명령에 절대 복종하여야 한다는 것이 불문율로 되어 있다는 점만으로는 이 사건에서와 같이 중대하고 명백한 위법명령에 따른 범법행위까지 강요된 행위이거나 적법행위에 대한 기대가능성이 없는 경우에 해당한다고는 도저히 볼 수 없다</u>(대법원 1980. 5. 20. 선고 80도306 판결)

제2항 강요된 행위

Ⅰ. 의의

Ⅱ. 성립요건

> **<<관련판례>>**
> 【판시사항】
>
> 가. 성장교육과정을 통하여 형성된 관념으로 인하여 행위자의 의사결정이 사실상 강제되는 경우가 형법 제12조 소정의 강요된 행위에 포함되는지 여부(소극)

나. 공범자가 범죄의 부수적인 일부의 실행에만 가담한 경우 공동정범의 성부(적극)

다. 다수의 승객이 탑승한 국제민간항공기를 폭파시킨 범인에 대한 사형선고가 무거워 부당하다는 주장을 배척한 사례

【판결요지】

가. 형법 제12조에서 말하는 강요된 행위는 저항할 수 없는 폭력이나 생명, 신체에 위해를 가하겠다는 협박 등 다른 사람의 강요행위에 의하여 이루어진 행위를 의미하는 것이지 ★★★어떤 사람의 성장교육과정을 통하여 형성된 내재적인 관념 내지 확신으로 인하여 행위자 스스로의 의사결정이 사실상 강제되는 결과를 낳게 하는 경우까지 의미한다고 볼 수 없다.

나. 형법 제30조의 "2인 이상이 공동하여 죄를 범한 때"라 함은 범죄구성요건에 해당하는 행위의 전부 또는 일부의 실행에 공동가공한 경우만을 가리키는 것이 아니고, 수인이 공동하여 범죄의 실행을 모의하고 그 공동의사를 실행하기 위한 것이었다면 모의자 사이에 역할에 차이가 있어 모의자 중의 일부가 그 범죄의 부수적인 부분의 실행에만 가담한 경우도 이에 포함된다.

다. 피고인이 그 성장교육과정과 그후 밀봉교육에서의 사상주입으로 사실상 인간도구화된 하수인이 되었고, 귀국후 참회하고 있으며, 이 사건 진상을 증명할 수 있는 유일한 생존 증인이더라도 다수의 승객, 승무원들이 탑승, 운항중인 국제민간항공기를 이른바 "남조선 해방과 조국통일"이라는 정치적 목적달성을 위하여 폭파, 희생시킨 범행의 실행에 직접 가담하여 실질적인 임무를 분담, 수행하고 그로 인하여 귀국중이었던 다수의 해외 근로자와 항공기 승무원 등 115명의 인명이 살해되었다면 이는 극단의 비윤리적 행위로서 국제협약에서도 이를 엄중한 형벌로 다스리도록 되어 있으며, 결국 대한민국의 존립, 발전 또는 기능을 침해 내지 위협하기 위한 것이었음에 비추어 피고인에게 사형을 선고한 제1심판결의 양형이 너무 무거워 부당하다고 인정되지 않는다(대법원 1990. 3. 27. 선고 89도1670 판결).

Ⅲ. 법적 효과

제5장 미수론

제1절 범죄실현단계

제2절 예비·음모의 죄

제1항 개설

Ⅰ. 의의

Ⅱ. 성격

<<관련판례>>
범죄의 구성요건 개념상 예비죄의 실행행위는 무정형 무한정한 행위이고 종범의 행위도 무정형 무한정한 것이고 형법 제28조에 의하면 범죄의 음모 또는 예비행위가 실행의 착수에 이르지 아니한 때에는 법률에 특별한 규정이 없는 한 벌하지 아니한다고 규정하여 예비죄의 처벌이 가져올 범죄의 구성요건을 부당하게 유추 내지 확장해석하는 것을 금지하고 있기 때문에 형법각칙의 예비죄를 처단하는 규정을 바로 ★독립된 구성요건 개념에 포함시킬 수는 없다고 하는 것이 죄형법정주의의 원칙에도 합당하는 해석이라 할 것이기 때문이 다. 따라서 형법전체의 정신에 비추어 예비의 단계에 있어서는 그 종범의 성립을 부정하고 있다고 보는 것이 타당한 해석이라고 할 것이다(대법원 1976. 5. 25. 선고 75도1549 판결).

제2항 성립요건

Ⅰ. 주관적 요건

Ⅱ. 객관적 요건

<<관련판례>>
1. [1] 형법 제255조, 제250조의 살인예비죄가 성립하기 위하여는 형법 제255조에서 명문으로 요구하는 살인죄를 범할 목적 외에도 살인의 준비에 관한 고의가 있어야 하며, 나아가 실행의 착수까지에는 이르지 아니하는 살인죄의 실현을 위한 준비행위가 있어야 한다. 여기서의 준비행위는 물적인 것에 한정되지 아니하며 특별한 정형이 있는 것도 아니지만, 단순히 범행의 의사 또는 계획만으로는 그것이 있다고 할 수 없고 ★객관적으로 보아서 살인죄의 실현에 실질적으로 기여할 수 있는 외적 행위를 필요로 한다.
[2] 갑이 을을 살해하기 위하여 병, 정 등을 고용하면서 그들에게 대가의 지급을 약속한 경우, 갑에게는 살인죄를 범할 목적 및 살인의 준비에 관한 고의뿐만 아니라 살인죄의 실현을 위한 준비행위를 하였음을 인정할 수 있다는 이유로 살인예비죄의 성립을 인정한다(대법원 2009. 10. 29. 선고 2009도7150 판결).

2. 피고인이 행사할 목적으로 미리 준비한 물건들과 옵세트인쇄기를 사용하여 한국은행권 100원 권을 사진찍어 그 필름 원판 7매와 이를 확대하여 현상한 인화지 7매를 만들었음에 그쳤다면 아직 통화위조의 착수에는 이르지 아니하였고 그 준비단계에 불과하다(대법원 1966. 12. 6. 선고 66도1317 판결).

Ⅲ. 타인예비

제3항 처벌

제4항 관련문제

Ⅰ. 예비의 중지

Ⅱ. 예비죄에 대한 공동정범

<<관련판례>>
형법 32조 1항 소정 타인의 범죄란 정범이 범죄의 실현에 착수한 경우를 말하는 것이므로 종범이 처벌되기 위하여는 정범의 실행의 착수가 있는 경우에만 가능하고 형법 전체의 정신에 비추어 정범이 실행의 착수에 이르지 아니한 예비의 단계에 그친 경우에는 이에 가공하는 행위가 예비의 공동정범이 되는 경우를 제외하고는 종범의 성립을 부정하고 있다고 보는 것이 타당하다(대법원 1976. 5. 25. 선고 75도1549 판결).-->갑의 친구에 대한 조언으로, 강도위해 손도끼를 구입해 오다가 불심검문으로 검거-->강도예비죄성립

Ⅲ. 죄수

제2항 미수론(일반론)

제1항 개설

Ⅰ. 의의

Ⅱ. 처벌 근거

제2항 미수범 체계 및 처벌

Ⅰ. 체계

Ⅱ. 처벌

<<관련판례>>
1. 여신전문금융업법 제70조 제1항은 분실 또는 도난된 신용카드 또는 직불카드를 판매하거나 사용한 자는 7년 이하의 징역 또는 5천만 원 이하의 벌금에 처한다고 규정하고 있는바, 위 부정사용죄의 구성요건적 행위인 신용카드의 사용이라 함은 신용카드의 소지인이 신용카드의 본래 용도인 대금결제를 위하여 가맹점에 신용카드를 제시하고 매출전표에 서명하여 이를 교부하는 일

련의 행위를 가리키므로(대법원 1992. 6. 9. 선고 92도77 판결, 1993. 11. 23. 선고 93도604 판결 등 참조), 단순히 신용카드를 제시하는 행위만으로는 신용카드부정사용죄의 실행에 착수한 것이라고 할 수는 있을지언정 그 사용행위를 완성한 것으로 볼 수 없고, 신용카드를 제시한 거래에 대하여 카드회사의 승인을 받았다고 하더라도 마찬가지라 할 것이다(대법원 2008. 2. 14. 선고 2007도8767 판결).-->피고인이 절취한 신용카드로 대금을 결제하기 위하여 신용카드를 제시하고 카드회사의 승인까지 받았으나 나아가 매출전표에 서명을 한 사실을 인정할 증거는 없고, 카드가 없어진 사실을 알게 된 피해자에 의해 거래가 취소되어 최종적으로 매출취소로 거래가 종결된 사실이 인정된다고 한 다음, 피고인의 행위는 신용카드 부정사용의 미수행위에 불과하다 할 것인데 여신전문금융업법에서 위와 같은 미수행위를 처벌하는 규정을 두고 있지 아니한 이상 피고인을 위 법률위반죄로 처벌할 수 없다.

2. 이 사건에 있어서 원판결이 증거에 의하여 확정한 사실을 피고인이 정보관계를 담당한 순경으로서 증거수집을 위하여 원설시 정당의 설시 지구당집행위원회에서 쓸 회의장소에 몰래 설시 도청기를 마련해 놓았다가 회의 개최전에 들켜 뜯겼다는 것이며 이 때문에 회의 열릴시간이 10분 늦어졌다는 것이고, 원심은 이 회의에 대한 구체적인 사정에 비추어 회의경과에 대한 증거를 삼기 위하여 도청장치를 마련한다는 것은 정당한 목적으로 적법한 범위에서 한 일로는 볼 수 없다고 하였으며, 여기에 대하여 피고인의 범의가 없다고는 할 수 없다는 취지로 판단하여 그의 고의를 인정하고 도청장치를 마련한 사실이 회의전에 회의측에 알려져 뜯겼(도청은 못했다)지만 도청장치 때문에 회의가 예정보다 10분 늦어 시작되었으니 권리행사가 방해된 것이라는 판단으로 본조의죄의 성립을 인정하였다.

그러나 ★피고인이 도청기를 설치함으로써, 자유롭게 정당활동을 하고 동 회의의 의사를 진행하며, 회의진행을 도청당하지 아니하고 기타 비밀을 침해당하지 아니하는 권리를 침해당한 것이라는 공소사실에 비추어 회의가 10분 늦어진 사실은 공소범위를 벗어난 것으로 인정될 수 있고, 원심이 확정사실과 같이 도청장치를 하였다가 뜯겨서 도청을 못하였다면 회의진행을 도청당하지 아니할 권리(기타 권리)가 침해된 현실적인 사실은 없다 하리니 직권남용죄의기수로 논할 수 없음이 뚜렷하고, 미수의 처벌을 정한 바 없으니 도청을 걸었으나 뜻을 못이룬 피고인의 행위는 다른 죄로는 몰라도 형법 제123조를 적용하여 죄책을 지울 수는 없다고 하겠다(대법원 1978. 10. 10. 선고 75도2665 판결).

제4절 장애미수

제1항 의의

제2항 성립요건

Ⅰ. 주관적 요건

Ⅱ. 실행착수의 존재

<<관련판례>>

1. 피고인 2는 피고인 1이 영산홍을 땅에서 완전히 캐낸 이후에 비로소 범행장소로 와서 피고인 1과 함께 위 영산홍을 승용차까지 운반하였다는 것인바, 앞서 본 법리에 비추어 보면, ★★★피고인 1이 영산홍을 땅에서 캐낸 그 시점에서 이미 피해자의 영산홍에 대한 점유가 침해되어 그 사실적 지배가 피고인 1에게 이동되었다고 봄이 상당하므로, ★★그때 피고인 1의 영산홍 절취행위는 기수에 이르렀다고 할 것이고, 이와 같이 보는 이상 그 이후에 피고인 2가 영산홍을 피고인 1과 함께 승용차까지 운반하였다고 하더라도 그러한 행위가 다른 죄에 해당하는지의 여부는 별론으로 하고, 피고인 2가 피고인 1과 합동하여 영산홍 절취행위를 하였다고 볼 수는 없다고 할 것이다(대법원 2008. 10. 23. 선고 2008도6080 판결).

2. 야간에 아파트에 침입하여 물건을 훔칠 의도하에 아파트의 베란다 철제난간까지 올라가 유리창문을 열려고 시도하였다면 야간주거침입절도죄의 실행에 착수한 것으로 보아야 한다(대법원 2003. 10. 24. 선고 2003도4417 판결).

3. 강도의 범의로 야간에 칼을 휴대한 채 타인의 주거에 침입하여 집안의 동정을 살피다가 피해자를 발견하고 갑자기 욕정을 일으켜 칼로 협박하여 강간한 경우, 야간에 흉기를 휴대한 채 타인의 주거에 침입하여 집안의 동정을 살피는 것만으로는 특수강도의 실행에 착수한 것이라고 할 수 없으므로 위의 특수강도에 착수하기도 전에 저질러진 위와 같은 강간행위가 구 특정범죄가중처벌등에관한법률 제5조의6 제1항 소정의 특수강도강간죄에 해당한다고 할 수 없다(대법원 1991. 11. 22. 선고 91도2296 판결).

4. 피고인이 방화의 의사로 뿌린 휘발유가 인화성이 강한 상태로 주택주변과 피해자의 몸에 적지 않게 살포되어 있는 사정을 알면서도 라이터를 켜 불꽃을 일으킴으로써 피해자의 몸에 불이 붙은 경우, 비록 외부적 사정에 의하여 불이 방화 목적물인 주택 자체에 옮겨 붙지는 아니하였다 하더라도 현존건조물방화죄의 실행의 착수가 있었다(대법원 2002. 3. 26. 선고 2001도6641 판결).

5. 신용카드업법 제25조 제1항 소정의 신용카드부정사용죄의 구성요건적 행위인 신용카드의 사용이라 함은 신용카드의 소지인이 신용카드의 본래 용도인 대금결제를 위하여 가맹점에 신용카드를 제시하고 매출표에 서명하여 이를 교부하는 일련의 행위를 가리키므로, 단순히 신용카드를 제시하는 행위만으로는 신용카드부정사용죄의 실행에 착수한 것에 불과하고 그 사용행위를 완성한 것으로 볼 수 없다(대법원 1993. 11. 23. 선고 93도604 판결).

Ⅲ. 범죄미완성

제3항 처벌

제5절 중지미수

제1항 개설

제2항 성립요건

Ⅰ. 주관적 요건

<<관련판례>>
1. 피고인이 피해자를 강간하려다가 피해자의 <u>다음 번에 만나 친해지면 응해 주겠다</u>는 취지의 간곡한 부탁으로 인하여 그 목적을 이루지 못한 후 피해자를 자신의 차에 태워 집에까지 데려다 주었다면 피고인은 자의로 피해자에 대한 강간행위를 중지한 것이고 피해자의 다음에 만나 친해지면 응해 주겠다는 취지의 간곡한 부탁은 사회통념상 범죄실행에 대한 장애라고 여겨지지는 아니하므로 피고인의 행위는 <u>중지미수에 해당</u>한다(대법원 1993. 10. 12. 선고 93도1851 판결).

2. 피고인 갑, 을, 병이 강도행위를 하던 중 피고인 갑, 을은 피해자를 강간하려고 작은 방으로 끌고가 팬티를 강제로 벗기고 음부를 만지던 중 피해자가 <u>수술한 지 얼마 안되어 배가 아프다면서 애원</u>하는 바람에 그 뜻을 이루지 못하였다면, 강도행위의 계속 중 이미 공포상태에 빠진 피해자를 강간하려고 한 이상 강간의 실행에 착수한 것이고, 피고인들이 간음행위를 중단한 것은 피해자를 불쌍히 여겨서가 아니라 피해자의 신체조건상 강간을 하기에 지장이 있다고 본 데에 기인한 것이므로, 이는 일반의 경험상 강간행위를 수행함에 장애가 되는 외부적 사정에 의하여 범행을 중지한 것에 지나지 않는 것으로서 중지범의 요건인 자의성을 결여하였다(대법원 1992. 7. 28. 선고 92도917 판결).

Ⅱ. 범죄 미완성

제4항 공범과 중지미수

<<관련판례>>
피고인은 원심 상피고인과 함께 대전역 부근에 있는 공소외인이 경영하는 ○○○○ 사무실의 금품을 절취하기로 공모하여 피고인은 그 부근 포장마차에 있고 원심 상피고인은 위 ○○○○의 열려진 출입문을 통하여 안으로 들어가 물건을 물색하고 있는 동안 <u>피고인은 자신의 범행전력등을 생각하여 가책을 느낀 나머지 스스로 결의를 바꾸어 위 공소외인에게 원심 상피고인의 침입사실을 알려 그와 함께 원심 상피고인을 체포하여서 그 범행을 중지하여 결과발생을 방지하였다</u>는 것이므로 피고인의 소위는 중지미수의 요건을 갖추었다고 할 것이니 같은 취지에서 형법 제26조를 적용하여 피고인에 대한 형을 면제한 제1심판결을 유지한 원심조치는 정당하여 아무런 위법이 있다할 수 없다(대법원 1986. 3. 11. 선고 85도2831 판결).--> ★<u>각각 특수절도의 중지미수, 특수절도의 장애미수</u>

제6절 불능미수

제1항 의의

제2항 구별개념

제3항 성립요건

Ⅰ. 실행착수존재

Ⅱ. 결과발생불가능

Ⅲ. 위험성존재

<<관련판례>>
1. 피고인이 피해자가 심신상실 또는 항거불능의 상태에 있다고 인식하고 그러한 상태를 이용하여 간음할 의사를 가지고 간음하였으나, 실행의 착수 당시부터 피해자가 실제로는 심신상실 또는 항거불능의 상태에 있지 않았다면, 실행의 수단 또는 대상의 착오로 준강간죄의 기수에 이를 가능성이 처음부터 없다고 볼 수 있다. 이 경우 피고인이 행위 당시에 인식한 사정을 놓고 일반인이 객관적으로 판단하여 보았을 때 정신적·신체적 사정으로 인하여 성적인 자기방어를 할 수 없는 사람의 성적 자기결정권을 침해하여 준강간의 결과가 발생할 위험성이 있었다면 불능미수가 성립한다(대법원 2019. 3. 28. 선고 2018도16002 전원합의체 판결).

2. 불능범의 판단 기준으로서 위험성 판단은 피고인이 행위 당시에 인식한 사정을 놓고 이것이 객관적으로 일반인의 판단으로 보아 결과 발생의 가능성이 있느냐를 따져야 하고(대법원 1978. 3. 28. 선고 77도4049 판결 참조), 한편 ★★★★민사소송법상 소송비용의 청구는 소송비용액 확정절차에 의하도록 규정하고 있으므로, 위 절차에 의하지 아니하고 손해배상금 청구의 소 등으로 소송비용의 지급을 구하는 것은 소의 이익이 없는 부적법한 소로서 허용될 수 없다고 할 것이다. 따라서 소송비용을 편취할 의사로 소송비용의 지급을 구하는 손해배상청구의 소를 제기하였다고 하더라도 이는 객관적으로 소송비용의 청구방법에 관한 법률적 지식을 가진 일반인의 판단으로 보아 결과 발생의 가능성이 없어 위험성이 인정되지 않는다고 할 것이다.

같은 취지에서 원심이, 채용 증거에 의하여 피고인이 공소외 1로부터 소송비용 명목으로 공소외 2를 통하여 100만 원을 이미 송금받았음에도 불구하고 공소외 1을 피고로 하여 종전에 피고인이 공소외 1을 상대로 제기하였던 여러 소와 관련한 소송비용 상당액의 지급을 구하는 손해배상금 청구의 소를 제기하였다가 담당 판사로부터 소송비용의 확정은 소송비용액 확정절차를 통하여 하라는 권유를 받고 위 소를 취하한 사실을 인정한 다음, 피고인이 제기한 이 사건 손해배상금 청구의 소는 소의 이익이 흠결된 부적법한 소로서 각하를 면할 수 없어 피고인이 승소할 수 없다는 것이고, 그렇다면 피고인의 이 부분 소송사기 범행은 실행 수단의 착오로 인하여 결과 발생이 불가능할 뿐만 아니라 위험성도 없다 할 것이어서 소송사기죄의 불능미수에 해당한다고 볼 수 없으므로 결국 범죄로 되지 아니하는 때에 해당한다고 판단하여 피고인에 대하여 이 부분 무죄를 선고한 조치는 옳다(대법원 2005. 12. 8. 선고 2005도8105 판결).

제6장 정범 및 공범이론

제1절 정범과 공범 개관

제1항 공범의 종류

Ⅰ. 필요적 공범

> <<관련판례>>
> [1] 2인 이상 서로 대향된 행위의 존재를 필요로 하는 대향범에 대하여는 공범에 관한 형법총칙 규정이 적용될 수 없는데, 형법 제127조는 공무원 또는 공무원이었던 자가 법령에 의한 직무상 비밀을 누설하는 행위만을 처벌하고 있을 뿐 직무상 비밀을 누설받은 상대방을 처벌하는 규정이 없는 점에 비추어, 직무상 비밀을 누설받은 자에 대하여는 공범에 관한 형법총칙 규정이 적용될 수 없다고 보는 것이 타당하다.-->★★★★공무상비밀누설교사죄불성립
>
> [2] 변호사 사무실 직원인 피고인 갑이 법원공무원인 피고인 을에게 부탁하여, 수사 중인 사건의 체포영장 발부자 53명의 명단을 누설받은 사안에서, 피고인 을이 직무상 비밀을 누설한 행위와 피고인 갑이 이를 누설받은 행위는 대향범 관계에 있으므로 공범에 관한 형법총칙 규정이 적용될 수 없는데도, 피고인 갑의 행위가 공무상비밀누설교사죄에 해당한다고 본 원심판단에 법리오해의 위법이 있다고 한 사례.
>
> [3] 형법 제151조의 범인도피죄에서 '도피하게 하는 행위'는 은닉 이외의 방법으로 범인에 대한 수사, 재판 및 형의 집행 등 형사사법 작용을 곤란 또는 불가능하게 하는 일체의 행위로서 그 수단과 방법에는 아무런 제한이 없다. 또한 위 죄는 위험범으로서, 현실적으로 형사사법 작용을 방해하는 결과를 초래할 필요는 없으나 적어도 함께 규정되어 있는 은닉행위에 비견될 정도로 수사기관의 발견·체포를 곤란하게 하는 행위, 즉 직접 범인을 도피시키는 행위 또는 도피를 직접적으로 용이하게 하는 행위에 이르러야 성립하므로, 그 자체로는 도피시키는 것을 직접적인 목적으로 하였다고 보기 어려운 어떤 행위를 한 결과 간접적으로 범인이 안심하고 도피할 수 있게 한 경우는 여기에 포함되지 않는다(대법원 2011. 4. 28. 선고 2009도3642 판결).

Ⅱ. 임의적 공범

제2항 정범과 공범 구별 문제

Ⅰ. 의의

Ⅱ. 구별론

III. 학설의 대립

IV. 공범의 종속성

제4항 처벌근거

제2절 공동정범론

제1항 서설

I. 의의

II. 본질

> <<관련판례>>
> 2인 이상이 어떠한 과실행위를 서로의 의사연락아래 하여 범죄되는 결과를 발생케 한 경우에는 과실범의 공동정범이 성립된다(대법원 1962. 3. 29. 선고 4294형상598 판결).

제2항 성립요건

I. 주관적 요건

공동가공의사

> <<관련판례>>
> 1. [1] 형법 제30조의 공동정범은 2인 이상이 공동하여 죄를 범하는 것으로서, 공동정범이 성립하기 위하여는 주관적 요건으로서 공동가공의 의사와 객관적 요건으로서 공동의사에 기한 기능적 행위지배를 통한 범죄의 실행사실이 필요하고, 공동가공의 의사는 타인의 범행을 ★<<인식하면서도 이를 제지하지 아니하고 용인하는 것만으로는 부족하고>> ★★<<공동의 의사로 특정한 범죄행위를 하기 위하여 일체가 되어 서로 다른 사람의 행위를 이용하여 자기의 의사를 실행에 옮기는 것을 내용으로 하는 것>>이어야 한다.
> [2] 공모공동정범에 있어서 공모자 중의 1인이 다른 공모자가 실행행위에 이르기 전에 그 공모관계에서 이탈한 때에는 그 이후의 다른 공모자의 행위에 관하여는 공동정범으로서의 책임은 지지 않는다 할 것이나, 공모관계에서의 이탈은 공모자가 공모에 의하여 담당한 기능적 행위지배를 해소하는 것이 필요하므로 공모자가 공모에 주도적으로 참여하여 다른 공모자의 실행에 영향을 미친 때에는 범행을 저지하기 위하여 적극적으로 노력하는 등 실행에 미친 영향력을 제거하지 아니하는 한 공모관계에서 이탈하였다고 할 수 없다.

[3] 다른 3명의 공모자들과 강도 모의를 하면서 삽을 들고 사람을 때리는 시늉을 하는 등 그 모의를 주도한 피고인이 함께 범행 대상을 물색하다가 다른 공모자들이 강도의 대상을 지목하고 뒤쫓아 가자 단지 ★★"어?"라고만 하고 비대한 체격 때문에 뒤따라가지 못한 채 범행현장에서 200m 정도 떨어진 곳에 앉아 있었으나 위 공모자들이 피해자를 쫓아가 강도상해의 범행을 한 사안에서, 피고인에게 공동가공의 의사와 공동의사에 기한 기능적 행위지배를 통한 범죄의 실행사실이 인정되므로 강도상해죄의 공모관계에 있고, 다른 공모자가 강도상해죄의 실행에 착수하기까지 범행을 만류하는 등으로 그 공모관계에서 이탈하였다고 볼 수 없으므로 강도상해죄의 공동정범으로서의 죄책을 진다(대법원 2008. 4. 10. 선고 2008도1274 판결).

2. 피해자 일행을 한 사람씩 나누어 강간하자는 피고인 일행의 제의에 아무런 대답도 하지 않고 따라 다니다가 자신의 강간 상대방으로 남겨진 공소외인에게 일체의 신체적 접촉도 시도하지 않은 채 다른 일행이 인근 숲 속에서 강간을 마칠 때까지 공소외인과 함께 이야기만 나눈 경우, 피고인에게 다른 일행의 강간 범행에 공동으로 가공할 의사가 있었다고 볼 수 없다(대법원 2003. 3. 28. 선고 2002도7477 판결)

3. 범죄의 수단과 태양, 가담하는 인원과 그 성향, 범행 시간과 장소의 특성, 범행과정에서 타인과의 접촉 가능성과 예상되는 반응 등 제반 상황에 비추어, 공모자들이 그 공모한 범행을 수행하거나 목적 달성을 위해 나아가는 도중에 부수적인 다른 범죄가 파생되리라고 예상하거나 충분히 예상할 수 있는데도 그러한 가능성을 외면한 채 이를 방지하기에 족한 합리적인 조치를 취하지 아니하고 공모한 범행에 나아갔다가 결국 그와 같이 예상되던 범행들이 발생하였다면, 비록 그 파생적인 범행 하나하나에 대하여 개별적인 의사의 연락이 없었다 하더라도 당초의 공모자들 사이에 그 범행 전부에 대하여 암묵적인 공모는 물론 그에 대한 기능적 행위지배가 존재한다고 보아야 할 것이다. 한편, 공모공동정범에 있어서 공모 또는 모의는 '범죄될 사실'의 주요부분에 해당하는 이상 가능한 한 이를 구체적이고 상세하게 특정하여야 할 뿐 아니라 엄격한 증명의 대상에 해당한다 할 것이나(대법원 1988. 9. 13. 선고 88도1114 판결, 1989. 6. 27. 선고 88도2381 판결 등 참조), 범죄의 특성에 비추어 부득이한 예외적인 경우라면 형사소송법이 공소사실을 특정하도록 한 취지에 반하지 않는 범위 내에서 공소사실 중 일부가 다소 개괄적으로 기재되었다고 하여 위법하다고 할 수는 없는 것이므로(대법원 2003. 1. 24. 선고 2002도6103 판결 참조), 그 공모 또는 모의의 판시는 모의의 구체적인 일시, 장소, 내용 등을 상세하게 판시하여야만 할 필요는 없고 의사합치가 성립된 것이 밝혀지는 정도면 된다고 할 것이다(대법원 2006. 8. 25. 선고 2006도3631 판결 참조).(대법원 2007. 4. 26. 선고 2007도428 판결).-->쟁의행위를 결의한 (이름 생략)노조의 조합원 중 약 2,500명은 단체교섭에서 기도한 목적을 달성하기 위하여 조합장 또는 집행부 간부들인 피고인들의 주도 아래 원심 판시와 같이 포스코의 출입 통제, 포스코 본사 건물 점거를 행한 점, 그 과정에서 조합원들이 다중의 위력을 이용하여 원심 판시와 같은 감금, 시설물 손괴, 진입 경찰 등에 대한 폭행 및 상해 등의 범죄행위를 저지른 점, 피고인들은 (이름 생략)노조의 집행부 간부들로서 위와 같은 출입 통제, 포스코 본사 건물 점거 등의 집단행동들을 결정하여 조합원들에게 지시하고, 그 지시의 이행 상황을 체계적으로 조직화된 지휘 계통을 통하여 지휘·통제해 왔던 점, 참여 인원의 규모나 과열된 당시의 분위기 등을 감안할 때 피고인들로서는 노조원들과 검문검색에 불응하는 출입자들 사이의 분쟁, 집단적인 점거농성 과정에서 표출될 노조원들의 과격한 행동, 진압을 위한 경찰과

의 물리적 충돌과 그에 따른 집단적 폭행, 상해 및 손괴 행위가 뒤따를 것을 충분히 예상할 수 있었다고 보임에도, 이를 방지하기에 충분한 합리적이고 적절한 조치도 없이 오히려 위 집단행동들을 독려하고 감행한 점과 그밖에 위 집단행동들의 성격과 경위, 그 규모와 형태, 구체적인 방법과 진행과정, 그 과정에서 피고인들의 지위 및 역할, 쟁의행위 중인 노동조합이라는 조직화된 단체에서 지휘계통을 통한 범죄 경과에 대한 지배 내지 장악력 등에 비추어 보면, 피고인들은 비록 (이름 생략)노조 조합원들의 원심 판시 각 감금, 손괴, 폭행, 상해 등 범죄행위들 중 일부에 대하여 구체적으로 모의하거나 이를 직접 분담하여 실행한 바가 없었다 하더라도, 위 각 범행에 대한 암묵적인 공모는 물론 그 범행들에 대한 본질적 기여를 통한 기능적 행위지배가 존재하는 자들로 인정된다 할 것이므로, (이름 생략)노조 조합원들이 행한 위 각 범행에 대한 ★공모공동정범으로서의 죄책을 면할 수 없다.

4. 피고인(병)과 원심공동피고인 1(갑), 원심공동피고인 2(을)는 1987.8.1. 04:30경 서울 관악구 (주소 생략) 대흥연립주택 4동 101호 피해자 공소외인의 집 안방에 들어가 피고인과 원심공동피고인 2가 피해자에게 과도를 들이대고 다시 피고인이 전화선으로 피해자의 손발을 묶고 원심공동피고인 2가 주먹과 발로 피해자를 수회 때려 반항을 억압한 다음 피고인이 장농 등을 뒤져 여자 손목시계 1개 등 3점 및 현금 150,000원 시가 합계 510,000원 상당을 가지고 나와 이를 강취하고 피고인을 포함한 위에서 본 세 사람은 공모하여 피고인은 위와 같이 피해자의 손발을 전화선으로 묶어 반항을 억압하고 원심공동피고인 2는 그녀의 유방을 만지고 원심공동피고인 1은 그 설시와 같은 방법으로 강제로 1회 간음하여 강간한 것이라는 것이다(검사주장). ★피고인(병)은 원심공동피고인 1의 강간사실을 알게 된 것은 이미 실행의 착수가 이루어지고 난 다음이었음이 명백하고 강간사실을 알고나서도 암묵리에 그것을 용인하여 그로 하여금 강간하도록 할 의사로 강간의 실행범인 원심공동피고인 1(갑)과 강간 피해자의 머리 등을 잡아준 원심공동피고인 2(을)와 함께 ★★★<<일체가 되어 원심공동피고인들의 행위를 통하여 자기의 의사를 실행하였다고는 볼 수 없다>> 할 것이고 따라서 결국 ★★강도강간의 공모사실을 인정할 증거가 없다고 하지 않을 수 없다(대법원 1988. 9. 13. 선고 88도1114 판결).

2. 승계적 공동정범

<<관련판례>>
1. 범인도피죄는 범인을 도피하게 함으로써 기수에 이르지만 범인도피행위가 계속되는 동안에는 범죄행위도 계속되고 행위가 끝날 때 비로소 범죄행위가 종료되고, ★공범자의 범인도피행위의 도중에 그 범행을 인식하면서 그와 공동의 범의를 가지고 기왕의 범인도피상태를 이용하여 스스로 범인도피행위를 계속한 자에 대하여는 범인도피죄의 공동정범이 성립한다(대법원 1995. 9. 5. 선고 95도577 판결).

2. 특정범죄가중처벌등에 관한 법률 제5조의2 제2항 제1호 소정의 죄는 형법 제287조의 미성년자약취, 유인행위와 약취 또는 유인한 미성년자의 부모 기타 그 미성년자의 안전을 염려하는 자의 우려를 이용하여 재물이나 재산상의 이익을 취득하거나 이를 요구하는 행위가 결합된 단순일죄의 범죄라고 봄이 상당하므로 비록 타인이 미성년자를 약취, 유인한 행위에는 가담한 바 없다 하더라도 사후에 그 사실을 ★알면서 약취·유인한 미성년자를 부모 기타 그 미성년자의 안전을

염려하는 자의 우려를 이용하여 재물이나 재산상의 이익을 취득하거나 요구하는 타인의 행위에 가담하여 이를 방조한 때에는 단순히 재물등 요구행위의 종범이 되는데 그치는 것이 아니라 종합법인 위 특정범죄가중처벌등에 관한 법률 제5조의2 제2항 제1호 위반죄의 종범에 해당한다 (대법원 1982. 11. 23. 선고 82도2024 판결).

3. 과실범의 공동정범

<<관련판례>>
1. 성수대교와 같은 교량이 그 수명을 유지하기 위하여는 건설업자의 완벽한 시공, 감독공무원들의 철저한 제작시공상의 감독 및 유지·관리를 담당하고 있는 공무원들의 철저한 유지·관리라는 조건이 합치되어야 하는 것이므로, 위 각 단계에서의 과실 그것만으로 붕괴원인이 되지 못한다고 하더라도, 그것이 합쳐지면 교량이 붕괴될 수 있다는 점은 쉽게 예상할 수 있고, 따라서 위 각 단계에 관여한 자는 전혀 과실이 없다거나 과실이 있다고 하여도 교량붕괴의 원인이 되지 않았다는 등의 특별한 사정이 있는 경우를 제외하고는 붕괴에 대한 공동책임을 면할 수 없다(대법원 1997. 11. 28. 선고 97도1740 판결).-->업무상과실치사죄의 공동정범

2. 피고인은 1960. 12. 31. 오후 5시경 충청북도 (주소 생략) 산판에서 부정임산물인 장작 9평을 원심공동피고인이 운전하는 (차량번호 생략) 화물자동차에 싣고 떠남에 있어 원심 공동피고인에게 도중 지서나 검문소 앞을 지날때는 정거하지 말고 통과하자고 말한바 있고 이어 그곳을 출발 대전을 향하여 진행중 같은날 오후 11시 10분경 서대전 경찰서 세천 검문소 전방 약35미터 지점에 이르렀을때 그 검문소 근무 순경 공소외 1(당시 29세)이 검문서 앞 노변에서 전지로 정거신호를 하고 있음을 발견하고 원심 공동피고인이 정거할것 같이 가장하여 속력을 저감하자 피고인은 ★「그냥가자」고 하여 이에 원심 공동피고인은 무면허 운전의 취체를 피고인은 화주로서 부정임산물의 취체를 각각 회피하기 위하여 경관의 검문에 응하지 않고 화물자동차를 질주할 의사를 상통하여 그 검문소 앞에 당도하였을때 전기 순경이 도로 좌측에서 그 차 전면을 횡단하여 우측 노변에 이르러 운전대 우측에 접근하려 할 찰나 원심 공동피고인은 돌연 가속질주로 도피하려하자 그 순경은 이를 추적하여 운전대 스템에 올라 검문을 하려 하였는데 계속 고속도로 질주한 결과 위 검문소로부터 약 150미-터 지점에서 위의 순경을 추락케하여 우측후륜으로 그 순경의 하복부를 치어 복부내출혈을 이르켜 다음날인 1961. 1. 1. 오전 4. 30.경 사망케 한 것이다(대법원 1962. 3. 29. 선고 4294형상598 판결).-->과실치사죄의 공동정범

II. 객관적 요건: 공동의 실행

<<관련판례>>
1. 형법 제30조의 공동정범은 공동가공의 의사와 그 공동의사에 기한 기능적 행위지배를 통한 범죄 실행이라는 주관적·객관적 요건을 충족함으로써 성립하는바, 공모자 중 구성요건 행위 일부를 직접 분담하여 실행하지 않은 자라도 경우에 따라 이른바 공모공동정범으로서의 죄책을 질 수도 있는 것이기는 하나, 이를 위해서는 전체 범죄에 있어서 그가 차지하는 지위, 역할이나 범죄 경과에 대한 지배 내지 장악력 등을 종합해 볼 때, 단순한 공모자에 그치는 것이 아니라 범죄에 대한 본질적 기여를 통한 기능적 행위지배가 존재하는 것으로 인정되는 경우여야 한다(대

법원 1998. 5. 21. 선고 98도321 전원합의체 판결, 2004. 6. 24. 선고 2002도995 판결, 2005. 3. 11. 선고 2002도5112 판결, 2006. 12. 22. 선고 2006도1623 판결 등 참조). 한편, 범죄의 특성에 비추어 부득이한 예외적인 경우라면 형사소송법이 공소사실을 특정하도록 한 취지에 반하지 않는 범위 내에서 공소사실 중 일부가 다소 개괄적으로 기재되었다고 하여 반드시 위법하다고 할 수 없으나(대법원 2003. 1. 24. 선고 2002도6103 판결 등 참조), 공모공동정범에 있어서 공모 또는 모의는 '범죄될 사실'의 주요부분에 해당하는 이상 가능한 한 이를 구체적이고 상세하게 특정하여야 할 뿐 아니라 엄격한 증명의 대상에 해당한다(대법원 1988. 9. 13. 선고 88도1114 판결, 1989. 6. 27. 선고 88도2381 판결 등 참조).(대법원 2007. 4. 26. 선고 2007도235 판결)

2. 공동정범의 경우에 공모자 전원이 일정한 일시, 장소에 집합하여 모의하지 아니하고 공범자중 수인을 통하여 범의의 연락이 있고 그 범의내용에 대하여 포괄적 또는 개별적인 의사연락이나 그 인식이 있었다면 그들 전원이 공모관계에 있다 할 것이고, 이와 같이 공모한 후 공범자중의 1인이 설사 범죄실행에 직접 가담하지 아니하였다 하더라도 다른 공모자가 분담실행한 공모자가 실행한 행위에 대하여 공동정범의 책임이 있다 할 것이며, 공범자중 수인이 강간의 기회에 상해의 결과를 야기하였다면 다른 공범자가 그 결과의 인식이 없었더라도 강간치상죄의 책임이 없다고 할 수 없다(대법원 1984. 2. 14. 선고 83도3120).

3. 공동정범이 성립하기 위하여는 반드시 공범자간에 사전 모의가 있어야 하는 것은 아니며, 암묵리에 서로 협력하여 공동의 범의를 실현하려는 의사가 상통하면 공모가 있다할 것이고 공모가 있는 이상 반드시 각 범행의 실행을 분담할 것을 요하지 아니하고, 단순히 망을 보았어도 공범의 책임을 면할 수 없다 할 것이므로, 강간을 모의한 공동피고인중의 1인이 강간하고 있는 중 다른 피고인이 강간피해자의 딸을 살해하고 다시 전자는 강간을 끝내고 망을 보고 있는 사이에 후자가 강간피해자를 묶고 집에 불을 놓아 피해자를 살해한 경우 전자는 강간 이후의 다른 피고인의 일련의 범행에 대하여 공동정범의 죄책을 면할 수 없다(대법원 1982. 10. 26. 선고 82도1818 판결).

Ⅲ. 공모공동정범

<<관련문제>>
1. 공동정범에 있어서 범죄행위를 공모한 후 그 실행행위에 직접 가담하지 아니하더라도 다른 공모자가 분담, 실행한 행위에 대하여 공동정범의 죄책을 면할 수 없고, 공모공동정범에 있어서 공모는 2인 이상의 자가 협력해서 공동의 범의를 실현시키는 의사에 대한 연락을 말하는 것으로서 실행행위를 담당하지 아니하는 공모자에게 그 실행자를 통하여 자기의 범죄를 실현시킨다는 주관적 의사가 있어야 함은 물론이나, 반드시 배후에서 범죄를 기획하고 그 실행행위를 부하 또는 자기가 지배할 수 있는 사람에게 실행하게 하는 실질상의 괴수의 위치에 있어야 할 필요는 없다고 할 것이다(대법원 1980. 5. 20. 선고 80도306 판결).

2. 여러 사람이 폭력행위등처벌에관한법률 제2조 제1항에 열거된 죄를 범하기로 공모한 다음 그 중 2인 이상이 범행장소에서 범죄를 실행한 경우에는 범행장소에 가지 아니한 자도 같은 법 제

2조 제2항에 규정된 죄의 공모공동정범으로 처벌할 수 있을 뿐만 아니라(당원 1994. 4. 12. 선고 94도128 판결 참조), 원심이 인용한 제1심판결이 채용한 증거들에 의하면 피고인이 지속적으로 피해자에게 금품을 요구하면서 직접 협박행위를 실행한 사실도 인정된다(대법원 1996. 12. 10. 선고 96도2529 판결).

3. 공모공동정범의 경우에 공모는 법률상 어떤 정형을 요구하는 것은 아니고 2인 이상이 공모하여 범죄에 공동가공하여 범죄를 실현하려는 의사의 결합만 있으면 되는 것으로서, ★비록 전체의 모의과정이 없었다고 하더라도 수인 사이에 순차적으로 또는 암묵적으로 상통하여 그 의사의 결합이 이루어지면 공모관계가 성립한다 할 것이고, 이러한 공모가 이루어진 이상 실행행위에 직접 관여하지 아니한 자라도 다른 공범자의 행위에 대하여 공동정범으로서 형사책임을 지는 것이다(대법원 1997. 10. 10. 선고 97도1720 판결).

4. [1] 형법 제30조의 공동정범은 공동가공의 의사와 그 공동의사에 의한 기능적 행위지배를 통한 범죄실행이라는 주관적·객관적 요건을 충족함으로써 성립하므로, 공모자 중 구성요건행위를 직접 분담하여 실행하지 아니한 사람도 위 요건의 충족 여부에 따라 이른바 공모공동정범으로서의 죄책을 질 수도 있다. 한편 구성요건행위를 직접 분담하여 실행하지 아니한 공모자가 공모공동정범으로 인정되기 위하여는 전체 범죄에 있어서 그가 차지하는 지위·역할이나 범죄경과에 대한 지배 내지 장악력 등을 종합하여 그가 단순한 공모자에 그치는 것이 아니라 범죄에 대한 본질적 기여를 통한 기능적 행위지배가 존재하는 것으로 인정되어야 한다.

[2] 건설 관련 회사의 유일한 지배자가 회사 대표의 지위에서 장기간에 걸쳐 건설공사 현장소장들의 뇌물공여행위를 보고받고 이를 확인·결재하는 등의 방법으로 위 행위에 관여한 사안에서, 비록 사전에 구체적인 대상 및 액수를 정하여 뇌물공여를 지시하지 아니하였다고 하더라도 그 ★★핵심적 경과를 계획적으로 조종하거나 촉진하는 등으로 기능적 행위지배를 하였다고 보아 공모공동정범의 죄책을 인정하여야 한다(대법원 2010. 7. 15. 선고 2010도3544 판결).

제3항 처벌

제4항 동시범

제3절 간접정범

제1항 의미

제2항 성립요건

Ⅰ. 피이용자 범위

<<관련판례>>

1. 법 제34조 제1항이 정하는 소위 간접정범은 어느 행위로 인하여 처벌되지 아니하는 자 또는 과실범으로 처벌되는 자를 교사 또는 방조하여 범죄행위의 결과를 발생케 하는 것으로 이 어느 행위로 인하여 처벌되지 아니하는 자는 시비를 판별할 능력이 없거나 강제에 의하여 의사의 자유를 억압당하고 있는 자, 구성요건적 범의가 없는 자와 목적범이거나 신분범일 때 그 목적이나 신분이 없는 자, 형법상 정당방위, 정당행위, 긴급피난 또는 자구행위로 인정되어 위법성이 없는 자 등을 말하는 것으로 이와 같은 책임무능력자, 범죄사실의 인식이 없는 자, 의사의 자유를 억압당하고 있는 자, 목적범, 신분범인 경우 그 목적 또는 신분이 없는 자 위법성이 조각되는 자 등을 마치 도구나 손발과 같이 이용하여 간접으로 죄의 구성요소를 실행한 자를 간접정범으로 처벌하는 것이다(대법원 1983. 6. 14. 선고 83도515 전원합의체 판결).

2. 피고인이 7세, 3세 남짓된 어린자식들에 대하여 함께 죽자고 권유하여 물속에 따라 들어오게 하여 결국 익사하게 하였다면 비록 피해자들을 물속에 직접 밀어서 빠뜨리지는 않았다고 하더라도 자살의 의미를 이해할 능력이 없고 피고인의 말이라면 무엇이나 복종하는 어린 자식들을 권유하여 익사하게 한 이상 살인죄의 범의는 있었음이 분명하다(대법원 1987. 1. 20. 선고 86도2395 판결)-->★살인죄의 간접정범

3. 피고인은 동거한 사실이 있는 피해자인 공소외인 여인에게 피고인을 탈영병이라고 헌병대에 신고한 이유와 다른 남자와 정을 통한 사실들을 추궁한 바, 이를 부인하자 하숙집 뒷산으로 데리고 가 계속 부정을 추궁하면서 상대 남자를 말하자 대답을 하지 못하고 당황하던 동 여인에게 소지 중인 면도칼 1개를 주면서 "네가 네 코를 자르지 않을 때는 돌로서 죽인다"는 등 위협을 가해 자신의 생명에 위험을 느낀 동 여인은 자신의 생명을 보존하기 위하여 위 면도칼로 콧등을 길이 2.5센치, 깊이 0.56센치 절단하므로서 동 여인에게 전치 3개월을 요하는 상처를 입혀 안면부 불구가 되게 하였다는 것으로서 이와 같이 피고인에게 피해자 여인의 상해결과에 대한 인식이 있고 또 그 여인에게 대한 협박정도가 그의 의사결정의 자유를 상실케 함에 족한 것인 이상, 피고인에게 중상해 사실을 인정하고 피해자 여인의 자상행위로 인정하지 아니한다(대법원 1970. 9. 22. 선고 70도1638 판결).-->★중상해죄의 간접정범

4. 피고인에 대한 유가증권변조, 동행사, 공소사실은 "피고인은 1980.12.9.18:30경 서울 중구 명동 소재 ○○○ 양화점에서 행사할 목적으로 친구인 공소외 1 회사 본점근무의 피해자 공소외 2로부터 동인가입의 동 은행소비조합이 발급한 공소외 3 주식회사제품 대금 30,000원짜리 구두 2족을 구입할 수 있는 유가증권인 신용카드1매를 차용함을 기화로 자신이 마치 위 공소외 2 본인인 것으로 가장하고 동 신용카드 1매상의 금액란에"30,000"원으로 되어 있는 것을 볼펜으로 지우고 그 위에 "47,200+39,000원"으로 고쳐써서 동 신용카드의 금액이 "47,200(공소장의 47,000원의 기재는 오기임)+39,000원"인 것처럼 신용카드 1매를 변조하고, 그 시경 동 소에서 위 양화점 근무의 성명불상 종업원에게 그것이 진정하게 성립한 유가증권인 "신용카드"인 것처럼 가장하고 제시하여 이를 행사한 것"은 유가증권변조죄의 간접정범 및 변조유가증권행사죄, 사기죄의 경합범이 성립한다(대법원 1984. 11. 27. 선고 84도1862 판결).

5. 범죄는 '어느 행위로 인하여 처벌되지 아니하는 자'를 이용하여서도 이를 실행할 수 있으므로, 내란죄의 경우에도 '국헌문란의 목적'을 가진 자가 그러한 목적이 없는 자를 이용하여 이를 실행할 수 있다(대법원 1997. 4. 17. 선고 96도3376 전원합의체 판결). 피고인이 광주시위 진압

에 투입된 특전사의 사령관으로서, 피고인 A 등과 공모하여 이 사건 내란을 모의하고 그 실행을 위한 준비까지 마친 후, 광주시위에 대하여 공수부대의 파견에 관여한 점 등을 알 수 있으니, 피고인 N에게 위와 같은 행위지배가 있었다고 보아야 할 것이고, 따라서 위 피고인이 내란죄 및 내란목적살인죄의 간접정범에 해당한다
★대통령 등을 강압·외포케하여 비상계엄 전국확대선포--->내란죄의 간접정범

6. 감금죄는 간접정범의 형태로도 행하여질 수 있는 것이므로, 인신구속에 관한 직무를 행하는 자 또는 이를 보조하는 자가 피해자를 구속하기 위하여 진술조서 등을 허위로 작성한 후 이를 기록에 첨부하여 구속영장을 신청하고, 진술조서 등이 허위로 작성된 정을 모르는 검사와 영장전담판사를 기망하여 구속영장을 발부받은 후 그 영장에 의하여 피해자를 구금하였다면 형법 제124조 제1항의 직권남용감금죄가 성립한다(대법원 2006. 5. 25. 선고 2003도3945 판결).

Ⅱ. 이용행위

<<관련판례>>
[1] 처벌되지 아니하는 타인의 행위를 적극적으로 유발하고 이를 이용하여 자신의 범죄를 실현한 자는 형법 제34조 제1항이 정하는 간접정범의 죄책을 지게 되고, 그 과정에서 타인의 의사를 부당하게 억압하여야만 간접정범에 해당하는 것은 아니다.

[2] 정유회사 경영자의 청탁으로 국회의원이 위 경영자와 지역구 지방자치단체장 사이에 정유공장의 지역구 유치와 관련한 간담회를 주선하고 위 경영자는 정유회사 소속 직원들로 하여금 위 국회의원이 사실상 지배·장악하고 있던 후원회에 후원금을 기부하게 한 사안에서, 국회의원에게는 정치자금법 제32조 제3호 위반죄가, 경영자에게는 정치자금법 위반죄의 간접정범이 성립한다(대법원 2008. 9. 11. 선고 2007도7204 판결).

Ⅲ. 결과발생

제3항 처벌

제4항 관련문제

<<관련판례>>
1. 부정수표단속법의 목적이 부정수표 등의 발행을 단속처벌함에 있고(제1조), 허위신고죄를 규정한 위 법 제4조가 "수표금액의 지급 또는 거래정지처분을 면하게 할 목적"이 아니라 "수표금액의 지급 또는 거래정지처분을 면할 목적"을 요건으로 하고 있는데 수표금액의 지급책임을 부담하는 자 또는 거래정지처분을 당하는 자는 오로지 발행인에 국한되는 점에 비추어 볼 때 ★★ 발행인 아닌 자는 위 법조가 정한 허위신고죄의 주체가 될 수 없고, 허위신고의 고의 없는 발행인을 이용하여 간접정범의 형태로 허위신고죄를 범할 수도 없다(대법원 1992. 11. 10. 선고 92도1342 판결).

2. ★★★공문서의 작성권한이 있는 공무원의 직무를 보좌하는 자가 그 직위를 이용하여 행사할 목적으로 허위의 내용이 기재된 문서 초안을 그 정을 모르는 상사에게 제출하여 결재하도록 하는 등의 방법으로 작성권한이 있는 공무원으로 하여금 허위의 공문서를 작성하게 한 경우에는 간접정범이 성립되고 이와 공모한 자 역시 그 간접정범의 공범으로서의 죄책을 면할 수 없는 것이고, 여기서 말하는 공범은 반드시 공무원의 신분이 있는 자로 한정되는 것은 아니라고 할 것이다(대법원 1992. 1. 17. 선고 91도2837 판결).

★피고인이 1990.4.7.자 향토예비군훈련을 받은 사실이 없음에도 불구하고 소속 예비군동대 방위병인 공소외 B에게 위 날짜에 예비군훈련을 받았다는 내용의 확인서를 발급하여 달라고 부탁하자, 동인은 작성권자인 예비군 동대장 C에게 그 사실을 보고하여 그로부터 피고인이 예비군훈련에 참가한 여부를 확인한 후 확인서를 발급하도록 지시를 받고서는 미리 예비군 동대장의 직인을 찍어 보관하고 있던 예비군훈련확인서용지에 피고인의 성명등 인적사항과 위 부탁받은 훈련일자 등을 기재하여 피고인에게 교부한 사실을 인정하면서도, 허위 공문서작성죄의 주체는 그 문서작성권한이 있는 공무원이나 그 문서의 전결권을 위임받은 자로 제한되는 것이고 예외적으로 그 문서작성권한이 있는 공무원을 보조하는 지위에 있는 공무원이 허위의 신고나 보고를 하여 작성권한이 있는 공무원으로 하여금 허위의 문서를 작성하게 한 경우-->허위공문서작성죄 및 동행사죄의 간접정범

제4절 교사범

제1항 서설

제2항 성립요건

Ⅰ. 교사자에 대한 요건

<<관련판례>>
1. 가. 교사범이란 타인(정범)으로 하여금 범죄를 결의하게 하여 그 죄를 범하게 한 때에 성립하는 것이고 피교사자는 교사범의 교사에 의하여 범죄실행을 결의하여야 하는 것이므로, ★피교사자가 이미 범죄의 결의를 가지고 있을 때에는 교사범이 성립할 여지가 없다.

나. 막연히 "범죄를 하라"거나 "절도를 하라"고 하는 등의 행위만으로는 교사행위가 되기에 부족하다 하겠으나, 타인으로 하여금 일정한 범죄를 실행할 결의를 생기게 하는 행위를 하면 되는 것으로서 교사의 수단방법에 제한이 없다 할 것이므로, 교사범이 성립하기 위하여는 범행의 일시, 장소, 방법 등의 세부적인 사항까지를 특정하여 교사할 필요는 없는 것이고, 정범으로 하여금 ★★★일정한 범죄의 실행을 결의할 정도에 이르게 하면 교사범이 성립된다.

다. 피고인이 갑, 을, 병이 절취하여 온 장물을 상습으로 19회에 걸쳐 시가의 3분의1 내지 4분의1의 가격으로 매수하여 취득하여 오다가, 갑, 을에게 일제 ★★★드라이바 1개를 사주면서 "병이 구속되어 도망다니려면 돈도 필요할텐데 열심히 일을 하라(도둑질을 하라)"고 말하였다면,

그 취지는 종전에 병과 같이 하던 범위의 절도를 다시 계속하면 그 장물은 매수하여 주겠다는 것으로서 절도의 교사가 있었다고 보아야 한다.

라. 교사범의 교사가 정범이 죄를 범한 유일한 조건일 필요는 없으므로, 교사행위에 의하여 정범이 실행을 결의하게 된 이상 비록 정범에게 범죄의 습벽이 있어 그 습벽과 함께 교사행위가 원인이 되어 정범이 범죄를 실행한 경우에도 교사범의 성립에 영향이 없다(대법원 1991. 5. 14. 선고 91도542 판결).

2. 가. 간호보조원이 치과의사의 지시를 받아 치과환자에게 그 환부의 엑스레이를 촬영하여 이를 판독하는등 초진을 하고 발치, 주사, 투약등 독자적으로 진료행위를 하였다면 이는 의료법 제25조 제1항이 규정한 의료행위에 해당한다.

나. 치과의사가 환자의 대량유치를 위해 ★치과기공사들에게 내원환자들에게 진료행위를 하도록 지시하여 동인들이 각 단독으로 전항과 같은 진료행위를 하였다면 무면허의료행위의 교사범에 해당한다(대법원 1986. 7. 8. 선고 86도749 판결)

Ⅱ. 피교사자에 대한 요건

<<관련판례>>
1. [1] 교사범이란 정범인 피교사자로 하여금 범죄를 결의하게 하여 그 죄를 범하게 한 때에 성립하므로, 교사자의 교사행위에도 불구하고 피교사자가 범행을 승낙하지 아니하거나 피교사자의 범행결의가 교사자의 교사행위에 의하여 생긴 것으로 보기 어려운 경우에는 이른바 실패한 교사로서 형법 제31조 제3항에 의하여 교사자를 음모 또는 예비에 준하여 처벌할 수 있을 뿐이다.

[2] 피교사자가 범죄의 실행에 착수한 경우 그 범행결의가 교사자의 교사행위에 의하여 생긴 것인지는 교사자와 피교사자의 관계, 교사행위의 내용 및 정도, 피교사자가 범행에 이르게 된 과정, 교사자의 교사행위가 없더라도 피교사자가 범행을 저지를 다른 원인의 존부 등 제반 사정을 종합적으로 고려하여 사건의 전체적 경과를 객관적으로 판단하는 방법에 의하여야 하고, 이러한 판단 방법에 의할 때 피교사자가 교사자의 교사행위 당시에는 일응 범행을 승낙하지 아니한 것으로 보여진다 하더라도 이후 그 교사행위에 의하여 범행을 결의한 것으로 인정되는 이상 교사범의 성립에는 영향이 없다.

[3] 피고인이 결혼을 전제로 교제하던 여성 갑의 임신 사실을 알고 수회에 걸쳐 낙태를 권유하였다가 거부당하자, 갑에게 출산 여부는 알아서 하되 더 이상 결혼을 진행하지 않겠다고 통보하고, 이후에도 아이에 대한 친권을 행사할 의사가 없다고 하면서 낙태할 병원을 물색해 주기도 하였는데, 그 후 갑이 피고인에게 알리지 아니한 채 자신이 알아본 병원에서 낙태시술을 받은 사안에서, 피고인은 갑에게 직접 낙태를 권유할 당시뿐만 아니라 출산 여부는 알아서 하라고 통보한 이후에도 계속 낙태를 교사하였고, 갑은 이로 인하여 낙태를 결의·실행하게 되었다고 보는 것이 타당하며, 갑이 당초 아이를 낳을 것처럼 말한 사실이 있다는 사정만으로 피고인의 낙태교사행위와 갑의 낙태결의 사이에 인과관계가 단절되는 것은 아니라는 이유로, 피고인에게 낙태교사죄를 인정한다(대법원 2013. 9. 12. 선고 2012도2744 판결).

2. ★★★★교사범이 그 공범관계로부터 이탈하기 위해서는 피교사자가 범죄의 실행행위에 나아가기 전에 교사범에 의하여 형성된 피교사자의 범죄 실행의 결의를 해소하는 것이 필요하고, 이때 교사범이 피교사자에게 교사행위를 철회한다는 의사를 표시하고 이에 피교사자도 그 의사에 따르기로 하거나 또는 교사범이 명시적으로 교사행위를 철회함과 아울러 피교사자의 범죄 실행을 방지하기 위한 진지한 노력을 다하여 당초 피교사자가 범죄를 결의하게 된 사정을 제거하는 등 제반 사정에 비추어 객관적·실질적으로 보아 교사범에게 교사의 고의가 계속 존재한다고 보기 어렵고 당초의 교사행위에 의하여 형성된 피교사자의 범죄 실행의 결의가 더 이상 유지되지 않는 것으로 평가할 수 있다면, 설사 그 후 피교사자가 범죄를 저지르더라도 이는 당초의 교사행위에 의한 것이 아니라 새로운 범죄 실행의 결의에 따른 것이므로 교사자는 형법 제31조 제2항에 의한 죄책을 부담함은 별론으로 하고 형법 제31조 제1항에 의한 교사범으로서의 죄책을 부담하지는 않는다고 할 수 있다(대법원 2012. 11. 15. 선고 판결).

제3항 교사의 미수

제4항 교사의 착오

<<관련판례>>

1. 피고인 1이 상 피고인 3, 피고인 4, 피고인 5 및 원심 공동피고인 7에게 피고인과 사업관계로 다툼이 있었던 피해자를 혼내 주되, ★★★평생 후회하면서 살도록 허리 아래 부분을 찌르고, 특히 허벅지나 종아리를 찔러 병신을 만들라는 취지로 이야기 하면서 차량과 칼 구입비 명목으로 경비 90만 원 정도를 주어 범행에 이르게 한 사실, 피고인 2는 위와 같이 피고인 1이 상 피고인들에게 범행을 지시할 때 그들에게 연락하여 모이도록 하였으며, "피고인 1을 좀 도와 주어라" 등의 말을 하였고, 그 결과 상피고인들이 공소사실 기재와 같이 피해자의 종아리 부위 등을 20여 회나 칼로 찔러 살해한 사실을 인정한 다음, 그 당시 상황으로 보아 피고인 2 역시 공모관계에 있고, 피고인 1과 피고인 2는 피해자가 죽을 수도 있다는 점을 예견할 가능성이 있었다고 판단하여, ★★★상해치사죄로 의율한 조치는 위 법리에 따른 것으로 정당하다(대법원 2002. 10. 25. 선고 2002도4089 판결).

2. 피고인이 1989.6.9.경 피고인 1의 집으로 전화를 하여 그에게 ★★★"공소외 1이라는 애가 행패를 부려서 망신을 당했는데 나이먹고 챙피해 죽겠다. 네가 알아서 혼을 내주어라"고 말함으로써 위 공소외 1측한테 상해를 가할 것을 교사하였는데, 피고인들 사이에서는 위 공소외 1이 자신이 두목으로 받드는 피해자 공소외 2의 사주를 받고 피고인 2 등에게 행패를 부린 것으로 인식되고 있어서, 위 피고인의 위와 같은 교사의 취지는 공소외 1이 속해 있고 피해자 공소외 2를 정점으로 하는 패거리들에 대하여 효과적인 ★★★보복조치를 취하라는 뜻이고, 피고인 1도 그와 같은 뜻으로 알아듣고 위 공소외 1의 선배인 위 공소외 2에게 상해를 가하도록 그 휘하 조직원인 공소외 3에게 지시한 것이어서, 피고인 2가 위와 같이 교사할 때에는 위 공소외 1이 소속된 집단에 속해 있는 위 공소외 2가 공격의 대상이 될 수 있다는 것을 알고 이를 용인한 것이므로, 위 피고인의 교사행위와 위 공소외 2의 사망 사이에는 인과관계가 있다고 판단하고 있는바, 위에서 본 증거들을 살펴보면 인과관계에 관한 원심의 위와 같은 인정판단은 정당한 것으로 수긍이 가고, 사실관계가 위와 같다면 소론과 같이 피교사자인 피고인 1이나 그의 지시를 받은 위

공소외 3이 피고인 2의 교사행위와는 상관없이 위 공소외 2에 대하여 상해의 범의를 가지고 개입함으로써 인과관계가 중단된 것으로는 보기 어렵다고 할 것이다(대법원 1992. 2. 25. 선고 91도3192 판결)-->★★★상해치사죄의 교사범

3. [1] 교사자가 피교사자에게 피해자를 ★★★"정신차릴 정도로 때려주라"고 교사하였다면 이는 상해에 대한 교사로 봄이 상당하다.

[2] 교사자가 피교사자에 대하여 상해를 교사하였는데 피교사자가 이를 넘어 살인을 실행한 경우, 일반적으로 교사자는 상해죄에 대한 교사범이 되는 것이고, 다만 이 경우 교사자에게 피해자의 사망이라는 결과에 대하여 과실 내지 예견가능성이 있는 때에는 상해치사죄의 교사범으로서의 죄책을 지울 수 있다(대법원 1997. 6. 24. 선고 97도1075 판결)-->위 사례에서는 예견가능성을 부정하여 ★★★상해죄의 교사범 인정

제5항 교사범 처벌

제6항 관련문제

제5절 종범

제1항 개설

제2항 성립요건

Ⅰ. 방조자에 대한 요건

<<관련판례>>
1. 전송의 방법으로 공중송신권을 침해하는 게시물이나 그 게시물이 위치한 웹페이지 등에 연결되는 링크를 한 행위자가, 정범이 공중송신권을 침해한다는 사실을 충분히 인식하면서 그러한 링크를 인터넷 사이트에 영리적·계속적으로 게시하는 등으로 공중의 구성원이 개별적으로 선택한 시간과 장소에서 침해 게시물에 쉽게 접근할 수 있도록 하는 정도의 ★★★링크 행위를 한 경우, 공중송신권 침해의 방조범이 성립한다(대법원 2021. 9. 30. 선고 2016도8040 판결).

2. 피고인이, 갑 주식회사가 특정 신문들에 광고를 편중했다는 이유로 기자회견을 열어 갑 회사에 대하여 불매운동을 하겠다고 하면서 특정 신문들에 대한 광고를 중단할 것과 다른 신문들에 대해서도 특정 신문들과 동등하게 광고를 집행할 것을 요구하고 갑 회사 인터넷 홈페이지에 '갑 회사는 앞으로 특정 언론사에 편중하지 않고 동등한 광고 집행을 하겠다'는 내용의 팝업창을 띄우게 한 사안에서, 불매운동의 목적, 그 조직과정 및 규모, 대상 기업으로 갑 회사 하나만을 선정한 경위, 기자회견을 통해 공표한 불매운동의 방법 및 대상 제품, 갑 회사 직원에게 고지한 요

구사항의 구체적인 내용, 위 공표나 고지행위 당시의 상황, 그에 대한 갑 회사 경영진의 반응, 위 요구사항에 응하지 않을 경우 갑 회사에 예상되는 피해의 심각성 등 제반 사정을 고려할 때, 피고인의 행위는 갑 회사의 의사결정권자로 하여금 그 요구를 수용하지 아니할 경우 불매운동이 지속되어 영업에 타격을 입게 될 것이라는 겁을 먹게 하여 의사결정 및 의사실행의 자유를 침해한 것으로 강요죄나 공갈죄의 수단으로서의 협박에 해당한다(대법원 2013. 4. 11. 선고 판결).-->정범(피해자 공갈)과 ★★★동석한 자-->방조범 성립

3. ★★세관원에게 "잘 부탁한다"는 말을 하였다는 사실만으로서는 사위 기타 부정한 방법으로 관세를 포탈하는 범행의 방조행위에 해당된다든가 또는 그 범행의 실행에 착수하였다고 볼 수 없다(대법원 1971. 8. 31. 선고 71도1204 판결).

4. 피고인(은행지점장)이 그 부하 직원인 정범들의 당좌부정결제 행위(배임행위)를 알면서도 은행지점장으로서 취하여야 할 필요한 조치를 취하지 아니한 채 그대로 방치함으로써 업무상 배임행위를 방조하였음(대법원 1984. 11. 27. 선고 84도1906 판결).

5. 인터넷 포털 사이트 내 오락채널 총괄팀장과 위 오락채널 내 만화사업의 운영 직원인 피고인들에게, ★(성인만화방)콘텐츠제공업체들이 게재하는 음란만화의 삭제를 요구할 조리상의 의무가 있다고 하여, 구 전기통신기본법(2001. 1. 16. 법률 제6360호로 개정되기 전의 것) 제48조의2 위반 ★방조죄의 성립한다(대법원 2006. 4. 28. 선고 2003도4128 판결).

6. 가. 피고인이 미성년자를 유인하여 포박 감금한 후 단지 그 상태를 유지하였을 뿐인데도 피감금자가 사망에 이르게 된 것이라면 피고인의 죄책은 감금치 사죄에 해당한다 하겠으나, 나아가서 그 감금상태가 계속된 어느 시점에서 피고인에게 살해의 범의가 생겨 피감금자에 대한 위험발생을 방지함이없이 포박감금상태에 있던 피감금자를 그대로 방치함으로써 사망케 하였다면 피고인의 부작위는 살인죄의 구성요건적 행위를 충족하는 것이라고 평가하기에 충분하므로 부작위에 의한 살인죄를 구성한다.

나. 피해자를 아파트에 유인하여 양 손목과 발목을 노끈으로 묶고 입에 반창고를 두 겹으로 붙인 다음 양손목을 묶은 노끈은 창틀에 박힌 시멘트 못에, 양발목을 묶은 노끈은 방문손잡이에 각각 잡아매고 얼굴에 모포를 씌워 감금한 후 수차 아파트를 출입하다가 마지막 들어갔을 때 피해자가 이미 탈진 상태에 이르러 박카스를 마시지 못하고 그냥 흘려버릴 정도였고 피고인이 피해자의 얼굴에 모포를 덮어씌워 놓고 그냥 나오면서 피해자를 그대로 두면 죽을 것같다는 생각이 들었다면, 피고인이 위와 같은 결과발생의 가능성을 인정하고 있으면서도 피해자를 병원에 옮기지 않고 사경에 이른 피해자를 그대로 방치한 소위는 피해자가 사망하는 결과에 이르더라도 용인할 수 밖에 없다는 내심의 의사 즉 살인의 미필적 고의가 있다고 할 것이다.

다. 특정범죄가중처벌등에 관한 법률 제5조의2 제2항 제1호 소정의 죄는 형법 제287조의 미성년자 약취, 유인행위와 약취 또는 유인한 미성년자의 부모 기타 그 미성년자의 안전을 염려하는 자의 우려를 이용하여 재물이나 재산상의 이익을 취득하거나 이를 요구하는 행위가 결합된 단순일죄의 범죄라고 봄이 상당하므로 비록 타인이 미성년자를 약취, 유인한 행위에는 가담한 바

없다 하더라도 사후에 그 사실을 알면서 약취.유인한 미성년자를 부모 기타 그 미성년자의 안전을 염려하는 자의 우려를 이용하여 재물이나 재산상의 이익을 취득하거나 요구하는 타인의 행위에 가담하여 이를 방조한 때에는 <<단순히 재물등 요구행위의 종범이 되는데 그치는 것이 아니라>> 종합범인 위 <<특정범죄가중처벌등에 관한 법률 제5조의2 제2항 제1호 위반죄의 종범에 해당>>한다(대법원 1982. 11. 23. 선고 82도2024 판결).--->★★★★전체범죄의 종범 성립

7. [1] 저작권법 제2조의 유형물에는 특별한 제한이 없으므로 컴퓨터의 하드디스크가 이에 포함됨은 물론이지만, 하드디스크에 전자적으로 저장하는 MPEG-1 Audio Layer-3 (MP3) 파일을 일컬어 유형물이라고는 할 수 없으므로, 음악 CD로부터 변환한 MP3 파일을 Peer-To-Peer(P2P) 방식으로 전송받아 자신의 컴퓨터 하드디스크에 전자적으로 저장하는 행위는 구 저작권법(2000. 1. 12. 법률 제6134호로 개정되기 전의 것) 제2조 제14호의 복제행위인 '유형물로 다시 제작하는 것'에는 해당하지 않고, 구 저작권법(2006. 12. 28. 법률 제8101호로 전문 개정되기 전의 것) 제2조 제14호의 복제행위인 '유형물에 고정하는 것'에 해당한다.

[2] 구 저작권법(2006. 12. 28. 법률 제8101호로 전문 개정되기 전의 것) 제2조 제15호에서 말하는 '배포'란 저작물의 원작품이나 그 복제물을 유형물의 형태로 일반 공중에게 양도·대여하는 것을 말하므로, 컴퓨터 하드디스크에 저장된 MP3 파일을 다른 P2P 프로그램 이용자들이 손쉽게 다운로드 받을 수 있도록 자신의 컴퓨터 내 공유폴더에 담아 둔 행위는 이에 해당하지 않는다.

[3] 저작권법이 보호하는 복제권의 침해를 방조하는 행위란 정범의 복제권 침해를 용이하게 해주는 직접·간접의 모든 행위로서, 정범의 복제권 침해행위 중에 이를 방조하는 경우는 물론, 복제권 침해행위에 착수하기 전에 장래의 복제권 침해행위를 예상하고 이를 용이하게 해주는 경우도 포함하며, 정범에 의하여 실행되는 복제권 침해행위에 대한 미필적 고의가 있는 것으로 충분하고 정범의 복제권 침해행위가 실행되는 일시, 장소, 객체 등을 구체적으로 인식할 필요가 없으며, 나아가 정범이 누구인지 확정적으로 인식할 필요도 없다.

[4] P2P 프로그램을 이용하여 음악파일을 공유하는 행위가 대부분 정당한 허락 없는 음악파일의 복제임을 예견하면서도 MP3 파일 공유를 위한 P2P 프로그램인 ○○○○ 프로그램을 개발하여 이를 무료로 널리 제공하였으며, 그 서버를 설치·운영하면서 프로그램 이용자들의 접속 정보를 서버에 보관하여 다른 이용자에게 제공함으로써 이용자들이 용이하게 음악 MP3 파일을 다운로드 받아 자신의 컴퓨터 공유폴더에 담아 둘 수 있게 하고, ○○○○ 서비스가 저작권법에 위배된다는 경고와 서비스 중단 요청을 받고도 이를 계속한 경우, MP3 파일을 다운로드 받은 이용자의 행위는 구 저작권법(2006. 12. 28. 법률 제8101호로 전문 개정되기 전의 것) 제2조 제14호의 복제에 해당하고, ○○○○ 서비스 운영자의 행위는 ★★★<<구 저작권법상 복제권 침해행위의 방조에 해당>>한다(대법원 2007. 12. 14. 선고 2005도872 판결).

Ⅱ. 피방조자에 대한 요건

> <<관련판례>>
> 형법 제32조 제1항의 타인의 범죄를 방조한 자는 종범으로 처벌한다는 규정의 타인의 범죄란 정범이 범죄를 실현하기 위하여 착수한 경우를 말하는 것이라고 할 것이므로 종범이 처벌되기 위하여는 정범의 실행의 착수가 있는 경우에만 가능하고 정범이 실행의 착수에 이르지 아니한 예비의 단계에 그친 경우에는 이에 가공하는 행위가 예비의 공동정범이 되는 경우를 제외하고는 이를 종범으로 처벌할 수 없다고 할 것이다.
>
> 왜냐하면 범죄의 구성요건 개념상 예비죄의 실행행위는 무정형 무한정한 행위이고 종범의 행위도 무정형 무한정한 것이고 형법 제28조에 의하면 범죄의 음모 또는 예비행위가 실행의 착수에 이르지 아니한 때에는 법률에 특별한 규정이 없는 한 벌지 아니한다고 규정하여 예비죄의 처벌이 가져올 범죄의 구성요건을 부당하게 유추 내지 확장해석하는 것을 금지하고 있기 때문에 형법각칙의 예비죄를 처단하는 규정을 바로 독립된 구성요건 개념에 포함시킬 수는 없다고 하는 것이 죄형법정주의의 원칙에도 합당하는 해석이라 할 것이기 때문이 다. 따라서 형법전체의 정신에 비추어 예비의 단계에 있어서는 그 종범의 성립을 부정하고 있다고 보는 것이 타당한 해석이라고 할 것이다(대법원 1976. 5. 25. 선고 75도1549 판결).-->손도끼 구입비용으로 돈을 건네주었지만 실행 착수전 검거-->★★★강도예비방조죄 불성립

제3항 처벌

제4항 종범 착오

제6절 공범과 신분

제1항 개설

> <<관련판례>>
> 피고인이 갑을 모해할 목적으로 을에게 위증을 교사한 이상, 가사 정범인 을에게 모해의 목적이 없었다고 하더라도, 형법 제33조 단서의 규정에 의하여 피고인을 ★모해위증교사죄로 처단할 수 있다(대법원 1994. 12. 23. 선고 93도1002 판결).

제2항 제33조 해석

> <<관련판례>>
> 1. 피고인에 대한 공소사실은 공소외인과 공모하여 군형법 제41조(근무 기피 목적의 사술) 위반죄를 범하였다는 것이므로, 피고인은 군인이나 군무원 등 군인에 준하는 자에 해당되지 아니한다 할지라도 공소외인이 범행 당시 그와 같은 신분을 가지고 있었다면 형법 제8조, 군형법 제4조의 규정에 따라 형법 제33조가 적용되어 공범으로서의 죄책을 면할 수 없다(대법원 1992. 12. 24.

선고 92도2346 판결).

2. 피해아동 갑의 친모인 피고인 을이 자신과 연인관계인 피고인 병과 공모하여 갑을 지속적으로 학대함으로써 사망에 이르게 하였다는 공소사실에 대하여 구 아동학대범죄의 처벌 등에 관한 특례법 제4조, 제2조 제4호 (가)목, 형법 제257조 제1항, 제30조를 적용법조로 공소가 제기된 사안에서, 구 아동학대범죄의 처벌 등에 관한 특례법 제4조, 제2조 제4호 (가)목 내지 (다)목은 보호자가 같은 법 제2조 제4호 (가)목 내지 (다)목에서 정한 아동학대범죄를 범하여 그 아동을 사망에 이르게 한 경우를 처벌하는 규정으로 ★★★★형법 제33조 본문의 '신분관계로 인하여 성립될 범죄'에 해당하므로, 피고인 병에 대해 형법 제33조 본문에 따라 구 아동학대범죄의 처벌 등에 관한 특례법 위반(아동학대치사)죄의 공동정범이 성립하고 같은 법 제4조에서 정한 형에 따라 과형이 이루어져야 한다는 이유로, 이와 달리 피고인 병 대하여 형법 제33조 단서를 적용하여 형법 제259조 제1항의 상해치사죄에서 정한 형으로 처단한다(대법원 2021. 9. 16. 선고 2021도5000 판결).

3. 업무상배임죄는 업무상 타인의 사무를 처리하는 지위에 있는 사람이 그 임무를 위반하는 행위로써 재산상의 이익을 취득하거나 제3자로 하여금 이를 취득하게 하여 본인에게 손해를 입힌 때에 성립한다. 이는 타인의 사무를 처리하는 지위라는 점에서 보면 단순배임죄에 대한 가중규정으로서 신분관계로 형의 경중이 있는 경우라고 할 것이다. 따라서 그와 같은 업무상의 임무라는 신분관계가 없는 자가 그러한 신분관계 있는 자와 공모하여 업무상배임죄를 저질렀다면, 그러한 신분관계가 없는 공범에 대하여는 형법 제33조 단서에 따라 단순배임죄에서 정한 형으로 처단하여야 한다. 이 경우에는 신분관계 없는 공범에게도 같은 조 본문에 따라 일단 신분범인 업무상배임죄가 성립하고 다만 과형에서만 무거운 형이 아닌 단순배임죄의 법정형이 적용된다 (대법원 2018. 8. 30. 선고 2018도10047 판결).

4. 횡령으로 인한 특정범죄 가중처벌 등에 관한 법률 위반(국고등손실)죄가 회계관계직원이라는 지위에 따라 형법상 횡령죄 또는 업무상횡령죄에 대한 가중처벌을 규정한 것으로서 신분관계로 인한 형의 경중이 있는 경우인지 여부(적극)(대법원 2020. 10. 29. 선고 2020도3972 판결)-->횡령으로 인한 특정범죄 가중처벌 등에 관한 법률 위반(국고등손실)죄는 회계관계직원이라는 지위에 따라 형법상 횡령죄 또는 업무상횡령죄에 대한 가중처벌을 규정한 것으로서 신분관계로 인한 형의 경중이 있는 것이고, 피고인에게는 회계관계직원 또는 국정원장 특별사업비의 업무상 보관자라는 신분이 없다고 보아, ★★★피고인은 형법 제355조 제1항의 횡령죄에 정한 형으로 처벌된다고 판단하였다.
★피고인의 요청에 따라 국정원장 특별사업비를 2억 원씩 교부하였고, 공소외 16의 국고손실 인식도 인정된다고 보아, 피고인(대통령)이 공소외 15 또는 공소외 16 등(국정원장: 신분자)과 순차 공모하여 국고인 국정원 자금 합계 4억 원을 손실하였다고 판단하였다.

제3항 소극적 신분과 공범

<<관련판례>>
1. 가. 간호보조원이 치과의사의 지시를 받아 치과환자에게 그 환부의 엑스레이를 촬영하여 이를

판독하는등 초진을 하고 발치, 주사, 투약등 독자적으로 진료행위를 하였다면 이는 의료법 제25조 제1항이 규정한 의료행위에 해당한다.
나. 치과의사가 환자의 대량유치를 위해 치과기공사들에게 내원환자들에게 진료행위를 하도록 지시하여 동인들이 각 단독으로 전항과 같은 진료행위를 하였다면 무면허의료행위의 교사범에 해당한다(대법원 1986. 7. 8. 선고 86도749 판결).

제7장 죄수론

제1절 개설

제1항 의의

제2항 판단기준

<<관련판례>>
가. 강도가 동일한 장소에서 동일한 방법으로 시간적으로 접착된 상황에서 수인의 재물을 강취하였다고 하더라도, 수인의 피해자들에게 폭행 또는 협박을 가하여 그들로부터 그들이 각기 점유 관리하고 있는 재물을 각각 강취하였다면, ★피해자들의 수에 따라 수개의 강도죄를 구성(법익표준설)하는 것이고, 다만 강도범인이 피해자들의 반항을 억압하는 수단인 폭행·협박행위가 사실상 공통으로 이루어졌기 때문에, 법률상 1개의 행위로 평가되어 상상적경합으로 보아야 될 경우가 있는 것은 별문제이다.
나. 피고인이 여관에서 종업원을 칼로 찔러 상해를 가하고 객실로 끌고 들어가는 등 폭행·협박을 하고 있던 중, 마침 다른 방에서 나오던 여관의 주인도 같은 방에 밀어 넣은 후, 주인으로부터 금품을 강취하고, 1층 안내실에서 종업원 소유의 현금을 꺼내 갔다면, 여관 종업원과 주인에 대한 각 강도행위가 각별로 강도죄를 구성하되 피고인이 피해자인 종업원과 주인을 폭행·협박한 행위는 법률상 1개의 행위로 평가되는 것이 상당하므로 위 2죄는 상상적 경합범관계에 있다고 할 것이다.
다. 피해자 별로 강도죄를 구성하되 상상적 경합범관계에 있는 피고인의 행위를 원심이 포괄하여 1개의 강도죄만을 구성하는 것으로 잘못 판단하여 피고인이 한 피해자에 대한 특수강도죄에 관하여 받은 유죄의 확정 판결의 효력이 다른 피해자에 대한 강도상해행위에 대하여도 미친다고 보아 그 공소사실에 대하여 면소의 선고를 하였더라도, 위 유죄의 확정 판결의 효력은 그 죄와 상상적경합의 관계에 있는 다른 피해자에 대한 강도상해죄에 대하여도 어차피 미치게 되므로, 원심의 위와 같은 잘못은 판결에 영향을 미칠 것이 못된다.
라. 강도가 서로 다른 시기에 다른 장소에서 수인의 피해자들에게 각기 폭행 또는 협박을 하여 각그 피해자들의 재물을 강취하고, 그 피해자들 중 1인을 상해한 경우에는, 각기 별도로 강도죄와 강도상해죄가 성립하는 것임은 물론, 법률상 1개의 행위로 평가되는 것도 아닌 바, 피고인이 여관에 들어가 1층 안내실에 있던 여관의 관리인을 칼로 찔러 상해를 가하고, 그로부터 금품을 강취한 다음, 각 객실에 들어가 각 투숙객들로부터 금품을 강취하였다면, 피고인의 위와 같은 각 행위는 비록 시간적으로 접착된 상황에서 동일한 방법으로 이루어지기는 하였으나, 포

괄하여 1개의 강도상해죄만을 구성하는 것이 아니라 실체적경합범의 관계에 있는 것이라고 할 것이다(대법원 1991. 6. 25. 선고 91도643 판결).

제2절 일죄

제1항 개설

제2항 법조경합

<<관련판례>>
1. 반란의 진행과정에서 그에 수반하여 일어난 <u>지휘관계엄지역수소이탈 및 불법진퇴</u>는 반란 자체를 실행하는 전형적인 행위라고 인정되므로, <u>반란죄에 흡수되어 별죄를 구성하지 아니한다</u>(대법원 1997. 4. 17. 선고 96도3376 전원합의체 판결).(흡수관계)

2. 업무상배임행위에 사기행위가 수반된 때의 죄수 관계에 관하여 보면, <u>사기죄</u>는 사람을 기망하여 재물의 교부를 받거나 재산상의 이익을 취득하는 것을 구성요건으로 하는 범죄로서 임무위배를 그 구성요소로 하지 아니하고 사기죄의 관념에 임무위배 행위가 당연히 포함된다고 할 수도 없으며, <u>업무상배임죄</u>는 업무상 타인의 사무를 처리하는 자가 그 업무상의 임무에 위배하는 행위로써 재산상의 이익을 취득하거나 제3자로 하여금 이를 취득하게 하여 본인에게 손해를 가하는 것을 구성요건으로 하는 범죄로서 기망적 요소를 구성요건의 일부로 하는 것이 아니어서 양 죄는 그 구성요건을 달리하는 별개의 범죄이고 형법상으로도 각각 별개의 장(장)에 규정되어 있어, 1개의 행위에 관하여 사기죄와 업무상배임죄의 각 구성요건이 모두 구비된 때에는 양 죄를 법조경합 관계로 볼 것이 아니라 <u>상상적 경합관계</u>로 봄이 상당하다 할 것이고, 나아가 업무상배임죄가 아닌 단순배임죄라고 하여 양 죄의 관계를 달리 보아야 할 이유도 없다(대법원 2002. 7. 18. 선고 2002도669 전원합의체 판결).

3. <u>갑 주식회사 대표이사인 피고인이 자신의 채권자 을에게 차용금에 대한 담보로 갑 회사 명의 정기예금에 질권을 설정하여 주었는데, 그 후 을이 차용금과 정기예금의 변제기가 모두 도래한 이후 피고인의 동의하에 정기예금 계좌에 입금되어 있던 갑 회사 자금을 전액 인출하였다고 하여 구 특정경제범죄 가중처벌 등에 관한 법률(2012. 2. 10. 법률 제11304호로 개정되기 전의 것) 위반으로 기소된 사안</u>에서, 민법 제353조에 의하면 ★★★질권자는 질권의 목적이 된 채권을 직접 청구할 수 있으므로, 피고인의 예금인출동의행위는 이미 배임행위로써 이루어진 질권설정행위의 사후조처에 불과하여 새로운 법익의 침해를 수반하지 않는 이른바 불가벌적 사후행위에 해당한다(대법원 2012. 11. 29. 선고 2012도10980 판결).

제3항 포괄일죄

<<관련판례>>
1. 당원은 일찍이 <u>단일한 범의로써 절취한 시간과 장소가 접착되어 있고 같은 사람의 관리하에 있</u>

는 방안에서 소유자가 다른 물건을 여러 가지 절취한 경우에는 단순일죄가 성립한다고 판시한 바 있는데(1970.7.21 선고 70도1133 판결)이는 이 사건과 같은 강도죄의 경우에도 적용이 되는 것이라 함이 상당하고 또 절도나 강도죄와 같은 도죄의 죄수를 정하는 표준이 반드시 법익침해의 개수에만 의거하지 않는 경우가 있다는 것을 말한 것이라 할 것이라 할 것이다(대법원 1979. 10. 10. 선고 79도2093 판결).

2. 이 사건 약식명령이 확정된 범죄와 이 부분 공소사실의 범죄 사이에는 각 사설 사이트를 운영한 사무실의 위치, 사설 사이트 운영자, 회원들과의 입출금 방식이 서로 다른 점, 약식명령이 확정된 사건에서는 피고인이 단독범으로 기소되었으나 이 부분 공소사실에서는 피고인이 공동정범으로 기소된 점 등 여러 사정에 비추어 보면, 이 사건 약식명령이 확정된 범죄사실과 이 부분 공소사실은 양자 사이에 범의의 단일성과 계속성이 인정되지 아니하고 범행방법도 동일하지 아니하여 포괄일죄에 해당하지 아니한다(대법원 2013. 11. 28. 선고 2013도10467 판결).

제3절 수죄

제1항 서설

제2항 상상적 경합

<<관련판례>>
1. ★절도범인이 체포를 면탈할 목적으로 경찰관에게 폭행 협박을 가한 때에는 준강도죄와 공무집행방해죄를 구성하고 양죄는 상상적 경합관계에 있으나, ★강도범인이 체포를 면탈할 목적으로 경찰관에게 폭행을 가한 때에는 강도죄와 공무집행방해죄는 실체적 경합관계에 있고 상상적 경합관계에 있는 것이 아니다(대법원 1992. 7. 28. 선고 92도917 판결).

2. 피고인들이 피해자들의 재물을 강취한 후 그들을 살해할 목적으로 현주건조물에 방화하여 사망에 이르게 한 경우, 피고인들의 행위는 ★강도살인죄와 현주건조물방화치사죄에 모두 해당하고 그 두 죄는 상상적 경합범관계에 있다(대법원 1998. 12. 8. 선고 98도3416 판결).

3. 피고인이 여관에서 종업원을 칼로 찔러 상해를 가하고 객실로 끌고 들어가는 등 폭행·협박을 하고 있던 중, 마침 다른 방에서 나오던 여관의 주인도 같은 방에 밀어 넣은 후, 주인으로부터 금품을 강취하고, 1층 안내실에서 종업원 소유의 현금을 꺼내 갔다면, ★여관 종업원과 주인에 대한 각 강도행위가 각별로 강도죄를 구성하되 피고인이 ★피해자인 종업원과 주인을 폭행·협박한 행위는 법률상 1개의 행위로 평가되는 것이 상당하므로 위 2죄는 ★상상적 경합범관계에 있다고 할 것이다(대법원 1991. 6. 25. 선고 91도643 판결).

4. 공무원이 직무관련자에게 제3자와 계약을 체결하도록 요구하여 계약 체결을 하게 한 행위가 제3자뇌물수수죄의 구성요건과 직권남용권리행사방해죄의 구성요건에 모두 해당하는 경우에는, 제3자뇌물수수죄와 직권남용권리행사방해죄가 각각 성립하되, 이는 사회 관념상 하나의 행위가

수 개의 죄에 해당하는 경우이므로 두 죄는 형법 제40조의 상상적 경합관계에 있다(대법원 2017. 3. 15. 선고 2016도19659 판결).

5. 업무상배임행위에 사기행위가 수반된 때의 죄수 관계에 관하여 보면, 사기죄는 사람을 기망하여 재물의 교부를 받거나 재산상의 이익을 취득하는 것을 구성요건으로 하는 범죄로서 임무위배를 그 구성요소로 하지 아니하고 ★★★사기죄의 관념에 임무위배 행위가 당연히 포함된다고 할 수도 없으며, 업무상배임죄는 업무상 타인의 사무를 처리하는 자가 그 업무상의 임무에 위배하는 행위로써 재산상의 이익을 취득하거나 제3자로 하여금 이를 취득하게 하여 본인에게 손해를 가하는 것을 구성요건으로 하는 범죄로서 기망적 요소를 구성요건의 일부로 하는 것이 아니어서 양 죄는 그 구성요건을 달리하는 별개의 범죄이고 형법상으로도 각각 별개의 장(장)에 규정되어 있어, 1개의 행위에 관하여 사기죄와 업무상배임죄의 각 구성요건이 모두 구비된 때에는 양 죄를 법조경합 관계로 볼 것이 아니라 상상적 경합관계로 봄이 상당하다(대법원 2002. 7. 18. 선고 2002도669 전원합의체 판결).

6. 업무상과실로 인하여 교량을 손괴하여 자동차의 교통을 방해하고 그 결과 자동차를 추락시킨 경우에는 구 형법(1995. 12. 29. 법률 제5057호로 개정되기 전의 것) 제189조 제2항, 제185조 소정의 업무상과실일반교통방해죄와 같은 법 제189조 제2항, 제187조 소정의 업무상과실자동차추락죄가 성립하고, 위 각 죄는 형법 제40조 소정의 상상적 경합관계에 있다(대법원 1997. 11. 28. 선고 97도1740 판결).--->성수대교 붕괴사고에서 교량 건설회사의 트러스 제작 책임자, 교량공사 현장감독, 발주 관청의 공사감독 공무원 등에게 업무상과실치사상, 업무상과실일반교통방해, 업무상과실자동차추락죄 등의 유죄를 인정한 사례(각죄의 상상적 경합).

7. ★★무면허인데다가 술이 취한 상태에서 오토바이를 운전하였다는 것은 위의 관점에서 분명히 1개의 운전행위라 할 것이고 이 행위에 의하여 도로교통법 제111조 제2호, 제40조와 제109조 제2호, 제41조 제1항의 각 죄에 동시에 해당하는 것이니 두 죄는 형법 제40조의 상상적 경합관계에 있다고 할 것이다(대법원 1987. 2. 24. 선고 86도2731 판결).

8. ★★★차의 운전자가 업무상 주의의무를 게을리하여 사람을 상해에 이르게 함과 아울러 물건을 손괴하고도 피해자를 구호하는 등 도로교통법 제50조 제1항의 규정에 의한 조치를 취하지 아니한 채 도주한 때에는, 같은 법 제113조 제1호 소정의 제44조 위반죄와 같은 법 제106조 소정의 죄 및 특정범죄가중처벌등에관한법률위반죄가 모두 성립하고, 이 경우 특정범죄가중처벌등에관한법률위반죄와 물건손괴 후 필요한 조치를 취하지 아니함으로 인한 도로교통법 제106조 소정의 죄는 1개의 행위가 수개의 죄에 해당하는 상상적 경합범의 관계에 있고, 위의 2개의 죄와 같은 법 제113조 제1호 소정의 제44조 위반죄는 주체나 행위 등 구성요건이 다른 별개의 범죄이므로 실체적 경합범의 관계에 있다(대법원 1993. 5. 11. 선고 93도49 판결).

★★★★비교
1. 음주로 인한 특정범죄가중처벌 등에 관한 법률 위반(위험운전치사상)죄와 도로교통법 위반(음주운전)죄는 입법 취지와 보호법익 및 적용영역을 달리하는 별개의 범죄이므로, 양 죄가 모두 성립하는 경우 두 죄는 실체적 경합관계에 있다(대법원 2008. 11. 13. 선고 2008도7143 판결).

2. [1] 교통사고로 인하여 업무상과실치상죄 또는 중과실치상죄를 범한 운전자에 대하여 피해자의 명시한 의사에 반하여 공소를 제기할 수 있는 교통사고처리특례법 제3조 제2항 단서 각 호의 사유는 같은 법 제3조 제1항 위반죄의 구성요건 요소가 아니라 그 공소제기의 조건에 관한 사유이다. 따라서 위 단서 각 호의 사유가 경합한다 하더라도 하나의 교통사고처리특례법 위반죄가 성립할 뿐, 그 각 호마다 별개의 죄가 성립하는 것은 아니다.

[2] 음주로 인한 특정범죄가중처벌 등에 관한 법률 위반(위험운전치사상)죄는 그 입법 취지와 문언에 비추어 볼 때, 주취상태의 자동차 운전으로 인한 교통사고가 빈발하고 그로 인한 피해자의 생명·신체에 대한 피해가 중대할 뿐만 아니라, 사고발생 전 상태로의 회복이 불가능하거나 쉽지 않은 점 등의 사정을 고려하여, 형법 제268조에서 규정하고 있는 업무상과실치사상죄의 특례를 규정하여 가중처벌함으로써 피해자의 생명·신체의 안전이라는 개인적 법익을 보호하기 위한 것이다. 따라서 <u>그 죄가 성립하는 때에는 차의 운전자가 형법 제268조의 죄를 범한 것을 내용으로 하는 교통사고처리특례법 위반죄는 그 죄에 흡수되어 별죄를 구성하지 아니한다</u>(대법원 2008. 12. 11. 선고 2008도9182 판결).

★상상적 경합의 취급(전체적 대조주의)
1개의 행위가 강도강간미수의 죄와 강도상해의 죄에 해당하여 무거운 강도강간미수죄에 정한 형으로 처벌하기로 하여 소정형중 유기징역형을 선택한 다음 형법 제25조 제2항에 의한 미수감경과 형법 제53조에 의한 작량감경을 하여 그 처단형의 범위를 정함에 있어서는 먼저 강도상해죄가 기수이므로 강도상해죄 소정의 유기징역형의 하한의 범위내에서 강도강간미수죄 소정의 유기징역형을 미수감경한 다음 작량감경을 한 형기범위에 의하여야 할 것이다(대법원 1984. 2. 28. 선고 83도3160 판결).

제3항 실체적 경합

<<관련판례>>
1. 미성년자인 피해자를 약취한 후에 강간을 목적으로 피해자에게 가혹한 행위 및 상해를 가하고 나아가 그 피해자에 대한 강간 및 살인미수를 범하였다면, 이에 대하여는 <u>약취한 미성년자에 대한 상해 등으로 인한 특정범죄 가중처벌 등에 관한 법률 위반죄 및 미성년자인 피해자에 대한 강간 및 살인미수행위로 인한 성폭력범죄의 처벌 등에 관한 특례법 위반죄가 각 성립하고, 설령 상해의 결과가 피해자에 대한 강간 및 살인미수행위 과정에서 발생한 것이라 하더라도 위 각 죄는 서로 형법 제37조 전단의 실체적 경합범 관계</u>에 있다(대법원 2014. 2. 27. 선고 2013도12301,2013전도252,2013치도2 판결).

2. 경합범의 처벌에 관하여 형법 제38조 제1항 제2호 본문은 각 죄에 정한 형이 사형 또는 무기징역이나 무기금고 이외의 동종의 형인 때에는 가장 중한 죄에 정한 <u>장기 또는 다액에 그 2분의 1까지 가중하도록 규정</u>하고 그 단기에 대하여는 명문을 두고 있지 않으나 가장 중한 죄 아닌 죄에 정한 형의 단기가 가장 중한 죄에 정한 형의 단기보다 중한 때에는 위 본문 규정취지에 비추어 ★<u>그 중한 단기를 하한</u>으로 한다고 새겨야 할 것이다(대법원 1985. 4. 23. 선고 84도2890 판결).

3. 판결이 확정되지 아니한 수개의 죄를 동시에 판결할 때에는 형법 제38조가 정하는 처벌례에 따라 처벌하여야 하므로, 경합범으로 공소제기된 수개의 죄에 대하여 형법 제38조의 적용을 배제하고 위 처벌례와 달리 따로 형을 선고하려면 예외를 인정한 명문의 규정이 있어야 한다. 공직선거법 제18조 제3항은 선거범이 아닌 다른 죄와 선거범 사이에 따로 형을 선고하도록 규정하고 있을 뿐, ★★★당선무효사유에 해당하는 선거범과 그 밖의 선거범을 분리하여 형을 선고하도록 규정하고 있지는 않고 달리 그와 같은 규정을 두고 있지도 아니하므로, ★★★그 제265조(당선무효)가 정하는 선거범을 그 밖의 선거범과 분리하여 형을 선고할 수는 없고 다른 경합범과 마찬가지로 형법 제38조가 정하는 처벌례에 따라 형을 선고하여야 한다(대법원 2009. 1. 30. 선고 2008도4986 판결).

4. 형법 제37조의 후단 경합범에 대하여 심판하는 법원은 판결이 확정된 죄와 후단 경합범의 죄를 동시에 판결할 경우와 형평을 고려하여 후단 경합범의 처단형의 범위 내에서 후단 경합범의 선고형을 정할 수 있는 것이고, 그 죄와 판결이 확정된 죄에 대한 선고형의 총합이 두 죄에 대하여 형법 제38조를 적용하여 산출한 처단형의 범위 내에 속하도록 후단 경합범에 대한 형을 정하여야 하는 제한을 받는 것은 아니며, 후단 경합범에 대한 형을 감경 또는 면제할 것인지는 원칙적으로 그 죄에 대하여 심판하는 법원이 재량에 따라 판단할 수 있다.

무기징역에 처하는 판결이 확정된 죄와 형법 제37조의 후단 경합범의 관계에 있는 죄에 대하여 공소가 제기된 경우, 법원은 두 죄를 동시에 판결할 경우와 형평을 고려하여 후단 경합범에 대한 처단형의 범위 내에서 후단 경합범에 대한 선고형을 정할 수 있고, ★★★형법 제38조 제1항 제1호가 형법 제37조의 전단 경합범 중 가장 중한 죄에 정한 처단형이 무기징역인 때에는 흡수주의를 취하였다고 하여 뒤에 공소제기된 후단 경합범에 대한 형을 필요적으로 면제하여야 하는 것은 아니다(대법원 2008. 9. 11. 선고 2006도8376 판결).

5. 형법 제37조 후단 경합범(이하 '후단 경합범'이라 한다)에 대하여 형법 제39조 제1항에 의하여 형을 감경할 때에도 법률상 감경에 관한 형법 제55조 제1항이 적용되어 유기징역을 감경할 때에는 그 형기의 2분의 1 미만으로는 감경할 수 없다. 그 이유는 다음과 같다.

① 처단형은 선고형의 최종적인 기준이 되므로 그 범위는 법률에 따라서 엄격하게 정하여야 하고, 별도의 명시적인 규정이 없는 이상 형법 제56조에서 열거하고 있는 가중·감경할 사유에 해당하지 않는 다른 성질의 감경 사유를 인정할 수는 없다.

형의 감경에는 법률상 감경과 재판상 감경인 작량감경이 있다. 작량감경 외에 법률의 여러 조항에서 정하고 있는 감경은 모두 법률상 감경이라는 하나의 틀 안에 놓여 있다. 따라서 형법 제39조 제1항 후문에서 정한 감경도 당연히 법률상 감경에 해당한다. 형법 제39조 제1항 후문의 "그 형을 감경 또는 면제할 수 있다."라는 규정 형식도 다른 법률상의 감경 사유들과 다르지 않다. 이와 달리 형법 제39조 제1항이 새로운 감경을 설정하였다고 하려면 그에 대하여 일반적인 법률상의 감경과 다른, 감경의 폭이나 방식이 제시되어야 하고 감경의 순서 또한 따로 정했어야 할 것인데 이에 대하여는 아무런 정함이 없다. 감경의 폭이나 방식, 순서에 관해 달리 정하고 있지 않은 이상 후단 경합범에 대하여도 법률상 감경 방식에 관한 총칙규정인 형법 제55조, 제56조가 적용된다고 보는 것이 지극히 자연스럽다.

② 후단 경합범에 따른 감경을 새로운 유형의 감경이 아니라 일반 ★법률상 감경의 하나로 보고, 후단 경합범에 대한 감경에 있어 형법 제55조 제1항에 따라야 한다고 보는 것은 문언적·체계적 해석에 합치될 뿐 아니라 입법자의 의사와 입법연혁 등을 고려한 목적론적 해석에도 부합한다(대법원 2019. 4. 18. 선고 2017도14609 전원합의체 판결).-->피고인이 마약류 관리에 관한 법률 위반(향정)죄의 범죄사실로 징역 4년을 선고받아 그 판결이 확정되었는데, 위 판결 확정 전에 향정신성의약품을 1회 판매하고 1회 판매하려다 미수에 그쳤다는 내용의 마약류 관리에 관한 법률 위반(향정) 공소사실로 기소된 사안에서, 법정형인 무기 또는 5년 이상의 징역 중에서 유기징역을 선택하고 형법 제37조 후단 경합범에 대한 감경과 작량감경을 한 원심으로서는 형법 제56조 제4호, 제5호, 제6호 및 제55조 제1항 제3호에 따른 처단형인 징역 1년 3개월부터 11년 3개월까지의 범위 내에서 형을 정했어야 하는데, 이와 달리 형법 제37조 후단 경합범에 대하여 형법 제39조 제1항에서 정한 감경을 할 때에는 형법 제55조 제1항이 적용되지 않는다는 전제에서 위와 같은 법률상 처단형의 하한을 벗어난 징역 6개월을 선고한 원심의 판단에 법리오해의 잘못이 있다고 한 사례

6. [1] 형법 제37조 후단 및 제39조 제1항의 문언, 입법 취지 등에 비추어 보면, ★★★아직 판결을 받지 아니한 죄가 이미 판결이 확정된 죄와 <<동시에 판결할 수 ★★★없었던 경우>>에는 형법 제37조 후단의 경합범 관계가 성립할 수 없고 형법 제39조 제1항에 따라 동시에 판결할 경우와 형평을 고려하여 형을 선고하거나 그 형을 감경 또는 면제할 수도 없다고 해석함이 타당하다.

[2] ★★★아직 판결을 받지 아니한 수개의 죄가 <<판결 확정을 전후하여 저질러진 경우>> 판결 확정 전에 범한 죄를 이미 판결이 확정된 죄와 동시에 판결할 수 없었던 경우라고 하여 마치 확정된 판결이 존재하지 않는 것처럼 그 수개의 죄 사이에 형법 제37조 전단의 경합범 관계가 인정되어 형법 제38조가 적용된다고 볼 수도 없으므로, ★★★판결 확정을 전후한 각각의 범죄에 대하여 별도로 형을 정하여 선고할 수밖에 없다(대법원 2014. 3. 27. 선고 2014도469 판결).

제3편 형벌론

제1절 형벌의 종류

제1항 개설

제2항 사형

제3항 자유형

제4항 재산형

Ⅰ. 벌금과 과료

Ⅱ. 몰수

<<관련판례>>
1. 피고인이 음란물유포 인터넷사이트를 운영하면서 정보통신망 이용촉진 및 정보보호 등에 관한 법률(이하 '정보통신망법'이라 한다) 위반(음란물유포)죄와 도박개장방조죄에 의하여 비트코인(Bitcoin)을 취득한 사안에서, 범죄수익은닉의 규제 및 처벌 등에 관한 법률(이하 '범죄수익은닉규제법'이라 한다) [별표] 제1호 (사)목에서는 형법 제247조의 죄를, [별표] 제24호에서는 정보통신망법 제74조 제1항 제2호의 죄를 중대범죄로 규정하고 있어 피고인의 정보통신망법 위반(음란물유포)죄와 도박개장방조죄는 범죄수익은닉규제법에 정한 중대범죄에 해당하며, 비트코인은 경제적인 가치를 디지털로 표상하여 전자적으로 이전, 저장 및 거래가 가능하도록 한, 이른바 '가상화폐'의 일종인 점, 피고인은 위 음란사이트를 운영하면서 사진과 영상을 이용하는 이용자 및 음란사이트에 광고를 원하는 광고주들로부터 비트코인을 대가로 지급받아 재산적 가치가 있는 것으로 취급한 점에 비추어 비트코인은 재산적 가치가 있는 ★★★무형의 재산이라고 보아야 하고, 몰수의 대상인 비트코인이 특정되어 있다는 이유로, ★★★피고인이 취득한 비트코인을 몰수할 수 있다(대법원 2018. 5. 30. 선고 2018도3619 판결).

2. 부동산의 소유권을 이전받을 것을 내용으로 하는 계약(1차 계약)을 체결한 자가 그 부동산에 대하여 다시 제3자와 소유권이전을 내용으로 하는 계약(전매계약)을 체결한 것이 부동산등기 특별조치법 제8조 제1호 위반행위에 해당하는 경우, ★★★전매계약에 의하여 제3자로부터 받은 대금은 위 조항의 처벌대상인 '1차 계약에 따른 소유권이전등기를 하지 않은 행위'로 취득한 것이 아니므로 형법 제48조에 의한 몰수나 추징의 대상이 될 수 없다(대법원 2007. 12. 14. 선고 2007도7353 판결).

3. [1] 형법 제48조 제1항 제1호의 "범죄행위에 제공한 물건"은, 가령 살인행위에 사용한 칼 등 범죄의 실행행위 자체에 사용한 물건에만 한정되는 것이 아니며, 실행행위의 착수 전의 행위 또는 실행행위의 종료 후의 행위에 사용한 물건이더라도 그것이 범죄행위의 수행에 실질적으로 기여하였다고 인정되는 한 위 법조 소정의 제공한 물건에 포함된다.

[2] ★대형할인매장에서 수회 상품을 절취하여 자신의 승용차에 싣고 간 경우, 위 승용차는 형법 제48조 제1항 제1호에 정한 범죄행위에 제공한 물건으로 보아 몰수할 수 있다(대법원 2006. 9. 14. 선고 2006도4075 판결).

4. [1] 형법 제48조 제1항의 '범인'에는 공범자도 포함되므로 피고인의 소유물은 물론 공범자의 소유물도 그 공범자의 ★★소추 여부를 불문하고 몰수할 수 있고, 여기에서의 공범자에는 공동정범, 교사범, 방조범에 해당하는 자는 물론 필요적 공범관계에 있는 자도 포함된다.

[2] 형법 제48조 제1항의 '범인'에 해당하는 공범자는 반드시 유죄의 죄책을 지는 자에 국한된다고 볼 수 없고 공범에 해당하는 행위를 한 자이면 족하므로 이러한 자의 소유물도 형법 제48조 제1항의 '범인 이외의 자의 소유에 속하지 아니하는 물건'으로서 이를 피고인으로부터 몰수할 수 있다(대법원 2006. 11. 23. 선고 2006도5586 판결)-->공소외 1 주식회사의 대표이사인 피고인이 위 회사의 유상증자를 실시하는 과정에서 실권주를 발생시킨 다음 이를 인수하는 방법으로 위 회사의 대주주가 되어 경영권을 확보하기 위하여 실권주 처리를 결정할 이사회의 일원인 이사 공소외 2를 매수하기로 위 회사 감사인 공소외 3과 공모한 후, 피고인은 공소외 2에게 자신이 실권주를 인수할 수 있도록 도와달라는 취지의 부탁을 하면서 재산상 이익을 공여할 의사를 표시하고, 감사 공소외 3은 공소외 2가 장차 그 부탁을 들어줄 것에 대한 대가로 공소외 2에게 현금 1억 원을 공여한 사실을 인정한 다음, 이와 같이 실권주의 처리를 결정할 이사회의 일원인 이사 공소외 2에게 피고인이 실권주를 인수할 수 있도록 도와달라는 취지의 부탁을 한 행위는 사회상규 또는 신의성실의 원칙에 반하는 부정한 청탁에 해당한다.

5. 관세법 등 관계 법령에서 정하는 소정의 적법한 절차를 밟아 수입하는 경우에 관세가 부과되지 않는 물품에 해당한다고 하더라도 적법한 수입신고 절차 없이 통관하는 경우에는 무신고수입으로 인한 관세법위반죄에 해당한다.

관세법 제282조 제2항에서 정한 몰수는 형법총칙의 몰수에 대한 특별규정으로서 필요적인 몰수에 관한 규정이라 할 것이고, 같은 조항이 같은 법 제269조 제2항 및 제3항, 제274조 제1항 제1호의 경우에는 범인이 소유 또는 점유하는 그 물품을 몰수한다고 규정한 이상 범인이 점유하는 물품은 누구의 소유에 속함을 불구하고 소유자가 선의였든가 악의였든가를 가리지 않고 그 사실에 관하여 재판을 받는 ★범인에 대한 관계에서 이를 몰수하여야 한다고 해석할 것이다(대법원 2004. 3. 26. 선고 2003도8014 판결).-->★국고귀속이 아님

Ⅲ. 추징 및 폐기

<<관련판례>>
수인이 공모하여 뇌물을 수수한 경우에 몰수불능으로 그 가액을 추징하려면 개별적으로 추징하여야 하고 수수금품을 개별적으로 알 수 없을 때에는 평등하게 추징하여야 한다(대법원 1975. 4. 22. 선고 73도1963 판결).

제5항 명예형

제2절 형의 양정

제1항 서설

제2항 형의 가중·감경·면제

<<관련판례>>
가. 형법 제52조 제1항 소정의 자수란 범인이 자발적으로 자신의 범죄사실을 수사기관에 신고하여 그 소추를 구하는 의사표시로서 이를 형의 감경사유로 삼는 주된 이유는 범인이 그 죄를 뉘우치고 있다는 점에 있으므로 범죄사실을 부인하거나 죄의 뉘우침이 없는 자수는 그 외형은 자수일지라도 법률상 형의 감경사유가 되는 진정한 자수라고는 할 수 없다.
나. 수개의 범죄사실 중 일부에 관하여만 자수한 경우에는 그 부분 범죄사실에 대하여만 자수의 효력이 있다(대법원 1994. 10. 14. 선고 94도2130 판결).

제3항 형의 가중·감경례

<<관련판례>>
형법은 제264조에서 상습으로 제258조의2의 죄를 범한 때에는 그 죄에 정한 형의 2분의 1까지 가중한다고 규정하고, 제258조의2 제1항에서 위험한 물건을 휴대하여 상해죄를 범한 때에는 1년 이상 10년 이하의 징역에 처한다고 규정하고 있다. 위와 같은 형법 각 규정의 문언, 형의 장기만을 가중하는 형법 규정에서 그 죄에 정한 형의 장기를 가중한다고 명시하고 있는 점, 형법 제264조에서 상습범을 가중처벌하는 입법 취지 등을 종합하면, 형법 제264조는 상습특수상해죄를 범한 때에 형법 제258조의2 제1항에서 정한 법정형의 단기와 장기를 모두 가중하여 1년 6개월 이상 15년 이하의 징역에 처한다는 의미로 새겨야 한다(대법원 2017. 6. 29. 선고 2016도18194 판결).

제4항 양형의 조건

제5항 판결선고전 구금일수 산입 및 판결공시

제3절 누범

제1항 개설

제2항 누범 가중 요건

<<관련판례>>
1. 구 형의 실효 등에 관한 법률(2010. 3. 31. 법률 제10211호로 개정되기 전의 것) 제7조 제1항에 따라 형이 실효된 경우에는 형의 선고에 의한 법적 효과가 장래에 향하여 소멸되므로, 그 전과를 구 특정범죄 가중처벌 등에 관한 법률(2010. 3. 31. 법률 제10210호로 개정되기 전의 것) 제5조의4 제5항에서 정한 '징역형을 받은 경우'로 볼 수 없다(대법원 2010. 9. 9. 선고 2010도8021 판결).
2. 잔형기간경과전인 가석방기간중에 본건 범행을 저질렀다면 이를 형법 35조에서 말하는 형집행 종료 후에 죄를 범한 경우에 해당한다고 볼 수 없으므로 여기에 누범가중을 할 수 없는 이치라 할 것이다(대법원 1976. 9. 14. 선고 76도2071 판결).

제3항 누범 효과

제4절 형의 유예제도

제1항 선고유예

<<관련판례>>
1. 형법 제59조 제1항 단행에서 정한 "자격정지 이상의 형을 받은 전과"라 함은 자격정지 이상의 형을 선고받은 범죄경력 자체를 의미하는 것이고, 그 형의 효력이 상실된 여부는 묻지 않는 것으로 해석함이 상당하다고 할 것이고, 따라서 형의 집행유예를 선고받은 자는 형법 제65조에 의하여 그 선고가 실효 또는 취소됨이 없이 정해진 유예기간을 무사히 경과하여 형의 선고가 효력을 잃게 되었다고 하더라도 형의 선고의 법률적 효과가 없어진다는 것일 뿐, 형의 선고가 있었다는 기왕의 사실 자체까지 없어지는 것은 아니므로, 형법 제59조 제1항 단행에서 정한 선고유예 결격사유인 "자격정지 이상의 형을 받은 전과가 있는 자"에 해당한다고 보아야 한다(대법원 2003. 12. 26. 선고 2003도3768 판결).

2. 형법 제60조, 제61조 제1항, 형사소송법 제335조, 제336조 제1항의 각 규정에 의하면, 형의 선고유예를 받은 자가 유예기간 중 자격정지 이상의 형에 처한 판결이 확정되더라도 검사의 청구에 의한 선고유예 실효의 결정에 의하여 비로소 선고유예가 실효되는 것이고, 또한 형의 선고유예의 판결이 확정된 후 2년을 경과한 때에는 형법 제60조가 정하는 바에 따라 면소된 것으로 간주되고, 그와 같이 유예기간이 경과함으로써 면소된 것으로 간주된 후에는 실효시킬 선고유예의 판결이 존재하지 아니하므로 선고유예 실효의 결정(선고유예된 형을 선고하는 결정)을 할 수 없으며, 이는 원결정에 대한 집행정지의 효력이 있는 즉시항고 또는 재항고로 인하여 아직 그 선고유예 실효 결정의 효력이 발생하기 전 상태에서 상소심에서 절차 진행 중에 그 유예기간이 그대로 경과한 경우에도 마찬가지이다(대법원 2007. 6. 28.자 2007모348 결정).

제2항 집행유예

<<관련판례>>
1. 집행유예 기간 중에 범한 죄에 대하여 형을 선고할 때에, 집행유예의 결격사유를 정하는 형법 제62조 제1항 단서 소정의 요건에 해당하는 경우란, 이미 집행유예가 실효 또는 취소된 경우와 그 선고 시점에 미처 유예기간이 경과하지 아니하여 형 선고의 효력이 실효되지 아니한 채로 남아 있는 경우로 국한되고, 집행유예가 실효 또는 취소됨이 없이 유예기간을 경과한 때에는, 형의 선고가 이미 그 효력을 잃게 되어 '금고 이상의 형을 선고'한 경우에 해당한다고 보기 어려울 뿐 아니라, 집행의 가능성이 더 이상 존재하지 아니하여 집행종료나 집행면제의 개념도 상정하기 어려우므로 위 단서 소정의 요건에 해당하지 않는다고 할 것이므로, ★집행유예 기간 중에 범한 범죄라고 할지라도 집행유예가 실효 취소됨이 없이 그 유예기간이 경과한 경우에는 이에 대해 다시 집행유예의 선고가 가능하다(대법원 2007. 2. 8. 선고 2006도6196 판결).

2. 형법 제62조의2 제1항은 "형의 집행을 유예하는 경우에는 보호관찰을 받을 것을 명하거나 사회봉사 또는 수강을 명할 수 있다."고 규정하고 있는바, 그 문리에 따르면, 보호관찰과 사회봉사는 각각 독립하여 명할 수 있다는 것이지, 반드시 그 양자를 동시에 명할 수 없다는 취지로 해석되지는 아니할 뿐더러, 소년법 제32조 제3항, 성폭력범죄의처벌및피해자보호등에관한법률 제16조 제2항, 가정폭력범죄의처벌등에관한특례법 제40조 제1항 등에는 보호관찰과 사회봉사를 동시에 명할 수 있다고 명시적으로 규정하고 있는바, 일반 형법에 의하여 보호관찰과 사회봉사를 명하는 경우와 비교하여 특별히 달리 취급할 만한 이유가 없으며, 제도의 취지에 비추어 보더라도, 범죄자에 대한 사회복귀를 촉진하고 효율적인 범죄예방을 위하여 양자를 병과할 필요성이 있는 점 등을 종합하여 볼 때, <u>형법 제62조에 의하여 집행유예를 선고할 경우에는 같은 법 제62조의2 제1항에 규정된 보호관찰과 사회봉사 또는 수강을 동시에 명할 수 있다고 해석함이 상당하다</u>(대법원 1998. 4. 24. 선고 98도98 판결).

제3항 가석방

제5절 형의 실효과 소멸

제1항 형의 시효

제2항 형의 소멸·실효·복권·사면

제6절 보안처분

※이찬엽

법학박사
사법시험 및 변호사시험위원
교육부 대학평가위원
법제처 국민법제관
국가정보원 테러정책위원
한국법학교수회 대의원
법무부 면접위원
법률구조공단 심사위원
집회시위 자문위원
입법정책학회 상임이사
교정보호학회 편집위원
검찰연구위원
매일경제 연구위원
논설위원, 시사평론가
군사외교 평론가
대통령 후보 법률 자문 단장
지자체 법률 자문관

※김효범

변호사(성균관대 법학전문대학원)
성균관대 박사과정
메가로이어스 형사법 교수
노량진 윌비스 경찰학원 형사법 교수
세무법인 변호사

MEMO